KB276255

창가와 신시의 형성 연구

Chang-ga and the Formation of Modern Poetry

창가와 신시의 형성 연구

1판 1쇄 발행 2007년 2월 28일
1판 2쇄 발행 2008년 10월 10일

지은이 / 김병선
펴낸이 / 박성모
펴낸곳 / 소명출판
등록 / 제13-522호
주소 / 137-878 서울시 서초구 서초동 1621-18 (란빌딩 1층)
대표전화 / (02) 585-7840
팩시밀리 / (02) 585-7848
somyong@korea.com / www.somyong.co.kr

ⓒ 2007, 김병선

값 25,000원

ISBN 89-5626-240-3 93810

창가와 신시의 형성 연구

Chang-ga and the Formation of Modern Poetry

김병선

소명출판

　나는 문학과 음악을 모두 좋아합니다. 학문의 길에 접어들기 시작하면서부터 나의 서가는 문학 자료들로 채워지기 시작했고, 그에 못지않게 디스크장의 크기도 점차 커져만 갔습니다. 대학에서 문학을 가르치는 한편 교회 찬양대의 지휘자로 활동하기도 했습니다. 어디까지나 문학은 전공이었고 음악은 취미였습니다. 그러나 그 어떤 것을 위해서 다른 것에 대한 투자를 줄이지는 않았습니다.

　시간이 흐르면서 문학에 대한 생각이 보다 넓어지게 되었고, 음악에 대해서는 좀 더 깊이 있게 들여다보게 되었습니다. 그러다가 문학이 음악에 신세지고 있는 것이 적지 않다는 것을 알게 되었습니다. 이 양자를 엮어서 뭔가를 꾸며 보고 싶다는 생각도 자꾸만 들었습니다. 문학 쪽에서 음악에 별반 관심을 가지고 있지 않은 것과, 음악 쪽에서 문학을 주목하지 않은 것이 아쉬운 부분이었습니다. 원래는 문학과 음악이 한 몸이었고, 음악의 양식이 문학의 형식에 큰 영향을 미치고 있었는데 말입니다.

　개화기 시가 특히 창가에 관심을 가진 것은 바로 이것 때문입니다. 그것은 우리 현대시의 선배이면서 동시에 고전 시가의 막내였던 것입니다. 아울러서 그 사이에 서양시와의 '연애 관계'가 있기도 했던 양식입니다. 우리 고유의 음악에 얹혀서 지내다가, 점차로 서양 음악으로 옮겨 갔고, 드디어는 음악으로부터 벗어나 자립하게 되었던 것이 바로 창가인 것입니다.

　의욕은 넘쳤지만 연구는 그리 쉽지 않았습니다. 창가는 개화기 우리 선진들의 애국과 독립의 정신을 아주 잘 간직하고 있는 장르이기도 했습니다. 그들의 열정이 많은 작품들을 탄생시켰으나 문학사가들의 관심 밖에 놓여 있었기에 무엇보다 자료 자체에 대한 접근이 어려웠습니다. 오래 된 신문과 잡지의 구석에 박혀 있던 시가를 찾아내고, 목록을 정리하며, 관련된 기사들을 검토하였습니다. 그러기 여러 해를 거듭하였습니다. 문학과 음악을 함께 논의하겠다는 것은 만만치 않은 목표였습니다. 악전에 대한 공부야 고등학교 입학시험 때 충분히 해 놓았지만, 그 외에 음악의 이론에 대한 공부도 따로 해야 했습니다.

　하나씩 둘씩 자료 중심으로 연구를 거듭하여 박사학위 논문으로 일단 매듭을 지어 보았습니다. 이처럼 책으로 출판할 생각은 오래 전부터 가지고 있었지만 선뜻 엄두를 내지 못했습니다. 연구를 심화시키고 싶었고, 특히 일본과 미국의 창가운동의 사정을 좀 더 연구해야 했으며, 접하기 힘든 개화기 시가 자료를 함께 소개해야겠다는 의무감도 있었기 때문이었습니다. 모든 연구가 끝이 없음을 외면한 채, 조금씩 불어나는 자료에 재미를 붙이다가 책 출판을 깜박 잊고 말았습니다.

　이제 부족하고 아쉬운 점이 있지만 문학과 음악의 관계에 관한 탐구의 또 하나의 매듭을 지으려 합니다. 연구는 머리로 하지 말고 발로 해야 한다고 스스로 강조하곤 했지만, 아직도 개화기의 모든 자료를 다 훑어보지 못한 것이 아쉬운 점으로 남습니다. 다음에는 음악과 문학에 관한 보다 깊이 있는 또 다른 탐구 여행을 해 볼까 합니다. 지금까지도 이끌어 주셨던 하나님께서 앞으로도 선히 인도해 주시기를 기도합니다. 세상을 만드신 그분은 시와 음악의 창조자이시기도 합니다.

이 자리에서 감사의 뜻을 전하고 싶은 분들을 언급하고자 합니다. 먼저 근대의 소용돌이 가운데 나라를 지키기 위해 많은 애국 창가들을 지어 열심히 불렀던 우리 선조들에게 삼가 경의를 표합니다. 일일이 거명하진 못하지만 나에게 문학과 음악의 모든 좋은 지식을 주신 분들께 감사하고, 아울러 문학적 정서와 음악적 감각을 부어주시고 일깨워 주신 분들께도 감사드립니다. 학문의 길의 긴 여정에서 덜 방황하게 해 주시고, 바른 길로 이끌어 주신 분들께도 감사합니다. 심사과정에서 질정과 격려를 아끼지 않으셨던 고 정한모 교수님과 문덕수·최승범·손광은·정재완 교수님의 수고를 기억합니다. 동학의 선후배들과 동료 교수들과 제자들의 격려와 관심 역시 큰 힘이 되었습니다. 이 분들의 수고에도 불구하고 모자란 점은 전적으로 나의 탓입니다.

이번에 이렇게 책으로 부족한 연구물을 선보이게 되는 데는 연세대학교 근대한국학연구소를 맡고 계신 김영민 교수님의 격려에 힘입은 바 큽니다. 연구소의 기획 시리즈 목록에 이 책을 넣어 주신 일에 고마움을 느낍니다. 또한 이 연구물이 미려한 모습을 갖추어 거듭나게 된 것은 소명출판의 덕분입니다. 수고에 감사드립니다. 마지막으로 내 마음의 안식처이자 육신의 쉼터인 우리 가정을 기억합니다. 이 책의 초교를 마칠 무렵에 하늘나라에 가신 사랑하는 나의 아버지 김용삼 장로님께 삼가 이 책을 바칩니다.

2007년 1월
청계산 자락에서
김병선

창가와 신시의 형성 연구

차례

제6장 신시의 형성과 창가의 역할 • 245

제7장 요약과 전망 • 277

부록 개화기 창가집

참고문헌 • 483

제 1 장

창가 발생의 배경과 연구의 의의

1. 개화기와 근대의식의 발흥

'개화기 창가(開化期 唱歌)'를 연구하기 위해서는 먼저 이 말을 이루고 있는 두 가지 개념 즉 '개화기'라는 시기와, '창가'라고 하는 장르에 대한 명확한 인식을 필요로 한다.

먼저 개화기라는 한국 근대사의 일정한 시기가 구체적으로 언제 시작되어 언제 끝났으며, 그 시기를 특징지을 수 있는 것은 무엇이고, 사회사 혹은 정치사적인 특징과 문화적 더 정확히는 문학사적인 현상과는 어떠한 관계에 놓여 있는지를 연구해야 한다. 이 경우 문학사적인 관점에서는 으레 한국 근대문학의 기점(起點) 논의가 동반된다. 즉 이러한 논의의 근저에 개화기 문학이 한국 근대 혹은 현대문학의 주춧돌 역할을 했다는 전제가 깔려 있는 것이다.

1) 개화기 혹은 근대문학의 기점

근대·현대 혹은 신문학의 기점에 대한 기왕의 견해들을 한 연구자가 정리한 바에 따르면 이제까지 대체로 다음 5가지의 견해가 제시되었다고 한다.

　　① 근대를 「근세」와 「최근」 혹은 「최근세」로 나누어 전자는 조선의 건국, 후자는 갑오경장 이후라는 설(안확·조윤제)
　　② 조선조 후기라는 설(김태준)
　　③ 1860년 「개화기」 이후라는 설(황패강·장덕순)
　　④ 甲午更張 이후 즉 新文學과 동일한 개념이라는 설(임화·이혜순·백철·김용직·이재선·조연현·박영희·김사엽)
　　⑤ 18세기라는 설(김일근·김윤식·김현·오세영)[1]

이러한 견해 중에서도 가장 많은 논자를 확보하고 있는 것은 네 번째 주장 즉 조선조 말에 일어났던 갑오경장(甲午更張) 이후로 보는 견해이며, 이에 대해서는 문학 분야뿐 아니고 일반적인 정치·사회사적인 입장에서도 동조하고 있다.[2] 즉 개화기는 일반적으로 갑오개혁(1894) 이후 한일병합(1910)까지의 약 15~16년 간으로 본다. 이 시기는 우리나라의 전체 역사를 통틀어서도 가장 급격한 변혁의 시기였다고 할 수 있다. 이 시기에 우리나라는 누천년에 걸친 봉건사회의 질곡으로부터 벗어났으며(적어도 상징적으로는), 또 중국에 대해서는 그 동안의 예속적인 입장에서부터 탈피하여 독립국(獨立國)임을 선포하였다. 이때에 서양의 새로운 과학기술문명이 수입되면서 한편으로 자유민주사회를 지향하는 등의 희망적인 분위기가 일었으나, 한편으로는 부정적이고도 어두운 역사

---

1) 이에 대해서는 오세영, 「근대시의 기점」(장덕순 외편, 『한국문학사의 쟁점』, 집문당, 1986), 601~611면 참조
2) 이광린, 『한국개화사상연구』(일조각, 1979)에서 설정한 연구 범위가 바로 그렇다.

의 한 장을 시작하게 되는 시기이도 했다. 외세에 의한 개항(開港) 이래로, 열강의 침략 의욕이 점점 노골화되고, 우리나라는 이러한 열강의 각축장으로 변해 버렸으며, 특히 일본 제국주의의 침탈을 받아 급기야는 1910년의 일제 강점이라는 민족적 수치를 당하게 되는 어두운 분위기가 앞의 희망적인 분위기와 교차하던 때였다.

이러한 시기에 한국 문학 및 문화 전반은 그러한 시대 상황과 무관하지 않게 변화되어 갔다. 물론 이러한 변화의 조짐은 이미 17~18세기 영정조대(英正祖代)부터 보이기 시작하였다. 바로 이때에 국가 형성 혹은 사회 구성의 기본이 되고 있던 양반 관료의 지배 체제가 동요하기 시작했고, 농민의 신분이 분해되었으며, 화폐 경제가 출현하는 등의 변화가 있었다. 아울러 이 시기에 일기 시작한 근대적 실학사상은 연암 박지원의 한문 소설에 심대한 영향을 미쳤고, 민족 고유의 리듬으로 된 판소리계 소설 등의 주제나 인물 설정 등에서 근대화된 의식이 싹을 보였다. 또한 평민문학의 발흥으로 사설시조가 등장하면서 시조 양식의 정형성 탈피라든지 내용 및 소재의 다양화 등의 현상이 나타나고 있었다. 그러나 불행히도 이 시기의 근대적 의식은 이를 계속해서 뒷받침해 준 후속적인 작업이 없었고, 그러한 의식이 일부 계층에만 머물렀을 뿐 전민족적으로 확산되지 못했다. 따라서 이 시기를 근대적 의식의 발아기(發芽期)라고는 할 수 있겠지만 본격적인 개화문학의 시기, 근대문학의 시기라고는 할 수 없는 것이다.

그에 비하여 19세기 말엽부터 비롯된 이 개화기에는 물론 그 개화의식이 자생적(自生的)인 것이기보다는 서구의 문물에 충격을 받은 외래적(外來的)인 것이긴 했지만, 거의 모든 한국민의 의식이 근대화를 지향하는 쪽으로 개혁되고 있었다는 점에서 17~18세기와는 크게 다르다. 이 시기에는 서양의 문화가 본격적으로 수입되었고, 그것이 근대문학의 발흥을 촉진시켰으며, 그러한 근대의식은 갑오개혁을 통한 제도적인 뒷받침 가운데서 힘을 얻었던 것이다.3)

2) 갑오개혁(甲午改革)의 의의

갑오경장(甲午更張)이 한국 근대사의 그 첫 개막이라면 이 갑오경장을 전후한 시기가 한국 근대문학(近代文學) 태동의 역사적인 배경이 된다.[4] 고종(高宗) 31년에 발포된 전 23조의 갑오개혁의 중요한 항목 몇 가지를 살펴보자.

① 爾今 內外公私의 文牒에 開國紀元을 쓸 것.
② 淸國에 대한 조약을 개정하고 각국에 전권공사를 특파할 것.
③ 문벌, 양반, 상민의 계급을 타파하여 귀천에 불구하고 인재를 選用할 것.
④ 文武尊卑의 制를 폐지하고 다만 品階에 따라 敬禮相見儀를 규정할 것.
⑤ 죄인 자신의 밖에 일체 緣坐의 법을 베풀지 말 것.
⑥ 嫡 及 妾에 다 자녀가 없을 때에 한하여 養子를 허할 것.
⑦ 남녀의 조혼을 엄금하고 남자는 20세 여자는 16세 이후에 嫁娶할 것.
⑧ 과부의 再嫁는 귀천을 물론하고 자유에 맡길 것.
⑨ 公私奴婢의 法典을 革罷하고 인신을 판매함을 금할 것.
⑩ 驛人, 倡偶, 皮工은 免賤함을 허할 것.

이러한 갑오개혁은 비록 그 최초의 동기가 일본의 강압에서 유래된 것이라 해도 그것이 한국 자체의 근대적인 각성과 연결되어 있었던 것이기 때문에 조선조의 봉건사회에서 근대적인 사회로 전환하는 획기적인 분수령을 만들게 하였던 것이다. 창가라는 것을 일종의 신음악 양식으로 본다면 이러한 사회적 변화가 음악 양식에 변화를 일으킨 것으로

---

3) 북한의 문학사에서는 이 시기를 가리켜 '계몽기'라 하고 있는데 이는 우리가 '개화기'를 영문으로 표기할 때 사용하는 'Enlightenment period'라는 말에 대응한다고 볼 수 있다. 『현대조선문학전집』 제6권은 바로 「계몽기시가집」(김학길 편, 1990, 평양: 문예출판사)으로서 19세기 말부터 20세기 초에 창작 발표된 국문시가작품을 모아 놓은 것이다. 이 책에서는 계몽기 시가들을 다음 몇 가지 형태로 나누고 있다. 구전가요 및 의병가요 · 시조 · 가사(1) · 가사(2) · 가사(3) · 가사(4) · 창가(1) · 창가(2) · 신체시.
4) 조연현, 『한국현대문학사개관』, 정음사, 1988, 2면.

볼 수 있는 것이다. 이강숙은 이에 대해서 "1900년대의 우리 정부는 무엇이나 서양화에의 일로였고 군악대도 그 때문에 설립됐고, 교육 시책도 서양화에의 일로였다. 조양구락부(朝陽俱樂部)에 양악과(洋樂科)가 처음 설치되었을 때, 양악인과 국악인 사이의 알력은 대단한 것"이었지만, 정부의 시책이 양악을 지원하고 있어서 결국 국악인이 당할 도리가 없었다고 말한다.[5] 창가는 이러한 갑오개혁의 파급 효과로서 발흥한 신 장르의 하나였던 것이다.

3) 한글의 공용화

한글의 공용화는 우리나라가 문화적인 근대화를 기하는 데 있어서 가장 중요한 요소였다. 각 교육기관들에서 한글을 공식적으로 가르쳤으며, 각종의 신문·잡지 등의 출판물들이 한글 전용 혹은 국주한종체(國主漢從體) 내지는 언문일치(言文一致)적인 문장을 택하게 되었다. 특히 『서유견문(西遊見問)』을 지은 유길준은 이러한 국문의식의 선구자로서 "차라리 나는 중국의 문자인 한자를 아주 버리고 우리글을 사용하지 못함을 유감으로 생각하노니 아문과 한자의 교용은 다만 오늘의 시의를 위함이 따름이다. 그런즉 내가 순 한문을 쓰지 않고 아문을 섞어 씀의 옳고 그름을 금세인보다도 차라리 후세인의 판단에 맡길 것이다"[6]라고 할 만큼 그 의식이 투철했다.

이러한 변화는 한글을 '언문(諺文)'이라 하여 아녀자들이나 사용하는 것으로 보았던 시대적인 관습으로부터는 정말 혁신적이라 할 만한 변화였다. 또한 순국문으로 된 신문들인 개화 초기의 『독립신문』 및 『대

---

5) 이강숙, 「음악양식과 사회」(이강숙 편, 『종족음악과 문화』, 민음사, 1982), 137면.
6) 조연현, 앞의 책, 8면에서 재인용. 유길준의 개화사상에 대해서는 이광린, 「유길준의 개화사상」(앞의 책)을 참조.

한매일신보』와『뎨국신문』 등이 큰 공헌을 했다. 이 신문들은 물론 개화, 애국 사상을 바탕으로 한 언론이 본래적인 목적이었지만, 한글의 보급 및 공용화라는 취지를 분명히 가지고 있었으며 특히 근대언론의 효시로 일컬어지는『독립신문』의 경우 순 한글로 된 시가 작품을 싣기도 해서 그로 인한 문화적 파장은 대단했던 것이다.

4) 서구식 교육기관의 설치

한국의 근대식 교육기관은 1886년부터 설립되기 시작했다. 처음에는 관립학교가 아니라, 스크랜튼 부인(Mrs. Scranton)이 설립한 이화학당이나 아펜젤러(Henry Gerhart Appenzeller) 목사가 설립한 배재학당처럼 미국인 선교사들에 의해 설립된 사립학교가 주류를 이루었다. 그 뒤를 이어 관립의 육영공원이 설립되었고 각 외국어학교들이 설립되었으며, 1905년에는 양정의숙이, 1906년에는 보성과 휘문이, 1907년에는 중동이, 1908년에는 기호학교(현 중앙고등학교의 전신) 등의 사립학교들이 계속해서 설립되었다. 1908년 10월 1일 현재 학부에서 인가한 학교의 수가 326교 정도였으나, 1909년에는 학부에 신설을 청원한 사립학교 수가 무려 2,056교나 되었으며, 1910년 1월 29일 현재로 전국에 걸쳐 인가된 사립학교의 수만도 2,400여 교라는 놀라운 숫자에 이르렀다.[7]

한편 일본의 영향 아래에 있기는 했지만 각종 학제의 제정 및 시행도 이 시기에 이루어졌다. 1895년 1월에 반포한 「홍범 14조(洪範 14條)」와 그 서고문에서 고종(高宗) 황제는 "널리 학식을 만국에 구하고" 또 "좋은 것을 능히 취하여 자주 독립하는 기업을 굳게 하라" 하여 교육의 중대함과 시급함을 언급하였고, 1895년 2월에는 특히 교육 입국의 취지를

---

7) 강윤호, 「개화기의 교육실태」,『한국문화원 논총』 제5집, 1964, 32~33면에서 재인용.

천명하는 이른바 '교육조서(敎育詔書)'를 발포하여 교육으로 지덕체를 함양할 것을 강조했다. 이에 발을 맞추어 1895년 4월에는 학부관제가 제정 시행되었고 7월에는 소학교령이 시행되었는데, 1895년 4월 16일의 한성사범학교 관제 반포로부터 시작하여 1900년까지 각종의 제도가 마련되었다.

1905년 이후에는 각급 학교령이 개정되거나 새로 제정 공포되어 1906년에는 사범학교령이 공포 시행되고, 같은 해에 이미 시행중이던 중학교령을 개정하여 고등학교령을 공포하였고, 외국어학교령도 개정되었으며, 소학교령을 개정하여 보통학교령을 공포 시행하기에 이르렀다. 1908년에는 고등여학교령이 공포 시행되었다. 이러한 각종 학제와 학교의 설시에 따라 많은 학생들이 개화의 행진에 동참하게 되었고, 이 학교들을 통해 근대식 문물을 접할 수 있었던 것이다. 또 이때 간행된 각종 교과서를 통해서 국문을 익히고 또 창가도 배우게 되었던 것이다.

5) 근대식 저널리즘의 발달

개화기에 발흥하기 시작한 근대식 저널리즘은 문화의 유포 및 창작 형태에 심대한 영향을 미쳤다.[8] 정한모에 따르면 개화기 시가들은 저널리즘의 발달과 더불어 육성되기 시작하여 일종의 저널리즘 문학의 제1기를 형성시켰다고 한다.[9] 이 부류에 드는 개화기 저널리즘을 유형별로 일별하면, 우선 신문 쪽으로는 1896년에 창간된 순국문판 최초의 근대적 신문이라 일컬어지는 개화 계층의 『독립신문』, 1898년에 창간되어 국한문 혼용으로써 당시의 지식층 중류 계급을 독자로 한 보수적인 『황성신

---

8) 이에 대해서는 김영철, 「신문학 초기의 문학 저널리즘 형성 과정」(『한국근대시론고』, 형설출판사, 1988), 9~38면을 참조하시오.

9) 정한모, 『한국현대시문학사』, 일지사, 1974, 96면.

문(皇城新聞)』, 1898년에 창간되어 순국문 일간지로 발간되어 중류 이하의 대중과 부녀층을 독자로 한『뎨국신문』, 군국 일본의 무력적 침략에 대하여 예리한 필봉으로 이에 항거하던 1905년에 창간된『대한매일신보(大韓每日新報)』, 이밖에 천도교인들이 중심이 되어 창간한 1906년의『만세보(萬歲報)』및 1907년에 천주교 계통의 기관지 형태로 창간된『경향신문(京鄕新聞)』등이 있었다.

한편 1896년 2월부터는『친목회회보(親睦會會報)』라는 '대조선인 일본 유학생 친목회'라는 단체에서 발간하는 잡지가 나옴으로써 한국인에 의하여 한국어로 발행된 최초의 잡지가 나왔고 이에 이어서,『태극학보(太極學報)』(1906.2 창간),『공수학보(共修學報)』(1907.1 창간),『대한 유학생회학보(大韓 留學生會學報)』(1907.3 창간),『동인학보(同寅學報)』(1907.7 창간),『대한학회월보(大韓學會月報)』(1908.1 창간),『대한흥학보(大韓興學報)』(1909.3 창간),『상학계(商學界)』(1909.4 창간) 등의 잡지(학회지)가 재일본 한인 유학생 단체의 의해 발간되었다. 이와 아울러 국내의 각 학회에서도 기관지를 발행하였는데,『서우(西友)』(1906.12)와 이를 이어받은『서북학회월보(西北學會月報)』(1908.6) 및『호남학보(湖南學報)』(1908.6),『기호흥학회월보(畿湖興學會月報)』(1908.8),『교남교육회 잡지(嶠南敎育會 雜誌)』(1909.4) 등이 연이어 창간되었다. 이러한 잡지들은 대체로 학회의 기관지 성격을 띤 것으로 비대중적이고 폐쇄적인 면이 있었는데, 1908년 11월에 최남선에 의해서『소년(少年)』지가 창간됨으로써 본격적인 대중잡지가 나오게도 되었다.

이외에도 대중적이지는 않았지만『대한크리스도인 회보』도 개화기의 중요한 언론의 하나였다. 이 신문은 1897년에 미국 감리회 선교사인 아펜젤러를 발행인으로 하여 주간으로 발행되었던 신문으로 기독교 신문의 효시가 된다. 이 신문은 1905년에 창간되었던『그리스도신문』과 1907년에 통합되어『예수교신보』라는 이름으로 계속 발행되었다.10)

---

10) 기독교계 신문의 발간 경위나 발간 상황에 대해서는 이덕주, 「한국 기독교 신문·잡지 개관」(한영제 편,『한국기독교 정기간행물 100년』, 기독교문사, 1987)을 참조하시오

이러한 각종 신문·잡지·학회지 중에서도 신문 쪽에서는『독립신문』이, 그리고 잡지 쪽에서는『소년(少年)』지가 가장 중심이 된다고 할 수 있다.『독립신문』은 개화 초기인 1896년에서 1899년까지의 개화문예의 서장을 전담했으며, 개화 및 독립이라고 하는 당대의 시대적 이념에 어울리는 신문이었고, 또 그런 이념에 합당한 시가들을 다수 싣고 있는 신문이기도 하였다. 개화층의 인사들이 이 신문을 구독하고 있었고, 또 그런 사람들이『독립신문』에 시가를 투고한 주인공들이기도 했다.『독립신문』의 발간 취지나, 논조 및『독립신문』에 실리는 작품의 형식과 내용은 많은 잠재적 개화층 작자들에게 창작 의욕을 불러일으킨 동시에 그 방법도 구체적으로 교시해 준 것으로 여겨진다. 또한 특히『독립신문』의 경우에 한글 전용으로써 한글의 문학적 매체로서의 가치를 확립하는 데 크게 기여했다고 하는 것도 언급하지 않을 수 없다.

『소년』지는 주로 아동들을 상대로 한 잡지이기는 했으나 문학 분야에 끼친 공은 적지 않은 것으로 생각된다.『소년』지는 근대적인 종합잡지의 효시였고, 당대의 대표적 잡지였다. 이 잡지는 청소년의 계몽에 기여한 바가 컸고, 서구 문화 특히 서구문학의 도입에 선구적이었다. 아울러 신문체를 개척하였고, 불완전하나마 어문일치의 문장을 처음으로 시도했다. 그러나 무엇보다도 이 잡지의 의의는 흔히 한국 근대시의 효시라고 일컬어지는「해(海)에게서 소년(少年)에게」를 비롯하여 창가·신체시·자유시·산문시 및 시조 등 1911년 5월에 통권 23호로 폐간될 때까지 4년여에 걸쳐서 다종다양한 자료들을 싣고 있는 점이다.

『소년(少年)』지는 이처럼 다양한 양식의 작품을 집중적으로 실었다는 점에서 큰 의의를 가진다. 1896년 4월에 창간된『독립신문』이나 이를 이은『황성신문(皇城新聞)』(1898),『대한매일신보(大韓每日新報)』(1905) 등의

이 시기를 그는 도입기(1885~1910)라고 부른다. 김영민,『한국 근대소설의 형성 과정』(소명출판, 2005)에도 '근대문학의 발생 및 전개와 근대계몽기 기독교 신문의 역할'에 대한 논의가 있다.

신문과 몇몇 학회지들이 담당한 개화기의 문학 자료집으로서의 성격을 이어받은 『소년』지는 다른 문헌들과는 달리 편집자이면서 동시에 거의 유일한 집필자이기도 했던 최남선의 특별한 관심도 있었고, 또 잡지라는 성격도 있었기에 그처럼 많은 작품들을 실을 수 있었던 것이다.

이처럼 저널리즘에 의한 문학 창작은 자연히 그 이전의 문학과 성격을 달리하게 되는데, 그 두드러진 특징이 문학의 대중화 현상일 것이라고 김영철은 지적한다.[11] 이 대중화 현상 가운데는 창작 주체의 보편적 기층 형성과 향수층의 양적 확대가 포함된다. 물량 면에서 신속한 보급과 전달이 가능했고, 소수의 창작 및 향수 계층에서 다수의 대중이 문학 창작과 감상에 함께 기여할 수 있게 된 것이다.

6) 기독교의 문화 신학적 선교 활동

기독교는 그 선교 초기부터 문화 신학적인 태도를 취했다. 따라서 초기 선교사들은 병원을 건립하고, 기독교계 교육기관을 설립하였으며, 성경의 번역과 보급을 위해 한글을 연구하였고, 신앙의 전파와 풍속의 개선을 위해 찬송이라는 새로운 음악 양식을 번역·소개·전파시켰던 것이다.

이와 관련하여 1897년 미국 북장로교회 선교부가 지방학교 교육 방침으로 채택한 연차대화의 결의문은 선교지에서의 학교 설립의 필요성을 강조하고 있다.

교인이 다수 거주하는 지역에는 초등학교를 반드시 세워야 하며, 그 유지비도 그 지방 교회가 담당하게 하고, 그 지역담당 선교사의 감독을 받게 한다. 단 특별한 경우에는 선교부가 유지비를 원조하되 그 원조액은 학교 총경상비

---

11) 김영철, 앞의 책, 9면.

의 절반이상을 초과할 수 없다.[12]

이러한 선교 지침을 보더라도 기독교 특히 개신교의 전파에는 교육 사업이 동반되었음을 알 수 있는데, 실제로도 이러한 지침에 부합하는 기독교계 미션학교가 기독교 전래 이래 각 지방에 수없이 세워졌다. 그 결과 1910년 현재 기독교계 소학교는 684개교에 15,000명 정도의 학생이 있었고, 중학교는 22개교에 1,500명 정도의 학생이 있었다.[13] 이러한 미션학교들에서 거의 어김없이 찬송가를 가르쳤다는 것은 주목할 만하다.

한편 한국의 기독교 전래는 선교사가 들어오기 이전에 성경이 먼저 번역되어 들어 왔다는 특징을 가지고 있으며, 성경의 보급은 한글의 보급과 궤를 같이하고 있다.[14] 선교사의 입국 이전에 성경이 먼저 번역되고 수입된 것은 당시의 쇄국정책으로 선교사의 입국이 자유롭지 못했던 것이 한 이유였다. 이러한 성서를 이해하고 공부하기 위해서 한글 해독의 필수성은 더욱 절실해졌고, 한글 해독 능력자가 확대됨에 따라 독서 인구가 현저히 증가되었으며, 한글 해독을 위해 기여한 성서 번역본의 역할은 가장 현저한 결과를 나타냈던 것이다.[15]

개신교(改新敎) 교회가 설립되면서 찬송가라는 새로운 음악 양식이 소개되기 시작했다. 물론 기독교의 종교의식 즉 예배에서 사용되는 것이기는 하지만 그것이 서양식 노래라는 점에서 하나의 문화적인 충격이라 아니할 수 없다. 기독교 개신교가 전래되기 1세기 이전에 천주교(天主敎)가 들어온 바 있지만, 음악교육에 결정적인 전환기를 가져다 준 것은 개신교의 전래와 찬송가의 소개였다.[16] 또 교세가 전국적으로 확장된 데

---

12) 백락준, 『한국개신교사』, 연세대 출판부, 1973, 340면에서 재인용.
13) 기독교와 한국의 근대교육에 대해서는 이만열, 『한국기독교문화운동사』(대한기독교 출판사, 1987), 179~201면을 참조하시오.
14) 기독교와 한글문화에 대해서는 위의 책, 427~461면을 참조하시오.
15) 정한모, 앞의 책, 101면.
16) 민원득, 「개화기의 음악교육」(유덕희, 『세계음악교육사』 학문사, 1985), 411~413면.

에는 천주교가 가지고 있지 않은 찬송가라는 것을 교리 전달의 매개물
로 삼았기 때문이라고도 볼 수 있다. 개신교의 찬송가는 특별히 택하여
훈련받은 성가대 혹은 사제(司祭)만이 부르는 것이 아니라, 예배에 참여
한 회중(會衆)이 함께 부른다. 게다가 그것을 선교의 한 방편으로 삼기
때문에 누구에게나 친근하고 또 대중적이며 음악적 감화가 큰 찬송들이
소개 보급되었던 것이다.

한국 최초의 교회가 세워졌던 황해도 장연군(長淵郡) 송천(松川)의 솔
내교회에서 1880년대에 「예수 사랑하심은」이란 찬송이 「주예수아이워
(主耶蘇愛我)」라는 중국어 가사로 불린 것이 한국 찬송의 효시로 확인되
고 있으며,[17] 1892년에는 존스(G. H. Jones)와 로쓰와일러(L. C. Rothweiler)에 의
한 『찬미가』가 출판되었고, 1894년에는 언더우드(H. Underwood)가 서양식
5선 악보까지 포함된 『찬양가』를 출판함으로써 본격적인 서양 음악의
수입이 이루어졌던 것이다.

민원득은 서양식 찬송가가 한국에서 손쉽게 보급될 수 있었던 당시
의 여건을 첫째, 한국인들이 음악적인 민족이라는 점, 둘째 기독교가 그
포교의 대상을 보수적 사대부 양반층보다는 신흥 평민층으로 했던 점,
셋째, 당시의 민족적 감정이던 독립이나 애국(愛國)·애민(愛民)사상 등
이 기독교정신과 부합되었기 때문이라고 말하고 있는데,[18] 초창기의 개
신교회에서 찬송가 원곡의 서양식 가창 방법대로 부르지는 못했겠지만
점차로 이 새로운 가창 양식에 익숙해져 갔을 것이다. 또 이러한 서양
식 곡조가 활발하게 보급될 수 있었던 것은 앞에서도 언급한 바 있듯이

---

17) 松川敎會(솔내교회)는 우리나라 최초의 개신교회였다. 즉 한국 개신교사의 첫 장에
   선구적인 인물로 기록되어 있는 徐相崙, 白鴻俊 등이 홍삼 행상차 만주에 갔다가,
   1879년 영국 선교사인 로쓰(John Ross)를 만나 세례를 받고, 1885년에 국내에 들어와 황
   해도 장연군 송천에 한국 최초의 개신교회를 설립했다. 이 두 사람 중 백홍준의 딸인
   백관성의 기억에 의하면 자신이 어렸을 때, 아버지가 새벽에 기도를 하고서 나즈막한
   목소리로 '주예수애워, 주예수애워'를 불렀다고 한다. 백락준, 앞의 책, 51~53면 및 『새
   문안교회 70년사』(1958), 47면 참조. 이 솔내교회에는 학교도 함께 세워졌다고 한다.
18) 민원득, 앞의 글, 414~416면.

기독교가 선교 초기부터 교육 사업을 병행했기 때문이었을 것이다.

개화기의 신음악가들의 대부분이 다 교회에서 선교사들로부터 음악을 배웠다고 고백하는 것을 보면 기독교의 예배의식과 기독교의 교육사업이 서양 음악의 보급에 얼마나 결정적인 영향을 미쳤던 것인가를 짐작할 수 있다. 각 미션학교에서는 음악시간을 통하여 이러한 찬송교육을 함으로써 서양 음악교육에 대신했던 것이다.[19] 각 선교단체들이 서울과 지방에 다투어 학교를 설립하였고, 학교가 있는 곳마다 교회가 섰으며 거기에는 또 반드시 음악이 따라와서, 초기의 학교들은 교회와 불가분의 관계를 가졌다. 또한 예배를 위하여 불리어지는 찬송가는 그것이 곧 학교의 음악 수업의 교재가 되기도 하였다.[20] 따라서 초기의 음악교육을 선교계 학교들이 담당했던 것은 자연스러운 일이었고, 이로 인해서 새로운 서양의 멜로디가 수입되었으며, 찬송을 통해 종교의식을 고취시켰고, 결과적으로 창가교육의 모체가 되었던 것이다. 그리하여 황병기 같은 이는 찬송가가 종교의 목적을 떠나, 세속적인 목적과 내용을 가지고 새로운 노래 형태로 나타난 것이 개화기의 창가였다고 말하기도 했다.[21]

이러한 현상은 한국에 선교를 담당했던 나라가 주로 미국이라는 점, 또 미국의 창가교육이 교회와 관계를 가지고 있다는 점에도 그 근거를 가지고 있다. 미국에서는 1720년대에 창가학교(唱歌學校, singing school)가 설립되기 시작했는데,[22] 그 설립의 필요를 강력하게 주장한 사람은 목

---

19) 『이화70년사』(1956), 38면; 『배재사』(1955), 60면; 『정신75년사』(1972), 81~85면 등을 참조하시오

20) 민원득, 앞의 글, 433면.

21) 황병기, 「전통음악과 현대음악」(이강숙 편, 『종족음악과 문화』, 민음사, 1982), 219면.

22) 유덕희, 『세계음악교육사』, 학문사, 1985, 342~344면. 창가학교에 대해서는 다음 인용문을 참조하시오.

A singing school is a brief course of musical instruction devoted to the rudiments of note-reading and sight-singing, with a focus on sacred music. Singing schools, established as early as 1700, were the first American musical institution; they fostered musical skills, notational innovations like shape notes, the composition of psalmody, and the publication of tunebooks like The Sacred Harp. Early singing schools often lasted two or

사인 토마스 사임즈(Thomas Symmes)였으며, 그 직접적인 목적은 이 학교를 통해 시편창(Psalm)의 가창 능력을 향상시키려는 종교적 의도였던 것이다. 이 창가학교가 나중에 일어난 음악운동의 사실상의 중심적 역할을 수행했던 것을 생각한다면 이 창가학교야말로 미국에서의 예술 음악 및 학교 음악 발전에의 빛나는 출발이었다. 이 창가학교의 창시자이기도 한 로웰 메이슨(Lowell Mason, 1792~1872)은 교회 음악 분야에 많은 공헌을 하였으며, 창가학교의 '교수의 표준'을 설정하여 당시의 음악교육에도 큰 업적을 남겼다.

찬송가의 전래와 그것의 문화적 충격에 대한 구체적인 검증은 본론에서 하겠지만, 찬송가의 가사가 본시 서양의 시로 되어 있음을 염두에 둘 때에 서양시의 번역이라는 작업이 이 시기에 지속적으로 이루어지면서 서양식 곡조나 리듬에 맞춘 새로운 한국어 시형식이 탄생하게 된 것이라고 할 수 있다. 기독교의 영향이 다른 부문에서는 간접적이었다고 하면, 이 찬송가의 번역과 그 보급이라는 작업은 아주 직접적인 영향을 끼쳤는데 특히 개화 초기의 무명시인들에게 미친 바 그 영향은 심대했다고 말하지 않을 수 없는 것이다.[23]

---

three months, usually during a season of slack agricultural work (the winter months, or midsummer "laying-by" of crops), Today's schools may last only a week or two. Other forms of instruction, comprising only a single session, frequently occur in connection with conventions or festivals. Though sometimes advertised as "singing schools", the term "workshop" might be more appropriate. http://www.mcsr.olemiss.edu/~mudws/schools.html
23) 찬송가의 번역과 그것이 신문학 형성에 미친 영향에 대해서는 김병철, 『한국근대번역문학사연구』(을유문화사, 1975), 72~150면을 참조하시오

2. 창가 연구의 의의

1) 창가(唱歌)의 개념과 범위

일반적으로 '창가'라는 말은 '노래(歌, song)' 혹은 '가창(歌唱, singing)'이라는 두 가지 의미를 지닌다. 창가(唱歌)라는 한자어의 뜻도 노래를 부른다—말하자면 가사(노랫말)에다가 박자와 억양이 있는 곡을 붙여서 노래로 부른다는 뜻이다.24) 우리나라보다 '창가'라는 말이 먼저 쓰인 일본의 경우엔, 본시 창가라는 것이 기악곡의 가락을 성악으로 부른다는 뜻이었다고 하나, 명치유신(明治維新) 이후의 일본 개화기에 사용된 창가라는 말은 위와 같은 두 가지 의미를 가지고 있다고 한다.25) 이러한 두 가지 의미 가운데서 문학사나 음악사의 용어로 사용하기에는 동사적인 의미의 '가창(歌唱)'이라는 개념보다는 아무래도 '노래'라는 명사적인 의미가 적합할 것이다.

그러나 이런 정도의 개념 정의는 창가의 정의로서는 불충분하다. 창가를 노래라고 할 때 그 개념으로 다룰 수 있는 연구 대상의 범위가 너무 넓고 막연하기 때문이다. 또한 '창가'라는 것은 단순히 노래라는 일반적인 의미로서보다는 우리나라의 신문학사 혹은 신음악사에서는 어떤 시기에 구체적으로 존재했던 특별한 문학 혹은 음악 양식을 지칭하는 말이기도 한 까닭이다. 그 중에서 우선 '노래'라는 개념부터 확실하게 이해해 둘 필요가 있다. 일반적으로 '노래'라는 것은 문학적 성분인 가사(歌詞, verse)와 음악적 성분인 곡조(曲調, tune)가 결합되어 이루어진 것이고, 또 '가창'이라 함은 어떤 노래의 가사를 그 곡조에 맞추어 사람이 음성으로 부르는 것을 의미한다. 따라서 창가의 개념을 확정하고 연구

---

24) 민원득, 앞의 글, 452면.
25) 『日本音樂大事典』(東京 : 平凡社, 1981)의 「음악교육」 항목 참조.

의 범위를 한정할 때에 우리는 가사의 문제와 곡조의 문제를 동시에 검토하지 않을 수 없다. 지금까지의 창가의 개념과 범위를 정하는 연구들이 이 두 가지 문제에서 벗어난 것이 없고 또 이 두 가지 문제는 서로 긴밀한 관계를 가지고 논의되어 왔던 것이다.

한국의 신음악사를 다루는 이들에게 있어서 창가는 개화기 성악곡의 독특한 명칭으로서, 오늘날과 같이 예술가곡(藝術歌曲)·동요(童謠)·대중가요(大衆歌謠) 및 국민가요(國民歌謠) 등으로 분화되기 이전의 통합 양식 혹은 그것들의 초기 양식을 의미하는 명칭으로 이해되고 있다. 그리고 이때의 창가는 서양식의 곡조를 가진 것이어야 했다. 문학사의 경우에는 물론 가사(歌詞, verse)의 양식 문제도 있었지만 특히 부곡(附曲)의 여부 혹은 부곡의 성격 문제가 창가의 장르 규정에 중요한 관건이 되었다. 그 주요 견해들을 정리하면 다음과 같다.

①4·4조 리듬을 갖추어 조선조 가사와 동일하나 서양식 악조에 의하여 불리며 분절법을 취함. 6·5, 7·5, 8·5조의 새로운 리듬에 맞춘 새로운 시가(조윤제, 『조선시가사강』).

②전통가사와 운율형식만 같을 뿐 내용과 노래하는 곡이 전혀 다름. 서양음악에 맞춤. 낡은 형식에 새로운 사조를 담고 있고 평민화하는 귀족과 신흥평민의 야합에 의한 장르(임화, 『조선신문학사』).

③개화기에 노래로 불리었던 4·4조, 7·5조, 6·5조, 8·5조, 5·5조 등의 律調詩를 말함. 그 특징은 음악과 결합된 가요라는 점(고정옥, 『국어국문학요강』).

④노래로 불리어진 것. 4·4조, 7·5조, 자유율도 포함됨. 가창 유무가 창가의 변별적 기준이 됨(백철, 『국문학전사』).

⑤민요와 시조의 영향을 받아 4·4조 가사 형식으로 출발한 개화기의 신생활양식. 계층과 연령을 초월한 國民 皆唱의 노래로 초기 창가는 무의식적인 것이었으나 六堂 창가는 의식적임(조연현, 『한국현대문학사』).

⑥7·5조의 자수율을 기조로 한 노래로서의 가사. 7·5조 리듬 및 창가의 명칭은 일본에서 영향 받음(정한모, 『한국현대시문학사』).[26]

⑦ 찬송가, 창가, 교가 등 서양음악의 영향으로 형성된 장르. 가창 장르로서 시가가 분리되기 이전의 과도기적 양식임. 분련 및 후렴구, 부곡 등이 동반됨(김용직, 『한국근대시사』).

⑧ 서양식 악곡에 의한 본격적 노래. 악보에 수반되어 가창을 전제로 한 것으로 六堂의 7·5조 계열의 작품(송민호, 『한국문화사대계』).

⑨ 가창을 전제로 한 장르이나 『독립신문』의 애국독립가와는 다르게 2행연에서 4행연으로 변모되고, 4·4조의 음수율이 7·5조 주축으로 바뀜. 악보가 수반되며, 그 악보는 서양음악에 근거함(김학동, 『한국개화기 시가연구』).

⑩ 창가는 우리 문학사에서 주로 계몽사상을 기본내용으로 한 운문 시가로서 당시에 새로 받아들인 서양음악에 맞추어 불려진 노래의 가사부분을 말함. 물론 그 후에 오면서 창가의 주제 영역은 확대되었고 창가의 개념 자체도 '학교에서 가르치는 노래'라는 뜻으로 바꾸어짐(김하명, 「해제」, 『계몽기시가집』).

지금까지의 연구들에서 문제가 되고 있는 것은 다음 두 가지다. ① 우선 창가의 율조 문제로서 7·5조류만을 창가로 볼 것이냐 아니면 재래식의 가사 양식과의 유사성을 보이고 있는 4·4조도 포함시키느냐의 문제와, ② 가창된 것만을 창가로 할 것이냐 아니면 가창되지 않았더라도 그러한 창가의 율조와 동일한 것이 있으면 그것도 창가에 포함시킬 것이냐의 문제다. 가창의 조건과 율조의 성격은 서로를 제약하는 조건이기에 이 두 문제는 밀접한 관계를 가지고 있다. 이중에서 가창의 문제를 염두에 두고 볼 때, 개화기 창가는 대체로 다음 4가지 유형으로 나뉜다. 먼저 악보가 제시된 것과 악보가 제시되지 않은 것으로 나뉜다. 악보가 제시된 창가는 곡조의 기원에 따라서 외래 악곡에 의한 창가와 한국인에 의한 창작 창가 두 개의 유형이 있다. 악보가 제시되지 않은

---

26) 정한모는 일정한 리듬이 반복되는 것 중에서 주로 일본 창가조인 7·5조와 그에 가까운 것들을 이 '唱歌'라는 명칭으로 묶어 놓는다. 즉 4·3·5, 3·4·5를 비롯하여 3·3·5내지 4·4·5의 자수로써 이루어져 있고 주로 일정하게 분련(分聯)되어 있는 것들을 창가로 유별한 것이다. 이것은 『少年』 소재 시가 중에서 창가라는 명칭을 부여할 때에 그가 정한 기준이었다.

창가는 가창 곡조를 전제로 한 창가와, 곡조를 전제로 하지 않은 창가
가 있다.

　개화기의 창가 중에서 외래 악곡에 의한 창가로는 최남선의 「경부철
도노래」(1908)와 『학부창가집(學部唱歌集)』에 실린 여러 창가들을 들 수
있고, 한국인에 의한 창작 창가로는 『소년』지에 실린 바 있는 「단군절」
(2년 10권, 1909.11)과 「청년학우회가」(3년 4권, 1910.4) 등이 있다. 가창 곡조
를 전제로 한 창가에는 배재학당의 「무궁화노래」, 특정한 가창 곡조가
없으나 창가로 볼 수 있는 것에는 『독립신문』의 애국가류들과 『소년』
지의 「소년의 녀름」(3년 6권, 1910.6) 등이 있다.

　창가는 가창을 전제로 한 것이며 그 가창 곡조는 서구식이어야 한다
고 한결같이 주장하고 있는 선행 연구들의 경우에 실제로는 악보의 제
시 여부는 고려하지 않았고, 악보가 없더라도 어느 정도 창가의 가사 양
식에 유사한 형식의 시가 있을 때 이를 창가로 보려는 경향이 있었다.
선행 연구의 이러한 태도는 그 가창 곡조가 서구식이어야 한다고는 했
으나 그 구체적인 성격에 대해서는 언급하지 못하는 문제점을 드러냈다.
여기서 서양식 곡조라는 것은 무엇이며 그것을 창가의 정의에 필요조건
으로 할 것인지의 여부를 좀 더 자세히 검토해 보자.

　창가의 조건으로 그 곡조가 서양식이어야 한다고 했을 때 이 서양식
이라는 말의 의미는 그렇게 간단하지가 않다. 사실 '서양'이라는 말의
정의조차 어려운 것이다. 가령 음계(scale)의 면에서 이를 검토해 보자. 어
떠한 음악 체계의 기본이라 할 수 있는 음계는 그것을 기초로 하여 가
락(melody)과 화성(harmony) 체계가 만들어지기 때문에 중요한 의미를 지닌
다. 당시의 서양 음악계에서는 16세기에 J. S. 바흐가 평균율을 완성한
이후에 온음계(도레미파솔라시도)가 확고한 음계 체계로서 자리 잡고 있었
는데, 우리나라 개화기에 수입된 서양 노래의 한 부류는 주로 5음 음계
(도레미솔라)를 사용하는 스코틀랜드 민요 계통이었다. 이 5음 음계는 7음
음계가 탄생하기 전의 형태로서 덜 진화된 말하자면 당시의 서양 음악

의 사정에 비추어 볼 때에 아직은 서양적이지 않은 즉 근대화되지 못한 음계이었던 것이다. 또한 이 5음 음계는 물론 우리나라를 비롯한 동양의 5음 음계와도 통하는 것이었기 때문에 이러한 음계로 된 선율(melody) 역시 한국인들에게 그리 낯설지 않은 것이었다. 이로 볼 때 그 동안의 논의에서 말하는 서양식 노래라는 것은 거의 대부분 서양식의 노래가 아니라 단순히 '서양에서 부른 노래' 혹은 '서양에서 수입된 노래'라는 의미로 읽혀지게 된다.

곡조의 성격은 반드시 서양 음악적일 수만은 없다고 생각한다. 그것을 완전한 서양 음악적인 것으로 이해할 때는 가령 음계나 선조나 악식 등이 서양 음악적인 것이어야 할 테지만 개화기 창가의 경우 비록 서양에서 들어온 곡조라 하더라도 그 음계의 유사성 때문에 동양의 선율과 통하는 것들이 적지 않았으며, 비록 완전한 서양적 곡이었다고 하더라도 그대로 수용할 만한 준비가 아직 되어 있지 않았기 때문이다. 이 사실은 특히 완전한 서양 음악적 노래라고 볼 수 있는 찬송가의 경우도 개화기의 한국 교회에서 이를 서양 음악적으로 수용하기가 어려워서 우리 고유의 창법으로 부르려는 경향이 있었음을 보아도 확인될 수 있다.

한편 개화기의 창가들 중에는 서양에서 수입된 노래 외에 일본에서 수입된 일본식 곡조도 있었고(『학부창가집』의 일부 창가), 한국인에 의해서 작곡된 곡조도 있었다. 따라서 이 모두를 서양식이라는 이름으로 묶을 수는 없다.

여기서 또 고려해야 할 것은 『독립신문』 무렵의 소위 애국가류들의 경우다. 이 애국가류들은 찬송가의 곡조로 불렸다는 주장도 있긴 하지만 대체로는 가창의 형태가 아니라 재래식의 음송 형태로 불린 것들로 보인다. 서양식 곡조의 도입에 앞서서 이미 각 학교들에서 비록 창가라는 이름은 아니었지만 새로운 노래 즉 재래식의 가사(歌辭)라든지 민요(民謠)나 동요(童謠)가 아닌 새로운 노래들이 불리고 있었고 또 이러한 노래들은 개화기의 국민적 개창운동의 산물이었기 때문이다. 따라서 창가

의 정의에 서양식 곡조로 불려야 한다는 것을 절대적 조건으로 삼을 수
는 없는 것이다. 본 연구는 이런 점에서 개화기에 불린 노래의 경우 그
가창 방법이 서양식 노래 혹은 서양에서 수입된 노래 곡조로 되어 있지
않은 것이라도, 또 가창 형태가 아닌 음송 형태로 불린 것이라도 그것
이 개화기의 시대사조를 반영하며 신생활 양식에 어울리는 것이라면
이를 창가로 보고자 한다.[27]

　여기서 한 가지 더 고찰을 요하는 것이 바로 개화 당시의 '창가(唱歌)'
라는 용어의 사용 방법이다. 개화기에 최초로 '창가'라는 말이 등장하는
기록은 1900년의 『증보문헌비고(增補文獻備考)』 「설군악란(設軍樂欄)」이
다. 이 항목에는 '창가행진곡(唱歌行進曲)'이란 말이 보이고 이 곡을 당시
의 군악의 하나로 연주했다는 기록이 있는데 이때의 창가행진곡이라는
것은 아마도 본래 노래의 가창 곡조로 쓰이는 것을 취주악으로 편곡해
서 연주한 것을 의미하는 것처럼 보인다. 여기서 창가란 말은 '노래로
부른 곡'이란 뜻으로 쓰인 것이다. 또 경성학당 졸업식에 대한 기사(『皇
城新聞』, 1900.3.8)에 '제성창가(齊聲唱歌)'라는 기록이 보이는데 이 기사의
창가(唱歌)라는 말은 한 목소리로 '노래 부르다'라는 동사적인 의미로 보
인다. 따라서 창가라는 말이 어떠한 양식명을 의미하지 않고 일반적으
로 노래한다는 뜻 정도로만 쓰인 것이었다.[28] 이외에도 '○○학교 창가'
라는 기록도 더러 보이는데[29] 이 경우에도 대체로 노래라거나 노래 부

---

27) 음송된 형태까지도 창가의 범주에 넣는다면 신체시도 창가의 한 종류가 되겠지만,
　　신체시는 이미 노래체의 양식을 벗어났으며 개화기의 시대사조와는 멀어진 유형인 것
　　이다. 창가와 신체시의 장르적 변별에 대해서는 제6장 「신시의 형성과 창가의 역할」
　　을 참조하시오
28) 이화학당이나 배재학당의 학교 사료에는 초창기의 교과목으로 '창가'가 있었다고 하
　　지만, 1890년대 말까지에는 아직 창가라는 명칭이 보편화되지 못했고, 또 당시의 교육
　　내용도 거의 찬송가를 영어 혹은 우리말로 번역한 것을 부르는 정도였다고 한다. 민원
　　득, 앞의 글, 429~430면;『이화70년사』(1956), 8면;『배재사』(1955), 60면;『정신75년사』
　　(1972), 87면 참조.
29) 이에 대해서는 다음 장에서 학교 창가를 검토할 때에 보다 자세히 설명하기로 한다.

른다는 단순한 의미였다. 즉 '○○학교 창가'라는 말은 오늘날 '○○학교의 교가' 혹은 그 학교에서 공적으로 제정해 놓은 운동가 응원가 등을 일컫는 말이었다. 한편 각 학교에서 특히 학교의 각종 행사시 부르던 애국가·독립가·진보가(행진가) 등의 의미로 쓰이기도 했다.

그런데 창가라는 말이 이처럼 일반적인 의미만을 가지고 있었던 것은 아니었다. 초기에는 위와 같이 노래라거나 노래 부른다는 의미로 쓰였지만 1906년부터는 '보통학교령'에 의거하여 보통학교 교과과정 중의 한 교과목 명으로 정해졌고, 아울러서 그 교과의 교육 내용 즉 '노래 부르기'30)란 의미로 쓰이게 되었으며 또한 그러한 음악 시간에 가르치는 노래 자체를 지칭한 것이기도 했다. 그리고 이러한 취지에서 1910년에는 학부에서 창가집을 편찬하였던 것이다.

1908년부터 발간되던 『소년』지에서 사용된 '창가'라는 말의 의미는 그러나 명확하지가 않았다. 『소년』지에서 창가라는 말은 1910년부터 쓰이기 시작했고, 이 용어를 붙여 놓은 시는 4편에 불과하며 이것들은 대체로 7·5조류의 형식을 가지고 있었다. 이 시들은 악보를 가지지 않았고 그렇다고 어떤 특정 곡조를 전제로 지어진 것도 아니었다. 『소년』지의 악보 붙은 시가들에는 '가곡(歌曲)'이란 명칭이 붙어 있을 뿐이다.

이와 같이 개화 당시의 창가라는 말은 그 지시하는 개념의 범위가 아주 넓은 것이었다. 개화 이후 1세기가 지난 오늘날에는 '창가'라는 말은 일상적으로는 더 이상 쓰이지 않는 말이 되어 버렸다. 교과과정의 교과목 혹은 교육 내용으로서의 '창가'라는 의미는 이미 오늘날의 교육 제도하에서는 사용되지 않는다. 신음악의 가요들은 이미 분화될 대로 분화되고 또 그 분화된 형태에 각각의 알맞은 명칭들이 생겨서 창가라는 형태는 물론 그 명칭조차도 사용되지 않고 있다. 문학계에서도 창가라는 말은 문학사를 다룰 때 이외에는 거의 쓰이지 않으며, 오늘날에 창

---

30) 이 당시에는 악기 연주법이 고등학교 과정에 들어 있기는 했지만 여러 여건상 그대로 시행되지는 않았다.

가의 제작에 종사하고 있는 문학인이나 음악인들은 없다. 심지어는 '노래 부르다'는 동사적 의미는 한자어로는 '가창(歌唱)'이란 말로써 표현되지만, 대부분은 그저 '노래 부르다'란 우리말이 사용된다. '○○학교 창가'라는 것도 오늘날엔 '○○학교 교가'라든지 응원가 등의 이름으로 바뀌어 버렸다.

따라서 오늘날 개화기 문학 연구자들에게 주어진 과제의 하나는 '창가'라는 말을 어떤 식으로 명확하게 정의해서 쓰느냐 하는 것이다. 창가에 대한 바른 정의는 자연히 창가 연구의 범위를 한정하게 될 것이다.

본 연구는 창가를 개화기의 '신생활의 음악적 표현'이며 그것은 집단적 형태로 나타났다고 본다. 즉 개화기의 여러 행사 자리에서 자주·독립·애국·진보 등의 내용으로 불린 『독립신문』의 애국가들이라든지, 각 학교에서 역시 같은 내용으로 학생들에게 가르친 노래라든지, 그 학교의 여러 행사에서 단체로 부른 노래라든지, 『소년』지의 창가나 「경부철도노래」처럼 신교육적인 취지를 가진 창가들이 다 이에 해당되는 것이다. 『독립신문』의 애국가들도 상당수가 학생들과 관련된 것임을 생각해 볼 때에 '창가'라는 말을 '학생들이 부른 노래' 혹은 '학교에서 제정한 노래', '학교에서 가르친 노래'라는 뜻으로 한정해 볼 수도 있다. 이것은 학부에서 1906년부터 공식적으로 정해서 사용하던 의미와 같다.

개화기의 개화자주독립애국운동의 주체는 개화층이었지만 실제로 그것을 노래로써 표출했던 것은 학생들이었다. 이는 개화 초기의 각종 행사들의 절차를 보도하고 있는 『독립신문』의 기록들을 보면 확인될 수 있다. 가령 독립협회가 주최했던 '대조선 개국 오백오회 기원절' 축하 행사에 관한 기사를 실은 1897년 8월 17일자 『독립신문』 잡보란에는 「축수가」와 「무궁화노래」 등의 노래를 불렀다는 기록과 그 가사의 내용 일부를 실어 놓았는데 그 가창 순서를 배재학당 학생들이 맡았다는 기록이 있다. 그 다음 해의 기원절 행사에서는 각 학교 학도들이 경축 애국가를 불렀는데 음률로 화합하더라는 기사가 실려 있다.

한편, 개화기 창가를 개화기에 파급된 일종의 '신생활(新生活) 양식'으로 보고, 이것이 국민개창운동으로 전개되었다고 보는 태도에는 이를 단체의 노래로 여긴다는 생각이 개재되어 있다. 김영철이 지적한 바처럼 시를 개인의 창작품으로 개인의 감정과 세계관이 투영된 것으로 이해하기보다는 공적 감정의 전달로 인식할 수 있다는 것이다. 개화기 작품명의 익명화 현상도 이러한 현상과 관련이 있다. 창가를 단체의 노래라 할 경우 그 가창 곡조는 이미 그 단체의 구성원 즉 개화층이나 학생들에게 보편화된 곡조나 가창 방법이어야 한다는 생각이 전제되어 있다. 이 경우 당시로 보아 가장 무리가 없는 가창 방법은 역시 재래식의 음송법일 것이겠지만 점차로 서양 곡조가 수입 보편화되면서 서양 곡조를 악곡으로 한 노래도 보편화되었을 것으로 보인다. 특히 많은 창가들이 가사의 뒤에 만세(그 대상에 따라서는 천세라든가 백세 등도 불렀다)를 덧붙이고 있는데 이러한 만세 부르는 일은 집단의 행사 때에 있었던 일이고 보면 창가를 집단의 노래로 보는 것에는 무리가 없을 것이다.

『독립신문』 1896년 9월 22자의 논설은 특히 이처럼 공식적인 집단적 창가의 제정에 관한 청원의 내용을 가지고 있다.

우리 성각에는 죠션 정부 학교에셔들 국긔를 학교 마당 앞희 ᄒ나식 셰워 미일 학도들이 그 국긔 앞희 모혀 경례ᄒ고 이국가 ᄒ나를 지어 각 학교에셔 이 노리를 아춤마다 다른 공부ᄒ기 젼에 여러히 불으게 ᄒ고, 이런 노리는 위원을 학부에셔 졍ᄒ야 ᄒ나를 률에 맛게 문드러 외국 사름을 쳥ᄒ야 몃 날 동안 교원들을 노리ᄒ는 법을 ᄀᄅ친 후 그 교원들이 ᄌᄀ 학교들에 쏘 도라가 학도들을 ᄀᄅ치게 ᄒ는 거시 학문상에 대단히 유죠훈 일이요, 쏘 죠션 백성들이 나라 ᄉ랑ᄒ는 거슬 비홀 터이요……

이 논설의 주장을 요약하면, ① 가사를 통일할 것, ② 악곡을 분명히 정할 것, ③ 그 악곡은 서양식일 것, ④ 국민(國民)개창운동(皆唱運動)으로 이끌 것 등이다. 이처럼 집단적인 공동의 노래를 지향하는 것은 개화기의 당연한 추세였다고 볼 수 있기에, 본 연구에서 창가의 범위를 정할 때에 이를 참고하고자 한다.

한편 창가가 학생들과 관련된 노래라고 할 때에 특히 주목해야 하는 것은 당시의 창가가 학교의 교육을 통해서 전파되면서 일종의 문학적 율조 교육의 역할을 했으리라는 점과, 아울러서 이러한 과정을 통해서 현대문학사의 초기에 활동하던 이들이 이러한 학교교육을 통해서 새로운 율조를 체득하게 되었을 것이라는 점이다. 이런 점에서 창가에 대한 연구는 한국 근대문학사를 연구하는 데 있어서 중요한 의미를 지니고 있고, 또한 그러한 과정에 대한 연구도 중요한 의미를 가지는 것이다. 특히 창가의 대표적 율조라 할 수 있는 7·5조의 경우에 이 율조의 기원에 관한 논의가 과거에 활발했었고 오늘날까지 이 문제에 대한 어떠한 확연한 결론이 나지 않은 것처럼 보이는데, 이처럼 창가교육을 하나의 새로운 율조에 대한 교육으로서 즉 문학적 시형식에 대한 교육의 일환으로 이해함으로써 7·5조의 기원 문제가 해결될 가능성이 있다고 생각하는 것이다. 그러한 율조 교육을 통해서 소월·김억·김동환 및 주요한 등의 소위 민요조 시가들이 지어졌던 것이다. 이에 대해서는 본론에서 더 자세히 다룰 것이다.

가창 곡조의 면에서 볼 때에, 초기 창가는 아무래도 재래식의 음송 형태로 불리기 시작하여 이후 국민적 개창운동이 본격화되고 나서야 그러한 운동에 적합한 외국의 곡조들이 수입된 것으로 보인다. 즉 초기에는 재래식의 음송 형태의 창가가 유행했고, 이어서 외국의 곡조가 수입되어 이 두 양식이 혼효되다가 후기에는 외래 곡조 일변도로 전이가 일어난 것이다. 그러므로 창가의 곡조라 할 때는 재래식의 음송 형태를 포함해야 한다. 물론 재래식의 음송 형태라는 것은 뚜렷한 선율을 지닌 것이 아니었고, 또 그러한 재래식의 음송 방법 역시 개화기에는 단체의 노래가 되면서 다소간 변이되었을 것으로 보는데 이에 대해서는 본론에서 더 고찰하기로 하고, 다만 개화기 창가의 경우 그 부곡은 그것이

완전한 음악의 형태를 갖춘 것이든 그렇지 못한 것이든 간에 상관하지
않기로 한다.[31]

본 연구는 개화기의 창가로 그 범위를 한정한다. 민원득은 음악교육
에 있어서의 개화기를 본 연구와 마찬가지로 1894년에서부터 1910년까
지로 보고 있는데, 그는 그 이유를 "서양음악이 1886년의 벽두를 장식
하면서 수입되어 1895년에는 그 나름으로 정지를 끝내고, 1896년에서
1910년까지에는 음악교육의 꽃을 피우기 시작했기 때문이라"[32]고 한다.
구체적으로는 이때부터 근대식 학교가 들어서고, 그 학교에서 음악이
다루어지고, 그리고 민족적 자각의식에 눈뜬 많은 민중이 애국가를 부
르고, 그리고 근대사에 있어 서양의 악기를 대량으로 수입한 계기가 된
군악대가 창설되었다. 아울러 음악 교과서가 발간되었으며, 음악교육의
긴급한 필요성에 의해서 설립을 본 조선정악전습소(朝鮮正樂傳習所)의
모체인 조양구락부(朝陽俱樂部)가 설립된 것도 1910년이었다. 아울러서
문학사를 보더라도 이미 1907년부터 그 싹을 보이기 시작한 신시(新詩)
양식들이 1910년에 들어서서는 상당히 진전되고 있기 때문이다.

또한 1910년은 민족사적으로 볼 때에 경술국치의 해이고 이때로부터
일제의 암흑기에 접어들게 되는데, 대체로 개화기라고 말할 때에는
1910년까지로 정하는 것이 상례이기 때문이다. 그러나 좀 더 중요한 이
유는 1910년에 접어들어 창가가 완전한 학교의 노래로 자리 잡기 때문
이다. 1910년에 학부에서 편찬하여 발행한 『학부창가집(學部唱歌集)』은
당시 학교의 유일한 공식적 창가 교과서였고, 교과서 검인정 제도에 의

---

31) 이강숙, 「음악양식과 사회」(이강숙 편, 『종족음악과 문화』, 민음사, 1982), 126면 참
    조. 본 연구에서는 위에서도 언급한 바처럼 우리나라 개화 초기의 창가의 정의에 이러
    한 완전한 서양 음악적 척도를 동원할 수 없기에 민족음악학(Ethnomusicology)적인 입
    장에서 음악 혹은 노래라는 것을 이해하고자 하는 것이다. 즉 음악에 대해서 문화적
    정의를 내려 '사회의 구성원들에 의해 음악이라고 불리고 또 즐겨지는 음 현상은 무
    엇이나 모두 음악이다'라는 입장을 가지고 개화기 음악을 이해하려는 것이다.
32) 민원득, 앞의 글, 406면.

하여 다른 두 가지의 창가집이 발행된 흔적은 있으나 이 검인정 창가집들이 활발하게 쓰인 것 같지는 않은 것이다.

물론 『학부창가집』이 그 이전의 학교 특히 민족주의적 사립학교들이 나름대로 정해서 부르고 있던 민족주의적 색채의 창가들은 수록하지 않고 일본식의 창가집으로 편찬되었다는 문제는 있으나 아무튼 이 창가집은 공식적 창가집의 처음이면서 유일본이었고, 그 보다도 8년 뒤에 나온 이상준 편의 『최신창가집(最新唱歌集)』(1918년 간행)의 내용 역시 이에서 더 발전된 것이 거의 없음을 보아도 그 중요성을 확인할 수 있다. 물론 비공식적인 학교 창가들이 있을지는 모르나 공식적으로는 거의 이 『학부창가집』의 체제로 굳혀졌던 것이다. 1922년부터 해가 지나면서 판을 거듭할 정도로 인기가 있었던 이상준의 『신류행창가집(新流行唱歌集)』의 경우엔 창가가 학교교육의 현장에만 머무른 것이 아니라 그 책의 범례에서 표현한 대로 일반 세속에서도 유행함으로써 「카츄사」라든가 「사(死)의 찬미」 등의 소위 오늘날의 대중가요(유행가) 장르가 형성되었다. 그 외에도 물론 예술 가곡 쪽의 「봉선화」 등이 어느 정도 그 양식을 형성해 나갔고, 1910년 이후로는 소위 신체시 및 자유형 혹은 산문형의 시 양식들도 자리를 잡아 창가의 신문학 양식 형성에의 기여가 점점 약화되기 시작했던 것이다.

2) 창가 연구의 새로운 방법론

창가의 연구는 앞에서도 언급한 바 있듯이 우리나라의 신시 양식 특히 새로운 율조의 형성에 그것이 어떠한 영향을 미쳤느냐 하는 것을 밝히는 데에 그 의의가 있을 것이다. 이러한 점에서 본 연구는 특히 창가를 일방적으로 외래(外來) 장르로만 인식하고 있는 몇 몇 기왕의 연구에 대해서 반대의 입장에 선다. 즉 우리나라의 창가운동(唱歌運動)은 개화 이후 새로이 생겨난 개화운동의 확산 과정에서 생겨난 것으로 처음에 그것은 재래의 음송 양식으로부터 시작해서 점차로 서양 악곡의 부곡 내지는 일본 창가의 영향을 받아 새로운 형태로 굳어져 갔다고 생각하는 것이다. 개화기 창가라고 하는 양식은 이런 점에서 전통적인 조선조의 문학 양식이 외래문학 양식과의 교섭 관계 속에서 어떤 식으로 한국의 현대문학 양식의 성립에 기여했는가를 살피는 중요한 의의를 가지고 있는 양식이기도 하다. 비록 창가라는 양식은 일과적인 즉 그 자체로서는 생명이 길지 못한 양식이었지만 한국의 근대문학사에 있어서 위와 같은 중요성이 있는 양식인 것이다.

창가의 문학성 혹은 예술적 가치 그 자체에 대해서는 필자 역시 그리 긍정적이지는 않다. 개화기 시가들이 교술성(敎述性) 위주의 비문학적인 면이 많았다는 점은 이미 많은 논자들이 말하고 있는 바다. 그것은 우선 개화 초기에는 개화라든지 독립이라는 주제의식이 급격한 시대 변화와 결부되어 문학성이나 예술성이 우선되지 못했기 때문이었고, 또 그런 점에서 조선조의 시가문학이 이룩했었던 문학적 성취에 이르지 못하는 것이었다. 그 주된 이유는 개화기 창가가 시대와 환경의 제약을 극복하지 못하였던 점이다. 개화가 진행되면서 점점 외세의 침략에의 의욕이 노골화되어 특히 일본 제국주의의 침략 야욕은 1905년의 소위 을사보호조약이라는 미명으로 구체화되었고 급기야는 1910년에는 한일합방이라는 이름으로 우리나라를 강점하게 되었는데, 이때의 시대적 형편 역시 특히 『대한매일신보(大韓每日新報)』의 우국 경시가(憂國 警時歌)들에서 찾아볼 수 있듯이 급박한 것이었기 때문에 자연히 그 문학성에 있어서는 일정한 성취를 거두지 못했던 것이다.

따라서 창가의 연구에 있어서 본 연구가 주목하는 것은 그 문학성이나 그 내용적인 것이 아니라 주로 그 양식 쪽이다. 개화기 시가에 대한 접근에 있어서 그 양식에 주목하는 것은 바로 이 시기가 장르의 변형기였고,[33] 한국 시가사(韓國 詩歌史) 전 기간을 통하여 이렇게 다양한 종류의 장르 종이 접합·충돌한 예는 찾아보기 힘들며, 이러한 장르의 다양성, 양식상의 혼효가 바로 개화기 시가 내면 공간의 특질을 이루고 있기 때문이다.[34]

본 연구는 개화기에 특히 두드러지는 율조인 7자율과 또 7·5율조에 대해서 천착하려 한다. 7자율의 경우 4·3이라는 구성법에 대해서 주목하며, 7·5율조에 대해서는 그 양식의 기원이라든지 그 구체적인 발흥 및 유포 경위에 대해서 천착해 봄으로써 소위 민요조 시인들이라 할 수 있는 소월과 김억 등이 구사한 7·5조 및 그들이 사용한 민요조에 대한 해명을 하고자 한다.

이러 점에서 본 연구는 장르론적인 입장에서 개화기 창가에 접근하는 셈이다. 창가의 형식에 대해서는 음수율적인 접근과 음보율적인 접근 및 행과 연 구성법에 대한 접근 등의 차원을 가질 것이다. 또한 7·5조 창가를 검토할 때는 그 대표적 부곡인 스코틀랜드 민요 「밀밭에서」의 악식(樂式) 및 리듬 형태에 관심을 두려 한다. 기왕의 연구에 있어서 부곡의 리듬 형태에 주목한 경우는 거의 없었다. 개화기 창가의 경우 이미 사람들 사이에서 불리는 곡조에 가사를 맞추어 부르는 일이 많았고, 이러한 선곡후사(先曲後詞)적인 성격으로 인해 문학의 형식이 음악 형식의 지배를 받는 경우가 많았다. 민원득은 "우리나라 개화기에 있어서의 창가는 그것을 시가사적인 입장에서 분류하기보다는 오히려 이를 창가라고 하는 양식적 특성(단순하다든지, 평이하다는 것)에 비추어 그 음악적인 부류로 가름하는 것이 보다 더 타당할 것이라고 본다"[35]고 했는데 그 상호 관계에 대해서 고찰하는 것이 훨씬 더 타당하고 포괄적인 연구가 되리라 생각되는 것이다.

본 연구의 관심이 음악 양식 그 자체에 대한 것이 아니라 문학사적인

---

33) 김준오, 「개화기 시가 장르비평의 연구」, 『국어국문학』 22집, 부산대, 1984, 48~49면.
34) 김영철, 「한국 개화기 시가장르의 형성과정 연구」, 서울대 박사논문, 1986, 4면.
35) 민원득, 앞의 글, 462면.

맥락에 대한 검토에 있으므로, 어디까지나 창가의 문학적 성분 즉 가사 양식에 미치는 음악적 양식에 대한 검토가 주종을 이룰 것이다. 따라서 연구의 초점은 대체로 악곡과 가사와의 관계로 좁혀진다. 그리하여 이와 관련된 음계·음정·리듬·박자·악식 등 음악의 악전 이론 중 기초적인 것에 의거하여 검토할 것이다.

본 연구는 개화기 시가의 소위 '삶의 자리(Sitz im Leben)'에 주목한다. '삶의 자리'란 독일의 구약성서학자 궁켈(H. Gunkel)의 표현으로서 양식비평학(樣式批評學, form criticism)의 중요한 개념 가운데 하나이다.[36] 양식비평학자들에 따르면 하나의 문학 양식과 유형은 특정한 작자와 독자가 처한 역사적 사회적 상황이 언어활동에 반영된 결과로 나타난 것이며, 그들의 사적인 혹은 공적인 관계가 각기 상이한 장르를 탄생시킨다고 한다. 이러한 개체 생활 영역들의 필요성과 법칙성이 이에 속하는 연설과 글 쓰는 방식을 규정하고 양식화하는데, 이것이 바로 '삶의 자리'인 것이다.

개화기 시가들의 삶의 자리는 특히 주목할 필요가 있다. 우선 시대적으로 이 시가들은 개화기의 산물이며, 사회적 상황을 보더라도 새로운 것에의 지향이 두드러진 과도기적 분위기 속에서 탄생된 것들이다. 창가의 경우 개화기 행사에서나 학교의 행사시에 불리어진 것들이 대부분인 것이다. 개화 행사나 학교 행사를 막론하고 개화기 각종 신문들이 보도하고 있는 행사에는 거의 어김없이 창가의 가창 순서가 포함되어 있는 것이다. 개화 행사라는 것도 개화기의 독특한 생활양식이었으며 이러한 행사들을 통해 연설이라는 새로운 양식이 자리 잡아 갔지만, 개화기 창가의 경우도 이러한 자리들을 통해서 그 양식이 완성되어 갔던 것

---

36) K. 코흐, 허혁 역, 『성서주석의 제방법』, 분도출판사, 1975; G. 로핑크, 허혁 역, 『당신은 성서를 어떻게 이해하십니까?』, 분도출판사, 1977; W. A. 비어즐리, 황성규 역, 『성서연구방법론』, 한국신학연구소, 1980; 유종국, 『몽유록 소설 연구』, 아세아문화사, 1987 등의 해당 항목을 참조하시오

이다. 이러한 삶의 자리의 탐구는 따라서 개화기 창가를 연구하는 데 있어서 필수적인 것이 되겠고, 또 창가의 양식을 제대로 이해하는 데에도 적지 않은 도움을 줄 것이며 특히 소위 부곡이 전하지 않는 많은 개화기 창가들의 가창 곡조와 연주 방식의 추적에 많은 도움을 줄 것이다.

개화기의 신문명의 유입이 일본과의 교섭 가운데서 이루어졌다는 것은 부정할 수 없다. 특히 개화기 시가에 대한 여러 가지 명칭의 대부분은 그 발원지가 일본이고 한때는 우리 문학사에서 그러한 용어들을 무비판적으로 사용한 바 있을 정도로 보편화되기도 했다. 또 문학 양식의 면에 있어서도 우리의 개화기 시가들은 일본의 개화기 문학 양식과 유사성을 보인다. 이러한 현상은 당시의 우리나라가 일본과 가장 교류가 많았다는 것을 뜻하기도 하지만 한편으로는 일본의 문화적 지배의식이 밀려 온 것으로도 이해할 수 있겠다. 여하튼 개화기의 지식층들은 대부분 일본 유학을 통해서 서양 문물을 받아들였고, 그 과정에서 일본식으로 여과를 거친 것들도 들어왔던 것이다. 개화기 시가의 연구에 있어서 한국의 초창기 문인 상당수가 일본 유학을 그들의 이력에 올리고 있다는 사실을 간과할 수 없는 것이다.

창가나 신체시란 용어는 우리나라보다 일본에서 훨씬 더 빨리 사용되었고 또 우리나라에 비해서 훨씬 더 잘 정제된 개념으로 사용되고 있었다. 용어뿐만 아니라 문학적 양식에 있어서도 유사성을 보여주는 현상이 적지 않았기 때문에 당시의 우리나라와 일본 사이의 교섭사와 그 구체적인 영향 관계 등을 파악하는 것은 개화기 창가의 연구에 있어서 긴요한 일이라 아니할 수 없다.

20세기에 들어서면서부터는 일본인들이 우리나라의 관계에 고문의 자격으로 들어 와 있었고 학부의 경우도 그 예외는 아니어서 학제의 편성, 교과과정의 제정, 교사교육의 방법, 학습용 교재의 편찬 등에 있어서 일본인의 영향력은 대단했으며, 아울러서 당시의 전반적인 교육 체제가 일본식이었다는 것은 주목할 만하다. 따라서 창가가 학생들의 노래이기도 했다는 점을 염두에 두고 일본의 형편을 고려한다는 것은 오늘날 충분하지 않은 당시의 우리 기록을 보완하는 면에서도 의의가 있고, 과연 일본의 영향은 어떻게 나타났으며, 과연 우리의 전통적인 것은 어떠한 과정을 거쳐서 어떤 식으로 변화해 나갔는지를 분별하는 데도 유용할 것이다.

이에 대해서는 제4장에서 『학부창가집』과 일본 창가와의 비교를 통해, 제6장에서 우리나라의 신체시와 일본 신체시의 비교를 통해서 검증할 것이다.

3) 기존의 창가 연구 비판

개화기 시가에 대한 연구로서 1960년대와 1970년대 전반에 이루어진 것 중에는 집중적이고 본격적인 연구는 별로 찾아볼 수 없고 단지 각종 현대문학사 연구에서 개괄적으로 언급된 것들만 존재하였다. 그러다가 1970년대 후반 및 1980년대에야 점차 연구자들의 주목을 받기 시작했다. 몇몇 영인 전문 출판사에 의해 개화기 시가자료의 영인 출판 작업이 활발하게 이루어졌고, 이에 관한 논문도 여러 편이 발표되었으며, 이를 진지하게 연구한 학위논문 및 저서도 적잖이 출판되었다.[37] 그러나 그 양이나 질 면에서 최근의 고조되는 관심에도 불구하고 개화기 시가에 대한 연구 업적은 다른 분야에 비해 양적으로 적은 편이다. 이러한 현상이 일어난 것은 대체로 다음과 같은 몇 가지 사실에서 기인하는 것처럼 보인다.

첫째는 국문학 연구 분야 설정에 관한 학계의 경향이다. 지금까지 우리 국문학의 연구 분야는 주지하다시피 그 장르별 구분법을 따라 설정

---

37) 학위논문으로는 김영철, 「한국개화기 시가장르의 형성과정 연구」(앞의 논문)가 대표적이다. 저서에 대해서는 참고문헌을 참조하시오.

된 것이 아니라 '고전' 혹은 '현대'라고 하는 시대적 구분법에 따라서 설정되었던 것이다. 그리하여 고전문학 분야는 위로 향가에서부터 아래로는 조선조 말기의 작품까지를 그 연구 대상으로 하고 있고, 현대문학 분야는 주로 1920년대 이후의 소위 현대문학이라는 이름에 값하는 작품들을 연구 대상으로 삼아 왔던 것이다. 그러한 결과로 개화기의 시가들은 고전문학 분야에서도 현대문학 분야에서도 취급되지 않는 말하자면 한국 문학사의 서자 취급을 받았던 것이고, 개화기 시가의 연구는 문학사의 사각지대에 속해 있었던 것이다.

둘째는 문학 연구의 기본이라 할 수 있는 자료의 소개가 거의 없었다는 점이다. 이는 물론 연구자들의 관심이 그만큼 적었던 탓도 있겠지만, 개화기 시가들이 단행본으로 출간되거나 어떤 전문적인 문학잡지나 동인지들에 실리지 않고 주로 저널(journal) 특히 신문에 산재해 있었던 데서 비롯한다. 이러한 저널 자료들을 연구자들이 개인적으로 완전히 수집하여 연구한 사람이 드물었고, 또 그 자료의 양이 방대해서 상업적인 면에서 이러한 자료의 영인 출판을 별로 탐탁하게 여기지 않은 영인업자들로부터도 외면당했던 것이다. 근래에 붐을 이루었던 자료의 영인 작업도 학계의 관심 분야인 현대시 위주로 진행되었는데, 그 결과 현대시 자료 문헌은 더 이상 영인할 것이 없을 정도로 고갈되었고, 또 주요 작가들의 작품들도 전집의 형태로서 거의 다 출판되었기에 그제야 그동안 소홀히 취급했던 개화기 시가들에 관심을 돌리기 시작한 것처럼 보인다.

셋째는 개화기 시가들의 시적 가치(poetic value)의 문제다. 한마디로 개화기 시가의 문학적 예술적 가치는 미미하기 짝이 없다. 그것은 현대문학 작품들과 비교해 볼 때에 극명하게 드러나는 것이지만, 고전 시가들과 비교해 볼 때에도 그 문학적 수준에 대해서 부정적일 수밖에 없는 것이다. 대부분의 개화기 시가의 작자들은 그들의 문학적 관심을 실천하려고 한 것이 아니라 신시대 예찬 및 어두워져 가는 민족적 장래를 걱정하는 등 시대사조에의 호응에 주된 관심을 두고 있었다. 이러한 심각한 역사적 격동기에 있어서는 형식의 변화나 세련에의 관심보다는 그리고 개인의 정서나 이의 표현에 몰두하기보다는 작품에 담는 시대정신이 더 급박했기 때문에 시적 가치를 추구할 만한 여력이 없었던 것이다.

개화기 시가에 관한 그간의 업적들에 대한 구체적인 검토 및 비판은 다음의 본론에서 행해지고 있으므로 여기서는 그러한 업적 중 저서로 출판된 대표적인 것들을 대상으로 간략히 그 공과를 검토해 봄으로써 본 연구의 위상을 정하기로 한다.

정한모의 『한국시문학사』(일지사, 1974)는 한국 현대시문학사의 일환으로 개화기 시가들을 다루기는 했지만 본격적으로 개화기 시가에 대한 연구로서는 처음의 것이었다. 이 책은 개화기 시가들에 대해서 특히 육당(六堂)의 시가에 대해서 많은 분량을 할애하고 있다. 이 책은 배경으로서의 '근대'에 대해 충분하게 논의하고 있으며, 개화문학의 발흥에 기여한 여러 요인들을 자세히 검토하고 있다. 특히 일본의 창가나 신체시와의 관련을 집중적으로 다루고 있는데 또 그런 면에서 적지 않은 성과를 거둔 것으로 생각된다.

김병철의 『한국근대번역문학사 연구』(을유문화사, 1975)는 우선 책의 이름 자체에서 알 수 있는 것처럼 주로 영향 관계의 탐구에 관심을 가지고 있다. 그는 이러한 관점에서 개화가사나 창가의 경우 초기의 한국 찬송가들이 『독립신문』 소재 시가를 비롯한 초기 애국가류 시가들에 지대한 영향을 끼쳤다고 주장했고, 개화기에 발행되었던 각종 찬송가집에 대한 정밀한 조사 연구로 나름대로의 공을 세웠다.

그러나 필자가 보기에 그의 개화기 시가의 연구는 주로 「찬송가 번역사」라는 장에서 이루어지고 있는데, 선택한 자료의 범위가 너무나 좁고, 또한 본론에서도 논하겠지만 영향 관계의 탐구에만 집착한 나머지 전통시가와의 연계성에 대해서는 거의 언급이 없을 뿐만 아니라, 개화기 시가의 가창 곡조의 추정에 있어서도 논의의 한계를 보이고 있다.

　김학동의『한국개화기시가연구』(시문학사, 1981)는 이 분야에 관한 최초의 전문적인 서적으로서 책 자체의 체제가 잘 되어 있고, 또 그 규모도 방대하다. 개화기 시가의 각 장르들을 모두 취급하고 있으며, 그 내용과 형식의 연구에 있어서 포괄적이라 할 수 있다. 그러나 이 책은 자료의 확정작업이나 자료의 판단에 많은 노력을 기울이고는 있으나 적지 않은 오류를 범하고 있다.38)

　김용직의『한국 근대시사』(새문사, 1983)는 개화기 시가를 근대시의 초기 형태로 보아 그가 계획하고 있는 한국 근대시사 서술의 첫 부분에서 이 개화기 시가에 대한 언급을 하고 있다. 그의 연구는 비교적 후기에 나온 것인 만큼 선행 연구자들의 연구 결과를 충분히 검토하였고, 또 그들의 논의가 지니는 모순에 대해서도 지적하고 있는 등 비교적 잘 되어 있다. 그러나 역시 이 책도 개화기 시가 자료의 제시가 충분하지 못하고, 창가 자체에 대한 탐구가 미흡한 것이 흠이라 할 수 있다.

　김영철은「개화기 시가 장르의 형성과정 연구」(서울대 박사논문, 1986) 및 『한국근대시론고』(형설출판사, 1988) 등의 업적을 낸 바 있는데, 특히 앞의 학위논문은 주목할 만하다. 그는 개화기 시가들을 재래의 것과 수입된 것으로 양분하여 검토하고 있는데, 개화기 창가 자체의 연구에는 미흡한 점이 있다.

　한국의 신음악사를 연구하는 사람들의 경우에는 앞의 문학 연구자들과는 달리 음악적 형식의 탐구를 통해서 창가의 음악적 장르 형성에 이르는 과정들을 비교적 소상히 밝히고 있다. 그러나 이들의 경우 비록 문학 양식과의 관련에 대해 언급한다 하더라도, 문학적 전개의 틀에서 얘기하는 것이 아닌 음악적 관심에 불과하여 문학적 과정에 대한 해명에는 다소간 미흡하다 아니할 수 없다. 그 대표적인 업적은 이유선의『한국양악백년사』(음악춘추사, 1985)와 민원득의「개화기의 음악교육」(유덕희, 『세계

---

38) 이에 대해서는 제2장 창가의 탄생과『독립신문』에서 자세히 다룬다.

음악교육사』, 학문사, 1985) 등이다. 이유선의 저서는 한국에서의 서양 음악의 수입과 발전이라는 관점에서 다루고 있고, 민원득의 경우는 음악교육의 측면에서 다루고 있어서 두 연구가 공히 창가에 대해서는 음악학적으로 비교적 자세한 연구를 행했다. 본 연구는 음악적인 해석의 경우 이 두 업적에 많이 의지했다.

개화기 시가에 대한 관심이 이만큼 후발적인 것이었기 때문에 개화기 시가에 대한 기왕의 업적들은 개화기 시가 자료에 대한 충분한 검토는 행하지 못한 채로 이루어졌다. 특히 본 연구에서 다루고 있는 자료들 중『독립신문』소재 창가 자료 중의 일부는 이 책에서 처음으로 언급하는 것이며, 제4장에서 다루는『학부창가집(學部唱歌集)』의 자료와 『국어독본(國語讀本)』의 자료를 본격적으로 다루는 것은 본 연구가 최초의 작업이다.

3. 창가 연구 내용의 구성

이 책에서는 개화기 창가를 대상으로 그 발생으로부터 신시의 형성에 이르는 과정을 통시적으로 연구한다. 연구 범위로 설정한 1894년 갑오개혁 이후 1910년 한일병합까지의 약 15~16년 간은 문학사적으로 볼 때에 전통 문학과 신문학이 서로 교차되는 시기다. 서양의 노래가 새로이 수입되면서, 이 시기에 우리나라 전래의 운문 율조가 창가라는 새로운 형태로 발전해 가는 양상과, 근대시 및 현대시의 생성에 있어서 창가의 역할은 무엇이었는가를 종합적으로 검토하는 것을 목표로 한다. 이를 위해 1장에서는 먼저 이 시기의 시대적 · 문화적 환경을 검토하여 창가 양식 탄생의 배경을 탐구해 본다.

2장에서는 창가 탄생에 크게 기여한 『독립신문』의 창가를 검토한다. 『독립신문』 소재 창가를 새로이 발굴해 보고, 전 작품을 4가지 형식으로 나누어서 검토해 본다. 『독립신문』에 실린 작품 대부분이 재래식의 4·4조 가사 형태를 이어가고 있으면서도, 절 의식이 드러나고 구절법의 호흡이 짧아지는 현상을 발견하려고 한다. 이러한 현상은 재래의 가사 양식이 사대부층의 전유물이었던 봉건사회의 관습을 탈피하여 새로운 시대로 전환하려는 시대적 시급성 및 개화 계층에 속한 사람들의 고양된 정서 등을 반영하고 있는 것이라고 본다.

『독립신문』 소재 시가의 고찰에 있어서는 개화 행사 현장과의 관련을 지어 그 가창 곡조를 추정해 볼 것이다. 한국 재래식의 곡조나 외래 악곡(찬송가 포함)을 염두에 두고 재래 시가와의 관련성 및 외래 악곡으로의 가창 가능성을 추정해 본다. 개화 행사라는 '삶의 자리'는 개화 초기의 애국가운동 혹은 국민개창운동의 온상이었음을 탐구해 본다.

제3장에서는 1905년부터 1910년까지의 학교 창가를 중심으로 그 변화 양상을 통시적으로 검토하며, 새로운 양식의 도입과 보급 및 그 충격에 대해서 살펴본다. 아울러서 학교의 행사라는 삶의 자리에 대한 탐구를 통해서 당시에 창가의 위상이 어떤 것이었는가를 검토한다.

학교는 창가의 제작과 유통에 관련될 뿐만 아니라 이를 다음 세대에 전수하는 기능까지 가진다. 개화기의 학교들이 기독교계의 몇몇 학교를 제외하고는 제대로 된 교재나 제대로 교육을 받은 교사를 보유하지는 못하였지만, 창가교육을 통하여 민족적·애국적 정서를 고취하려는 공통된 목표를 가지고 있었다.

학교 창가들은 초기에는 『독립신문』 창가들의 형식과 크게 다르지 않았지만 후기에 들어서면서 새로운 형태 특히 7·5조가 눈에 뜨인다. 2장과 3장의 연구를 통해서 개화기 창가는 문학의 제작층과 향수층이 사대부 계층으로부터 서민계층으로 전이되고 있거나 아니면 그 차이가 없어지는 과정에 존재하는 전환기의 독특한 시가 양식임을 알 수 있게 될 것이다.

제4장에서는 창가의 정착에 기여한 학교의 창가 교재를 분석해 본다. 일본의 개화기 창가운동의 개황을 살펴보고, 당시 일본의 문부성 창가집의 영향을 받아서 만들어졌으리라고 생각되는 1910년 발행의 『학부창가집(學部唱歌集)』을 대상으로 그 율조나 시형식 및 그 가사 양식이 새로운 율조의 형성에 어떠한 영향을 미쳤는가를 살펴보고자 한다. 『학부창가집(學部唱歌集)』은 사대부층의 4·4조가 창가 곡조의 영향으로 4·3조화되는 데 구체적으로 기여한 책이라는 점을 밝히려 한다. 이러한 변화는 교육 즉 장년층(사대부층)이 개화 이후 반상의 구별이 약화된 사회에서 유년층을 교화하는 과정 가운데 생겨난 것이고 서구식의 창가 곡조는 이러한 현상을 촉발시키는 한 계기가 된 것이다.

『학부창가집(學部唱歌集)』의 창가 가사는 본래 『국어독본(國語讀本)』에 실린 운문들이었다. 이에 주목하여 두 자료집에 실린 창가의 형식의 변화에 작용한 원리를 살펴보기로 한다. 즉 음송체 가사가 노래체로 바뀌면서 4·3조라는 새로운 율조가 탄생됨을 밝히고자 한다.

제5장에서는 1910년까지 우리나라의 문학계에서의 유일한 창가운동가이며 전문적인 창가 제작자이기도 했던 육당(六堂) 최남선의 창가운동을 검토한다. 그는 스스로 출판사를 운영하면서 『소년(少年)』지 등을 통하여 계몽가로서의 입지를 굳혀나갔으며, 따라서 그의 문학적 출발은 엄밀히 보아 예술적인 데 있지 않고, 교화적인 데 있었다.

출발은 그랬을지라도 그는 7·5조율을 문학적으로 확립하는 데 크게 기여했다. 한편 7·5조는 해방 이후 최근까지도 그 영향력을 크게 미치고 있는 율조의 하나인데, 그 율조의 기원이 과연 일본인가 하는 것도 본장에서 새롭게 조명을 해본다. 그리하여 7·5조는 개화기에 수입된 서양식 곡조의 영향을 받아, 이에 근접한 우리 언어 구조의 성격에 잘 결부되어 자리 잡은 율조라는 점을 밝힐 수 있다. 아울러서 7·5조가 지니는 미학적 성격 역시 보급에 큰 도움이 되었음을 알 수 있게 된다.

제6장에서는 앞의 논의를 바탕으로 창가가 우리 문학사에서 신시의 형성과 발전에 어떻게 기여하였는지를 점검해 본다. 초창기의 창가는 재래식의 시 양식과 관련이 있었고, 이를 노래체 양식으로 바꾸기 시작하였고, 이후 서양 악곡의 영향과 최남선의 꾸준한 시형식의 개척 노력을 통해서 7·5조라는 중요한 율조를 탄생시키며, 이 율조는 4행 형식과 함께 현대의 민요시 형성에 절대적인 역할을 하게 된다.

창가 형식으로 시작된 우리의 신시는 신체시·자유시·산문시·신시조 등으로 발전해 나갔다. 본장에서는 특히 소위 '신체시'의 양식을 규명하고 이에 대한 학계의 오해를 바로잡음으로써 창가의 영향 관계를 분명하게 밝혀본다.

결론으로서 제7장에서는 앞의 논의를 바탕으로 본 연구의 연구 결과를 요약하고, 앞으로의 연구 과제를 제시한다. 창가 연구는 지나간 어떤 시대의 삶의 연구로서 가치를 가지는 것이 아니라, 우리가 사는 시대의 노래와 문학에 대한 하나의 이해의 방법으로서 중요한 의의를 지니며, 노래와 문학이 다시 만나게 되는 새로운 시대의 도래를 예견케 하면서, 이성과 감정이, 지성과 정서가 어우러지던 옛 조상들의 시대로 우리의 삶을 회복시켜 줄 수 있는 중요한 역할을 할 것이다.

제2장

창가의 탄생과 『독립신문』

1. 창가와 『독립신문』

1) 서재필과 『독립신문』

'한국의 볼테르(Voltaire)'라 불리는[1] 서재필(徐載弼, 1864~1951)은 충청남도 논산군 구자곡면 금곡리에서 태어났다.[2] 그는 1884년 12월에 개화당에 의해서 주도되었던 갑신정변(甲申政變)에 동생 재창(載昌)과 함께 참가

---

1) 이 명칭은 이광린이 「서재필의 개화사상」(『한국개화사상연구』, 일조각, 1981) 서두에서 한 말이다. 즉 그를 전근대적인 한국인의 사상을 근대적인 단계, 이른바 개화사상으로 유도하는 데 누구보다 더 진력한 사상가라고 일컫고 있다.
2) 『독립신문』의 간행 경위나 서재필의 개화사상에 대해서는 이광린(위의 책, 93~198면)의 「서재필의 개화사상」과 「서재필의 『독립신문』 간행에 대하여」를 참조하여 서술하였다.

했다가 정변이 삼일천하(三日天下)로 끝나자 역적 집안으로 낙인이 찍혀 일가족이 모두 음독자살하였으며, 동생 재창은 국문을 받은 뒤 사형 당했다. 그는 이때 일본 대사관으로 피신했다가 결국 일본으로 망명을 하였다. 그리고는 1885년 4월에 박영효·서광범 등과 함께 미국의 샌프란시스코에 가게 된다.

그곳에서 머무르다가 어느 부호의 재정적인 후원을 받아 명문 사립학교인 펜실베니아주 윌크스-베어(Wilkes-Barre) 시 소재 해리 힐맨 고등학교(Harry Hillman Academy)에 입학하였다. 그는 이 학교에 입학할 때 필립 제이슨(Philip Jaisohn, 당시의 표기로는 '제손'이라 하였음)이라는 미국식 이름을 가지게 되었고 아예 미국 국적을 취득하였다. 그는 이 학교에서 철저한 인문교육을 받았으며, 그곳에서 체득한 근대사상(近代思想)은 그의 일생에 큰 영향을 미쳤다. 1889년 6월에 고등학교를 졸업한 그는 1890년 9월에 컬럼비아 의과대학에 입학하여 2등이라는 우수한 성적으로 졸업함과 동시에 모교의 병리학 조교수로 임명되었다. 서재필은 1895년 12월 말에 당시 내무대신이었다가 미국으로 망명한 박영효의 권유를 받아 귀국하게 되었다.

그는 귀국한 뒤 한국 정부의 중추원(中樞院) 고문에 위촉되었다. 중추원 고문직은 아무런 실권이 없는 한직(閑職)이었으며 따라서 그는 다른 방면에서 그의 개화 및 계몽의식을 펼쳐나가기 시작했는데 그것이 바로 『독립신문』3)의 발행이었다. 그는 정부로부터 4,400원(元)의 지원을 받아서 당시 감리교 선교부에 있던 삼문출판사(三文出版社)의 시설을 이용하여 1896년 4월 7일에 그 창간호를 발행하였다. 그가 서울에 체류하고 있는 동안(1895년 말부터 1898년 5월까지) 관계한 일이 많았지만, 그 중

---

3) 『독립신문』 창간호의 제호는 『독닙신문』으로 되어 있다. 그래서 이 신문을 지칭하는 사람들 가운데 『독닙신문』으로 표기하는 경우가 있는데, 창간호 다음부터는 전부 다 『독립신문』이라는 제호를 사용하고 있으므로 현대 맞춤법에도 맞는 『독립신문』이라는 표기가 타당하다고 본다.

가장 힘을 쓴 것은 바로 이 신문의 발행이었다. 그 스스로 논설로부터 기사에 이르기까지 직접 원고를 썼을 뿐만 아니라, 교정과 신문사의 운영에까지 신경을 쓰면서 열심히 일했다.[4]

그는 교육 즉 대중 계몽을 위해서 신문 간행의 방법을 사용하였다. 그리고 누구나 쉽게 읽고 이해하게 하기 위해서 그리고 사대(事大)정신을 배척하고 애국심을 고취하기 위해서 기사 전체를 순 한글로 작성하였다. 『독립신문』 창간호에 실린 다음 논설이 그 취지를 잘 드러내 준다.

우리 신문이 한문은 아니 쓰고 다만 국문으로만 쓰는거슨 샹하귀쳔이 다 보게 흠이라. 또 국문을 이러케 귀졀을 쩨여 쓴즉 아모라도 이 신문보기가 쉽고 신문속에 잇는 말을 자세이 알어 보게 흠이라. 각국에셔는 사롬들이 남녀 무론흐고 본국 국문을 몬저 비화 능통흔 후에야 외국 글을 비오는 법인디 죠션셔는 죠션 국문은 아니 비오드리도 한문만 공부흐는 까둙에 국문을 줄 아는 사롬이 드믈미라 국문흐고 한문흐고 비교흐여 보면 죠션 국문이 한문보다 얼마나 나흔 거시 무어신고 흐니 첫지는 비호기가 쉬흔이 됴흔 글이요 둘지는 이 글이 죠션글이니 죠션인민들이 알어셔 빅스를 한문디신 국문으로 써야 샹하귀쳔이 모도 보고 알어보기가 쉬흘터이라. 한문만 늘 써 버릇흐고 국문은 폐흔 까둙에 국문만 쓴글을 죠션 인민이 도로혀 잘 아러 보지 못흐고 한문을 잘 알아보니 그게 엇지 한심치 아니흐리요

—『독립신문』(1986.4.7)

아울러서 그는 한국 국민들에게 바깥 세계의 움직임을 알려 주기 위해서 외국의 소식들을 소개하는 란도 마련했다. 뿐만 아니라 '관보'라 해서 '정부는 국민의 실정을 알아야 하고 국민들은 정부가 하고자 하는 목적을 알아야 한다'는 취지 아래 정부기관의 소식도 싣게 되었다. 아울러서 논설을 통해서 정부 관리들의 비행과 무능력을 신랄하게 비판

---

4) 한국언론재단의 KINDS 사이트에서는 『독립신문』과 『대한매일신보』 등의 고신문 본문 검색을 할 수 있다. 검색 결과는 PDF 파일로 보여준다. http://www.kinds.or.kr/search /oldsearch_result01.jsp 참조.

하였으며, 열강의 이권 침탈을 규탄하였다. 그리고 독자들의 개화에 대한 의욕을 고취하고 문명세계에 대한 지향의식을 확산하기 위해서 독자의 시가 작품의 투고를 받아 이를 신문에 싣게 되었던 것이다.

『독립신문』은 발간 첫 해에는 주 3회, 다음 해에는 격일간, 그리고 나중에는 일간으로 간행되었다. 당시 이『독립신문』의 발행 부수가 얼마나 되었는지는 확인할 수 없으나, 인천·부산·파주·개성·평양·수원·강화 등지에 분국이 있었고, 지방의 관청에서도『독립신문』을 구독하고 있었던 것으로 보아 그 독자층이 전국적으로 퍼져 있었을 것으로 생각된다. 당시의 구독 관습을 기록하고 있는 서재필의 회고록을 통해서『독립신문』이 일반에 얼마만한 반향을 일으켰는가를 알 수 있다.

> 이 적은 신문은 서울과 그 부근 지역에만 배부된 것이 아니라, 전국 도처에 배부되었다. 가슴 아픈 일이긴 하지만 한 가지 재미있는 사실은 구독자가 신문을 읽은 다음에 그것을 반드시 그 이웃사람들에게 돌려서 결국 신문 한 장을 적어도 200명이 같이 읽게 되었다는 점이다.[5]

2)『독립신문』소재 시가의 문학사적 의의

개화기 시가에 대한 논의는 으레『독립신문』소재 시가들에 대한 검토로부터 시작된다. 그 이유는 다음과 같다. 첫째 이 시가들이 개화기라고 하는 용어에 어울리는 사상과 내용을 가진 시가인 점, 둘째 이 시가들이 한국 최초의 근대적 대중 보도 매체이면서 동시에 개화사상을 창간 이념으로 표방했던『독립신문』에 실렸다는 점, 셋째는 이 시가들이 1896년 4월부터 1899년 6월까지의 기간을 두고 발표되어 개화기 시가자료를 다수 수록하고 있는『황성신문(皇城新聞)』(1898년 창간)·『대한매일신

---

5) 서재필, 이광린 역,『한국의 독립운동』, 일조각, 1969, 41~42면.

보(大韓每日新報)』(1905년 창간)·『경향신문(京鄕新聞)』(1907년 창간)보다 시대적으로 앞서 초기 개화 문예의 서장을 전담한 점 등이다.

개화 가사나 창가·신체시 등의 개화기 시가들은 이 시가들이 발표되었던 시대의 성격이 그러하였듯이, 고대시로부터 신시로 이행하는 과정에서 일종의 과도기적·중간자적 문학 형태를 지니고 있다. 기왕의 연구자들은 개화기 시가의 이러한 성격에 주목하여, 이 개화기 시가들이 고대 시가의 소멸과 신시의 태동 사이에서 이 양자와 긴밀한 관련을 지니고 있으므로, 개화기 시가의 연구가 현대시 발생의 원인 및 그 발전 과정을 여실히 보여 줄 것이라는 기대하에 개화기 시가들의 맥락 관계를 파악하고자 노력해 왔다.

어떤 논자들은 '개화가사(開化歌辭)－창가(唱歌)－신체시(新體詩)'의 모델을 제시하였고, 다른 논자들은 개화가사라는 장르를 별도로 설정하지 않고 이를 창가로 묶어 놓은 견해를 제안하였다. 이러한 의견의 대립은 전래의 가사와 다를 바 없는 『대한매일신보』의 우국가류(憂國歌類) 시가들에서 나타나는 것이 아니라, 『독립신문』 소재 시가에서 나타나고 있다. 즉 『독립신문』 소재 시가를 어떤 범주에 넣느냐(歌辭로 보느냐 아니면 唱歌로 보느냐)에 따라 서로 다른 결과가 나타나는 것이다. 『독립신문』 소재 시가를 개화가사로 보려는 태도는 조지훈을 비롯하여 김용직에게서 찾아볼 수 있으며, 이를 창가로 보려는 태도는 조연현과 김병철 및 문덕수 등에게서 찾아볼 수 있다.

장르 구분의 문제는 자연히 이 시가들의 부곡(附曲)이 과연 어떤 것이었느냐 하는 문제에까지 연장되고 있다. 개화가사(開化歌辭) 장르설을 고집하는 조지훈은 이 작품들이 "모두 전래의 타령조·낭독조나 가야금·거문고에 맞춘 것이 아니면 쾌지나칭칭나네 식 민요조로 한 사람이 먹이고 다음에 중인이 받아서 군창하는 형식을 취한 것이 자명하다"고 보고 있으며,6) 민원득 같은 이도 "이것을 노래로 불렀다면 모두 고래의 타령조나 민요조로 불렀을 것이요, 서양 악곡을 붙인 것은 아닐

것이다"고 동조하고 있다.[7] 반면 김병철은 찬송가와의 대비를 통하여
『독립신문』 소재 시가를 비롯한 개화기의 애국가류가 전반적으로 찬송
가의 영향을 받았다고 주장하면서, "애국가류의 음곡도 서구식 음곡에
맞춰서 부를 것을 예상하여 지어졌다면 그것은 마땅히 唱歌임에 틀림
없다"는 논리를 펼치고 있고,[8] 송민호는 김병철의 의견을 받아들여(『독
립신문』의 애국가류를 '開化詩'라고 부르고 있기는 하지만)『독립신문』 소재 시
가의 부곡이 재래의 창 곡조라기보다는 찬송가조이었을 것이라고 추정
하고 있다.[9]

　여하튼 이들은 그 곡조의 성격에 대해서는 의견을 달리하지만『독립
신문』 소재 시가가 노래로 불렸을 것이라는 점에 대해서는 일치를 보인
다. 본 연구는 서론에서 언급했듯이 그 가창 곡조의 유무 혹은 곡조의
종류를 불문하고 개화기 신생활의식을 표현한 것이면 이를 창가로 보
고 있으므로 이 시가들을 일단 창가로 규정한다. 전통적 소재에서 벗어
나 신문명에 대한 예찬 혹은 새로운 시대에의 동경 및 독립·애국·자
유·평등을 주제 혹은 내용으로 하고 있으며, 형식에 있어서도 재래식
가사와는 다른 점들이 발견되기 때문이다. 민원득은 이 시기의 애국가
류들을 창가라고 지칭하지는 않고, "재래식의 민요조에서 점차적으로
변화하여 서양식 악곡에 맞추어 불리어짐으로 해서 우리 음악사에 있
어서 20세기 초엽을 장식한 새로운 형태의 악곡을 낳게 한" 모태적 역
할만 했다고 한다.[10]

　하지만 제1장 서론에서도 언급한 바 있듯이 이 시기의 음악을 엄격
한 서양 음악적 표준으로써 논의할 수는 없기에 그것이 설혹 민요조였

---

6) 조지훈, 「반세기의 가요문화사」, 『한국문화사서설』, 신구문화사, 1981, 313~318면.
7) 민원득, 「개화기의 음악 교육」(유덕희, 『세계음악교육사』, 학문사, 1985), 402면.
8) 김병철, 『한국근대번역문학사연구』, 을유문화사, 1975, 140면.
9) 송민호, 「한국시가문학사(下)」, 『한국문화사대계』 10, 고려대 민족문화연구소, 1981, 920면.
10) 민원득, 앞의 글, 452면.

든지, 단순한 음송 양식이었든지, 서양 노래의 양식을 빌었든지 간에 그 것에 구애됨이 없이, 말하자면 존재 양식에 대한 문제는 우선 접어두기로 하고, 이 시기의 노래들이 당대의 명칭으로 '가(歌)'라는 말이 쓰였으며 더러는 '노래'라는 이름으로 불리기도 했다는 점 그리고 당시에는 단순한 음송과 가창이 구분되지 않은 시대였다는 점에서 본 연구에서는 이 시가들을 창가의 한 형태로 본다.

3) 선행 연구의 문제점

선행 연구자들의 주장은 개화가사 설(說)을 주장한 경우든, 창가 설(說)을 주장한 경우든 대체로 그 근거가 불충분하고, 단편적인 것이라는 문제점을 가지고 있다. 가령 "한국 재래의 창법으로 불리었음이 自明하다"는 조지훈의 주장은 그 어투(自明하다)에 비하여 충분한 형태적 고찰을 동반하지 않고 일부의 시가들만 일견하여 주장한 것으로서 설득력이 없으며, 김병철의 "서구식 곱曲에 맞추어 지어졌다면 마땅히 창가임에 틀림없다"는 주장 역시 부분적인 고찰을 성급히 일반화시킨 것으로서, 포괄적인 조망 및 입론의 타당성을 결여하고 있다. 아울러 반론에 대한 검토도 이루어지지 않은 것이 대부분이다. 기왕의 연구들에서 나타나는 논의상의 결함은 대체로 다음의 두 가지 문제를 소홀히 여긴 데서 비롯된 것으로 생각된다.

첫째는 자료의 확정 작업이다. 문학 연구에 있어서 연구 대상이 되는 문학 작품을 수집하고, 텍스트를 확정하고 양식을 규정하는 것은 기본이 되는 작업이며, 가장 먼저 이루어져야 하는 일임은 강조할 필요가 없을 것이다.[11] 그런데 기왕의 연구에 있어서는 위와 같은 작업이 충분

---

11) R. Wellek, *Theory of Literature*, Penguin Books, 1970, pp.57~60의 '증거의 정리와 확정' 편 참조

히 이루어지지 못하여 『독립신문』 소재 시가의 전모를 파악하지 못했던 것이다. 개화기 시가 자료에 대한 접근이 손쉽지 않은 탓이기도 했지만 확보한 자료의 자체에 대한 면밀한 분석에 대한 책임을 면할 수는 없다고 본다. 예를 들어 이미 영인본으로 간행된 자료집에서 작품 수를 제대로 확정하지 못한 것도 문제가 아닐 수 없다. 기왕의 연구자들이 제시한 『독립신문』 소재 시가의 편수는 김윤식―23편, 조지훈―20편, 송민호―22편, 김병철·김상선―26편이고, 가장 최근에 새로운 시편을 더 찾아냈다고 하는 김학동은 27편을 제시하는 등 각기 다르다. 물론 연구가 거듭될수록 자료의 수가 더 늘어나긴 했지만, 완전하게 찾아진 것은 아니었다. 필자가 확인한 편수는 모두 32편으로서 김학동의 편수와도 5편이나 차이가 난다.12) 즉 기왕의 연구는 자료 확인에 소홀했던 것이다.

둘째는 자료 취급의 공정성 문제다. 이것은 물론 앞의 문제점과 연관이 있는 것이지만 『독립신문』 소재 시가들의 형식을 분석함에 있어서 기왕의 연구는, 대체로 조지훈의 경우처럼 어떤 일부의 시가만을 연구하여 그것을 성급히 일반화시킨다거나, 김병철의 경우처럼 영향 관계의 탐구에만 얽매어서 작품 나름의 참 모습을 제대로 파악하지 못하고 있다. 또한 자료를 완벽하게 수집하지 않은 탓으로 후기에 발표된 시가들을 검토하지 못한 까닭에 1896년부터 1899년까지 발표된 시가들을 통시적이고 입체적인 관점이 아니라 공시적이고 평면적으로만 바라봄으로써 이들을 묶어서 일괄 취급하고 있다. 이 4년이라고 하는 발표 기간은 개화기 시가로서는 상당한 변화 발전의 기간이 되었으며, 그 변천 양상을 검토해 보기에 충분한 기간이었던 것이다.

따라서 본 장에서는 우선 그 자료를 완벽하게 발굴해 보고, 이 시가들의 변모 양상에 관심을 두어 검토해 보려 한다.

---

12) 김학동, 『한국개화기시가연구』(시문학사, 1981), 54면은 김병철이 밝힌 26편에다가 '군가' 한 편을 더 찾아 27편으로 편수를 확정한 바 있다.

4) 창가 부곡의 추정 방법

오늘날 대부분의 노래들이 가사를 먼저 짓고 그 가사에 맞추어 악곡을 붙이는 것을 원칙으로 하고 있음에 비하여 『독립신문』 소재 시가를 비롯한 개화기 시가들의 경우는 그 반대였다. 『독립신문』 소재 시가들의 상당수가 가창을 전제로 한 것이고, 그 제작 방식은 선곡후사(先曲後詞)적인 것이라고 한다면, 당시에 이미 사람들 사이에서 불리던 어떤 악곡이 존재하고 있었다는 말이 되고, 신문에 실린 시가들은 그러한 악곡에 맞추어 지어진 것이 되는 셈이다. 대부분의 개화기 시가들이 가창을 전제로 한 경우 이러한 방식을 취하고 있음은 두말할 필요가 없을 것이다.

개화기 시가의 제작 과정을 이런 식으로 설정해 두는 것은 개화 당시에 전문적인 작곡가가 없었다는 사실과, 고래(古來)로 선곡후사 방식이 우리나라 시가 제작의 관습이기도 했다는 사실 때문이다. 그러므로 가사의 양식은 기존해 있던 악곡 양식의 범위 안에서 정해졌을 것이고, 악곡 역시 개화 초기에는 기왕에 불리던 시가 양식에 어울리는 것이 선택되었을 것이라고 추정해 볼 수 있다. 이후 다양한 서양 악곡의 도입과 함께 가사 양식의 범위 또한 점차로 확대되어 나아갔을 것으로 본다.

개화기의 시가 중 많은 수가 기존해 있던 곡조 가운데 어떤 곡조에 맞추어 부를 것을 전제로 지어졌으며, 그 중에는 구체적으로 가창 곡조를 밝혀진 것도 있다.[13] 그러나 『독립신문』 소재 시가의 경우 악보를 제시하거나 특별한 가창 곡조를 밝혀 놓은 경우가 없다. 따라서 『독립

---

13) 가령 『태극학보』 8호(1906.8.7)에 실린 애국생 작 「愛國歌」가 그렇다. 이 작품에는 지은이(愛國生)가 '찬성시 「하나님 곳가히」로 同調'라는 부기를 해 놓았던 것이다. 이 외에도 『新文界』에 실린 작품 중 1권 6호(1913.9)에 실린 「新文界歡迎歌」에는 '此歌는 大同青年歌曲調와 同홈'이라는 부기가, 『新文界』 2권 2호(1914.2)에 실린 「祝新文界雜誌歌」에는 '但曲調는 普通教育唱歌集第十八 學徒歌와 同'이라는 부기가, 「新文界는우리의빗」에는 '曲調는 자즌란봉가曲'이라는 부기가 붙어 있다. 이로 보아 이러한 관습이 개화 이후 상당 기간 동안 유지되고 있었음을 알 수 있다.

신문』 소재 시가들의 가창 곡조, 혹은 구현 방식을 알아내기 위해서는, 우선 시가의 내적인 형식을 진지하게 탐구해 봄으로써 그 양식적 특성을 밝혀낸 다음에 그 가창 곡조를 추정해 보는 작품 내적인 방법과, 이 시가들이 불린 환경 즉 '삶의 자리'에 대해 살펴보는 작품 외적인 방법이 동시에 사용될 수밖에 없다.

또 그 가창 곡조를 추정함에 있어서는 작자의 창작 의도와 독자(혹은 청중)의 수용 방법을 구분해서 검토해야 할 것이다. 즉『독립신문』처럼 시가만 싣고 곡조를 제시하지 않은 경우에는 작자가 작품의 제작 시 염두에 두고 있었던 곡조의 탐구도 중요하지만, 그러한 작자의 의도와는 관계없이 그 시가가 일단 발표되고 나면 시가의 형식에 부합되는 여러 종류의 곡조를 독자들이 임의로 붙여 볼 수도 있으므로, 본 연구에서는 이러한 가창 가능 곡조에 대한 탐구도 병행하려 한다.

시가의 형식을 검토함에 있어서는『독립신문』에 기재된 양식(기사 양식)을 기준 삼아 네 가지 형식으로 나누어 고찰하고자 한다. 김병철은 이를 세 가지 양식으로 나누었는데 여기서는 편의상 김병철의 3구분을 일단 받아들이고, 여기에 그가 취급하지 않은 후기의 시편들(이 작품들은 다른 세 가지 양식과는 달리 소위 '줄글'로 기재되어 있다)을 하나의 범주로 삼아 논하려 한다. 또한 위와 같은 시가 자체의 형식에 관한 내면적인 탐구와 병행하여, 소위 작품 외적인 문제인 각 시가들의 고유한 '삶의 자리'를 찾아서 그 시가의 가창 방법과 곡조를 추정해 보고자 한다.

2. 제 시가 형식과 부곡의 양상

『독립신문』 소재 시가는 모두 32편이다.[14] 이 작품들은 '잡보'란에 실려 있는데 그 발표 순서에 따라서 작품명과 작자 및 작자의 직업과 주소, 게재 일자와 호수를 소개하면 다음 표와 같다.15)

<표 1> 『독립신문』 소재 시가 목록

번호	작품명	작가	직업·주소	게재일자(호수)
1	글	최돈성	서울 순청골	1896.4.11 (1년 3호)
2	대죠션즈쥬독립 익국ㅎ눈노릭	니필균	학부 쥬스	1896.5.9 (1년 15호)
3	익국가	뎐경틱	인쳔 졔물포	1896.5.19 (1년 19호)
4	동심가	리즁원	양쥬	1896.5.26 (1년 22호)
5	글	김교익	금강	1896.6.2 (1년 25호)
6	노래	허 일	남셔 순검	상 동
7	익국가	한명원	누동	1896.7.4 (1년 39호)
8	익국가	리용우	묘동	1896.7.7 (1년 40호)
9	노릭	경무학도들	경무 학도	1896.7.16 (1년 44호)
10	독립문가	김셕하	양셩	상 동
11	익국가	윤태셩	북셔 순검	1896.7.18 (1년 45호)
12	익국가	예수교인	대죠션 달셩회당	1896.7.23 (1년 47호)

14) 김동수, 『일제 침략기 항일 민족시가 연구』(원광대 박사논문, 1987), 18면에서는 필자가 『개화기 시가 연구』(삼문사, 1985)에서 확정한 편수에 대해서 이의를 제기하고 있다. 즉 윤철규가 지은 '군가'가 두 번에 나누어 실렸는데 이를 한 편으로 보아야 하므로 모두 31편이라는 것이다. 그러나 그러한 논리를 적용한다면 시위대 병정들의 '군가'는 여러 편을 단지 한 번에 실었을 뿐이므로 이를 구분해서 편수를 확정해야 할 것이다. 여기서는 논의의 편의를 위해서 한 회분을 1편으로 간주한 것이다.

15) 이 일람표는 필자가 새로이 발견한 것까지를 망라한 것이다. 그 동안의 연구자들이 제시한 것에는 더러 잘못된 것들이 있다. 그 중에서 제작자의 이름이 틀린 경우가 있는데 우선 1의 「노릭」는 지은이가 '허일이'가 아니고 '허일'이다. 『독립신문』의 다른 기록들의 표기를 살펴보면 이름의 마지막 음절이 받침으로 끝나는 말에는 '이'를 붙이고 있음을 알 수 있다. 즉 이 경우의 '이'는 주제 첨사일 뿐 이름은 아니다. 또한 기사 원문에 인명(人名)을 나타내는 밑줄이 '허일'까지만 그어져 있기도 하다. 24의 「애국가」는 인응션 한 사람의 작이 아니라 '졍교'라는 직책을 가진 '고관직'(이 이름이 高官職으로 잘못 이해되는 것 같다)이라는 사람과 '부교'의 직책을 가진 '인응션'이라는 사람의 공동 제작 작품이라고 보는 것이 옳다. 1897년 4월 27일자에도 고관직과 인응션이라는 이름이 독립협회 보조금 납부자 명단에 나온다.

13	익국가	박기렴	남동	1896.8.1 (1년 51호)
14	이민가	슝천스립학원들	슝천스립학교	1896.8.18 (1년 58호)
15	즈쥬독립가	문경호	정동비지학당 학원	1896.8.20 (1년 59호)
16	익국가	최병희		1896.9.1 (1년 64호)
17	셩졀슝츅가	신영틱	경상도 봉화	1896.9.3 (1년 65호)
18	익국가	김종셥	평양학당	1896.9.5 (1년 66호)
19	익국독립가	최영구	비지학당 학도	1896.9.8 (1년 67호)
20	익국가	리영언	평양 보통문안	1896.9.10 (1년 68호)
21	익국가	김쳘영	농상공부 기스	1896.9.15 (1년 70호)
22	경츅가	김긔범	인향용동 예수교인	1896.9.17 (1년 71호)
23	독립가	최병헌	농상공부 쥬스	1896.10.31 (1년 90호)
24	익국가	고관직(졍교) 인응션(부교)	강원도김화군 주둔 친위2대디	1897.1.28 (2년 11호)
25	군가	시위디 병뎡	시위디	1897.6.10 (2년 68호)
26	셩몽가	문경호	비지학당 학도	1897.9.14 (2년 109호)
27	연셜노리	리치응	전쥬	1898.6.11 (3년 67호)
28	익국가	찬양회부인회		1898.10.18 (3년 167호)
29	새군가	윤쳘규	시위2대디쟝	1898.11.1 (3년 178호)
30	새군가	상동	상동	1898.11.21 (3년 195호)
31	교가	경셩학당		1899.6.16 (4년 135호)
32	무궁화노리	비지학당		1899.6.29 (4년 146호)

『독립신문』 소재 시가의 작자들은 개인과 단체로 구분된다. 개인의 작품들은 대체로 투고에 의해 실렸는데 작자들은 공무원(3편)·경찰(2편)·군인(3편)·학생(4편)·기독교인(1편) 등 말하자면 개화 계층의 인물들이 대부분이다. 직업이나 소속 관계가 분명하게 밝혀져 있지 않은 사람들 역시 『독립신문』을 구독할 정도의 인물들이고, 또 그들의 시가 내용을 통해서 볼 때에도 개화·자주·독립사상을 가진 사람들로 추정된다.16)

---

16) 『독립신문』을 검색해 본 결과 창가의 작가 몇몇 사람은 기사나 관보란에서 찾아볼 수 있다. 예를 들어 '김교익(5번 창가의 작가)'이란 이름은 다섯 차례 나온다. 1898년 5월 28일자에는 각 학교의 대운동회 보조금을 낸 사람들 명단이 실려 있다. 대부분 공직자들로 채워진 이 명단에 김교익(5번 창가의 작가)이라는 이름도 보인다. 또한 1899

필자가 『독립신문』의 다른 기사들을 살펴본바, 농상공부 주사였던 최병헌(1858~1927)은 본래 개화파 출신으로서 1897년 6월 24일자로 그 직을 사임하고는 배재학당에 입학하였으며(1897년 8월 21일자 ‘잡보’란 참조), 나중에는 감리교 목사가 되어 1903년부터 1914년까지 12년 동안 정동 제일교회를 담임했다.[17] 1902년 8월에 발행된 『신학월보』(435~437)에는 아펜젤러 목사의 별세를 계기로 그의 업적을 기리는 기념비 건립에 대한 이야기가 실려 있는데, 그 기념비 건립을 발기한 것은 정동제일교회의 청년회였으며, 발기인으로 참여한 사람 중에는 최병헌 및 26번 작품의 작자 문경호도 들어 있다.[18]

평양 보통문안 리영언은 1896년 10월 13일자 『독립신문』 잡보란에 기독교인이라 소개되고 있다(1897.1.12, 1897.9.2 ‘잡보’ 참조). 평양학당의 김종섭도 기독교인임에 틀림없다(1897.9.2 ‘잡보’ 참조). 그리고 학생들 중에도 배재학당의 학생이 3명이나 되는 것으로 보아 『독립신문』 소재 시가의 작자들 중에 기독교인들이 많을 것임을 추정케 해 준다(물론 배재학당의 학생들이 많았던 것은 『독립신문』 발행인인 서재필이 그 학교에서 특강을 했던

년 4월 15일자에는 「관보」란에 김교익이 평안북도 관찰부의 주사로 임했다는 기사가, 같은 해 4월 21일자에는 김교익을 의원면직했다는 기사가 실려 있다. 하지만 이 5번 창가의 작가는 1897년 10월 23일자에 또 다른 글(농상하는 글 문서)을 투고한 공주군 목동면 용성이란 곳에 사는 김교익이란 사람으로 보인다. 특히 5번 창가가 소개될 때 ‘금강’이란 지명 표시를 해 두었는데, 당시의 공주군 목동면 용성은 오늘날에 공주시 이인면 용성리란 곳으로서 금강(錦江) 옆에 위치한 곳이기 때문이다. 아울러 누동의 한명원(7번 창가의 작가)은 1896년 8월 4일자와, 1898년 2월 10일자의 경무청 총순(總巡) 관련 기사에 언급된 사람으로 보인다. 묘동의 리용우는 1898년 5월 28일자의 운동회 보조금 납부자 명단에 포함된 한성사범학교의 부교관인 것으로 보인다. 이 이름은 1897년 5월 20일자의 임용자 명단에도 나타난다. 시위2대대장인 윤철규(29~30번 창가의 작가)의 이름이 1896년 8월 1일자에 나오는데, 그는 독립협회에 보조금을 내는 사람 중의 한 사람이었다.

17) 이광린, 앞의 책, 229~231면 및 유동식, 『정동제일교회의 역사(1885~1990)』(1992), 151~157면 참조. 기독교계의 문헌에서는 최병헌의 공직 근무에 대해서는 별반 언급이 없다. 「한국 최초의 신학자 최병헌(崔炳憲)」 참조. http://kcm. co.kr/person/person_k002.html

18) 유동식, 위의 책, 143~144면에서 재인용.

이유도 있었을 것이다). 『독립신문』이 공공연히 기독교정신을 통해 국민의
식을 개혁하려는 편집 의도를 드러내고 있는 점으로 보더라도 시가 작
자뿐 아니라 독자들 중에 기독교인이 많았을 것임은 충분히 짐작할 수
있다.

　『독립신문』 소재 시가의 작자들 중에는 유난히 감리교 신자들 특히
정동제일교회의 신자들이 눈에 뜨인다. 우선 서재필이 그렇고, 최병
헌·윤치호·김기범(『독립신문』에서 김긔범이라고 표기된 인물) 및 문경호가
그렇다. 서재필이 정동제일교회의 교인이었는지는 확실하지 않으나 윤
치호와 함께 "그들이 추진하는 민족운동의 기반을 민중과 함께 배재학
당과 정동교회에 두고 있었다."[19] 아울러서 그의 주도로 세워진 독립문
의 기공식(1896.11.21)은 기독교의식으로 진행되었다. 정동교회의 각종 집
회와 행사에 참여하여 연설한 것이 기록으로 남아 있다.[20] 최병헌은
1902년에 안수 받고 정동제일교회 최초의 한국인 목사로 부임하면서
정동제일교회의 기틀을 마련한 중요한 인물이었다.[21] 아울러 그는『독
립신문』의 필자이기도 했다.[22] 문경호는 정동교회의 엡윗(Epworth)청년
회[23] 및 협성회의 주도적인 인물로서 활약하였으며 감리교 신학반에서
공부하면서 전도사의 소임을 맡기도 했다. 김기범은 제물포교회 출신으
로서 최병헌과 함께 신학반 공부를 하고 평양에서 공부하러 온 김창식
이라는 사람과 함께 한국인 최초의 목사로서 안수 받았던 사람이다.[24]

---

19) 위의 책, 100면.
20) 『죠션크리스도인 회보』, 1897.10.13일자에는 정동교회의 새 예배당이 지어져서 입당
　　예배를 드릴 때에 서재필이 "개명한 나라의 율법과 정치는 다 성경에서 나온지라. 우
　　리나라 백성들도 속히 성경의 교육을 받아야 남녀간 서로 의심하는 마음이 없을 것이
　　오"라는 취지의 연설을 했다고 기록되어 있다.
21) 유동식, 앞의 책, 131~194면 참조.
22) 『독립신문』(1898.11.26)에 김기범과 관련된 기사를 비롯하여, 그 외에도 몇 차례 기
　　사를 작성한 일이 있다.
23) 엡윗청년회는 복음 전도에만 주력한 것이 아니라 협성회와 독립협회 등과 연관되어
　　자주독립사상·평등자유사상·민족구국신앙을 고취시키고 실현시키는 청년자치단체
　　였다고 한다.

작자들 중에는 학도들과 공직자가 많은 것으로 보아 작자들이 전통적 교육이든 개화된 서구식 교육이든 어느 정도의 수업을 쌓은 이들이었다는 것을 알게 해 준다. 단체의 노래들은 대체로 취재에 의해 실렸는데, 이 단체들 역시 근대화된 교육기관(배재학당·송천사립학교·경성학당·경무학교) 및 군대 그리고 기독교기관(달성회당, 찬양회 부인회) 등으로서 개화와 직접적으로 관계된 기관들이었다.

『독립신문』 소재 시가가 대부분 투고에 의해서 발표되었다는 사실은 한편으로 작자 자신들이 『독립신문』의 독자들이기도 했음을 시사해 준다. 이 독자들은 『독립신문』의 개화사상에 동조하고, 신문이 나오면 이를 구입하여 국내외의 정세와 각급 학교 및 독립협회의 활동상을 전해 주는 기사를 탐독하고, 애국·독립·개화를 내용으로 하는 시가가 발표될 때마다 이를 음미 내지는 노래하고, 나아가서는 이웃에게까지 그 내용을 연설로 전달해 주던 사람들인 것이다. 또 이들은 마음속에서 일어나는 자주 독립 및 개화에의 의지를 글로 표현하여 신문에 투고하거나, 『독립신문』에 실리는 「독립가」나 「애국가」를 열심히 노래하고, 개화 행사에 적극적으로 참여하여 당대의 유명한 개화 인사들의 연설을 경청하던 사람들이었다. 『독립신문』에 보도되고 있는 다음의 일화는 당시의 이러한 인물의 모습을 잘 보여 준다.

---

24) "김기범 목사는 내리의 초대교인으로서 노병일의 전도를 받아 교인이 되었다. 김 목사는 한국인으로서는 김창식 목사와 더불어 목사 안수를 받음으로써 한국감리교회는 물론 한국 개신교 전체를 통틀어서 최초로 목사가 된 분이며 또한 내리교회의 첫 한국인 담임목사가 되신 분이다. 그는 내리교회의 전도사를 거쳐 신학회 전도사 과정을 이수하고 원산으로 파송되었다가 1901년 5월 14일에 서울 상동교회에서 목사안수를 받고 같은 해에 내리교회의 초대 한국인 목사로 파송되었다. 김기범 목사는 신병으로 1905년에 휴직하였다가 1907년에 다시 복직하여 1910년까지 시무하였다. 김기범 목사가 시무하던 해에 을사조약이 있었고 당시 교회의 엡윗청년회가 항일운동에 가담하였다 하여 해체당한 일도 있었다. 일찍이 교육에 관심을 두었던 김 목사는 존스 선교사를 도와 영화학교를 창립하는데도 공헌했다." 내리교회 사이트 '역대 목사님 소개'란에서 인용함. http://naeri.org/history/rev_history.html

인쳔 졔물포 사ᄂᆞᆫ 안즁근은 쟝ᄉᆞᄒᆞᄂᆞᆫ 사ᄅᆞᆷ으로 독립신문 보기를 일삼ᄂᆞᆫᄃᆡ ᄆᆡ양 신문이 가면 공슌히 밧아 온통 본 후에 오고 가ᄂᆞᆫ 사ᄅᆞᆷ들을 대ᄒᆞ야 신문에 일편을 연셜ᄒᆞ며 ᄎᆞᄎᆞ ᄀᆡ명 진보ᄒᆞ여 츙군 ᄋᆡ국ᄒᆞᄂᆞᆫ ᄆᆞ음을 분발ᄒᆞᆫ다니 이러ᄒᆞᆫ 사ᄅᆞᆷ은 우리가 깁히 치사ᄒᆞ노라.

—『독립신문』(1898.4.23)

『독립신문』 소재 시가들이 실린 양상을 연도별로 살펴보면, 『독립신문』이 창간되고 또 맨 처음의 개화가사가 실리기도 했던 1896년에는 23편, 그 다음 해(1897)에는 3편, 그 다음 해(1898)에는 4편, 마지막 해(1899)에는 2편의 시가가 실렸고, 첫해에는 대체로 개인의 노래가 대부분인 데 비해 다음 해로 이어질수록 단체의 노래가 많아지며, 따라서 처음에는 주로 투고된 작품들이 실린 데 반해 후기에는 취재에 의해 실렸다는 것을 알 수 있다.

1) 제1형식의 창가

(1) 형식상의 특징

제1형식에 속하는 창가는 모두 24편으로 『독립신문』 소재 시가 중 수적으로 가장 많다. 김병철의 설명에 따르면 형식상으로 4·4조 2구가 1행이 되고 대개 그 2행이 한 짝이 되어 연(stanza) 구실을 하는 창가가 되겠다. 제1형식의 창가들은 『독립신문』 소재 시가 중 첫 작품인 「서울 슌쳥골 최돈셩의 글」(1986.4.11)과 같은 기사(記寫) 양식을 지니고 있다.

(z)(y) (v)(u) (r)(q) (n)(m) (j)(i) (f)(e) (b)(a)[25]
감아 비우 영나 나집 시나 졍님 즈대
히모 나리 광라 라을 죵라 부군 쥬죠 서
일것 이나 이위 몬각 여도 를끠 독션 울
언도 다라 제히 져기 일을 보츙 닙국
ᄒ몰 하홍 원죽 보홍 동싱 호셩 깃건 슌
옵은 ᄂᄒ 한는 젼ᄒ 심각 ᄒᄒ 버양 쳥
내사 님기 업죽 ᄒ랴 ᄒ으 셰고 ᄒ원 골
다롬 끠를 네엄 세면 세로   셰년

(x)(w) (t)(s) (p)(o) (i)(k) (h)(g) (d)(c) 최
말문 스국 자우 사부 나인 진텬 돈
과명 롱태 나리 룸녀 라민 츙디 셩
일지 공평 씨나 마경 긔들 보간 의
과화 샹가 나라 다더 를을 국에
ᄌ열 힘안 싱보 홀ᄌ 놉스 뎨사 글
게닌 을락 각젼 거식 히랑 일롬
ᄒ세 쓰은 ᄒᄒ 시교 달ᄒ 이되
세샹 세 세기 라휵 세고 니야

시가의 길이는 '경상도 봉화 신영택' 작 「성절송축가」의 8행부터 '배재학당 학도 문경호' 작 「성몽가」의 96행까지 폭넓게 나타나고 있다. 음수율에만 주목해서 볼 때 이 형식에 속하는 시가들은 재래의 가사 장르와 다를 바 없다. 초기에 속하는 이 작품은 3·4 혹은 4·4조의 4음보 진행으로 되어 있는데 이러한 양식은 『독립신문』에 실린 다른 작품들에게도 거의 공통되는 양식이었다. 이 양식은 일단 재래의 가사 양식과 다를 바 없다고 볼 수 있다.

그러나 이러한 재래의 가사 양식과 이 작품의 양식과는 조금 다른 면이 있다. 그것은 우선 매 4음보 단위로 혹은 8음보 단위로 절 구분을 한 양식인 것이다. 재래의 가사 양식은 3·4 혹은 4·4조의 4음보율을 지키며 길이에는 제한을 받지 않는 일종의 연장체(聯章體)인 데 비하여, 이

---

25) 알파벳 번호는 필자가 붙임.

작품들에서는 비록 완전하지는 않지만 절 구분의식이 나타나고 있다. 그것은 물론『독립신문』의 기재 양식과도 무관하지는 않을 것이다. 재래의 가사 기재 양식이 일반적으로 띄어쓰기도 하지 않고 음보 구분이나 음보율 단위의 띄어쓰기나 기타 양식을 나타내는 표시 등이 되어 있지 않은 소위 '줄글'인 데 비해서『독립신문』의 작품들은 위와 같은 순서로 기재되어 있기 때문이다.

즉 어절 단위의 띄어쓰기도 완전하지 않고, 음보의 구분도 되어 있지 않지만 매 2음보를 1구 단위로 묶어 2구씩을 쌍으로 하고, 그 아래에 다음 2구를 배열한 다음 한 행을 비우고 다음 구들을 동일한 양식으로 배열해 놓은 것이다. 물론 이러한 기재 양식이 과연 투고자의 양식을 존중한 것인지는 확인할 수 없다.『독립신문』의 편집자들이 줄글로 투고된 독자의 원고 양식을 위와 같이 재배열했을 가능성도 있다. 독립신문사의 편집실에서 이와 같이 배열했다면 그 모델은 아무래도 1892년부터 발행되던 찬송가집의 기재방식이었을 것이다.

그러나 초기에는『독립신문』의 편집실의 이러한 편집 태도가 주로 작용했다고 하더라도 점차로 초기의 이러한 기재 양식이 독자들에게 모델이 되어 그들이 투고할 때에는 재래의 '줄글'이 아닌 새로운 그러면서도 구절법이 명확하게 드러나는 이 방법을 따랐을 수도 있기 때문이다. 또 이와 같은 초기의 기재 양식은 독자들의 절 구분의식을 자극하고 지도했을 가능성도 있다.

이 때문에 연구자들은 위와 같은 기사 양식이 행·연·절 구분 등을 실천하고 있는 것으로 여겨, 개화가사설을 주장하는 연구자들은 이를 전통적 가사와는 다른 개화 가사의 특징이라고 설명하고 있고, 창가설을 주장하는 이들은 이런 기사 양식 혹은 형식상의 특성이 서구적 문예물인 찬송가의 번역에 의해 충격을 받아 나타난 것이라고 서로 엇갈린 방식으로 설명하고 있다.26)

그런데 작품의 내용 혹은 통사적인 측면에서의 검토도 그러한 절 구분의식을 찾아볼 수 있게 해 주고 있다. 최돈성의 '글'의 경우 매 2구마다 '-하세' 등의 종결어미가 주어지고 있고 이에서 어긋나는 것은 제2절(편의상 절이라 부름)의 마지막뿐이다. 물론 이 경우도 그것이 각각 문(sentence)에 버금가는 하나씩의 절(clause)임을 알 수 있다. 이러한 현상은 조선조 가사 양식에서는 흔하지 않은 것이었다. 또 이 작품보다 10여 년 후에 나온 『대한매일신보』의 「사회등(社會燈)」란에 실린 작품 중에서 다음 작품과 같이 절 구분이 명확하지 않은 작품을 흔하게 찾아볼 수 있다.

一進會員	너히들도
二千萬中	一分子로
三戰論에	迷惑받고
四大綱領	主唱타가
五條約에	宣言하니
六大洲의	怪物이오
七賊들의	奴隷되니
八域民의	冤讐로다
九秋丹楓	落葉하니
十月蒼蠅	可憐하다
百年富貴	求하다가

---

26) 이러한 기사 양식이 투고자들의 원고에 표시된 대로 조판을 해서 생긴 것인지, 아니면 신문사 측이 편집하는 과정에서 임의로 조정한 것인지는 확실하지 않다. 그러나 필자가 보기에는 후자일 가능성이 많다. 왜냐하면 ① '셔울 슌쳥골 최돈셩의 글'처럼 사설에 해당하는 부분(마지막 4구 "아모것도 몰은사롬 / 감히일언 흐옵내다")을 본문과 동일한 양식으로 행을 나누어 기재했다는 점, ② 어떤 시가들은 행 구분이 없이 일반 기사와 같이 풀어서 기재하고 있는데, 이러한 기재 양식과는 달리 시가 자체의 형식상으로 행·연 구분이 가능한 점, ③ 임금에 관한 용어가 나올 때에 별도로 줄을 바꾼 것도 있고 그렇지 않은 것도 있다는 점 등을 볼 때 신문사 측에서 임의로 조정했을 가능성이 높은 것이다. 그리고 한 번 신문사 측에서 하나의 기재 양식을 채택하여 인쇄해 놓으면 그것이 전례가 되어 다음의 투고자들에게 영향을 주었을 가능성도 있다. 만일 전자로 본다면 서울 슌쳥골 최돈셩의 글은 아주 혁신적인 공헌을 한 것으로 이해될 수 있다.

千載遺臭　　되엿고나
萬歲呼唱　　하지말라
億兆蒼生　　비웃는다

—「弔一進會」(1909.12.8)

　이러한 가사 양식의 변화는 이미『독립신문』소재 시가에서 나타나고 있는 것이다. 그 변화 양상을 일단 절 의식이라 했지만 정확히 말한다면 구절법(句節法, phrasing)의 호흡이 짧아지는 것이라 하겠다. 조선조의 재래의 가사는 호흡이 대체로 길었다. 이처럼 유장(悠長)하다는 조선조 가사의 큰 특성은 그것이 사대부 계층의 양식이라는 점이기도 하고, 한편 이것이 서사문학의 한 양식으로 채택된 데서 나타나는 현상이기도 했다.

　개화기에 와서 짧아지기 시작한 가사 양식의 호흡은 그것이 점차 사대부 계층으로부터 서민 계층으로 전이되고 있음을 반영한다. 아울러서 그러한 계층의 전이는 민본사상 및 개화의식의 확장이라고 하는 개화기 선각자들의 생각을 반영하고 있다. 또한 개화의식 확산의 시급성이 반영된 결과이기도 하다. 이런 점에서 본다면『독립신문』소재 시가를 비롯한 개화기의 이러한 신가사 양식은 가사(歌辭)로서의 성격보다는 민요(民謠)로서의 성격을 더 지니고 있다고 볼 수 있다. 민요의 프레이즈는 일반적으로 짧다. 민요의 삶의 자리가 어디까지나 노래(歌唱)로 불리는 것이었기 때문에 길어질 수가 없다. 또 그 가창의 템포(tempo)도 유장하지가 않고 촉급한 편이다. 그 가사 내용도 즉흥적인 생활 감정의 표현으로서 구어적(口語的)이며 평이한 것이 보통이다.

　김영철은 개화기에 전통 장르인 가사가 민요와의 상호작용을 통해서 창가화한 현상이 있다고 지적한 바 있는데,[27] 그 출발 지점에 서는 것은 그가 주장하는 바대로『대한매일신보』등에 실린 시가들이 아니라

---

27) 김영철, 「한국개화기 시가장르의 형성과정 연구」(서울대 박사논문, 1986), 196면.

역시 『독립신문』 소재 시가들인 것이다. 물론 『독립신문』 소재 시가 중
에는 개화기 찬송가의 영향을 받은 것이 확실한 작품(최병헌의 「독립가」)
도 있지만 이러한 개인의 작과는 달리 단체의 노래인 경우 찬송가의 영
향이라기보다는 재래식 가사 양식의 민요화라고 하는 설명이 더 타당
할 것이다.

(2) 창작 찬송가와의 관계

『독립신문』 소재 애국가류 시가를 서구식 음곡에 맞춰서 부를 것을
전제로 지어진 창가의 일종으로 보고 있는 김병철은 제1형식의 시가와
가장 유사한 형식의 찬송가인 「셰샹 사름 죄악 만하」를 제시하고 서로
비교함으로써, 『독립신문』 소재 제1형식의 창가가 찬송가 형식의 영향
을 받아 지어졌다고 한다. 찬송가의 기사(記寫) 양식을 따라 『독립신문』
의 기사 양식이 정해졌고, 따라서 찬송가의 곡조를 그 부곡(附曲)으로 했
을 것이라고 그는 주장한다.28) 그리고 찬송가와 애국가류와의 거리를
좁혀주는 양식으로서 창작 찬송가를 선택하여 설명한다.

「셰샹 사름 죄악 만하」는 1894년 간행된 『찬양가』 초판(제40장)과 1895
년 간행된 『찬미가』 재판(제 42장)에 공히 실려 있는 작자 미상의 창작
찬송가다. 이 찬송가가 『독립신문』 발간 2년 전에 출판되었고, 또 『독립
신문』 소재 시가의 작자 중에 기독교인이 많았다는 점을 들어 김병철은
『독립신문』 소재 시가가 찬송가의 영향을 받아 지어졌다고 주장하는
것이다.29) 그의 조사에 따르면 한국인에 의한 초기의 창작 찬송가는 모
두 13편인데 그 중에 「셰샹 사름 죄악 만하」처럼 8·8(4·4/4·4)조의 형
식을 가진 것이 11편이나 된다고 한다.30)

---

28) 김병철, 앞의 책, 135~136면.
29) 위의 책, 135~136면.
30) 위의 책, 130면.

일

셰샹사롬 죄악만하 　　　　(a)대죠션국 인민들아
근원들을 좃지안코 　　　　　이스위한 인국ᄒ셰
쥬의졍도 비반ᄒ고 　　　　　튱셩으로 님군셤겨
스신의게 절ᄒ다가 　　　　　평안시졀 향복ᄒ셰
　　　　　　　　　　　　(b)경스롭다 경스롭다
이 　　　　　　　　　　　상하업시 우리동포
하ᄂ님의 은혜만하 　　　　　강하가 묽다히도
령혼구할 법이잇네 　　　　　원원ᄒ 우리ᄆ음
하ᄂ님이 아니더면 　　　　(c)흠끠모도 군스되야
흑담디옥 가리로다 　　　　　경텬위디 ᄒ여보셰
　　　　　　　　　　　　　전신이 쇄분히도
삼 　　　　　　　　　　　나라위히 영광되리
우리죄롤 쥬가맛하 　　　　(d)황하슈가 여침토록
기과쳔션 ᄒ엿시니 　　　　　히륙군들 봉츅ᄒ셰
죄샤ᄒ고 새ᄆ음에 　　　　　평싱집심 여일ᄒ기
쥬의나라 올나가셰 　　　　　안팟업시 밍셔ᄒ셰

　ー「셰샹 사롬 죄악 만하」　　ー묘동 리용우「인국가」

　　　　　　　　　　　　　　　　（번호는 필자가 붙임)31)

　여기에서 우리는 왜 초기의 창작 찬송가의 대부분이 하필 8·8조이었을까라는 의문을 가지게 된다. 김병철의 주장은 "창작 찬송가는 외국 찬송가의 영향을 받은 것이고, 『독립신문』 소재 시가는 창작 찬송가의

---

31) 예로 든 리용우「인국가」의 번호는 김병철이 붙인 것으로 연(stanza)을 나타낸다. 그런데 그가 생각하고 있는 연과 찬송가의 절(verse)은 양적으로 일치하지 않는다. 다시 말하면 김병철이 2연이라고 여기고 있는 것이 찬송가의 1절과 맞먹는다. 서로 비교하려는 시가의 기본 단위를 어긋나게 설정했다는 것은 그의 이론이 지니고 있는 약점의 하나다. 그는 제1형식의 시가가 모두 다 창작 찬송가와 동일한 양식의 것이라고 생각하고 있는데 그의 생각에 부합하는 시가는 제1형식 시가 전 24편 중 11편에 지나지 않는다는 것도 문제점의 하나로 지적할 수 있다.

영향을 받아 지어진 것이므로 결국 『독립신문』 소재 시가는 찬송가의 영향을 받아 지어진 것이다"는 말로 요약될 수 있다. 그러나 필자는 창작 찬송가가 외국 찬송가의 영향을 받아 지어졌다는 전제에 의문을 가지고 있다. 창작 찬송가들 대부분이 8·8조라는 사실은 당시의 창작 찬송가들이 전적으로 외국 찬송가의 영향에 의해서만 지어진 것이 아님을 말해 준다.

물론 외국 찬송가 중에 8·8조의 형식을 가진 것들이 몇 편 있기는 하지만 그것의 영향이라기보다는 한국인들이 가진 시가 율조의 전통이 직접적으로 작용하였다고 보는 편이 더 타당할 것이다. 창작 찬송가의 8·8조는 엄격하게 4·4·4·4의 음수율을 가지고 있는데, 이는 다름 아닌 4·4 혹은 3·4조의 4음보 진행이라고 하는 재래식 가사의 일반적 형식의 하나로 볼 수 있다. 또 이 율조는 당시의 한국인들에게는 한국어의 언어 구조상 가장 익숙한 율조이었으므로,[32] 이러한 시가 율조의 전통이 새로운 찬송가의 창작에도 작용하였던 것이다.

한편 창작 찬송가의 가창 곡조를 검토해 보아도 그것이 재래의 음송(吟誦) 방식과 무관하지 않음을 알 수 있다. 즉 1908년 장로교와 감리교 연합으로 발간된 『합동 찬송가』 제3장 「놉흔 일홈 찬양ᄒ고」의 가창 곡조에 대해서 'Korean Music or Old Hundredth'라 하였는데, 이러한 사실 역시 창작 찬송가가 꼭 「Old Hundredth」 곡조로의 가창만을 염두에 두고 지어진 것은 아님을 암시해 준다.

창작 찬송가가 한국 재래의 곡조로 불린 흔적을 우리는 개화 당시에 기독교문화운동 및 애국독립운동의 선봉에 섰던 정동제일교회의 엡웟청년회가 지은 「권중가」(1901.7)에서 발견할 수 있다. 이 찬송가는 전통문화를 기독교의 복음 안에서 승화시키려는 정동교회의 한 특성을 잘 반영하는 것으로 볼 수 있는데, 정동교회의 청년회원들은 "대한 풍속에

---

32) 김준영, 『한국고전문학사』(형설출판사, 1982), 84~85면 참조.

흔히 하는 노래 곡조로 찬미가를 지어 노래"하곤 했다는 것이다. 그래
서 이 찬송가도 흔히 재래의 「농부가」 곡조에 맞추어 불렀다고 한다.[33]

   一   천지만물   창조함은
       하나님의   전능이라
       만민죄를   대속함은
       구세주의   공로로다

후렴 어서나오게   어서나오게
      죽어진후에는 못구하리

   二   부요같은   천지간에
       초로같은   인생이라
       천년만년   살줄알고
       세상일만   조와하네

   三   천부은혜   저바리고
       헛된영화   구치말게
       지옥불에   떨어지면
       애통한들   쓸데없네

   四   팔구십을   살지라도
       이세상은   허화시라
       우환질병   다제하면
       기쁜날이   몇일인가

   五   회개하고   주믿으면
       천당으로   올라가리
       구세주와   동거하면
       영생복락   한량없네

—「권중가」

---

33) 『신학월보』(1901.7)에 실림. 유동식, 앞의 책, 136~137면에서 재인용.

이러한 당대의 가창 관습은 『그리스도신문』의 다음 기사를 통해서도 확인할 수 있다.

곡됴롤 여러가지로 변ᄒᆞ야도 관계치 아니ᄒᆞ니 제 나라 곡됴롤 좃차셔 ᄒᆞ는 거시 ᄯᅩᄒᆞᆫ 관계치 안소 깃븐 ᄆᆞ음과 진실ᄒᆞᆫ 뜻ᄉᆞ로 ᄒᆞ면 하ᄂᆞ님 아바지ᄭᅴ셔 반가히 밧으시리라 대한 형뎨의 지은 노래 ᄒᆞ나흘 써셔 알게 ᄒᆞ노니 여러 교우들은 찬셩시 곡됴롤 아지 못ᄒᆞ거든 혹 즈긔 나라 곡됴 잘 ᄒᆞ시오

예수긔독 밋ᄂᆞᆫ사름　　예수예수 엇던예수
찬미노래 불너보셰　　하ᄂᆞ님의 아들일셰

유태국에 강싱ᄒᆞ샤　　십ᄌᆞ가에 못박히니
텬하만민 구ᄒᆞ셧네　　흘니신피 보비로다

누구던지 밋ᄂᆞᆫ사름　　가련ᄒᆞ다 우리인싱
보비피로 쇽죄ᄒᆞ네　　시조죄악 몰낫더니

셩경말슴 드러보니　　회긔ᄒᆞ셰 회긔ᄒᆞ셰
통텬죄악 엇지ᄒᆞ리　　우리죄악 회긔ᄒᆞ셰

회긔ᄒᆞ고 밋ᄂᆞᆫ사름　　구원ᄒᆞᄂᆞᆫ 예수긔독
밋음으로 구원엇네　　우리들의 구쥬로셰

찬미ᄒᆞ셰 찬미ᄒᆞ셰
구셰쥬롤 찬미ᄒᆞ셰[34]

사실 이 가사를 부를 만한 적당한 찬송가의 곡조를 찾기 어렵다. 왜냐하면 절에 대한 의식이 없이 4·4조 4음보의 연장체로 이어나갈 뿐이기 때문이다. 이 가사는 오히려 재래식의 음송이 더 적합한 방식인데, 위

---

34) 『그리스도신문』, 1901.5.2.

기사를 통해서 당시의 교회에서 곡조 선택의 자유를 가창자들에게 허용하고 있으며, 기독교 유입 초창기에는 서양의 찬송가 곡조보다는 오히려 재래식의 음송 양식이 더 많이 사용되었을 가능성을 짐작하게 한다.

나아가서 창작 찬송가 중에는 아예 우리나라의 재래 곡조를 전제로 지어진 것도 있다.

이 찬미는 대한 비사공의 노래 곡됴롤 위하야 지은거신디 이 뜻슨 이 세샹은 바다 되고 교회는 비 되고 예수는 사공 되여 세샹에셔 쩌나 텬당으로 가는 비유로 지은 거신디 셔국 교우의 찬미에도 이 뜻스로 지은 찬미가 잇고 쏘흔 찬미라 ᄒᆞ는 거슨 깃븐 ᄆᆞ옴으로 하ᄂᆞ님을 찬숑ᄒᆞ는 거신고로 대한 곡됴로 지은 거시오

1.

비쩌나간다	멸망포에셔
에희비쩌나간다	에희비쩌나간다

에희야 우리구쥬 사공이되니
풍파가 니러도 걱정이업네
에희 밋기만ᄒᆞ셰

2.

복실너가세	영싱포구로
에희복실너가세	에희복실너가세

3.

마바람분다	죽는바다에
에희마바람분다	에희마바람분다

4.

먼져도갓네	형뎨ᄌᆞ민들
에희먼져도갓네	에희먼져도갓네

5.

ㅂ라롤뷘다	친ᄋ호이를
에희ㅂ라롤뷘다	에희ㅂ라롤뷘다

6.

어셔들가세	영싱포구로
에희어셔들가세	에희어셔들가세35)

한편 아예 서양 곡조만을 전제로 한 창작 찬송도 보인다. 다음 찬송은 미국 민요인 「Old Black Joe」 곡조에 맞추어 지은 것인데 우리 재래 음송 양식으로 부르기는 어렵다.

이 찬미는 셔국 곡됴대로 지은 찬민디 대한 곡됴대로 ᄒ면 잘 맛지 못ᄒᆳ 듯ᄒ오 본국 곡됴는 흑인의 노래니 일흠은 올쎌늭죠

1.
예수내쥬 내됴혼 구셰쥬
예수내쥬 날구원 ᄒ신쥬

예수내쥬 내하ᄂᆞᆯ 계신쥬
내됴코올코 붉고귀ᄒᆞᆫ 구셰쥬

내예수 내예수 날구원ᄒ신쥬
내됴코올코 붉고귀ᄒᆞᆫ 구셰쥬

2.
예수내쥬 이담에 오실쥬
예수내쥬 내영광 계실쥬

---

35) 『그리스도신문』, 1901.5.9.

예수내쥬 날스랑 ᄒ신쥬
내보고밋고 좃고ᄯ롤 구셰쥬

3.
예수내쥬 내고싱 밧은쥬
예수내쥬 내님군 되신쥬

예수내쥬 내죄룰 샤ᄒ쥬
내크고놉고 깁고묘ᄒ 구셰쥬36)

『그리스도신문』에는 이러한 창작 찬송가 외에 새로이 번역한 찬송가들을 싣고 있다. 위 작품들 다음에 실은 곡들은 대부분 다 기왕의 찬송가 곡조에 맞출 것을 전제로 지어진 것들이다. 일부는 현재 찬송가의 가사로도 사용되고 있다. 두 편의 찬송가 가사를 더 살펴보기로 한다.

이 찬미는 찬셩시 뎨 삼십칠쟝 곡됴로 홀 찬미ᆞ더 마태복음 십일쟝 시믈아 홉졀브터 셜혼졀ᄭ지 번역ᄒ 거시라

1.
슈고롭고 괴롭만하 어셔내게 나아오라
짐무겁게 진쟈야 평안홈을 주리라

2.
나는몸이 부두럽고 네가나의 멍에메고
온유ᄒ고 겸손히 ᄯ호나롤 비호라

3.
이와ᄀ치 쥰힝ᄒ면 대개나의 멍에쉽고
령혼평안 ᄒ리라 짐은가ᄇ 얍도다37)

---

36)『그리스도신문』, 1901.5.16.

이 찬미는 찬성시 스십쟝인티 긔도ᄒᆞ는 찬미라 긔도ᄒᆞ는 ᄆᆞ움으로 보시오

1.
예수인도 ᄒᆞ쇼셔 어디가야 됴흘지
어둡고 길모로니 나롤인도 ᄒᆞ쇼셔

2.
ᄀᆞᄅ쳐 주옵쇼셔 둔ᄒᆞ고 미련ᄒᆞ니
아모것도 모로고 ᄀᆞᄅ쳐 주옵쇼셔

3.
나롤도아 주쇼셔 힘도업고 약ᄒᆞ니
ᄋ기ᄀᆞᆺ치 어리고 나를도아 주쇼셔

4.
위로흠을 빕니다 의지업슴 ᄀᆞᆺᄒᆞ니
부모죽은 ᄋ희가 위로흠을 빕니다[38]

이러한 창작 찬송가들을 검토해 본 결과, 이 찬송가들이 창작되는 과정에 외국 찬송가 번역의 영향이 작용하긴 했으나, 그 율조의 선택은 한국 시가 율조의 전통 안에서 이루어진 것이라고 종합할 수 있다. 따라서 『독립신문』의 제1형식의 창가들이 외국 찬송가의 영향을 받아 지어진 것은 아니라고 보아야 할 것이다.[39]

---

37) 『그리스도신문』, 1901.5.30. 이 찬송의 곡조는 「아버지여 나의 맘을」이라는 찬송가 곡조다.

38) 『그리스도신문』, 1901.6.13.

39) 『대한크리스도인 회보』에 관련된 인사 중에는 최병헌처럼 본래 한문에 소양이 있는 사람이 있었던 것으로 보인다. 1899년 4월 19일자에는 배재학당의 학생들이 봄나들이를 갔는데, 거기서 지은 몇 시작품을 '번역'하여 한글로 실어 놓은 것들이 있다. 기사 중에 시객(詩客)이라는 표현이 있고, 그들의 작품을 번역(飜譯)했다는 것으로 보아 원시는 한시일 것으로 추정한다. 한편 엡웟청년회는 서양의 찬송가를 번역하는 일에도

위에 인용한 창작 찬송가 「셰샹사름 죄악만하」 역시 절(verse)의식이 분명치 않다. 외형적으로는 각 절이 확실히 구분되어 있으나 1절과 2절이 별개의 절로 나뉠 만한 성격이 아님을 알 수 있다. 즉 1절의 가사는 그 마지막 어구가 종지형(終止形)이 아니어서 통사적으로 완결되지 못하였고(소신의게 절흐다가……), 2절의 1, 2행(하느님의 은혜만하 / 령혼구할 법이잇네)에 연결시켜야만 한 文(sentence)이 되고 내용상으로도 완결된다. 이러한 현상은 새로운 곡조에 맞추어 작사(作詞)하는 일이 익숙하지 못해서 일어난 것이라고도 볼 수 있겠지만, 차라리 절 의식은 없이 4·4조의 4음보 진행이라는 점만을 유지하며 길이에는 제약을 받지 않고 자유로이 이어가던 한국 재래의 가사체의 영향이라고 보는 것이 합당할 것이다.

그러므로 기사(記寫) 양식의 특징(연이나 절 구 분 등)을 시가 형식 자체의 특징으로 연결시켜 생각할 수는 없다는 점과, 창작 찬송가와 제1형식 창가의 유사성을 비교해 볼 때 특별한 영향 관계를 찾아내기는 힘들다는 점을 근거로 할 때, 결국 제1형식 시가들의 형식을 우선 그 자체로 면밀히 검토하는 일이 긴요한 과제가 된다. 아울러 그러한 시형식에 적합한 가창 양식을 탐색해 보아야 한다.

(3) 가창 곡조 및 가창 방식의 탐구

음수율은 일정하되 그 길이에 있어서는 다양한 『독립신문』 소재 시

일정한 역할을 한 것을 보인다. 『대한크리스도인 회보』(1899.3.29)에는 이들이 번역한 찬송가 한 편이 실려 있다.
　　1. 예수오늘 니럿스니 알닐누여 / 거룩흔날 오늘일세 알닐누여
　　2. 십즈고난 밧으샤 알닐누여 / 우리죄악 디쇽힛네 알닐누여
　　3. 텬국님군 우리쥬씌 알닐누여 / 찬송노래 흐여보세 알닐누여
　　4. 죄인을 구졔흐샤 알닐누여 / 십즈무덤 견디셧네 알닐누여
　　5. 앏흐심을 견디셧네 알닐누여 / 우리구원 싱기엿네 알닐누여
　　6. 하놀에 왕이되샤 알닐누여 / 텬스들이 노리흐네 알닐누여
　　이 신문의 설명에 따르면 이 찬송은 원래 '로마글'(라틴어)로 되어 있는 것을 150여 년 전에 '영국글'(영어)로 번역한 것이라 한다.

가의 가창 곡조를 찾는 데 있어서는 먼저 하나의 완결된 악곡의 단위를 설정해 보는 일이 필요할 것이다. 그럴 경우 우선 한 도막 양식(one-part song form)의 노래를 상정(想定)해 볼 수 있다. 한 도막 양식은 비교적 간단한 리듬으로 되어 있어 익히기도 쉽고, 짤막하여 외우기도 쉬우며, 그러면서도 어느 정도 사상이나 주제의 전개가 가능한 길이를 지닌 최소의 단위이기 때문이다. 이와 같은 이유 때문에 한 도막 양식의 노래는 비교적 간단한 민요나 동요 등에 많이 쓰인다. 개화기의 애국가류가 당시에 크게 유행한 일종의 국민(國民)개창운동(皆唱運動)의 산물이라고 할 때, 가장 먼저 고려의 대상이 되는 형식이 바로 한 도막 양식인 것이다.

한 도막 양식의 가요곡에 알맞은 가사의 분량은 일정치가 않겠지만 이 제1형식의 시가가 만일 악곡의 한 음부(note)에 가사의 한 음절(syllable)이 대응하는 양식인 실러빅 스타일(syllabic style)로 불리었다면 최소한 8·8·8·8(4·4/4·4/4·4/4·4)조의 형식이 채택되었을 가능성이 크다고 본다. 가령 한 도막 양식의 찬송가인 「Old Hundredth」도 8·8·8·8이요, 당시 유행하던 민요 「새야 새야 파랑새야」 역시 8·8·8·8의 한 도막 양식이었던 것이다.

따라서 이제 문제가 되는 것은 음수율이라기보다는 시가의 형식이다. 가창 가능한 시가는 절 의식을 가진 것이어야 하는데, 제1형식의 창가들은 이러한 한 도막 양식 노래로서 가창 가능한 시가(A형)와 그렇지 않은 시가(B형)로 나뉜다.

(4) 가창 형태—A형

A형에 드는 시가는 4, 6, 8, 10, 11, 12, 17, 19, 20, 20, 22 등 모두 11편이다. 다음에 예로 든 이중원의 「동심가」에서 보듯이 이 작품들은 절을 의식하고 지어진 것임을 분명히 알 수 있다.

(a) 잠을ᄭᅢ세 잠을ᄭᅢ세   (c) 만국이 회동ᄒᆞ야
(b) 수쳔년이 ᄭᅮᆷ속이라   (d) 수희가 일가로다

(e) 구구세졀 다ᄇᆞ리고   (g) 놉으부강 불어ᄒᆞ고
(f) 샹하동심 동덕ᄒᆞ세   (h) 근본업시 회빈ᄒᆞ랴

(i) 범을보고 개그리고   (k) 문명기화 ᄒᆞ랴ᄒᆞ면
(j) 봉을보고 ᄃᆞᆰ그린가   (l) 실샹일이 뎨일이라

(m) 못세고기 불어말고   (o) 그믈밋기 어려우랴
(n) 그믈미즈 잡아보세   (p) 동심결노 미즈보세

—양주 이중원, 「동심가」

8·8·8·8(4·4/4·4/4·4/4·4)조를 1절로 하는 4절의 시가다. 각 절의 화제(話題, topic)들을 보면, 1절은 우리나라가 세계 만국의 일원임을 자각하자는 것, 2절은 모든 국민들이 일치하자는 것, 3절은 실질을 숭상하여 문명으로 개화하자는 것, 4절은 합심 협력하여 이 일을 이루자는 것 등이다. 이 각 절의 화제들은 전체적으로 '합심 협력하여(同心) 문명으로 개화하자'는 이 시의 주제 및 제목 등에 잘 연결되고 있다.

그러면 이제 이 A형의 시가들이 불린 곡조를 이 시가들의 '삶의 자리'와의 관계 속에서 추정해 보기로 하자. 이 시가들 중에서 그 '삶의 자리'를 분명히 알 수 있는 시가는 '달성회당 예수교인들'의 「익국가」와 다음에 인용하는 '인향 용동 예수교 교당 김긔범'이 부른 「대군주 폐하 탄신일 경축가」 등이다.

남녀노쇼 인민들은   우리모도 일심으로
경축가를 불너보세   성상폐하 경축ᄒᆞ세

츙심이군 ᄒᆞᄂᆞᆫ거슨   국태민안 부국강병
빅셩마다 본분일세   셰계샹에 영화로다

조선관민 노유간에　　독립문을 굿게셰니
문명진보 일심ᄒ세　　만민화락 즐겁도다

우리빅셩 합심ᄒ니　　만세만셰 만만셰
ᄌ쥬독립 만만셰라　　셩샹폐하 만만셰

경츅ᄒ셰 경츅ᄒ셰　　우리빅셩 경츅으로
하ᄂ님끠 경츅ᄒ셰　　만슈무강 ᄒ옵쇼셔

—김기범, 「대군주 폐하 탄신일 경축가」

개화기에 열린 여러 의식과 행사는 교회 혹은 기독교인들이 주관하던 것이 대부분이었고, 『독립신문』은 이에 관한 기사에서 의식의 절차상에 애국가나 독립가의 제창이 필수적임을 여러 차례 보도하고 있다.[40] 대부분 기독교인들이면서 어떤 기관이나 단체에 속해 있었던 작자들이 지은 또 다른 시가들도 그러한 행사나 의식의 자리에서 불린 것이거나 아니면 그런 자리에 참석하여 부르던 애국가 양식의 영향을 입은 것일 가능성은 높다. 김기범 「경축가」의 관련 기사를 보자.[41]

　　인향 용동 예수교 교당에셔 대군쥬 폐하 탄신일 밤에 등불도 만히 달고 교인들이 남녀노유 다 례비당에 모혀서 대군쥬 폐하를 위ᄒ여 하ᄂ님끠 긔도ᄒ고 김긔범이가 경축가를 지어 불넛는디

어떠한 의식의 자리에서 그 자리에 참석한 모든 사람이 제창으로 어떤 노래를 부른다고 할 때, 그 노래의 곡조는 그 모든 사람이 익히 잘

---

40) 영어학교, 배재학당 학도들 초청 야유회(1896.7.2), 서울 야소교회 교인들 대군주 탄신 경축회(1896.9.1 · 3), 평양 보통문안 학도들과 대동문안 학도들 배노리(1896.9.5), 독립문 주초놋는 례식(1896.11.21 · 24) 등.
41) 김기범에 관해서는 『대한크리스도인 회보』(1898.9.7)에 실린 「졔물포 김긔범씨의 보단」을 참조하시오. 앞서 말한 대로 김기범은 감리교 신학부에서 공부를 하고 목사가 된 사람이다.

알고 있는 곡조이어야 하며 또 가창이 용이한 곡조이어야 할 것이다. 기독교기관이 주최한 행사에서 참석자들이 다 같이 부를 수 있는 곡조가 찬송가 곡조임은 두말할 나위가 없을 것이다. 1896년 7월 25일에 새문안교회가 주최한 황제 탄신 경축회에서 불렀던 「황제 탄신 경축가」를 통해서 이를 확인할 수 있다.

> 一 놉흐신 상쥬님
>   자비론 상쥬님
>   궁휼히 보쇼셔
>   이 나라 이 땅을
>   지켜 주 옵시고
>   오 쥬여 이 나라
>   보우하쇼셔
>
> 二 우리의 대군쥬
>   폐하 만만세
>   만만세로다
>   복되신 오늘날
>   은혜를 나리사
>   만수무강케
>   하야 주쇼셔

—「황제 탄신 경축가」 1~2절

이 시는 찬송가 「피난처 있으니」의 곡조(본래 영국 국가 곡조임.)에 맞추어 불리어졌다.[42] 군데군데 악곡과 가사가 잘 맞지 않는 부분이 있고, 또 각 절끼리도 엄격하게 대응되는 것은 아니지만, 이 노래의 곡조가 바로 찬송가 곡조였으므로 새문안교회 교인들이 이 노래를 부르는 데에는 어려움이 없었을 것이다.

---

42) 『새문안교회85년사』(1973), 78~79면.

따라서 결국 이 A형 시가들의 곡조로 추정될 수 있는 곡조는 찬송가 곡조에서 찾는 것이 좋겠다. 찬송가에서 이 A형 시가의 가창 곡조로 쓸 수 있는 것은 영시의 8보격(long meter)[43] 형식의 가사 2행을 1절로 하는 찬송가다. 당시의 찬송가 중에서 이러한 형식을 가진 찬송가로 다음 14편 정도를 들 수 있는데 이러한 8보격 혹은 이중8보격(long meter double) 형식으로 된 찬송가들이 차지하는 비중은 결코 적지 않다.

① Awake, my soul, and with the sun (구쥬공로 무한하니; 양, 셩)[44]

② Asleep in Jesus! blessed sleep (쥬게의지 좀이큰복; 미)

③ Before the Jehovah's awful throne (여호와의 룡상압회; 양) (여호와의 보좌압헤; 셩)

④ Doxology (텬지간에 만물들아; 셩)

From all that dwell below the skies (셰샹사는 사람모다; 미) (텬하만국 모든사람; 양)

⑤ Glory to thee, my God, this night (오늘져녁 여호와끠; 양)

⑥ Go, preach my gospel (쥬의말슴 내도를펴; 양)

⑦ Just as I am, without one plea (내죄깁히 빠져셔도; 미) (네죄악에 빠졋는대; 양) (주예수피를 흘리고; 셩)

⑧ Jesus, who lived above the sky (하늘에계신예수가; 양)

⑨ Jesus where'er thy people meet (예수자비 하신거슬; 양)

⑩ Praise God from whom all blessings flow (찬미하나님 복근원; 미) (우리쥬를 찬미함이; 양, 셩) (찬미샹뎨 복의근원; 셩)

⑪ Sweet is the work, my God, my king (놉흔일흠 찬양하고; 양, 셩)

⑫ Sun of my soul, thou Saviour dear (영혼의해 예수구쥬; 미) (사랑한쥬 령혼의해; 양)

⑬ The heavens declare thy glory (하늘과 여러별들이; 양)

⑭ When I survey the wondrous cross (대쥬재우희 달니신; 미, 양)

---

43) 보통 long meter는 찬송가의 대표적인 율조로 알려져 있다.

A quatrain in iambic tetrameter, rhyming in the second and fourth lines and often in the first and third. Also called long measure.

44) '미'는 『찬미가』, '양'은 『찬양가』, '셩'은 『찬셩시』를 말함.

이 곡들이 모두 A형 시가의 가창 곡조로 쓰일 수 있는 것들이지만 그
중에서도 리듬이나 가락이 단순하고 또 장엄하여 교회에서 예배 찬송
(즉 개회 찬송 혹은 입례송)으로 많이 쓰였던 「Old Hundredth」가 가장 유력
한 가창 곡조인 것으로 보인다.

이 찬송가의 원어(영어) 가사는 다음과 같이 8보격으로 구성되어 있다.

> Praise God, from Whom all blessings flow;
> Praise Him, all creatures here below;
> Praise Him above, ye heavenly host;
> Praise Father, Son, and Holy Ghost.

이 찬송가의 곡조는 다음과 같다(다음에 제시하는 곡조와 가사는 『합동찬송
가』의 것이다).

〈그림 4〉 찬송가 악보

1908년에 발행된 『합동 찬송가』를 보면 제3장 「놉흔일흠 찬양하고」
곡으로 "Korean Music or Old Hundredth"라 하여 찬송가의 곡조로서는 이
「Old Hundredth」 곡조가 대표적이었음을 알 수 있다. 원래 「놉흔일흠 찬
양하고」의 곡조는 「Old Hundredth」가 아니고, 플레여(Ignace Pleyer)가 지은
곡조(1815년 작)였다. 그런데도 「Old Hundredth」를 가창 곡조로 제시한 것

은 물론 두 곡조가 형식의 면에서 서로 통하기 때문이기도 하지만, 보
다 중요한 것은 8·8조 가사의 찬송가일 경우 「Old Hundredth」 곡조가
가장 대표적인 곡조로서 교인들에게 친숙했기 때문이었던 것이다. 따라
서 이 A형 시가의 가창 곡조로 찬송가 중에서는 「Old Hundredth」곡을
들 수 있겠고, 또 그 외의 방법으로서는 『합동 찬송가』에서 말하고 있
는 소위 Korean Music 즉 한국 재래의 음곡을 내지는 가창 방법을 들 수
있겠다.

(5) 음송 형태—B형

B형에 속하는 시가는 1, 3, 5, 9, 13, 14, 15, 16, 18, 21, 24, 26, 27 등
모두 13편으로서 A형과 음수율 면에서는 동일한 것이지만 절(verse)로 묶
을 만한 시상(詩想)의 긴밀성이나 통사상의 표지(標識)들이 확실하게 나
타나지 않는다는 점에서 A형 시가들과는 다르다. 그 대표적인 작품이
배재학당 학도 문경호의 「셩몽가」다.[45]

(…전략…)
지금째가 느껴쓰니　　나라위히 죽는것은
어셔어셔 시작ᄒ셰　　죽드리도 영광일셰

흉을본다 일못ᄒ고　　무셥다고 일못ᄒ고
욕을ᄒ다 일못ᄒ고　　어늬째에 일을ᄒ나

어리셕은 소리말고　　팔괘국긔 놉히달고
어셔어셔 시작ᄒ야　　텬하각국 알게ᄒ셰

---

45) 문경호는 배재학당 학생과 교사들의 토론 모임인 협성회의 창립 회원 중의 한 사람
　　이었다. 『대한크리스도인 회보』(1899.1.11)에는 그의 논설인 「즁과 셔로 문답한 일」이
　　실려 있고 1898년 3월 12일자 『독립신문』 기사에는 그가 만민공동회에 참석하여 연설
　　하였다는 기록이 있다. 그는 또한 1899년 7월 14일자 『독립신문』에 서양식 결혼식을
　　한 사람으로 소개되고 있다.

우리나라 동포형뎨   젼국인민 합심ㅎ야
내말슴을 드러보오   익국지심 돈돈ㅎ면

부국강병 졀노되고   샹등국이 졀노되고
문명기화 졀노되고   샹등빅셩 졀노되네

그러ㅎ고 볼작시면   어늬누가 여엇보며
두려올것 ㅎ나업네   어늬누가 말을홀가

영미국을 부러말게   영미국이 무엇인가
어셔썰니 쏘차가면   우리나라 비승ㅎ네

죠션빅셩 놉하지면   뎌졀노 놉하지시니
대군쥬 폐하끠셔는   그도아니 됴흘손가

깃부고나 깃부고나   원디구에 진동ㅎ니
오날놀에 만셰소리   깃분무음 한량업네

남녀로소 업시 다   합심ㅎ여 시작ㅎ기를 쳔만쳔만 브라오
                    ―문경호, 「셩몽가」 마지막 부분

8(4 · 4)개의 음절을 1행으로 칠 때 이 시는 모두 96행으로 된 장형 시가다. 우리는 이 작품에서 전형적인 조선조(朝鮮祖) 가사(歌辭)의 모습을 발견하게 된다. 4 · 4조 4음보 진행이라는 율조만 지키며 일정한 단위(연이나 절)로 묶어지는 시상(詩想)의 긴밀성은 없이 작자의 생각을 서술조로 완만하게 전개해 나가고 있는 것이다. 이것은 물론 장형 시가 장르로서의 가사가 가진 특징이다. 아울러서 재래식 조사법(diction; 예를 들어 '우리나라 동포형뎨 내말슴을 드러보오' 등)을 답습하고 있다는 점에서도 이 「셩몽가」는 한국 재래의 율격 및 장르적 전통에 충실한 시가로서의 한 극단 혹은 전형이 된다.

이에 대해 김병철은 장형 시가라는 점 때문에 창가의 자격을 박탈할 수는 없다고 하면서 「참깃분날 하나님이」(『찬미가』 60장)라는 찬송가가 50행으로 되어 있다는 점을 내세운다.46) 그러니까 그는 이러한 장형 시가도 찬송가 곡조로 불리었을 것이라고 주장하는 것이다. 그러나 이 찬송은 모두 5절로 되어 있으며, 각 절은 본 절이 4행, 후렴이 6행이다. 가창의 행수는 50행이겠지만 실제 시가의 행수는 26행인 셈이다. 따라서 반복구(후렴)가 있으면 모르되 그것이 없는 장형 시가를 노래로 부른다는 것은 이러한 일종의 대중가요의 경우에는 무리한 일인 것이다.

그러므로 B형에 속하는 시가들은 전래의 가사들처럼 가창을 전제로 한 것이 아니라, 율독 혹은 음송을 염두에 두고 지어진 창가로 보아야 할 것이다. 율독의 기본 단위가 8(4·4)자 1행이거나 혹은 2행—즉 4·4조 2음보이거나 4음보가 될 것이라는 점에서 재래식의 가사 율독 방법과 통하지만, 이 작품의 율독 단위의 마지막 부분이 통사적으로 문장의 종지 부분이거나 절의 끝 부분임을 볼 때, 역시 장형이면서도 그 호흡 단위는 짧아진 것을 알 수 있다. 이러한 율독의 방법은 다만 B형의 시가에만 적용되는 것은 아니다. A형의 시가들도 개인적으로 의미를 음미하면서 읽을 때에는 얼마든지 B형과 같은 방법으로 율독될 수 있는 것이다. 그리고 개화 가사의 율조는 재래식 율조와 다름이 없으므로 단체에서 부르더라도 율독의 방법을 취할 수 있다.

2) 제2형식의 창가

제2형식의 창가는 학부 주사 니필균의 「대죠션 즈쥬 독립 의국ᄒ는 노래」라는 긴 이름의 시가(詩歌) 한 편밖에 없다. 이 시가는 본 절 4행

---

46) 김병철, 앞의 책, 141면.

(4·4·4·4)에 합가(合歌) 4행(4·4·4·4)이 붙은 형태로 되어 있어서 절 구분이 확실한 작품이라고 할 수 있다. 이러한 형태를 음악학에서는 유절(有節) 가요(strophic song)라고 부른다. 본 절과 합가 하나씩을 합하여 1절로 한다면 이 시가는 전 6절로 되어 있는 셈이다.

아셰아에 대죠션이 　　합가　　 이야에야 이국ᄒ셰
즈쥬독립 분명하다 　　　　　　　 나라위히 죽어보셰

분골ᄒ고 쇄신토록 　　합가　　 우리정부 놉혀주고
츙군ᄒ고 이국ᄒ셰 　　　　　　　 우리군면 도와주세

깁흔잠을 어셔찌여 　　합가　　 놈의쳔디 밧게되니
부국강변 진보ᄒ셰 　　　　　　　 후회막급 업시ᄒ셰

합심ᄒ고 일심되야 　　합가　　 스롱공샹 진력ᄒ야
셔셰동졈 막아보셰 　　　　　　　 사롬마다 즈유ᄒ셰

남녀업시 입학ᄒ야 　　합가　　 교휵히야 기화되고
세계학식 비화보자 　　　　　　　 기화히야 사롬되네

팔괘국긔 놉히달아 　　합가　　 산이놉고 물이깁게
류디쥬에 횡힝ᄒ셰 　　　　　　　 우리ᄆ음 밍셰ᄒ셰

—니필균, 「노래」

이 창가는 통사적인 면에서나 시상의 긴밀도로 보나 절 의식이 분명히 전제된 것이고, 본 절과 합가 부분을 하나로 하는 단위의 설정이 가능한 작품이다. 그런데 무엇보다도 다른 시가와 달리 '합가(合歌)'라고 하는 말이 있는 것으로 보아 가창(歌唱)을 전제로 지어진 작품임에 틀림없다. '합가'라는 말은 일종의 가창 방식을 나타낸다. 즉 앞의 2행은 독창자가, 합가 2행은 회중(會衆)이 부른 것이다. 따라서 이 작품은 회중을 전제로 지어진 것 즉 모종의 집회(集會)를 위한 작품처럼 보인다. 그 집회가 어떤 성격의 것인지 또 이 창가가 그 집회시에 실제로 불렸는지 확인되지는 않지만, 이 창가를 통해 우리는 적어도 개화기에 열린 어떤 의식에서 이처럼 독창과 합가(즉 齊唱)가 서로 교창(交唱)되는 방식으로 불리는 경우가 있었다는 사실을 추정할 수가 있다.

이러한 가창법에 어울리는 곡조는 무엇일까? 이 시의 가창 곡조가 한국 재래의 창조일 것이라는 데 대해서 논자들은 이의를 보이지 않는다. 개화가사가 한국 재래의 창조로 불렸을 것이라고 말했던 조지훈이 그의 주장 중 '쾌지나칭칭나네 식 민요조'를 언급했던 것은 바로 이 작품을 근거로 한 것이었을 것이다.[47] 그가 '쾌지나칭칭나네 식의 민요조'라는 말을 썼을 때 그는 메김소리−받는소리(선창−후창)의 형식을 지닌 민요조라는 뜻으로 썼던 것이다. 이러한 형식을 가진 민요의 경우 그 메김소리는 대체로 독창으로, 받는소리는 제창으로 이루어진다는 점에서 니필균의 작품과 통한다고 말할 수 있다.

그러나 교창(交唱, 교환창) 형식으로 연주되는 민요는 대부분 그 제창(齊唱, 합가) 부분이 "쾌지나칭칭나네"라든가 "강강수월래", "어이 어이"(「상두가」의 경우) 등과 같은 조음소(調音素) 혹은 여음(餘音)이거나, "아리아리랑 쓰리쓰리랑 아라리가 났네. 아리랑 고개로 날 좀 보내 주소"(「밀양 아리랑」의 경우), "아무렴 그렇지 그렇고 말고 한 오백년 사자는 데 웬 성화가"(「한 오백년」의 경우) 등과 같은 후렴구(後斂句) 등이어서 그 가사가 일정한 편이다. 또한 교창 형식의 대표격이라 할 수 있는 「쾌지나 칭칭나네」의 경우 그 조음소나 여음으로 불리어지는 합가 부분이 본 절에 비해 짤막하다는 특징이 있다. 이런 점에서 볼 때, 합가 부분의 가사가 매절마다 바뀌고 또 그 길이가 독창 부분의 분량과 같은 니필균의 작품이 메김소리−받는소리 양식의 민요 곡조를 그대로 취해서 연주되었다고 단정

---

47) 조지훈, 「반세기의 가요 문화사」(『한국문화사서설』, 탐구당, 1981), 316~318면.

할 수 없다.

니필균의 「노래」는 사실 '합가'라는 말만 제거하면 제1형식의 A형 창가와 다를 바 없다. 니필균은 '합가'라는 말을 별도의 음악 양식상의 고려를 해서 붙인 것이 아니라, 다만 가창 방법의 차이를 나타내기 위해 사용한 것이었다. 그러니까 어떤 곡조를 이용하여 부르되(가령 「Old Hundredth」 곡조) 첫 2행과 다음 2행의 창자만 분류하여 표시한 것이라고 볼 수 있다. 즉 첫 단은 독창으로 둘째 단은 제창으로 부르기를 희망하였다고 할 수 있을 것이다.[48]

조지훈과 달리 김병철은 합가 형식의 노래가 찬송가의 영향을 받아 지어졌으며 따라서 "서구식 음곡에 맞춰서 부를 것을 예상하여 지어졌으리라는 것은 상상하기 곤란치 않다"고 주장하고 그 증거로 아펜젤러(Henry Gerhart Appenzeller) 목사가 번역한 「천국님군 우리주씌」(1899)를 소개하고 있다.[49]

천국님군 우리주씌	(합가)	알닐누여
찬숑소리 하여보셰	(합가)	알닐누여
죄인을 구원ᄒ샤	(합가)	알닐누여
십ᄌ무덤 견디셧네	(합가)	알닐누여
죽호심을 견디심애	(합가)	알닐누여
우리구원 셩기엿네	(합가)	알닐누여
하늘에 왕이되샤	(합가)	알닐누여
쳔ᄉ들이 노리ᄒ네	(합가)	알닐누여[50]

---

48) 『독립신문』(1897.9.2)에는 평양 기독교인들이 개최한 대군주 폐하 탄신일 축하회 관계 기사가 실렸다. 그 기사 중 "방긔창 씨는 모든 교우를 흥긔하야 독립가를 불으고"라는 대목이 있는데 바로 이러한 연주 방식을 가리키는 것이 아닌가 한다.

49) 김병철, 앞의 책, 138면.

50) 김병철은 인용한 찬송가의 원전이 무엇인지 밝히지 않았는데, 『대한크리스도인 회보』(1899.3.29)에 실린 것을 보면 전 6절로 되어 있고 절 표시가 분명하며 합가라는 표시도 없다.

그러나 이 찬송가가 니필균의 작품에 직접적인 영향을 주었다고 볼 수는 없다. 우선 이 찬송가의 음수율은 '4·4/(합가)4'로서 니필균의 작품과는 현저히 다르다. 음수율 면에서 니필균의 작품은 앞 1형식의 시가와 다를 바 없고 다만 가창 방법만 다른 것이다. 더군다나 이 찬송가는 니필균의 작품보다 무려 3년이나 뒤에 출판되었기 때문에 이 찬송가의 영향으로 니필균의 작품이 나왔다고 할 수는 없는 것이다.

3) 제3형식의 창가

제3형식의 창가도 농상공부 주사 최병헌의 「독립가」 한 편뿐이다. 이 작품은 찬송가 「참깃분날 하나님이」의 영향을 받아 그 곡조를 전제로 지은 것임이 거의 확실한 유절(有節) 가요이다.

데일
텬디만물 챵죠후에
오쥬구역 텬명이라

아시아쥬 동양중에
대죠션국 분명ㅎ다

후렴

독립긔쵸 쟝구슐은
군민샹이 데일이라

깃분날 깃분날
대죠션국 독립호날

깃분날 깃분날

대죠션국 독립혼날

뎨이
단군긔ᄌ ᄌ쥬시고
신라년호 건원이라

긔국홍졔 인평후에
고려건원 광덕이라

후렴

뎨삼
만셰완산 션리화ᄂ
신인금쳑 텬슈로다

긔원경졀 오빅후에
건양년호 빗나도다

후렴

뎨ᄉ
음양죠판 태극긔를
일원ᄀᆺ치 놉히다니

죠션역시 구방이라
긔명유신 ᄎ시로다

후렴

뎨오
금셩옥야 온대디에
구쳔오빅 방리로다

이쳔만즁 합심ᄒ여
독립가를 불너보셰

　　후렴

―최병헌, 「독립가」

　김병철은 『독립신문』의 애국가류가 찬송가의 영향을 받았을 것이라
면서 그 근거로 찬송가 「춤깃분날 하ᄂ님이」를 들어 비교하고 있다. 이
두 작품을 비교해 보면 적어도 이 작품에 있어서만은 찬송가와의 영향
관계가 분명히 드러난다. 다음은 「참깃분날 하ᄂ님이」 1, 2절 악보다.

<그림 5> 찬송가 곡조

위의 두 시편은 형식이 거의 일치한다. 본 절은 8 · 8 · 8 · 8조의 4행으로 동일하고, 후렴은 「독립가」가 8 · 8 · 6 · 8 · 6 · 8이고 찬송가가 6 · 8 · 8 · 8 · 6 · 8이다. 따라서 「독립가」의 후렴을 두 행씩 묶어서 A-B-B 형태라고 한다면 찬송가의 후렴은 B-A-B형이 된다. 이처럼 음조의 위치가 약간 다르지만 둘 다 6행이라는 점에서는 일치한다. 가장 유사한 점은 두 번이나 반복되고 있는 '깃분날 깃분날 / ○○○○ ○○한날'이라는 구절이다.

「독립가」는 찬송가의 율조뿐만 아니라 작품의 구성과 어법의 영향까지 받았던 것이다. 또 이 「독립가」는 『독립신문』 소재 시가 중 유일하게 절과 후렴을 명확하게 표기한 작품인데, 그 기사 양식에 있어서 제1절 다음에만 후렴 구절을 완전히 기재하고 그 다음 절부터는 '후렴'이란 표지만을 해둔 점 등에서도 찬송가의 기재 방식과 같다. 이로 볼 때 이 「독립가」는 찬송가의 영향을 받아 지어진 것임에 틀림없다.

또한 그 가창 곡조로는 바로 이 『찬미가』 제60장의 곡조를 염두에 두고 지은 것이 확실하다. 작자인 최병헌은 직업이 농상공부 주사라고 소개되었지만 앞에서 살펴본 대로 그는 후에 농상공부 주사 직을 사임하고 배재학당에 입학했으며 나중에는 감리교의 목사가 되었다. 그는 『독립신문』1897년 8월 26일자에 도학(道學, 즉 종교교육)의 중요성을 역설하는 논설을 실을 정도로 기독교 신앙에 젖어 있던 사람이었으며, 아펜젤러 목사가 발행하던 『대한크리스도인 회보』에도 여러 차례 기고하였던 사람이다.[51]

한편 그에게 있어서 신앙과 학문과 시는 하나로 어우러져 있었고 따라서 그의 신학적인 논문 역시 언제나 시를 동반하였다고 한다.[52] 1901

---

51) 최병헌에 대해서는 『대한크리스도인 회보』(1898.9.7)에 실린 「정동회당 최병헌 씨의 보단」을 참조하시오. 이 신문에는 최병헌의 글이 여러 편 실려 있는 것으로 보아 주요 필자로 활약했음을 알 수 있다. 「학쟈의 고명흔 슈작」(1899.4.5), 「득어공실어공」(1900. 4.18), 「흥텬사 봄노리」(1900.5.2), 「효자 힝젹」(1900.6.13), 「그릇술 씨침」(1900.7.25) 등.
52) 유동식, 앞의 책, 184면.

년 『신학월보』 제1권 제8호와 제11호에 표현 형식을 달리해서 두 차례나 개재한 바 있는 「죄 도리」라는 글에도 4·4조 형식으로 된 시가가 포함되어 있다.[53]

여호와의 말씀으로
　　새로만든 천지간에
밝은일월 비췄으니
　　에덴동산 영화로다

만반화초 각색실과
　　아담부터 통활하네
마음맑어 천주보니
　　즐겁고도 복많도다.

만민시조 아담이와
　　본성잃고 죄범하니
천하모든 인류들이
　　악한성품 타났도다

이성품에 짓는죄에
　　영원신명 다죽으니
천주인애 한량없어
　　구원할법 예비했네

우리구주 흘린보혈
　　모든죄악 다속하고
생명에서 끊긴가지
　　다시살게 하시려고

---

53) 위의 책, 184~186면에서 재인용.

생명나무 존뿌리에
　접을부쳐 가꾸시네
할렐루야 할렐루야
　내게영복 오늘왔네

—최병헌, 「여호와의 말씀으로」

　　최병헌의 「독립가」를 찬미가 60장의 곡조로 부를 때 후렴 부분에서 약간의 부조화 현상이 생긴다. 즉 「독립가」는 후렴이 A-B-B 형태이고, 찬송가는 B-A-B 형태인 것이다. 이러한 현상은 최병헌의 착오인지 『독립신문』 편집실의 실수인지는 확실하지 않다. 그렇지만 전체적으로 보아 찬송가의 영향을 받은 것으로 보는 데에는 무리가 없을 것이다. 이 『찬미가』 60장의 곡조는 당시의 교인들에게 상당히 친숙해 있던 곡조였던 것 같다. 그 주된 이유는 아마도 4·4(3·4)조의 4음보 진행이라고 하는 재래식 가사의 율조와 다를 바 없기 때문일 것이다. 창작 찬송가 중에도 이 곡조를 전제로 한 작품이 있는 것을 보아 이 곡조의 친숙성을 확인할 수 있다.

일
유태국에 나신 구쥬
동포형뎨 알앗스니
하나님의 은혜시니
엇지아니 감격하리

후렴
깃분날 깃분날
구세쥬의 탄일일셰
쥬의영광 빗첫스니
일월보덤 빗내도다
깃분날 깃분날

구세쥬의 탄일일셰

—창작 찬송가의 일부

이 찬송가는 성탄절을 기하여 이화학당의 어떤 학생이 지은 것인데 『찬미가』의 부록에 실려 있다.[54] 이로 볼 때 『찬미가』 60장의 곡조가 당시의 교회에서 애창되는 것이었고, 또 그 율조가 전래의 가사와 다를 바 없어 한국인들이 이 곡조에 맞추어 새로운 가사를 짓는 일이 많았으며,[55] 최병헌의 「독립가」 역시 그러한 작업의 하나라고 볼 수 있다. 가사 중에 나오는 '깃분날'이라는 구절이 『독립신문』 소재 시가들의 전체적인 분위기 즉 나라의 독립을 경하하고, 민족의 개화가 진행됨을 기뻐하는 분위기를 잘 나타내주는 점도 이 곡조가 채택된 이유가 된다.

4) 제4형식의 창가

이에 속하는 작품은 25, 28, 29, 30, 31, 32 등 6편인데 지금까지는 그 존재 여부가 알려지지 않아 연구되지 않았던 것들이다.[56] 이 제4형식 창가의 특징은 다음과 같다.

① 기재 양식이 앞의 시가들과 다르다. 이 시가들은 행과 절을 나누지 않고 잡보란에 실린 다른 기사처럼 풀어서 인쇄되어 있다. 31번 창가는 매 2구마다 '○'표를 해두었고, 32번 창가는 매절을 '1. 2. 3. 4'로 표시하고 후렴도 표시하고 있지만 역시 일반 기사와 같이 풀어쓴 것들이다.[57]

---

54) 김병철, 앞의 책, 137면에서 재인용.

55) 국가보훈처 편, 『최신 창가집』(1914)에도 이 곡조를 부곡으로 하는 창가(帝國地理 34)가 실려 있다. 이 책 부록의 「자료 4」 참조.

56) 여기서 6편이라 함은 다만 편의상 실린 회수를 두고 말함이다. 가령 ㉙와 ㉚은 연속된 것으로 볼 수도 있고, ㉕만 하더라도 여러 편의 노래로 취급할 수 있기 때문이다.

②이 창가들은 개인보다는 단체나 기관의 노래들이다. 물론 29, 30번의 창가처럼 개인의 작이라는 것이 분명히 밝혀진 것도 있지만 그럼에도 불구하고 이 시편들 역시 단체를 위해 지어진 것들이다. 이 기관들은 시위대·찬양회부인회·경성학당·배재학당 등이다. 따라서 이 창가들은 군가와 학교 창가 등으로 구분된다.

③이 창가들은 작자들의 투고에 의해 실린 것이 아니라 대체로 취재에 의해 실렸다. 물론 이 점은 두 번째 특징과 무관하지 않다. 이 창가들은 앞의 창가들과는 달리 어떤 행사의 기사문에 그 행사 때 부른 노래로서 소개되고 있다. 찬양회 부인회 「애국가」의 경우 "이달 13일 오후 한 시에 찬양회 부인들이 모혀 (…중략…) 나라 사랑하는 노래를 지여 셔로 불으고 길거워 하더라 하기에 그 노래를 좌에 긔재하노라"는 관련 기사가 있고, 29번 윤철규 「군가」의 경우 "시위 2대대 대대장 윤철규씨가 금번에 군가 일편을 새로 지여 군인들을 갈앗쳐 권면한다 하기에 그 군가를 엇어 좌에 긔재하노라"는 관련 기사가 실려 있는 등 취재에 의한 것이라는 점이 분명히 밝혀져 있다.

④이 창가들은 『독립신문』 소재 시가 중에서는 후기에 속하는 작품들이다. 『독립신문』에 개화기 창가가 최초로 실린 것이 1896년 4월 1일의 일이었는데 마지막 작품인 배재학당의 「무궁화노래」가 실린 것은 1899년 6월 29일이었으므로 만 3년 가까이 흐른 다음의 일이었다.

(1) 군가류(軍歌類)

먼저 군가류 창가에 대해 검토해 보기로 한다. 이 군가들은 대체로 4·4조 4음보 진행을 기조로 하고 있고 길이는 4음보를 1행으로 계산

---

57) 이 제4형의 시가들이 기사(記寫) 양식상으로는 풀어서 인쇄되어 있지만 나름대로 분명한 행·절을 가지고 있음을 볼 때에도, 기사 양식만을 가지고 절·행 구분의식을 추정하는 것은 불합리하다는 것을 알 수 있다.

할 경우 25번은 46행, 29, 30번은 20행 등으로서 긴 편이다. 하지만 이 군가류 창가들은 대체로 짤막한 절을 의식하고 지은 것처럼 보인다. 다음에 인용하는 「시위대 병정들 군가」의 경우 3행의 노래 6편, 4행의 노래 7편으로 구성되어 있다.

대군쥬 폐하끠셔   즈쥬독립 ᄒᆞ옵신후
려민동락 ᄒᆞ옵시니   길겁도다 만물이라
억만년 변치말고   ᄒᆞᆫ굴ᄀᆞᆺ치 ᄒᆞᄉᆞ이다

어화우리 셩은이야   님군이디 새로시니
기국오빅 삼년브터   독립즈쥬 졍ᄒᆞ셨네
지금 폐하   위덕이 만만셰

새로워라 새로워라   셩군셩덕이 새로워라
오빅년에 쳐음이요   ᄉᆞ쳔년에 쳐음이라
아마도 즈고로   금상이 뎨일이신가

폐하실셰 폐하실셰   우리군쥬 폐하실셰
즈고로 업던일을   우리셩샹 새로시니
신민들도 처음이라   억만년 변치말셰

병뎡이야 병뎡이야   츙군익국 잇지마라
청국죠졍 완미ᄒᆞ여   쇽방번국 멸시터니
일죠브롬 동방으로   취슝츈광 ᄒᆞ엿거늘
즈쥬독립 곳시피여   부국강병 열미연다

병뎡이야 병뎡이야   츙군익국 잇지마라
빈눈물에 쓰엿스나   물에풍파 업슬쇼냐
언낭노슈 못견디면   두려울ᄉᆞ 파션이라
너의쇼임 무겁도다   무거우니 샹쾌로다

—시위대 병정들, 「군가」 앞부분

4행으로 된 노래의 경우 첫행에 "병뎡이야 병뎡이야 츙군이국 잇지마라"라는 구절이 반드시 들어가는 것으로 보아, 이 노래를 지을 때 절 의식은 물론 노래로의 가창할 것을 의식하고 지어진 것으로 보인다. 또한 이 노래에 관한 기사에 시위대 병정들이 자기 전마다 이 노래를 한다고 하였는데, 당시 군인들이 공통으로 부를 수 있는 곡조가 있었음이 틀림없고 또 그 곡조는 3행에 어울리는 것, 4행에 어울리는 것 등 몇 종이 있었을 것으로 보인다. 『독립신문』 1898년 8월 13일자의 잡보란을 보면 "근일에 모든 병뎡 애국가에 우리 귀가 압푸더니 오늘 보니 살인가가 이 아닌가"라는 수원에 사는 어느 독자가 보낸 탄식의 하소연이 있는데, 군인들의 군가가 일반 시민들에게 혐오감을 주고 소음 공해까지 일으킨 점으로 보아 이 곡조가 상당히 힘찬 것이었으리라고 추정된다.

29번의 「군가」는 첫 구에 "어화 우리 군인들아"를 넣은 4행의 노래다.

어화우리 군인들아　　이니말숨 들어보쇼
나는좃테 나는좃테　　혁구유신 나는좃테
황실보호 진심호야　　우리셩은 보답호셰
츙군이국 호고보면　　명슈죽빅 되오리라

어화우리 군인들아　　우리칙임 비경호다
일신상에 이담부로　　시각인들 방심홀가
기예년습 괴라말쇼　　고진감니 자년일셰
약셕갓흔 이교훈을　　명심호고 각골호셰

―윤철규, 「새군가」 앞부분

이 군가는 첫 구에 같은 어구를 반복한다든가 4행으로 되어 있다든가 하는 점에서, 그리고 25, 29 모두 시위대 군인들이 부른 노래들이라는 점에서 25의 4행 노래와 동일한 곡조로 부른 것이 아닌가 생각된다.

30의 군가는 3행 노래 4편, 2행 노래 2편, 4행 노래 1편 등으로 되어

있다. 여기서는 2행의 노래가 나타나는 것이 특징인데 단 두 편에 불과
한 것을 보면 그다지 많이 쓰인 형식은 아닌 것 같다.

어화우리 군인들아　　충군애국 ᄒᆞ여보세
일월ᄀᆞᆺ흔 우리성군　　문명기화 힘쓰신다
동반셔반 디구샹에　　ᄌᆞ쥬독립 분명ᄒᆞ다

빅도경쟝 ᄒᆞ실째에　　ᄉᆞ관병뎡 셜대ᄒᆞ샤
무스시에 양디식혀　　불우지일 쓰랴신다
이럼으로 군인대졉　　세계샹에 졔일일셰

인의녜지 쳔셩야요　　효제충신 인도로다
지심충직 ᄒᆞ고보면　　불ᄎᆞ탁용 ᄒᆞ신다네

무관학교 셜시ᄒᆞ여　　기예교련 식히시네
좌작진퇴 연습ᄒᆞ여　　일군구령 ᄒᆞ여보셰
당당뎨국 간셩되고　　빅셩의게 병쟝된다

우리빅셩 군인밋고　　우리군인 빅셩밋네
군인빅셩 샹부ᄒᆞ면　　부국강병 못ᄒᆞᆯ쇼냐

—윤철규, 「새군가」 일부

29, 30의 작자는 똑같이 시위대 대대장인 윤철규이다. 이 두 작품은
20일 간격을 두고 실렸지만 당초에는 동시에 취재가 되었다가 한 번에
싣기에는 벅찬 분량이므로 두 번에 나누어 실은 것이다. 그런데 한 사
람이 지은 군가에 3행과 4행의 노래들이 주를 이루고 있고, 또 25의 군
가 역시 3행과 4행의 시가들인 점으로 보아 시위대에는 3행과 4행으로
된 군가가 대표적이었던 것 같다.

(2) 학교 창가류(唱歌類)

『독립신문』의 개화기 시가들 중에서 학교 창가로는 다음 다섯 작품을 들 수 있다.

   9. 「경무학도들 노래」(1896.7.16)
  14. 「슝천ᄉ립학교 이민가」(1896.8.18)
  28. 「찬양회 부인회 이국가」(1898.10.18)
  31. 「경성학당 교가」(1899.6.16)
  32. 「비지학당 무궁화노릭」(1899.6.29)

여기서 찬양회 부인회는 학교는 아니었지만 이 「애국가」가 그들이 청원한 학교(순성학교)의 설립과 관계가 있는 것이므로 학교 창가의 하나로 본다.58) 이 작품들은 물론 학교라는 단체의 노래지만, 이외에 학생 중에서 개인적으로 지어 부른 노래로는 다음과 같은 4작품이 있는데 이러한 개인의 작품도 크게 보아 학교 창가의 범주에 넣을 수 있을 것이다.

  15. 「비지학당 문경호의 ᄌ쥬독립가」(1896.8.20)
  18. 「평양학당 김죵섭의 이국가」(1896.9.5)
  19. 「비지학당 최영구의 이국독립가」(1896.9.8)

---

58) 찬양회는 1898년 9월에 조직된 최초의 여권운동단체다. 여학교 설립을 후원하여 순성여학교 발족시켰다. 서울 북촌의 양반층 부인들이 중심이 되어 만든 것이라는 설도 있다. 1898년 9월 9일 『독립신문』에 김소사·이소사의 명의로 「여권통문」을 실었다. "이제 우리 이천만 동포 형제가 과거의 구습을 영영 버리고 각각 개명한 신식을 좇아 행할 때 어찌 우리 여성들은 귀먹고 눈 어두운 병신 모양으로 남성이 벌어다주는 것만 먹고 평생을 심규에 있으면서 그 절제만 받겠는가. 먼저 문명개화한 나라를 보면 남녀가 일반 사람으로 되어 어려서부터 각각 학교에 다니며 재주를 다 배우고 이목을 넓혀 장성한 후에 남성과 부부 관계를 맺어 평생을 살더라도 남편의 절제를 받지 않고 도리어 공경함을 받는 것은 다름 아니라 그 재주와 권리와 신의가 남성과 같기 때문이다. 우리도 다른 나라와 같이 여학교를 설치하고 각각 여아들을 보내어 각각 재주와 규칙과 행세하는 도리를 배워 장차 남녀가 일반 사람이 되게 하기 위하여 여학교를 설치하니"(일부).

26. 「비지학당 문경호의 셩몽가」(1897.9.14)

또한 『독립신문』에는 당시의 개화(開化) 행사(行事)들을 보도하고 있는 기록들이 있는데 그 가사는 소개가 되고 있지는 않지만 그러한 행사 자리에서 부른 학생들의 애국가나 독립가들이 있음을 알 수 있다. 여기서는 학교 창가 중 단체의 노래에 해당하며 제4형식의 범주에 드는 것을 중심으로 살펴보겠다.

① 경성학당 「교가」

외국어 학교이던 경성학당59)의 「교가」는 교가(校歌)라는 이름을 가진 시가로는 최초의 작품이다.

○ 어질셰라　어질셰라　우리님군　어질셰라
○ 녯늘폐단　혁신ᄒ여　문명지치　독립일셰
○ 츙셩일셰　츙셩일셰　우리인민　츙셩일셰
○ 죠야일심　보국ᄒ야　태평만셰　동락일셰
○ 건양원년　졈은봄에　경셩학당　챵립ᄒ니
○ 일취월쟝　ᄒ는학업　봄풀ᄀᆺ치　왕셩ᄒ다
○ 잇지말셰　잇지말셰　학당뜻을　잇지말셰
○ 신의두ᄌ　굿게직혀　슈화라도　피치말셰
○ 분골쇄신　ᄒ드리도　남의일에　지지말셰
○ 혼갈ᄀᆺ치　졍신써셔　쳘셕ᄀᆺ치　밍셔ᄒ셰

---

59) 경성학당은 1896년 일본 기독교도 교육회에서 세운 일본식 학교로 학당장은 조합교회 목사 와타세(渡瀬常吉)였다고 한다. http://kcm.co.kr/person/person_k064.html 이 경성학당은 열강이 각축하는 아시아에서 조선 정부 및 구미제국과 정면충돌을 피하면서 조용히 진출의 발판을 쌓으며, 한편으로 조선을 완전히 지배하기 위한 군비 증강의 시간 벌기를 한다는, 일본 정부의 침략정책의 전체적인 구도 안에 조직된 것이었다. 양현혜 「일본 기독교의 조선 전도」 http://user.chollian.net/~ikch0102/nm5-9.htm 참조. 당시 일본 공사관에서는 이 학교에 대해 보조금을 지급하는 등 각종 지원을 한 것으로 알려졌다.

○ 오늘셩수　비유ᄒ면　한강슈가　엿고엿네
○ 오늘쾌락　비유ᄒ면　죵남산이　놉고놉다
○ 황뎨폐하　만만셰요　자쥬독립　만만셰며
○ 우리인민　만셰로다　우리학당　만셰로다

이 교가는 4·4·4·4조의 4음보를 한 행으로 하여 모두 14행으로 되어 있다. 이 작품 역시 앞의 군가들과 마찬가지로 일반 기사처럼 풀어서 인쇄되어 있는데 각행 앞에 ○표를 해 두고 있는 점이 다르다. 『독립신문』에서 ○표시는 각란(가령 잡보란이나 관보란)의 기사들이 시작될 때 매번 표시되고 있으나 이 기사에서는 졸업식의 순서를 보도할 때 각 순서의 첫머리에 표시되어 있다. 따라서 이 작품의 ○표시는 무엇인가 형식을 구분하고 있는 표시로 이해할 수 있겠다.

매 2행마다 한 가지씩의 화제(topic)가 다루어지고 있고, 또 통사적인 면에서도 매 2행마다 서술이 완료되고 있다는 점에서 이 작품은 매 2행을 1절로 하는 노래로 보인다. 이러한 생각은 이 작품의 몇 군데에서 발견되는 병행구들을 검토해 볼 때에 확실해진다. 다음 세 행을 보자.

어질셰라　어질셰라　우리님군　어질셰라(1행)
충셩일셰　충셩일셰　우리인민　충셩일셰(3행)
잇지말셰　잇지말셰　학당뜻을　잇지말셰(7행)

즉 가사 형태가 A-A-B-A식으로 되어 있고, 각기 각 절의 첫 부분에 위치하고 있다는 점에서 이 구들을 병행구(竝行句, parallel phrases)라 부를 수 있다. 즉 이 병행구들이 각 절의 시작을 알리는 표지가 된다. 이러한 점에서 볼 때에 경성학당의 「교가」는 확실히 절 구분의식이 드러나고 있다고 할 수 있다. 4·4조 4음보 진행형이라고는 하더라도 장형시가로서의 가사의 성격은 제거되어 버린 작품이다. 특히 이런 현상을 도와주고 있는 것은 위의 병행구들이다.

A-A-B-A 양식으로 된 어구들은 이 작품뿐 아니라『독립신문』소재 다른 창가들에서도 더러 발견된다.『독립신문』에 세 번째로 발표되었던 「인천 제물포 뎐경택 이국가」(1896.5.19)는 작품 전체가 거의 이런 패턴을 따르고 있다.

봉츅ᄒ세　봉츅ᄒ세　아국태평　봉츅ᄒ세
즐겁도다　즐겁도다　독립ᄌᄶ　즐겁도다
곳퓌여라　곳퓌여라　우리명산　곳퓌여라
향기롭다　향기롭다　우리국가　향기롭다
열민열나　열민열나　부국강병　열민열나
열심ᄒ세　열심ᄒ세　츙군이국　열심ᄒ세
진력ᄒ세　진력ᄒ세　사롱공샹　진력ᄒ세
빗나도다　빗나도다　우리국긔　빗나도다
영화롭다　영화롭다　우리만민　영화롭다
놉흐시다　놉흐시다　우리님군　놉흐시다
만셰만셰　만만셰논　대군쥬폐하　만만셰
쟝성ᄒ　기운으로　셰계에　유명ᄒ야
텬하각국　넘볼세라[60]

이러한 패턴은 사실 시적인 기교의 면에서는 거의 영점에 가까운 그 저 선동하는 구호처럼 들린다. 또 문학 양식으로서보다는 노래 양식으로 훨씬 더 잘 어울린다. 다음에 한 구절씩 인용한 것도 이와 같은 형태의 것이다.

부러ᄒ세　부러ᄒ세　부국강병　부러ᄒ세　（허일）　　　1896.6.2
빗나도다　빗나도다　ᄌᄶ독립　빗나도다　　〃
장ᄒ도다　장ᄒ도다　우리독립　장ᄒ도다　（경무학도들）1896.7.16
영화롭다　영화롭다　대죠선국　영화롭다　　〃

---

60) 편의상 원문의 기재 양식을 변경하였음.

즐겁도다　즐겁도다　㒰쥬독립　즐겁도다　(윤태성)　1896.7.18
죠흘시고　죠흘시고　독립문이　죠흘시고　(문경호)　1896.8.20
꼿피엿네　꼿피엿네　만민화락　꼿피엿네　(최병희)　1896.9.1
만셰로다　만셰로다　셩샹폐하　만셰로다　〃
만셰로다　만셰로다　우리독립　만셰로다　〃
닛지말셰　닛지말셰　합심두ᄌ　닛지말셰　(최영구)　1896.9.8
불너보셰　불너보셰　인국가를　불너보셰　(리영언)　1896.9.10
만셰로다　만셰로다　우리나라　만셰로다　〃
도와주셰　도와주셰　우리정부　도와주셰　(김철영)　1896.9.15
ᄉ랑ᄒ셰　ᄉ랑ᄒ셰　우리인민　ᄉ랑ᄒ셰　〃
경축ᄒ셰　경축ᄒ셰　하ᄂ님끠　경축ᄒ셰　(김긔범)　1896.9.17
새로워라　새로워라　셩군셩덕이새로워라　(시위대군가)　1897.6.11
폐하실셰　폐하실셰　우리군쥬　폐하실셰　〃
쳐음일셰　쳐음일셰　녀학교가　쳐음일셰　(찬양회부인회)　1898.10.18

　이외에도 A-A-B-C의 형태로 된 것들도 있는데 C가 A의 변형으로 이해될 수도 있기 때문에 이 형태도 A-A-B-A와는 그 기능이 거의 같다고 할 수 있다. 개화기 시가에서 이러한 현상이 나타나는 것은 시대적 급변성·격변성의 반영이다. 그리고 그 격변성은 당시 개화 계층의 사람들에게는 하나의 즐거운 충격이었고 그러한 충격은 다시 그들의 노래에서 짧은 호흡과 반복성 그리고 감탄적 어구의 연발 및 청유적인 선동성으로 나타나는 현상을 보이고 있는 것이다. 이러한 급박성은 어두운 시대적 현실의 급박성에서 비롯된 것으로서 이것이 자연히 시의 호흡에도 반영되고 있다. 가령 충정공(忠正公) 민영환이 을사보호조약이 체결되었다는 소식을 듣고 자결했을 때, 많은 사람들이 그의 죽음을 애도하는 시를 지어서 신문사에 투고하였고, 또 그의 무덤에서 돋아났다는 피묻은 대나무에 관한 시작품들도 지어서 투고했던 것이다. 그러한 작품들은 대개 「혈죽가(血竹歌)」란 이름으로 발표되었으며, 시조·가사·타령 등 여러 가지 양식으로 지어졌다. 다음은 그 중에 한 작품이다.

슬프도다 슬프도다 우리국민 슬프도다
저버럿네 저버럿네 민충정을 저버럿네[61]

  그러니까 경성학당 「교가」는 제1형식의 A형 창가와 동일한 양식의
창가라 볼 수 있다. 기독교의 냄새가 물씬 나는 독립협회(獨立協會)가 주
관했던 독립문 정초식(定礎式)을 비롯한 여러 행사에는 경성의 각급 학
교 학생들이 참석해서 노래의 순서 혹은 체조의 순서 등을 맡았는데,
노래는 주로 배재학당의 학도들이 담당했지만 더러 다른 학교의 학생
들도 노래를 부른 것으로 보아 관립 외국어학교이던 경성학당 학생들
도 이러한 행사에 참석했을 것이고 따라서 「Old Hundredth」 곡조를 비
롯한 찬송가 곡조에 맞추어 불렀을 가능성이 높다.[62]

② 찬양회 부인회 「애국가」

  찬양회 부인들의 「애국가」는 경성학당의 「교가」와 동일한 형식으로
서 그 길이는 모두 16행이다.

三千리   넓은강토   二千万중   만흔동포
순셩학교   찬양회에   익국가를   드러보오
단군긔즈   긔千년에   부인협회   쳐음일셰
쳐음일셰   쳐음일셰   녀학교가   쳐음일셰
문명동방   대한국에   황뎨폐하   쳐음일셰
셩샹의   놉흔은덕   하늘아리   하늘이라
순셩학교   챵셜ㅎ고   동포녀즈   만히모하
비양셩취   ㅎ량으로   각항지죠   굴ㅇ치니

---

61) 민원득, 앞의 글, 476면에서 재인용. 한편 최병헌 역시 한시로 된 「閔公血竹歌」라는
    작품을 『황성신문』(1906.8.3)에 발표한 바 있다.
62) 『독립신문』, 1896.7.2, 11.21, 11.24일자 및 1897.1.19일자에 이러한 개화 행사의 모습
    이 보인다.

구미각국 부러마쇼 문명동방 더옥좃타

萬셰萬셰 億萬셰라 황뎨폐하 億萬셰라

J. GAILLARD JEUNE.
Chemulpo, Korea.

Provisioner of French men of war, General Store-Keeper, Naval Contractor and Commission Agent.

——:0:——

We can supply you with the following articles upon receiving your order:—

American, English, French and German; Preserves; Wines and Liquors of best quality. Table Claret $4.00 @ doz. Russian Caviar; Gruyere, Roquefort, American & Dutch Cheese; American & English Ham and Bacon; French & German Sausages; Pure Olives; Salad Oils; Toilet articles; French soap; Cigars, Tobaccos, etc. etc. etc.

Branch Offices { Shanghai & Nagasaki.

J. Giacinti, Manager.

A. GORSCHALKI.
Chong Dong.

I have just received a new consignment of English, Russian, American, and French toilet soaps in cakes and bars.

Biscuits of various kinds. The best Ning Chow and Formosa teas.

Stove and scrubbing brushes. Also the following refreshing drinks:—

Syrup of Tamarinas, Red currant Syrup, Sarsparilla, Tamarind, Raspberry Syrup, Raspberry Vinegar, Lime Juice. Prices moderate.

FOR RENT.

Two fine brick business blocks have been erected on opposite sides of Legation Street in the European quarter of Seoul and are now ready for occupancy. Each block consists of four large store rooms on the ground floor, each with two good living rooms and a hall above, finished for occupancy by foreigners. Each set of apartments is separated from the adjoining one by a brick fire wall, and each has a kitchen and large back yard in the rear. The rent is only 22 yen for the corner apartments and 20 yen for the others, per month, in advance.

Seoul needs a drug store and one of these apartments would not only serve well for thie purpose but would afford a good residence for the manager.

A small hotel is greatly needed in Seoul and these houses might be so arranged as to answer such a purpose.

Apply to the *Seoul Improvement Co.* Care of *The Independent*.

H. C. CLOUD & Co.
Chemulpo, Korea.

Navy contractors, compradores and Bakers.

The only American Firm in Korea.

SCOTT'S EMULSION.
OF PURE
COD LIVER OIL
with
HYPOPHOSPHITES OF LIME
and soda.
KUMAMOTO & Co.
No. 58, Chin Ko Kai,
Seoul.

SEOUL GROCERY COMPANY.

No. 15 Legation St. Chong Dong.

We have fancy and staple groceries and provisions of both foreign and domestic products. Our Customers will be supplied with pass books and accounts will be payable monthly. The only Korean firm of this kind in the city.

〈그림 6〉 송천사립학교 학원들 애민가가 실린 『독립신문』

萬셰萬셰　億萬셰라　대한뎨국　億萬셰라
千셰千셰　萬千셰라　동궁뎐하　萬千셰라
千셰千셰　萬千셰라　순셩학교　萬千셰라
百셰百셰　千百셰라　우리동포　千百셰라
百셰百셰　千百셰라　찬양회쟝　千百셰라
百셰百셰　千百셰라　찬양회원　千百셰라

한편 이 「애국가」와 관련된 기사를 보면 위의 노래가 미리 만들어졌거나, 사전에 연습을 해서 익혀둔 것이 아니라, 거의 즉흥적으로 불린 것이 아닌가 여겨진다.

이둘 十三일 오후 혼 시에 찬양회 부인들이 모혀 일젼에 녀학교 셜시ᄒ여 주옵쇼셔 ᄒ고 진복ᄒ야 샹쇼한 비지를 공포ᄒ고 인ᄒ야 연셜들ᄒ며 나라ᄉ랑ᄒᄂ 노리를 지여 셔로 불으고 길거워 ᄒ더라 ᄒ기에 그 노리를 좌에 긔지ᄒ노라

—『독립신문』, 1898.10.18

찬양회 부인회의 「애국가」는 특정한 가창 곡조를 추정하기는 힘들다. 이 노래가 제1형식 A형의 창가와 동일한 양식이라는 점에서 「Old Hundredth」 곡조 혹은 민간의 전통적 음송 양식이 사용되었을 것으로 본다.

③ 배재학당 「무궁화노래」

1899년 6월 29일자 『독립신문』에는 배재학당 학생들이 부른 「무궁화노래」가 실려 있다. 『독립신문』을 통해 배재학당 학생들이 부른 노래로 확인되는 것은 이외에도 「죠션가」(1896.11.21), 「독립가」(1896.11.21), 「애국가」(1896.7.2), 「진보가」(1896.11.21), 「축수가」(1897.8.17) 등과 「하나님을 사랑하야」(1897.7.10)를 비롯한 찬송가들이 있으나 그 가사 전편이 기록된 것

은 이 「무궁화노래」뿐이다.

    一   셩ᄌ신손 오ᄇ빅년은   우리 황실이요
           산고슈려 동반도ᄂ 우리 본국일셰
    후렴 무궁화 삼쳔리   화려 강산
           대한사ᄅᆷ 대한으로   길히 보젼ᄒ세

    二   ᄋ국ᄒᄂ 렬심의긔   북악ᄀᆺ치 놉고
           츙군ᄒᄂ 일편단심   동ᄒᆡᄀᆺ치 깁허

    三   쳔만인 오직ᄒᆫ마ᄋᆷ   나라 ᄉ랑ᄒ야
           ᄉ롱공샹 귀쳔업시   직분ᄆᆫ 다ᄒ세

    四   우리나라 우리황뎨   황텬이 도ᄋᆞ샤
           군민공락 만만셰에   태평 독립ᄒ세

    이 노래는 배재학당의 방학예식을 거행하는 중에 마지막 순서의 노래
로 부른 것이다(이 다음에는 '교사 뿌룩스 씨가 거슈 축사함'으로 행사를 마친다는
기록이 있다).63) 이 노래는 여러 논자들이 공통되게 말하고 있는 것처럼
서양 악곡을 부곡으로 한 창가다. 이 작품이 『독립신문』에 게재될 때에
는 일반 기사와 마찬가지로 풀어서 줄글로 실렸으나 절 구분(一, 二, 三,
四) 및 후렴구 표시가 제대로 되어 있고, 8·6·8·6의 본 절과 6·4·
8·6의 후렴으로 된 4절의 노래인 점으로 보아 스코틀랜드 민요인 「Auld
Lang Syne」으로 불렸음에 틀림없다.64) 이 곡조는 개화기부터 해방 이후
까지 상당히 오랜 기간 동안 「애국가」의 곡조로 사용되었다. 다음에 그
악보를 제시한다.

---

63) 이 노래가 불린 방학식에 관한 기사가 『대한크리스도인 회보』(1899.6.30)에도 실려
    있다.
64) 김병철, 앞의 책, 144~145면 참조

〈그림 7〉 무궁화 노래 악보

그런데 배재학당의 「무궁화노래」라는 이름으로 된 창가는 이미 1897년 8월 17일자 『독립신문』의 '대죠선 개국 오백오회 긔원절 축샤'에 관한 기사에도 등장한다. 이 기사에 실린 가사는 다음과 같다.

우리나라 우리님군 황텬이 도우샤
임금과 백성이 한가지로
만만셰를 길거ᄒ야 태평독립ᄒ여보셰

이것만 가지고는 율조가 일정하지 않아 특정한 가창 곡조를 상정하기 힘든데, 이는 아마 『독립신문』 기자가 「무궁화노래」의 전문을 그대로 옮기려 하지 않고, 특히 제4절을 중심으로 내용상 핵심적인 어휘들만을 골라 나름대로 노래의 문맥과 골격을 세워 놓은 것으로 짐작된다. 따라서 1897년의 배재학당 「무궁화노래」는 1899년의 그것과 가사는 좀 다를지 몰라도 같은 「Auld Lang Syne」 곡조로 불리었을 것이다.

한편 『배재80년사』의 기록에 따르면 1896년 11월 21일의 독립문 정초식 거행 때에 배재학당 학생들이 노래 부르는 순서를 맡아 당시 그 학교 학생이던 윤치호가 작사하고, 교사이던 번커(P. H. Bunker) 씨가 연습시켰다고 한다.65) 그러니까 이미 1896년 말엽부터는 4·4조가 아닌 창가가 불리었고, 또 이러한 창가는 서양식 음곡을 부곡으로 하고 있었으며, 개화 행사의 자리에서 공식적으로 불리기도 했다는 것을 위 기사 및 가사의 검토를 통해서 알 수 있다. 이 창가의 곡조는 그 뒤로 「애국가」의 곡조로 쓰였고, 「무궁화노래」의 후렴 부분은 오늘날의 「애국가」에까지 이어지고 있다. 즉 현재의 「애국가」는 개화기 국민개창운동의 산물이었다.

개화 행사 때 「Auld Lang Syne」 곡조가 쓰인 것을 알 수 있는 최초의 기록은 아마도 앞에서 이야기한 것처럼 1897년 8월 7일자 『독립신문』의 배재학당 「무궁화노래」에 관한 기사가 아닌가 생각되는데, 이 무렵에는 『독립신문』에 작품을 투고하는 일이 부쩍 줄어들었고, 이 이후에는 주로 취재에 의해 실린 것이 대부분이다. 이러한 현상은 『독립신문』의 논설(1896.9.22)에서 나타난 「애국가」 단일화에 대한 편집진용의 의도에도 관계가 있을 것이고, 어쩌면 「Auld Lang Syne」 곡조가 한국인들에게 쉽게 어필하고 점차 유행하게 되면서 일어난 일이기도 할 것이다.

한편 이외에 배재학당 학생들이 부른 노래로 문경호의 「쟈쥬 독립가」(1896.8.20), 「셩몽가」(1897.9.14) 및 최영구의 「익국독립가」(1896.9.8) 등이 『독립신문』에 실려 있는데 이중 문경호의 「셩몽가」는 앞에서 살펴본 것처럼 장형의 가사 형태이고, 「자쥬독립가」나 「익국독립가」는 분절적인 성격이 보인다. 즉 전통적 시가 양식과 신 양식이 배재학당에서는 공존했던 것이다.

---

65) 『배재80년사』(1966), 186~187면.

그 전통적 시가 양식은 또 다른 기록에서도 찾아볼 수 있다. 1899년 4월 19일의 『대한크리스도인 회보』를 보면, 이 학교 학생들이 서울 근교로 소풍을 가서 재미있게 지내다가 흥에 겨워 「애국가」·「독립가」 등을 부르고, 스스로 시들을 지었다는 기록이 있다. 그리고는 이 시들을 번역하여 실어 놓았는데 다음에 인용하는 두 편에서 보는 것처럼 그 원시는 한시였을 것이다.

> 행화와 양류는 봄삼월이요
> 죽장과 망혜는 객이한루라
>
> 양춘이 나를불너 백련샤에 노리ᄒᆞ니
> 쥬의집이 최외ᄒᆞ고 셕간이 흐르더라

배재학당에서 신양식의 작품이 지어진 흔적도 찾아볼 수 있다. 1898년 3월 5일의 『협성회(協成會) 회보(會報)』(당초에는 배재학당에서 발간되었음)에는[66] 이 학교 학생이던 이승만의 「고목가(A Song of an Old Tree)」가 실려 있는데 이 작품은 찬송가 곡조에 의한 '6·4/6·4/6·7/6·4'율조의 4절짜리로서 이렇게 볼 때에 두 체계가 병존한 당시 배재학당의 형편을 볼 수 있는 것이다.

> 일 (a) 슬프다뎌나무   (c) 병들고썩어서

---

[66] 협성회의 설립 경위는 다음과 같다.
　서재필이 아펜젤러 목사의 요청을 받고 배재학당에 특별 연속강의를 나간 적이 있었다. 그 첫 번째 강의는 1896년 5월 21일에 있었다. 서재필은 그 해박한 지식으로 학생들을 사로잡았는데, 반년쯤 지나서는 학생들로 하여금 토론회를 열도록 권하였다. 이렇게 해서 이에 호응한 학생들과 교사들을 중심으로 만든 모임이 '協成會'인데 그 첫 모임은 1896년 11월 30일에 있었다. 그리고 협성회에서 자신들의 활동 상황과 주장을 일반에게 널리 알려야 하겠다고 생각하여 발간하게 된 것이 『협성회회보』였으며, 1898년 1월 1일자로 창간되어 처음에는 주간으로 발행되었다(이광린, 『한국개화사상연구』, 일조각, 1981, 118~125면 참조).

(b) 다늙엇네   (d) 반만셧네

(e) 심악훈비바람   (g) 멧빅년큰남기
(f) 이리져리급히쳐   (h) 오늘위티

이   원수에짯작시   미욱훈뎌시야
     밋흘쏫네   쫏지마라

     쫏고쫏좃다가   네쳐ㄷ네몸은
     고목이 부러지면   어디의지

삼   버틔세버틔세   섂리만굿박여
     뎌고목을   반근되면

     새가지새입히   강근히자란후
     다시영화붐되면   풍우불외

사   쏘하라뎌포수   원수에뎌미물
     짯작시를   남글쏘야

     비바람을도아   너머지게ᄒ니
     위망을지쵹ᄒ야   엇지ᄒ고⁶⁷⁾

이 「고목가」의 율조는 6·4/6·4/6·7/6·4이다. 이 율조는 4·4
(3·4)조가 주종을 이루는 『독립신문』 소재 애국가류와는 확실히 다른
것임에 틀림없다. 그리고 이 작품은 당시에 불리던 찬송가인 「한복디
잇스니(There is a happy land)」⁶⁸⁾의 영향을 받아 지어진 작품으로 보인다.

---

67) 알파벳 번호는 필자가 붙인 것임.
68) 이 찬송은 김병철의 조사에 따르면 『찬양가』(1894년간 초판) 제109장, 『찬미가』(1895
   년간 재판) 제79장, 『찬셩시』(1898년간 재판) 제35장에 모두 실려 있다고 한다. 김병철,

한복디 있스니 저 먼델세

거기서 성도들 날빛같아

구주를 높여서 기쁜노래

영생한 구주를 영영 찬송

—「한복디 잇스니」

슬프다 뎌나무 다 늙엇네

병들고 썩어셔 반만셧네

하기를 심악훈 비바람 이리져리 급히쳐

몃빅년 큰남기 오늘위티

—「고목가」

그 이유는 다음과 같다. 우선 두 작품의 가사 율조가 같다. 뿐만 아니라 두 작품은 그 세부적인 구절법에서도 일치한다. 즉 이 가사의 율조인 6·4/6·4/6·7/6·4는 좀 더 세분해 볼 때 33/13/33/4/33/223/33/22가 되는데 이 역시 서로 같다. 한편 작자인 이승만이 기독교인이었고 배재학당이 미션 스쿨이었으므로 이 찬송가의 영향을 받아서 「고목가」가 지어졌다고 추정하는 것은 근거가 있는 것이다. 또 「무궁화노래」의 곡조인 「Auld Lang Syne」 곡조는 교회에서 「성부여 의지 없어서」라는

앞의 책, 86~105면. 원래의 작품은 다음과 같다.

> There is a happy land, far, far away,
> Where saints in glory stand, bright, bright as day.
> Oh, how they sweetly sing, worthy is our Savior King,
> Loud let His praises ring, praise, praise for aye.
>
> *
>
> Come to that happy land, come, come away;
> Why will ye doubting stand, why still delay?
> Oh, we shall happy be, when from sin and sorrow free,
> Lord, we shall live with Thee, blest, blest for aye.
>
> *
>
> Bright, in that happy land, beams every eye;
> Kept by a Father's hand, love cannot die.
> Oh, then to glory run; be a crown and kingdom won;
> And, bright, above the sun, we reign for aye.

찬송의 곡조로도 사용되었던 것으로 보아 배재학당의 신양식 창가들은 교회의 문화권에서 지어진 작품들이라고 판단되는 것이다.

3. 개화 행사와 창가의 변모

1) 개화 행사와 '삶의 자리'

"대죠션 개국 오백오회 긔원졀 축사"에 관한 기사를 실은 1897년 8월 17일자 『독립신문』 잡보란에는 「축수가」와 「무궁화노래」의 가사 일부분이 실려 있는데, 이 기사 중 악기 반주에 의해 가창되었다는 기록을 주목할 필요가 있다.

> (…전략…) 그 축사ᄒᆞᄂᆞᆫ 졀차를 보니 쳐음에ᄂᆞᆫ 비지학당 학원들이 축수가를 불너 글ᄋᆞᄃᆡ 오빅여년 우리왕실 만셰무궁 도으셔서 찬송ᄒᆞ니 외국부인이 악긔로 률에 ᄆᆞᆺ쵸아 병챵ᄒᆞ더라 (…중략…) 넷지ᄂᆞᆫ 비지학당 학원들이 무궁화노ᄅᆡ를 불으ᄂᆞᆫᄃᆡ 우리나라 우리님군 황텬이 도우샤 님군과 빅셩이 ᄒᆞᆫᄀᆞ지로 만만셰를 길거ᄒᆞ야 태평독립ᄒᆞ여보셰 ᄒᆞ니 외국부인이 ᄯᅩ 악긔로 률에 ᄆᆞᆺ쵸아 병챵ᄒᆞ더라 (…중략…) 일곱지ᄂᆞᆫ 비지학당 학원들이 나라ᄉᆞ랑ᄒᆞᄂᆞᆫ 노ᄅᆡ를 불으니 외국부인이 ᄯᅩ 악긔로 률에 ᄆᆞᆺ쵸아 병챵ᄒᆞ더라 (…후략…)

위 기사 중, 학원(당시의 교사를 지칭하는 말)들이 부른 세 노래 모두 외국 부인의 악기로 '률'에 맞추어 병창되었다는 말은 무슨 뜻일까? 여기서 말하는 병창이란 아마도 반주(accompaniment)라는 뜻일 것이요, 악기란 서양 악기 중 반주 악기로 쓰일 수 있는 피아노 혹은 오르간을 지칭하는 것으로 보인다.[69] 외국 부인이 율(律)에 맞추어 반주했다는 말을 통해 우리는 이 노래들이 서양 곡조로 불리었음을 알게 된다.

「츅수가」는 인용된 부분만 보건대 4·4조의 노래이고, 또 '찬송했다'
는 기사로 보아 찬송가 곡조—그 중 가장 어울리는 「Old Hundredth」
곡조로 불리었을 가능성이 높다. 「무궁화노래」의 경우 인용 부분을 보
아서는 율조가 일정치 않아 그 가창 곡조를 상정하기 힘든데, 이는 앞
에서 살펴본 바대로 『독립신문』 기자(記者)가 「무궁화노래」의 전문을 그
대로 옮기려 하지 않고 핵심적인 어휘들만을 골라 노래의 문맥과 골격
을 세워 놓은 것으로 짐작되는 것이다. 따라서 1897년의 배재학당 「무
궁화노래」는 1899년의 그것과 가사가 좀 다를지는 몰라도 같은 「Auld
Lang Syne」 곡조로 불리었을 것이다.70) 배재학당의 「애국가」는 그 가사

---

69) 『이화80년사』(1971), 511면에 보면 1891년에 미쓰 벤젤이 성악과 오르간을 가르쳤다
는 말이 있는데, 이로 보아 당시에 이러한 서양의 반주 악기들이 도입되었음을 알 수
있다.

70) 이유선의 「개화기의 서양음악」(『한국학』 5집, 중앙대 한국학연구소, 1975), 6면은
1896년 11월 21일의 독립문 정초식 때 배재학당 학생들이 부른 「애국가」도 「Auld Lang
Syne」곡이라 하여, 「로렐라이」곡이었다는 『배재 80년사』의 기록을 정정하고 있다. 따
라서 「애국가」나 「무궁화노래」나 「진보가」 등이 가사는 다를망정 같은 곡조로 불렸을
가능성이 높다고 할 수 있겠다. 「Auld Lang Syne」곡이 크게 유행한 것은, 곡조 자체가
'이별의 곡'으로 쓰일 만큼 애틋한 감이 있고, 짤막하여 익히기가 쉽기 때문이었을 것
이지만, 무엇보다도 중요한 이유는 이 노래가 스코틀랜드의 민요로서 우리나라 재래
의 음계와 유사한 5음 음계의 곡이기 때문일 것이다. 이 곡조는 일본에서는 「訣別」이
란 이름으로 일본 해군 군가로 불린 적이 있다. 원곡의 가사는 다음과 같다.

> Auld Lang Syne
>
> Should auld acquaintance be forgot
> and never brought to mind?
> Should auld acquaintance be forgot
> and days of auld lang syne?
> For auld lang syne, my dear,
> for auld lang syne,
> we'll take a cup of kindness yet,
> for auld lang syne.
>
> *
>
> Should auld acquaintance be forgot
> and never brought to mind?
> Should auld acquaintance be forgot
> and days of auld lang syne?

가 어떤 것이었는지, 또 그 곡조는 무엇이었는지 기록이 없어서 확실하지는 않으나 역시 「축수가」나 「무궁화노래」와 동일한 자리에서 불리었고, 서양 부인의 반주를 동반한 것이므로 이 역시 서양 곡조의 노래였으리라 짐작된다.

한편 1898년 9월 2일자 『독립신문』에는 독립협회 주최 개국 기원 오백 여섯돌 경축회에 관한 다음과 같은 기사가 실려 있다.

> (…전략…) 오전 열한시에 회쟝 윤치호씨가 회셕을 뎡슉식히고 회를 연 후에 회여는 티지를 연셜호고 그 다음에 회원 뎡교씨가 개국 긔렴호는 것을 연셜호고 그 다음에 부회쟝 리샹재 씨가 뎨국젼진호쟈는 것을 연셜한 후에 그 다음에 경츅호는 노리들을 호는디 황샹 폐하끠셔 주신 리원 풍류로 노리를 화답호야 호 후에 본회 회원들이 이국가를 호는디 음률노 화합호며 그 다음에 무관학도들이 군가를 호고 그 다음에 각 학교 학도들이 경츅 이국가를 호는디 쏘호 음률노 화합호더라 그 다음에 회쟝 이하 모든 회원과 대소 관인과 각 학도들이 일졔히 일어서셔 황샹폐하를 위호야 만셰를 츅슈호고 황태자 뎐하를 위호야 쳔셰를 츅슈호고 국긔를 위호야 만셰를 불으고 젼국 동포를 위호야 쳔셰를 불으고 본회를 위호야 쳔셰를 불으더라 졍오 열두시에 다과를 논은 후에 오후 한 시에 졍회호고 다 허여 ㄱ더라 각국 손님들은 오후셰시에 독립관으로 쳥호야 졉디호는디 각국 공령사와 교사와 신샤와 부인네들이 다 례복으로 모혓는지라 본회를 대호야 경츅들 호며 연셜호더라 본회에서 그 손님들을 졀차잇게 영졉호야 다과로 졍결히 대졉호고 화긔잇게 길거히들 놀고 시간이 찬후 각기 도라가는디 회원들이 리원 풍류와 합호야 이국가를 불으고 대궐 압호로 지너더라

개화기 행사의 양식을 보이기 위해 길게 인용한 이 기사를 통해, 1898년 무렵의 개화 행사 때에는 황실의 악대(리원 풍류)가 동원되었고,

---

And here's a hand, my trusty friend
And gie's a hand o' thine
We'll tak' a cup o' kindness yet
For auld lang syne

몇몇 노래는 이 악대의 연주와 화답하여 불리어진 것임을 알 수 있다. 당시는 아직 서구식의 군악대(브라스 밴드)가 설치되지 않은 때라 아마도 곡호대(일본에서 들여온 북과 나발로 편성됨)가 아니면 재래식의 삼현육각(三絃六角), 풍류(風流) 등이 연주되었을 것이다.[71] 이 기사 외에도 이러한 악대를 앞세우고 행진하면서 노래를 불렀다는 기록(『독립신문』, 1898.9.12, 1898.11.1)도 있는 것으로 보아 취타(吹打, 行樂)도 연주되었을 가능성이 있다. 삼현육각이나 풍류 혹은 취타가 가창의 반주 음악으로 쓰인 것이 아니라 연주 음악으로 쓰였다는 점[72]에서 볼 때 개화 행사시 노래와 화답하여 연주되었다는 말은 반주는 아니고, 노래와 교대로 연주되었음을 뜻하는 말이 되겠다.

2) 애국 창가의 전개 양상

개화 초기(『독립신문』이 창간되었던 1896년 무렵)에 불렸던 「애국가」나 「독립가」 등은 그 가사가 다양한 만큼 곡조도 많았던 것 같다. 그중에는 새문안교회 교인들이 부른 「America」라는 곡조와, 「Old Hundredth」의 곡조 및 『찬미가』 제60장의 곡조 등이 있고, 이외에도 다른 찬송가 곡조 및 「Auld Lang Syne」을 비롯한 서양의 민요곡과 다양한 율독의 방법까지 친다면 상당수에 이를 것이다. 그런데 이러한 「애국가」나 「독립가」 등이 개화기의 행사에서 불리게 되었다고 한다면 곡조의 통일 작업이 자연히 필요하게 되었을 것이다.

서론에서 인용한 바 있는 1896년 9월 22일자 『독립신문』의 논설은 당시의 이러한 사정을 잘 나타내 준다. 이 논설에서는 애국가의 ① 가사를 통일할 것, ② 악곡을 분명히 정할 것, ③ 그 악곡은 서양식 곡일 것, ④

---

71) 이유선, 「개화기의 서양음악」, 『한국학』 5집, 중앙대 한국학연구소, 1975, 8면 참조.
72) 장사훈, 『한국음악사』, 정음사, 1976, 292~296면.

국민개창운동(國民皆唱運動)으로 이끌 것 등이 주장되고 있다. 그러나 이 건의는 받아들여지지 않았고, 한국 최초의 양악대 지휘자인 독일인 엑케르트(Franz Eckert)에 의해서 1904년에야 「국가」가 작곡되었지만,[73) 이 곡의 음역이 넓고 또 곡이 쉽지 않아서 가창보다는 취주악으로 편곡되어 연주되었다고 한다. 결국 1936년 안익태에 의해서 현재의 애국가 곡조가 작곡되기까지 그러고 나서도 장기간 동안 가창이 쉽고, 음계가 한국인에게 친숙한 스코틀랜드 민요 「Auld Lang Syne」 곡조가 애국가 곡조로 사용되었던 것이다. 따라서 4 · 4조류의 애국 창가들은 이 곡조가 자리를 잡게 되면서 점차로 쇠퇴해 갔던 것이다.

개화 행사 때 「Auld Lang Syne」 곡조가 쓰인 것을 알 수 있는 최초의 기록은 아마도 앞에서 이야기한 것처럼 1897년 8월 7일자 『독립신문』의 배재학당 「무궁화노래」에 관한 기사가 아닌가 생각되는데, 이 무렵에는 『독립신문』에 작품을 투고하는 일이 부쩍 줄어들었고, 이 이후에는 주로 취재에 의해 실린 것이 대부분이다. 이러한 현상은 『독립신문』의 논설(1896년 9월 22일자)에서 나타난 「애국가」 단일화에 대한 편집진용의 의도에도 관계가 있을 것이고, 어쩌면 「Auld Lang Syne」 곡조가 한국인들에게 쉽게 어필하고 점차 유행하게 되면서 일어난 일이기도 할 것이다.

본 장에서는 지금까지 『독립신문』 소재 창가의 형식을 그 기사 양식에 따라 4가지 형식으로 나누어 고찰해 보았다. 그 결과 대체로 다음과 같은 두 가지 유형이 나타남을 알 수가 있었다.

①한 도막 이상의 형식으로 된 가요 양식에 적합한 창가 : 이에 속하는 것은 제1형식의 A형 창가와, 제2형식의 창가(1편), 제3형식의 창가(1편)와 제4형식의 창가(6편)다. 그 가창 곡조에 따라서 구분하여 본다면 「Old

---

73) 엑케르트의 활동에 대해서는 이유선, 『한국양악백년사』, 음악춘추사, 1985, 70~76면
참조

Hundredth」곡조로 불리었을 가능성이 높은 것이 제1형식의 A형 창가, 제2형식의 창가, 제4형식 중 경성학당 「교가」이고, 『찬미가』 제60장의 곡조를 부곡으로 한 것이 제3형식의 창가이며, 제4형식의 창가 중 「군가」들은 3~4행으로 된 노래가 있었을 터인데 그 곡조는 확실치 않다. 또 배재학당의 「무궁화노래」는 「Auld Lang Syne」 곡조로 불리었으며, 그 외에도 찬송가의 곡조를 바탕으로 한 창가가 있었음이 이승만의 「고목가」에 의해서 확인된다.

②**음송에 적당한 창가**:『독립신문』 소재 시가들 거의가 4·4조 4음보 진행이라는 일정한 율조를 지니고 있기 때문에 어떤 형식의 것이든 율독으로 읽힐 수 있다. 그 중에서 율독으로만 읽혔을 시가는 제1형식의 B형에 속하는 시가들이다. 개화 행사 때 군중이나 어떤 집단이 부른 노래는 분명한 곡조를 지닌 위와 같은 곡들이겠지만, 이러한 노래 외에 개인에 의한 율독의 순서도 그러한 행사 때에 있었던 것 같다. 즉 1898년 9월 2일자 『독립신문』이 보도하고 있는 개국 경축회 기사 중 "경축하는 노래들"이라는 기록, 1898년 11월 1일자의 황제 즉위식 기사 중 "회원 김승현 씨 등이 경축가를"이라고 하는 기록들은 행사 참석 인사 중에 몇 사람이 각기 행사의 취지에 맞는 율문(가사·시조 혹은 한시부)을 지어 가지고 나와서 그것을 홀로 음송했을 가능성을 시사해 준다.

이러한 검토를 통해서 필자는 『독립신문』 소재 시가들이 대부분 개화 행사라고 하는 '삶의 자리'에서 불린 것으로, ① 단체의 노래는 일정한 곡조를 가지고 가창되었고, ② 개인의 작품은 개인에 의하여 음송되었다는 설명을 덧붙이고자 한다.

제3장

학교 창가의 보급과 변모 과정

1. 학교 창가의 자료집과 그 성격

학교 창가라 하는 것은 개화기 창가의 중요한 유형의 하나로서 서론
에서도 밝힌 바와 같이 학교에서 가르치는(혹은 학교에서 부르는) 노래를
말한다. 이것은 물론 교과목명(敎科目名) 즉 창가(唱歌)라는 과목명일 수
도 있고, 교과 내용일 수도 있다. 학교 음악교육의 영향이 창가 장르의
형성에 미친바 적지 않았다는 것은 김영철이 처음으로 지적하였으나[1]
그 구체적인 검증은 이루어지지 않았다. 창가라는 명칭이 나타난 것은
1906년 무렵이었지만 한국에 근대식 학교가 세워진 19세기 말엽부터 이
미 학교 창가는 시작되었다. 앞 장에서 살펴본 바와 같이 『독립신문』 소

---

1) 김영철, 「한국개화기 시가장르의 형성과정 연구」, 서울대 박사논문, 1986, 38면.

재 창가 중에도 적지 않은 학교 창가들이 있었던 것이다.

본 장에서는『독립신문』이후의 창가 특히 학교 창가를 중심으로 그 변화 양상을 검토하려 한다. 그리고 그 시기는 1900년부터『학부창가집(學部唱歌集)』이 간행된 1910년 직전까지로 한다. 이 기간의 창가들은 1910년의『학부창가집』이 출판되기까지 여러 가지 다양한 모습을 보여 줄 것이다. 그렇지만 불행히도 1900년부터 1905년 사이의 개화기 시가 자료집에는 새로운 창가가 거의 보이지 않는다. 따라서 본 장에서는 주로 1905년부터 1910년 사이의 창가를 검토하고『학부창가집』에 대해서는 장을 달리하여 고찰할 것이다.

여기서 검토할 창가들의 원전은 신문이지만 그것이 문예란에 실린 것은 아니었고 주로 어떠한 기사(記事) 가운데 실려 있는 것이었다. 이 창가들 역시『독립신문』의 창가들과 마찬가지로 어떤 개화(開化) 행사에서 불렸고, 그 행사가 기사화되면서 채록된 것이다. 행사의 절차나 내용 및 목적 등과 아울러 이 창가들이 행사의 기사에 실려 있다는 것은 우선 그 비율은 어떻든지 간에 당시 이 창가들이 중요한 관심사였다는 것을 알려 준다. 이 창가들은 부르는 사람은 물론이요, 행사의 자리에서 들은 사람 또 이 행사를 취재한 기자 및 이 기사를 읽는 독자들에게까지도 큰 의미가 있었던 것이다. 또한 창가의 목적이나 그 기능이 개화기 신문들이 지향하고 있던 목적과 합치되는 것이기 때문이었을 것이다.

한편 본 장에서는 이러한 개화기 신문뿐만 아니라 각 학교가 나름대로 보존하고 있는 문서나 당시 사람들의 증언에서도 자료를 구하려 한다. 따라서 개화기에 설립되어 지금까지 계속되고 있는 학교들이 편찬한 각종 학교사(學校史) 자료와 또 교회사(敎會史) 자료에서도 도움을 받을 것이다. 또한 개화기의 각종 학회에서 발간한 학회지의 시가 자료도 본 장의 주요 검토 대상이 된다.

2. 학교 창가와 그 변모

1900년부터 1905년까지의 신문에는 이렇다 할 개화기 창가가 보이지 않는다. 즉『독립신문』은 1899년에 종간되었고,『대한매일신보』는 1905년에야 창간되었기 때문이다. 1898년부터 계속 발간되던『황성신문』에는 한시류나 시조류가 발표되고 있을 뿐이었다. 1905년 이후에는『대한매일신보』와『뎨국신문』·『황성신문』·『만세보(萬歲報)』등의 신문이 각 학교의 행사를 취재하면서 그때 부른 창가들을 채록해 놓았는데, 이를 통해 학교 창가의 면모를 볼 수 있다.

개괄적으로 보아 이 시기에는 4·4조류의 창가가 아직도 불리고 있었지만 그것이 개인의 차원에서 머무른 것이 아니라 어느 정도는 각 학교의 공식적인 창가로 자리 잡아 가고 있는 것으로 보인다. 한편 새로운 율조의 창가도 이즈음에 선보이기 시작하는데 그것은 7·5(8·5, 6·5)조이다. 최남선의 「경부철도노래」(1908) 이전에 이미 학교 창가로서 7·5조의 노래가 불리고 있었다는 것은 특히 주목할 만하다.

다음은 신문 기사 혹은 기타의 자료에서 언급되고 있는 1904년에서 1906년 사이의 학교 창가들이다.

「국가」(정부 제정),『황성신문』, 1904.5.13.
「학도가」(김인식 작, 평양소학교), 1905년 봄.[2]
「잡로가」(영어학도들),『대한매일신보』, 1905.12.21.
「개교가」,『황성신문』, 1906.4.24.
「운동가」(공사립학교 연합의),『대한매일신보』, 1906.6.2.

---

2) 민원득에 의하면 1905년 봄에 평양 서문 밖 소학교에서 연합 운동회가 열렸을 때 개화기 신음악 작곡가 중의 한 사람인 김인식이 「학도가」를 작사, 작곡해서 부르게 했다고 하나 그 가사와 곡조는 전하지 않는다. 「개화기의 음악교육」(유덕희,『세계음악교육사』, 학문사, 1985), 489면.

「운동가」(체육구락부), 『대한매일신보』, 1906.6.13.
「경축가」(학부 제정 각 학교 일체의), 『황성신문』, 1906.9.14.
「운동가」(한성고등학교), 『황성신문』, 1906.10.29.

1) 「각학교일체 경축가」

『황성신문(皇城新聞)』 1904년 5월 13일자를 보면 학부에서는 정부에서
제정한 「국가(國歌)」를 보급하려고 한다는 기사가 있다. 그러나 이때의
「국가」는 학부 스스로 제정한 것은 아니었고, 영국 국가인 「신이여 우
리 왕을 도우소서(God Save Our King)」을 본 따서 지은 것으로 다음 인용에
서 보듯이 그 율조가 일정하지 않았다.

> 上帝난 우리 皇帝를 도으소셔
> 聖壽無彊하샤 海屋籌를
> 山갓치 싼으소셔
> 威權이 寰瀛에 떨치샤
> 於千萬歲에 祝祿이 無窮케 하소셔
> 上帝난 우리 皇帝를 도으소셔

이 국가의 가사는 이미 1902년에 제정되었으나 가창 곡조가 붙지 않
았다가 1904년에야 당시의 군악대 지휘자였던 엑케르트에 의해서 곡조
가 만들어졌다. 학부에서는 『독립신문』 시기 이래 각 학교에서 나름대
로 부르던 「애국가」들을 정리한다는 취지로 이미 만들어져 있던 이 「국
가」를 보급하려 했으나 그 뜻을 거의 이루지 못했다. 그 까닭은 이 곡이
주로 취주악용으로 만들어져서 음역이 넓고, 가창에 어려운 점이 많았
기 때문이었다.[3]

---

3) 민원득, 위의 글, 474~475면 참조

따라서 학부에서 스스로 제정한 최초의 창가는 바로 이 「각학교일체
경축가」가 아닌가 한다. 순종 황제의 탄신일을 맞아 학부에서 학생들이
부를 「경축가」를 제정하여 당일에 각 학교의 교장·교사·학도들을 모
이게 하고 이를 함께 낭독하게 한 것이다.

扶桑日輪 히도드니　우리大韓 文明ᄒ다
上天明命 시롭도다　中興基業 이아닌가
聖神ᄒ신 우리皇上　日聰萬機 ᄒ시도다
五十五度 秋七月에　萬壽聖節 도라왓네
無彊ᄒ신 景福이야　仁者必壽 아니신가
어화우리 學徒덜아　敎化中에 作成일세
終南山杯 놉히들어　萬壽聖節 비러보세
日月갓치 光明ᄒ사　天長地久 ᄒ압소셔
松柏갓치 盛茂ᄒ사　如山如阜 ᄒ옵소셔
壽와富와 多男子로　우리聖人 請祝ᄒ세
乾坤坎離 太極旗를　雲소中에 놉히달고
우리同胞 兄弟덜아　慶祝歌를 불너보세
질겁도다 깃부도다　萬壽聖節 깃부도다
우리臣民 깃분慶事　聖節에서 쏘닌는가
어화좃타 이눌이야　千歲萬歲 도라오소
萬歲萬歲 萬萬歲－　大皇帝陛 下萬萬歲－
千歲千歲 千千歲－　皇太子殿 下千千歲－

위의 인용에서 보듯이 이 작품에는 앞선 그 어느 창가들보다도 훨씬
더 한자어가 많이 사용되고 있으며 한주국종체(漢主國從體)로 되어 있다.
이 작품은 4·4조의 4음보 진행이 아주 엄격할 뿐 아니라 한자의 사용
수준이 거의 한시(漢詩)에 가깝다. 한편 이 작품에는 어떠한 절 구분의식
이 없는 것 같다. 2행이 대구(對句)처럼 연결된 것도 있지만 시의 첫 부
분처럼 3행으로 파악해야 하는 곳도 있다.

이것은 당시 관료층들의 보수성이 반영된 것이라고 생각할 수밖에 없다. 이때의 학부에 모여서 노래를 부른 학생들이 소학교 학생들만은 아닐지라도 학부에서 제정한 이 「경축가」나 앞의 「국가」의 어구와 조사법이 이러하다는 것은 그 당시 학부 관리 및 양반 관료층의 의식이 어떠했는지를 엿볼 수 있게 해 주는 것이다.

2) 휘문의숙 「숙가」

1906년 10월 16일 『만세보(萬歲報)』에는 민영휘가 설립한 휘문의숙의 개교식 때에 그 행사의 마지막 절차로 학도 100여 명이 축가와 숙가(塾歌)를 제창했다는 기사가 실려 있다. 이 휘문의숙 「숙가」는 비록 절 구분 표시도 없고 기재 양식상으로도 절이 구분되어 있지는 않지만 대체로 다음과 같이 3절짜리 노래로 구분해 볼 수 있다.

<pre>
계산에   심은나무   가지가지   동량되고
관현에   싸인돌은   덩이덩이   기초되니
이동량   이기초에   휘문의숙   빗나도다

총준할사   우리청년   의무교육   바다보세
일보이보   과정삼아   천문대에   올나보니
문명성이   빗쳣구나   인재배출   하리로다

대한은   만세만세   태산반석   굿게되고
학도는   일일흥왕   교우둥에   목욕하야
충군애국   구든마음   유진무퇴   하야보세
</pre>

이 각각의 절들은 통사적으로 볼 때 거의가 1절 당 1문장 형태로 되

어 있다(다만 2절은 1문장이 덧붙여져 있기는 하지만 '문명성이 빗첫구나'라는 표현이 여기서는 '문명성이 빗첫으니'라는 식으로 읽히기 때문에 2절 전체를 1문장으로 볼 수 있겠다). 또한 내용의 화제(topic) 역시 매절마다 응집력을 가지고 있고, 따라서 각 절마다 확실하게 구분된다. 1절은 계산, 관현 등 오늘날 교가의 첫 부분과 같이 학교가 위치한 지역과 관련지어 표현하고 있다. 2절은 의무교육과 인재 배출의 당위성을 언급하고 있으며, 3절은 국가의식(國家意識) 및 충군애국과 면학에의 전진을 내용으로 하고 있다. 이렇게 4·4·4·4의 4음보를 1행으로 하여 3행을 1절로 하는 형태는 1890년대의 창가보다는 약간 확대된 양식으로 보인다. 즉 단형으로 짧은 호흡으로 시작된 개화기 창가는 이 휘문의숙의 「숙가」에 이르면서 4·4조로는 완숙기에 들어서는 느낌을 준다.

이 「숙가」에 관련된 기사를 보면 '제창'했다는 언급이 있다. 이 기록과 '부른다'는 이전 시가들의 음송 혹은 가창 형태와는 어떻게 다른지 알 수는 없으나, 가사 양식과 결부시켜 놓고 볼 때 노래로 불리었을 것으로 즉 가창되었을 것으로 보인다. 또 제창했다는 기록은 1906년 12월 2일의 『황성신문(皇城新聞)』에 흥화학교에서 그 학교의 교장이던 고(故) 민충정공(閔忠正公) 순국기념일을 맞아서 「추도가」를 제창했다는 기록이 있는데 이때에도 '일반 학도 및 내빈들이' 제창했다 하며, 그 가사는 4·4·4·4조의 8행이었고 각 행들이 통사적 완결성을 보인다.

한편 이러한 3행의 「숙가」는 한 절을 이루는 글자 수에 있어서나, 음보 구성과 시가 형태면에서도 시조 양식과의 상통성이 주목된다. 개화기의 창가는 후대에 이르면 거의 4행 양식으로 통일되는 데 그러한 4행 양식은 서양식 가창 양식의 두 도막 형식에 대응한다. 따라서 3행의 창가는 비록 가창되었다고는 하나 아직 서양식 노래 양식에 어울리는 가사 형태는 아니었던 것이다.

3) '창가(唱歌)'라는 명칭의 등장

1906년 10월 29일의 『황성신문(皇城新聞)』에는 관립 한성고등학교(漢城高等學校)의 추기 운동회 기사가 실려 있는데, 이때에 '창가(唱歌)'라는 말이 보인다. 시 작품에 대해서 창가라는 말을 쓴 것은 이 기사가 처음이다. 물론 개화기 학교교육의 형편을 알려 주는 학교 사료(史料)에 따르면 1880년대부터 세워진 이화학당 등에서 「창가(唱歌)」라는 교과목을 가르친 것으로 되어 있지만, 이것은 그때 당시부터 불린 이름은 아니었고 훗날 창가라는 명칭이 보편화되면서 붙인 이름이었다고 보는 것이 옳을 것 것이다. 말하자면 공식적인 당시의 문헌 중에서 보이는 것으로는 이 기록이 처음인 것이다.

여기서 창가라는 말은 무슨 노래를 '창가했다'는 식의 보도문에 사용된 것이 아니고 작품에 붙은 명칭이었다. 따라서 이때의 창가라는 말은 '노래 부른다(singing)'는 뜻보다는 '노래(song)'라는 뜻의 명칭인 것이다. 물론 이 기사에는 "○體操 及 唱歌"라는 운동회의 마지막 순서를 보도한 부분이 있는데, 이때의 창가라는 말은 물론 '노래 부름', 즉 '창가를 부르는 순서'라는 뜻이다. 이에 비해, 작품 앞에 제시해 놓은 「창가(唱歌)」라는 제목은 그것이 운동회의 한 순서에서 '부른 노래'라는 뜻으로 사용된 것이다. 따라서 창가라는 말의 두 가지 용법(동사적 용법과 명사적 용법)이 이 기사에 동시적으로 나타나는 것을 알 수 있다. 그런데 이 기사의 명칭으로서의 창가라는 말은 다른 기록에서 흔히 보이는 '운동가'란 말 대신에 사용된 것이다.

그러나 이 명칭은 시가 양식의 새로움을 나타내기 위해서 쓰인 것은 아니었고, '창가하다'라는 동사적인 데서부터 '노래'라는 뜻으로 의미적 전이가 일어난 데서 생겨난 것이다. 전생도가 불렀다고 하는 이 창가는 운동가(運動歌)였는데 4·4·4·4/4·4·4·4 율격을 한 절로 하는 창가였지만, 통사적 내용적 완결성은 확실하지가 않다. 또 학부의 「경축가」

보다는 한결 나아졌지만 역시 많은 한자 어구의 나열이 눈에 뜨인다.

唱 歌

우리高等	學員들아	運動歌를	불너보세
九秋佳節	盛會ㅎ니	山川風物	淸爽토다
三仙坪	너른들은	宇量갓치	挾挾ㅎ고
漢江水의	깁흔물은	心性갓치	源源이라
靑天의	멀니쓴시	萬里順風	만낫도다
菊花의	놉흔志操	嚴霜인들	쎄슬손야
聖天子의	恩德으로	文明敎育	바더시니
日就月長	더욱힘뼈	棟梁基礎	되야보세
우리學員	구든마음	有進無退	分明토다
智識發達	極泰ㅎ야	同胞兄弟	一體되면
堂堂大韓	獨立國이	世界上에	第一되네
無情歲月	如流ㅎ야	人生百年	暫間이라
少壯時節	虛度ㅎ면	白首窮廬	悔嘆이라
勸ㅎ노니	勸ㅎ노니	우리學員	勤勉이라
아모쪼록	銘心ㅎ야	如天聖恩	報答ㅎ세
萬歲萬歲	萬萬歲는	大皇帝陛	下萬萬歲오
千歲萬歲	億萬歲는	大韓帝國	億萬歲오
萬歲千歲	千萬歲는	高等學校	千萬歲라

4) 사립 소학교 운동회 창가

1906년 10월 31일에는 각 사립 소학교 연합 추기 운동회가 훈련원(訓練院)에서 거행되었는데, 그 총 참여 인원은 계산보흥학교(桂山普興學校), 한강한남학교(漢江漢南學校), 상동여학교(尙洞女學校)를 비롯한 각 학교의 학생 천여 명이나 되었다고 『만세보(萬歲報)』의 기사는 전한다. 이 운동

가는 4·4·4·4의 1행씩이 완결되고 2행이 1절이 되는 노래이다(물론
말미에는 1행이 따로 떨어져 있긴 하지만). 특기할 만한 것은 비록 한자어구가
한문으로 표기되어 있지만 비교적 쉬운 한자들이라는 것, 또 그 한자가
구어적이라는 것이다(그 기사가 실린 『萬歲報』는 국한문 혼용보다는 한문 위주
의 편집 태도를 가지고 있었다).

  또 이 운동가에서는 율습(栗拾) 경기(밤 빨리 줍기), 양인삼각(兩人三脚),
선등기취(先登旗取 : 상대편의 깃발을 빨리 빼앗기), 제등(提燈) 경주, 계산(計算)
경주, 광도(廣跳 : 넓이 뛰기), 2백보 경주 등이 그려지고 있어서, 이전의
4·4조의 한자 어투로 된 운동가들, 즉 「공사립학교연합의 운동가」(『대
한매일신보』, 1906.6.2), 「체육구락부 운동가」(『대한매일신보』, 1906.6.13) 및 「한
성고등학교 운동가」(『황성신문』, 1906.10.29) 등보다 훨씬 더 묘사적이고 사
실적이며 특히 소학교 학생들의 감각에 부응하는 것이었다. 또한 말미
에는 다른 작품에서는 상투적으로 반복되는 만세가 여기서는 국가에
대한 만세 기원으로 간단히 요약됨으로 해서 훨씬 가창 형식에 가깝게
된 것이다.

  이러한 특징이 나타나게 된 것은, 이 작품이 사립 소학교 운동회를
위해 만들어진 것으로서, 사립 소학교들이 관립에 비해서 당시 학부의
직접적인 영향을 받지 않았기 때문이었을 것이다.

運動歌

天地秋色	가득ᄒ니	忠義精神	싀롭도다
우리學徒	團體되야	自由運動	ᄒ여보셰
生存競爭	此世界에	一步인덜	辭讓홀가
物品收取	밧비ᄒ니	栗拾競走	敏捷ᄒ다
兩人三脚	一體되야	兼人之勇	장ᄒ도다
風雨갓치	모ᄂ길에	先登旗取	뉘당홀가
어둔길을	急히발케	提燈競走	爽快ᄒ다
決勝千里	一瞬間에	計算競走	神奇ᄒ다

몸을솟처　廣跳ᄒ니　飛將軍의　勇猛이라
星矢갓치　ᄲ른힘은　一二百步　競走로다
號令불너　氣着ᄒ야　隊伍다시　整齊ᄒ니
머리ᄭ진　菊花가지　個個人의　文明이라
太極旗를　놉피드니　大韓獨立　萬萬歲라

5) 학부의 창가

1907년 1월 26일의 『만세보(萬歲報)』에는 학부에서 가례경절(嘉禮慶節)[4]의 「경축가(慶祝歌)」를 새로이 지어 인쇄하여 각 학교 일반 학도에게 반급(頒給)하였다는 기사와 함께 그 가사를 실어 놓았다. 이미 그 전 해인 1906년 9월 14일에 각 학교 학생들과 교사들이 학부에 모여서 만수성절(萬壽聖節)[5] 경축가를 부른 바 있었는데, 이때의 경축가는 학부에서 제정한 것이라는 언급이 없지만 이 『만세보』의 가례경절 「경축가」에는 학부에서 제정했다는 기록이 확실하다.

어화우리　學徒들아　一心으로　慶祝ᄒ세
즐겁도다　오늘이여　오날놀이　무슴놀가
우리帝國　東宮殿下　舟梁嘉禮　慶日이라
天顔喜色　뵈압ᄂ듯　全國臣民　慶변홀제
關겨麟지　옛노리로　家家戶戶　頌祝일세
在天列聖　도으쇼셔　寶록無彊　ᄒ옵쇼셔
萬歲萬歲　萬萬歲　　大皇帝陛下　萬萬歲
千歲千歲　千千歲　　皇太子殿下　千千歲

---

4) 영친왕의 가례(임금의 성혼이나 즉위, 세자·세손·태자·태손의 성혼이나 책봉 등의 예식)를 말한다.
5) 고종의 생일을 기념하는 날로서 대한제국에서는 이를 국가기념일로 지켰고, 이 날을 국민 축제의 날로 확산시키려 했다고 한다.

千歲千歲 千千歲　　皇太子妃殿下 千千歲
萬歲萬歲 萬萬歲　　大韓帝國 萬萬歲

이 작품 역시 한자 어구의 나열, 구투의 표현법 사용, 만세의 남발 등
이 눈에 뜨인다. 총 10행의 창가에 만세 부분이 4행을 차지하고 있는 것
이다. 그 전 해의 「만수성절(萬壽聖節) 경축가」와 별반 달라진 것이 없다.

그런데 1907년 4월 26일의 『황성신문』에는 학부에서 새로이 제정한
「운동가(運動歌)」가 소개되고 있다. 당시의 운동회는 각 학교마다 그 학
교의 중요한 행사였다. 이는 체육에 대한 당시의 관심을 잘 나타내 주
는 것이기도 하지만 심지어는 2~3일씩 수업을 전폐하면서까지 치르는
이 행사에 대한 반대의 의견도 강하게 대두되기도 했던 것이다.

이 운동회 때에는 각종 운동 경기와 더불어 중요한 절차로 운동가를
부르는 순서를 두었다. 이때의 운동가들은 오늘날과 마찬가지로 행진가
혹은 체조가 혹은 응원가의 기능을 했을 것이며, 각 학교마다 따로 운
동가를 지어놓고 있었다. 따라서 각 학교들이 연합으로 하는 운동회의
경우 새로운 연합 창가를 지어야 할 필요를 느꼈을 것이고, 그렇게 새
로운 운동가를 짓는 일이 그리 쉬운 일은 아니었을 것이기에 학부에서
공식적으로 「운동가」를 제정하게 된 것으로 보인다.

그러나 이것은 명목뿐이고, 학부에서 운동가를 통일시킨 데에는 그
보다도 더 중요한 이유가 있는 것처럼 보인다. 즉 학부는 각 학교에서
부르는 운동가를 비롯한 창가들이 민족주의적 색채가 농후하여 늘 불
만스럽게 생각하고 있었던 것이다. 그러다가 연합 운동회를 하게 되자
그 계제에 운동가를 통일시키려 한 것이다.[6]

---

6)『소년』제2년 5권(1909.5.1)의 「편집실 通寄」에는 이 「運動歌」에 대하여 최남선이
　무언가 강한 불만을 가지고 논란하고자 했는데, 뜻을 이루지 못하여 섭섭하기도 하고
　분하기도 하다는 말이 있다. 이로 보아 당시에 이 「운동가」에 대한 불만이 상당히 있
　었고, 학부에서는 그 불만의 표출을 막으려 애를 쓴 것처럼 보인다.

中外 各 官公私立學校의 運動歌가 一致되지 못홈으로 學部에셔 各學校
에 頒布次로 運動歌를 軍部 主事 金有鐸 氏에게 委托ᄒ야 軍歌 及 踏步에
應ᄒ야 淸雅히 製述홈이 如左ᄒ니

大韓帝國	光武日月	富强安泰는
國民敎育	普及홈에	專在홈일세
우리덜은	德을닥고	知能發ᄒ여
文明開化	先導者가	되여봅셰다
社會上의	許多事業	堪當ᄒ랴면
內部外體	健康홈이	一大淸福응
工夫홀써	工夫ᄒ여	學問鍊習코
運動홀써	運動ᄒ여	血脈流通케
勇壯ᄒ	精神으로	校門나셔셔
親睦學友	作隊ᄒ여	行步整齊라
天氣淸朗	平原曠野	可愛오날날
太極旗下	우리學校	愉快運動응
人十	己百ᄒ는	競爭心으로
活潑히	競走ᄒ야	前進히보세
正當ᄒ	名譽는	내게잇나니
規律을	確守ᄒ고	違越마시오
압션사룸	거누구야	暫間셧거라
萬人讚揚	一等賞은	내物件일세
이기기룰	조화ᄒ고	지기스림은
一國이나	一身이나	一般이로세
上帝게셔	稟賦ᄒ신	最貴人物노
何事던지	奮發ᄒ면	目的達ᄒ내
나아가세	나아가세	高喊一聲에
怯懦心을	너지말고	나가봅셰다
大皇帝	陛下게	榮光돌니고
우리學校	全體名譽	一層빗닉세

學徒들아　　學徒들아　　青年學徒들
忠君心誠　　愛國精神　　닛지마시오

이기랴다　　지더리도　　落心마시오
明年此時　　다시맛나　　勝負決ᄒ세
終日토록　　愉快ᄒ게　　行樂ᄒ다가
凱旋歌로　　歸來ᄒ세　　杏花夕陽天

萬歲萬歲　　萬歲　　　　萬歲萬萬歲
大韓帝國　　皇帝陛下　　萬歲萬萬歲

이것은 내용면이나 형식면에 있어서 분명히 전의 것과는 다른 새로운 창가다. 전반적으로는 한문 풀이식의 가사이지만 그중 특히 5번째 절의 가사 "압션사룸　거누구야 暫間셧거라(앞선 사람 그 누구냐 잠깐 섰거라)"는 상당히 구어적이며 실감나는 표현법을 사용한 점에서 두드러진다. 모두 7절로 이루어지고 끝에 만세가 붙은 이 작품은 구성에 있어서도 상당히 진전된 작법을 보인다. 즉 1~2절에서는 운동회 참여의 의의에 대해서 서술하고, 3절에서는 운동회에 참여하러 가는 길의 배경과 분위기를 보여준다. 4절에서 6절까지 운동회에 임하는 태도에 대해서 말하고 있고, 7~8절은 운동회를 마감하는 내용으로 되어 있다.

형식상의 새로움은 내용이나 표현법의 새로움을 훨씬 능가한다. 곡조가 먼저 있고 가사가 그 다음에 지어지던 개화기의 형편으로 볼 때 이 새로운 양식의 창가가 제정되었다는 것은 어떤 새로운 곡조가 도입된 것으로 이해할 수 있다. 이 창가가 어떤 곡으로 불렸는지는 보도되고 있지 않으나 이 가사를 군악에 맞추어 행진곡(軍歌 及 踏步)으로 쓰고자 한 점으로 보아 이 가사에 맞는 어떤 곡조가 당시에 있었으리라 추정되는 것이다. 이 「운동가」는 4월 30일에 열릴 예정이던 연합 운동회를 앞두고 지어졌으며, 학부에서는 이 행사를 주관하여 상당히 철저한 준비를 했다. 같은 날짜의 신문에 학부에서 적지 않은 운동회 경비를 지출하려 한다는 것과 이 대운동회 때에 경무청과 헌병대에서 각 20명씩의 경찰과 헌병을 파견해서 보호케 하려 한다는 등의 기사가 실려 있는 것으로 보아 전 정부 차원의 관심사였던 것을 알 수 있다.

이 창가가 군악에 응하여 지어졌다는 것은 먼저 당시 "唱歌는 軍樂音調로 新製 敎育함"이라는 1905년경의 각급 학교 입학생 모집 광고의 唱歌科에 대한 설명과도 서로 통한다. 또 "경향관사립학교에서 경절 운동시에 애국가와 운동가가 일치하지 못함으로 학부에서 일치할 가곡을 신제송포한다더라"라는 『황성신문』의 기사에 「군가일치(軍歌一致)」라는 제목이 붙어 있었던 점과도 서로 통하는 일이다.[7]

개화 초기에는 앞 장에서 검토한 『독립신문』의 군가들에서 확인한 바와 같이 재래식의 타령조의 군가들이 불리었지만 1900년대에 들어서면 이미 병제가 개편되었고 그에 따라서 일본식 제식훈련법이 이루어 졌으므로 역시 일본의 군악이 수입되어 불리었을 가능성이 높다. 일본에서는 명치유신(明治維新) 이래 군국주의적인 분위기가 점차로 고조되어 1894년에는 「拔刀隊」(外山正一 작), 「敢なる水兵」(佐佐木信綱 작), 「婦人從軍歌」(菊間義淸 작), 「黃海の戰」(中村秋香 작) 등의 군가가 활발하게 지어졌고 또 크게 유행하기도 했다. 또 이 곡들은 7·7이나 7·5 혹은 8·5조 등의 가사 율조로 되어 있었으며 이 군가들을 부르는 방식 내지는 템포는 행진곡 풍(Tempo di Marcia)이었다.[8] 이런 점으로 보아 '군가급답보(軍歌 及 踏步)'에 응했다는 『황성신문』의 기사의 뜻이 무엇인지를 대개 짐작할 수 있는 것이다.

이러한 새로운 양식을 사용한 김유탁(金有鐸) 씨는 어떤 사람이었을까? 『황성신문』에 그는 군부 주사로 되어 있을 뿐 그의 구체적인 직임(職任)에 대해서는 언급이 없다. 다만 우리는 그가 당시의 군악대원 명단에 들어 있는 인물도 아니고, 또 스스로 서양 음악을 작곡할 만한 음악가의

---

7) 이 두 가지 사항은 이상만, 「현대음악」(『한국현대문화사대계』 1, 고려대 민족문화연구소, 1981), 382~383면에서 재인용한 것임.
8) 일본에서 간행된 『世界音樂全集』(春秋社, 1931)에서 확인할 수 있다.

명단에도 들어 있지는 않지만, 여러 정황으로 보건대 군부에서 군악에 자주 접할 수 있는 사람이며, 그의 작품 중 "상제게셔 품부하신 최귀인 물노"라는 푶현을 통해 기독교인으로 추정될 수도 있는 인물이다.

　한편 개화기 학술지 중의 하나인『서우(西友)』나 이를 이은『서북학회월보(西北學會月報)』등에도 김유탁(金有鐸)이란 인물이 보이는데, 이 학회에서 활동하던 학회원 중 중심인물들 가운데는 양반 관료층이 많았고, 특히 군부에 근무하던 이들이 많았던 점으로 보아9)『서우』나『서북학회월보』의 김유탁이란 인물이 이「운동가(運動歌)」를 지은 사람과 동일한 인물인 것으로 판단할 수 있다. 그것을 뒷받침해주는 것은『서우』지의 김유탁 작 시가들이다. 그의 작품은 두 편이 실려 있는데, 첫 작품은「서우사범학교 학도가(西友師範學校 學徒歌)」(1907.3, 제4호)이고 두 번째 작품은 한시(漢詩) 7언(1907.6, 제7호)이었다. 그 중 앞 작품은 7·5조에 유사한 작품인데 이 점에서『서우』지의 김유탁이 이 운동가를 지은 인물과 동일한 인물로 생각되는 것이다.

西友師範學校	靑年學徒들
壁－의 掛鐘을	들어보시오
一点二点	暫間가는中
人生百年아	如走馬로셰
東園春山의	芳艸綠陰도
西風秋天의	黃葉疎林응
靑春少年을	즈랑마시오
明鏡白髮이	可惜ᄒ도다
後進敎育을	擔着ᄒ랴면
少年强壯時가	맛당ᄒ깃네

---

9) '회원 명단'이나 '회원 활동'란을 보면 군부의 관원들이 많았다. 가령 제2호(1907.1)를 보면 장재식이란 사람이 군부 기수에 피임되었다는 기록이 있고, 강문경이란 사람은 친위7대 부위로 임명되었다는 기록이 있다.

大禹는　　　　　　惜陰ᄒ시고
古人이 말ᄒ기를　　一刻直千金
이말을 寶鑑삼아　服膺ᄒ시고
暫時라도怠惰말고　勉勵히보세
生存競爭　　　　　當此時代에
國家興亡이　　　　니게달녓네
列强의 待遇를　　生覺홀사록
奴隷 犧牲의　　　恥辱쑨일세
二千萬同胞　　　우리兄弟아
此時가 何時며　　此日何日고
六大洲 大陸의　　形便살피니
弱肉强食과　　　優勝劣敗라
國權을 保全하고　同胞救濟는
우리들 兩肩上에　擔任義務라
血淚를揮三麗ᄒ고　奮發心으로
實地上 學問을　　研究합세다
一身이 榮貴하고　一國興흠은
學問一事 밧게는　다시업겟네
堂堂ᄒ 三千里　　大韓帝國이
世界 萬國과　　　同等돼보세
父母님게孝道ᄒ여　榮華돌니고
나라님게忠誠하여　功業세우세
大勳位 一等章　　銅像紀念은
千秋 萬歲에　　　竹帛留芳名
忠臣 烈士가　　　非別人이니
偉功을 思慕하여　萬一效則응
一片 精神　　　　우리大韓魂
頭腦속에 넛코　　닛지마시오
學徒 學徒　　　　師範學徒야
忠君愛國血誠心을　닛지마시오

일부 5・5조도 보이지만 앞 구절에는 5자・6자・7자・8자가 두루 쓰였고, 뒤의 5자는 꼭 지킨 점으로 보아 대체로 이 작품은 어설픈 대로 7・5조의 형태를 띠고 있다고 말할 수 있다. 이 작품이 발표된 것이 1907년 3월이니 「운동가」보다는 1개월 앞서는 작품이며, 그 한자어 나열식 및 한문 풀이식의 조사법으로 보아 「운동가」와의 유사성이 확실해진다. 「운동가」의 경우는 이 작품보다는 좀더 8・5조 형태로 정제된 것이다.10)

1900년대에는 1899년도의 『독립신문』에 실린 군가들(4・4조 4음보 진행의 타령조가 대부분임)과는 다른 새로운 행진에 어울리는 군가들이 일본에서 수입되었던 것으로 보인다. 이미 1881년에는 별기군(別技軍)이라는 신식군대가 창설되었으며, 1884년의 갑신정변(甲申政變) 이후에는 병제가 개혁되었다. 새로운 병제에 따라 일본식 병식훈련을 실시하기 위해 일본인 교련관 호리모토 레이조(堀本禮造)가 내한했었고, 1900년에 창설된 군악대도 이 별기군 소속이었으므로 일본식 군가가 수입되어 있었을 것임은 충분히 짐작할 수 있다.11) 사실 1900년부터 에케르트(F. Eckert)가 한국의 군악대를 지휘하기 전에는 일본에서 근무했고, 또 그의 지휘하에 한국의 군악대가 상당한 수준의 연주곡들을 연주할 수 있었다는 점으로 보아12) 당시의 우리 군악대의 레퍼토리에는 8・5의 율조에 어울리는 연주곡이 있었을 것이며, 거기에 군가의 가사가 붙어 있었는지는 알 수 없지만 이 새로운 「운동가」는 그러한 군가의 자극을 받아 지어진 것으로 생각된다.13) 김유탁의 「서우사범학교 학도가」가 아직 완전

---

10) 김유탁은 1907년 8월 29일자 『제국신문』에 「학도가」 한 편을 더 발표하고 있는데, 이로 보아 김유탁은 이 시기의 중요한 창가 작가임이 확인된다.
11) 민원득, 앞의 글, 410면.
12) 군악대의 창설 및 활동에 대해서는 민원득의 위의 글, 463~474면 및 이유선, 『한국 양악백년사』(음악춘추사, 1974), 5~6면 참조.
13) 이 「운동가」의 가창 곡조로는 육당(六堂)의 「경부철도노래」 곡조로 쓰였던 스코틀랜드 민요 「밀밭에서」가 쓰이지 않았나 싶다. 율조도 맞고 절 구분도 그 곡조와 비교적 잘 대응되는 편이다. 이 「밀밭에서」의 곡조가 일본 군가 및 창가에서 많이 사용되

한 창가적 형태를 갖추지는 못한 것이라고 한다면 이 「운동가」는 8·5
조(내지는 7·5조) 율조로서 정제된 창가로는 최초의 것이라 여겨진다.

이 「운동가」는 학부에서 만든 것이므로 각 관공사립학교에서 불리기
는 했지만 크게 보편화되지는 못했던 것 같다. 또 당초에 곡조가 있기
는 했어도 그 곡조가 제대로 전달되지는 못했을 것이라고 본다.[14) 가령
1907년 5월 26일에『만세보(萬歲報)』에 보도되고 있는 여학교연합운동회
창가는 그것이 연합 운동회임에도 불구하고 학부에서 제정한 「운동가」
가 아닌 4·4조의 노래였으며, 보성학교 운동가(『경향신문』, 1908.6.26) 및
박문학교 운동가(『경향신문』, 1908.6.26)까지도 4·4조였던 것이다. 물론 보
편화된 것을 굳이 신문에 다시 실을 필요는 없었겠으나, 아직도 몇 학
교들에서는 이 8·5조에 의한 「운동가」를 수용할 만한 입장이 아니었
던 것 같으며 한편 그것은 학부의 지시에 불복하는 태도이기도 했을 것
이다.

6) 7·5조 창가의 등장

1908년 4월 24일의『황성신문』에 실린 평양의 각 학교연합 「운동가」
는 위의 학부 「운동가」를 약간 변형하여 이어 받고 있는 것이어서 주목
된다.

大韓國	萬歲에	富强基業은
國民을	敎育홈에	젼혀잇도다
우리는	德을닥고	智慧길너셔
文明의	先導者가	되여봅시다

없음은 물론이다. 이에 대해서는 다음 장을 참조하시오
14) 민원득,「세계음악교육사」(유덕희, 앞의 책), 479면.

社會上의　職責을　　堪當ᄒ랴면
體育의　　完全홈이　必要ᄒ도다
勇敢ᄒ　　精神으로　쑤여나가셔
동모들과　잣치　　　活動히보셰
淸明ᄒ　　天氣와　　넓은마당에
太極旗　　아리　　　버려셧도다
남보다　　더잘할　　競爭心으로
活潑히　　닛다라　　쌜니나가셰
압션者　　누구냐　　잠간셧거라
萬人中　　一等賞은　니物件일셰
익의기　　죠코　　　지기슬홈은
ᄒ나라　　ᄒ몸이　　一般이로셰
上帝의　　稟賦ᄒ　　貴ᄒ人物로
아모일도　奮發ᄒ면　目的達ᄒ네
나가세　　나가세　　高喊소리로
精神을　　가다듬아　나아가보셰
韓半島　　帝國에　　榮光돌니고
우리學校　名譽롤　　一層빗니세
學徒야　　學徒야　　靑年學徒야
忠君心　　愛國誠을　닛지말지라

　그 중요한 변화는 다음의 비교에서 보듯이 가사의 내용을 평이하게 고친 것과, 가사를 잘 가다듬어 정제한 것 즉 축약한 것 등이었다.

大韓帝國　光武日月　富强安泰ᄂ　國民敎育　普及홈에　專在홈일세
⇒大韓國　　萬歲에　　富强基業은　國民을　　敎育홈에　젼혀잇도다

社會上의　許多事業　堪當ᄒ랴면　內部外體　健康홈이　一大淸福응
⇒社會上의　職責을　　堪當ᄒ랴면　體育의　　完全홈이　必要ᄒ도다

勇壯き　　精神으로　校門나셔셔　親睦學友　　作隊ㅎ여　行步整齊라
⇒勇敢き　　精神으로　쑤여나가셔　동모들과　　갓치　　　活動히보세

학부에서 제정한「운동가」역시 그 이전에 학부에서 제정했던 2개의
「경축가」에 비해서는 훨씬 더 구어적(口語的)인 것이었고, 또한 구투의
표현법에서 벗어난 것이었지만, 3절만을 추출하여 비교해 보더라도 이
평양의「운동가」는 학부「운동가」보다는 진일보한 것임을 확인할 수
있다. 많은 한자어구가 한글화되고, 또 문어적인 가사(歌詞)로부터 구어
적인 가사(歌詞)로 변화되며, 권위적 목소리(voice)가 평이한 목소리로 바
뀐 것이다. 필요 이상의 군주에 대한 만세 의례도 이 평양의「운동가」
에서는 "충군심 애국성을 닛지 말지라"라는 정제화된 말로 표현되고 있
는 것이다. 이러한 차이점은 당시의 학부와(즉 정부와) 민간의 어떤 학교
들과는 그 지향하는 바가 다르다는 것을 말해 주고, 또 자주, 개화, 독립
에의 지향의 구체적인 방법을 감독기관인 학부보다는 일선 학교들이
더 잘 인식하고 있었다는 것을 깨닫게 해준다.

또 한 가지 차이를 보이는 것은 학부의「운동가」가 주로 8·5조임에
비해서 평양의「운동가」는 6·5 및 7·5조를 주조로 하고 있다는 점이
다. 그 율조를 비교해 보면 다음 표와 같다

<표 2> 학부운동가와 평양운동가의 율조 비교

	5·5조	6·5조	7·5조	8·5조
학부운동가		4	3	27
평양운동가	1	11	11	1

학부「운동가」에서 마지막의 만세 부분까지 빼면 6·5나 7·5의 비
율은 거의 얼마 되지 않는 데 비해 평양에서 불린「운동가」의 경우는
6·5와 7·5가 대등하게 사용되었으며 8·5조는 거의 사용되지 않았다
는 것이다. 이처럼 13자로부터 12자 혹은 11자로 가사의 길이가 줄어들

었는데, 단지 숫자가 준 것이 아니라 가사가 보다 정제된 것이며, 8·5
로부터 7·5 및 6·5 율조로 가사의 형식에 변화가 일어난 것이다. 김
유탁이 학부의 의뢰를 받아「운동가(運動歌)」를 군가에 맞추어 지었을
때에 그는 4·4·4·1로 추정되는 당시 군가 율조에 충실하게 즉 실러
빅 스타일(syllabic style)로 가사를 붙였던 것이다.

그러나 시간이 흐르면서 이 가사는 정제되어 개화기 리듬의 신축성
을 사람들이 이해하게 되면서 꼭 8·5에 얽매이지 않고 6·5나 7·5의
형태로, 더 구체적으로는 3·4, 4·3, 3·3, 2·4, 4·2 등의 구성으로 자
유롭게 가사를 구사했던 것이다. 이러한 점으로 볼 때 개화 당시의 일
선 학교에서 창가를 가르치던 이들이 한국의 근대시 율조 형성에 적지
않은 기여를 했음을 알 수 있다.

한편 학부 제정의 창가를 개편해야 하는 당위성의 구체적인 결과물
은 평양에서 나타났지만 서울에서도 그러한 개편에의 요청의 분위기는
있었던 것으로 보인다. 이것은 시대의 흐름을 따라 민간에서의 시가 가
사에 대한 관심이 고조되는 것으로 즉 근대적인 문학에의 관심이 나타
나는 것으로 이해할 수 있다. 그러한 관심은 1908년 7월 11일자『대한
매일신보』에「학교에 쓰는 노래를 의론홈」이라는 논설로 나타났다.

(…전략…) 그 소상의 깁고 느즌 거시 엇더홈과 뜻의 차고 더운거시 엇더홈
은 고샤 물론흐고 위션 그 노래를 짓는더 글즈를 노코 말을 쓰는 거슬 흔번
의론컨더 넘어 깁고 아담흐야 보통으로 교육흐는더는 뎍당치 못흔거시 만흔
지라. 미양 봄과 가을 각학교 대운동홀 째에 국긔를 들고 더오롤 정졔히 흐고
도라가는 길에 일졔히 부르는 노래ㅅ소리가 나면 일반 시졍과 려항의 인민들
도 귀를 기우리고 즈셰히 듯지마는 한문으로 지은(광무일월 부강안태라 흔)
노래는 도뎌히 히셕흐기 어려우니 소경이 단청구흐는 것과 다름이 업고 쏘
듯는쟈뿐 아니라 곳 이 노래를 부르는 허다흔 쇼학교 학동들도 반드시 그 말
이 무슴 말인지 알지 못흐고 다만 아모 맛업시 압뒤애셔 주고 밧을 짜름이니
슯흐다 그속에는 비록 나라를 스랑흐는 뜻이 잇을지라도 뜻이 어려운 경셔를

젓나나는 입으로 닉힘과 ㅈ고 리치가 오묘ㅎ 철학을 어린ㅇ회의 귀에 들님과 ㅈ흐여 그 힘은 비록 부즈런ㅎ나 그 셩공은 긔필키 어려우리니 이거시 무슴 리익이 잇스리오 (…후략…)

이 논설은 학부의 운동가가 한문으로 지어졌기 때문에 어린 아이들이 도저히 해석하기 어려울 뿐만 아니라, 부르는 사람이 무슨 뜻인지도 모르고 부르고 있다는 것을 지적한다. 노래가 사람의 감정을 건드려서 의기를 고등해서 흥기하고 분발케 하는 것이므로 그 말은 간단하여 알기 쉽게 하고 그 뜻은 간절하고 쾌활케 하여야 한다는 것이 이 전체 논설의 요지다. 아울러 시정의 어린 아이들이 그 노래를 듣고 이해하여 따라할 때에 긍정적인 영향을 미치게 된다고 이 논설은 덧붙인다. 이 논설은 실제로는 운동가의 경우를 두고서 학부의 구태 의연성을 비판하려 했던 것이다. 아무튼 이러한 『대한매일신보』의 논설의 취지는 이미 평양의 「운동가」에 수용되어 있었다.

7) 다양한 형태의 창가들

1907년 4월 26일 학부 「운동가」가 새로운 8·5, 7·5의 양식으로 반포되었지만, 그 양식에 의한 학교 창가들은 찾아볼 수가 없다. 이 율조는 1908년의 육당(六堂)의 「경부철도노래」에 의해서 본격적으로 시도되었고, 그 후 1910년에 나온 『학부창가집』의 주축을 이루었다. 이에 대해서는 다음 장들에서 고찰하려 한다. 그런데 1908~1910년 사이의 신문에 실려 있는 학교 창가들은 여전히 4·4조 일색이었다. 그런 가운데도 몇몇 창가들이 전혀 새로운 형태로 나타난다. 우선 1907년 10월 30일자 『대한매일신보(국문판)』에 실린 공옥소학교(攻玉小學校)의 「힝보가」와 「무궁화가」를 보자.

산곱고 몰맑은 우리 동반도는
스쳔년리 살아오는 우리짱

스시괴후 흉샹됴코 화평흔데
우리 그즁에셔 호흡흐누나

  나아가누나 나아가누나
  우리 학싱들이 나아가누나

하느님은 됴흔 텬디 주셧스나
지금우리 더욱 힘쓸 째로다

젼일티도 급히버셔 브리고셔
강흔 용밍으로 다나가누나

지식을 넓히고 신톄을 강케히
부강흥셩흐는 모든 학문을

쥬야밧비 쵼음닷토아 가면서
풀무속에 빅련 강털이 되게

험흔오날 당흔셰계
열심흐는 의긔 우리갑쥼세

스면렬강들은 호랑들ス흐나
무릅쓰고 막고 모라나가셰

우리학싱들은 젼국방패되여
임군빅셩위히 직칙다흐여

이쳔만즁평싱모도대한으로
태평ス작누려 영영즐기셰

—「공옥소학교 행보가」

여기서 별도의 표시가 없는 "나아가누나 나아가누나 우리학싱들이
나아가누나"라는 부분은 후렴구로 보이며, 따라서 이 「행보가」는 본 절

과 후렴으로 된 전 5절의 행진곡이란 것을 알 수 있다. 신문에 기재될 때 후렴 부분은 한 칸 내려쓰기(indentation)를 해 두어서 비록 후렴이란 표시는 없지만 그것이 후렴임을 알 수 있게 되어 있다. 이 「행보가」의 내용은 특히 열강의 침략을 경계하며 애국심을 고취하는 내용이 주류를 이루고 있다.

이 「행보가」는 6·6·6·5/6·6·6·5/5·5·6·5조로 되어 있다. 물론 각 절마다 6자는 3·3 혹은 2·4, 4·2의 구성으로 되어 있지만 전체적으로 보면 6자가 잘 유지되고 있어서 어떠한 가창 곡조가 있었으리라 추정해 볼 수 있다. 위 가사에 어울리는 행진곡 풍의 곡조가 있었을 것이며, 그것은 공옥소학교에서 「무궁화가」 등 다른 학교와는 달리 서양 악곡을 가창 곡조로 하는 노래였을 것으로 보인다. 특히 이 작품의 경우에 본 절이 있고 후렴이 분명한 5절의 노래라는 점에서 그렇다.

이 율조에 어울리는 곡조로 제시할 만한 것은 당시에 응원가 및 행진가의 곡조로 많이 쓰인 바 있는 미국 민요 「Marching to Georgia」이다. 그러나 이 곡을 가창 곡조로 사용하려면 위와 같은 절 구분법을 적용할 수는 없다. 왜냐하면 이 곡은 두 도막 형식으로 되어 있는데, 위의 절 구분법은 본 절은 한 도막 형식이고 후렴은 반도막이기 때문이다. 즉 「Marching to Georgia」곡으로 불리기 위해서는 후렴 부분이 완전한 한 도막 형식이 되어야 한다. 이 곡을 전제로 할 때 가장 가능성이 높은 방식을 추정해 보자.

「Marching to Georgia」의 곡조는 아래 「소년 야구가」 곡조와 마찬가지로 A-B-C-B 형태로 되어 있다. 즉 두 번째 단의 곡조가 그대로 네 번째 단에서 반복되는 형태이다. 따라서 이러한 악곡의 특성에 맞추어 노래 부른다면 「행보가」 제1절은 다음과 같이 불렸을 것이다.

(a) 산곱고 물맑은 우리 동반도는
    스쳔년리 살아오는 우리짱

(b) 스시긔후 흥샹됴코 화평ㅎ데
   우리 그중에셔 호흡ㅎ누나
후렴 (c) 나아가누나 나아가누나
   우리 학싱들이 나아가누나
(d) 스시긔후 흥샹됴코 화평ㅎ데
   우리 그중에셔 호흡ㅎ누나

오늘날에도 중고등학교의 응원가로 쓰이고 있는 이 곡은 당시에 「소
년 야구가」의 곡조로, 후에는 「독립군가」의 대표적인 곡조로 사용되기
도 했다.15)

〈그림 8〉 소년 야구가의 악보

---

15) 이 곡은 『통일 찬송가』의 393장에 '우리들의 싸울 것은'이라는 제목으로 실려 있기
   도 하는데 이로 보아 이 곡조가 교회 및 기독교계 학교들에서 많이 사용되었음을 알
   수 있다.

또 한편 지어진 연대는 확실하지 않지만 도산 안창호가 그의 출생지인 평남 강서군 동진면에 1899년에 한국 최초의 남녀공학 초등학교인 점진학교(漸進學校)를 세우고 지은 교가(校歌) 역시 「Marching to Georgia」을 바탕으로 한 것이었다.

참기쁜 음성으로 노래하며
공부에 점진점진 향합시다
각과를 전부하되 낙심말고
하겠다 하세 우리 직무를 다

후렴　점진 점진 점진 기쁜마음과
　　　점진 점진 점진 기쁜노래
　　　각과를 전부하되 낙심말고
　　　하겠다 하세 우리 직무를 다

공옥소학교의 「무궁화가」는 배재학당의 것과 거의 같다. 이로 보아 1897년대의 「무궁화노래」가 10년 뒤인 1907년 10월 30일까지 불렸다는 것을 확인할 수 있고, 따라서 이 「무궁화노래」가 당시의 애국가로 거의 공인되고 있었던 것이 아닌가 하는 생각을 할 수도 있겠다. 또한 서양인 선교사들을 교사로 두고 있어서 서양 음악에 대한 접근이 쉬웠던 배재학당에서 스코틀랜드의 곡조로 부르던 이 「무궁화노래」가 시간이 흐르면서 일반 학교에까지 확산되어 일반 학교에서도 그러한 서양 곡조가 보편화되기 시작한 것을 알 수 있게 해준다.[16]

공옥소학교의 창가들을 살펴보고 그 가창 곡조를 탐구해 보는 가운데 우리는 다음과 같은 사실을 확인할 수 있다. 즉 당시의 학교 창가 중 「애국가」의 가창 곡조로는 「Auld Lang Syne」 곡조가 여전히 쓰였고, 응

---

16) 공옥소학교의 「무궁화가」는 배재학당의 것과 비교해 볼 때 제2절의 가사의 순서가 다를 뿐이다. 즉 "애국하는 렬심의긔 북악갓치 놉고, / 츙군하는 일편단심 동해갓치 깁허"라고 바꾸어 있다.

원가나 행진가 및 교가 등의 가창 곡조로는 「Marching to Georgia」 곡조가 많이 쓰였다는 것이다. 전자는 장엄한 특성이 있고, 후자는 4/4박자에 붙점이 있는 리듬을 채용하고 있고, 강약의 대비가 두드러져 상당히 진취적인 면이 돋보이고 있다.

한편 정신여학교의 「교가」는 1905년에 한번 제정되었다가 1909년에 수정되었는데 이 작품의 율조도 4·4의 형태에서 벗어난 새로운 것이었다.

삼각산은 높이 솟았고
한양강수 빛난 곳
반공중에 화려한 집은
우리의 정신학교라[17]

이화학당의 「교가」는 1904년에 작사된 것이 계속 불렸으며, 그 가사는 일정한 율조가 없이 거의 자유시에 가까울 정도로 다양하다. 이러한 이 「교가」의 특징은 아무래도 외국인의 작을 번역한 데서 생겨난 것이 아닌가 생각된다.

참 영광스런 학당은
이화학당일세
사면에서 온 수백명학생
다 지금들 노래하네
그 학생들 노래지어
날마다 화답하네
이 이름 널리 전파키 위해
다 지금 노래하세
배리 꽃화 배울학 집당
이화학당 이화이화 이화학당

---

17) 『정신75년사』(1962), 160면.

8) 4·4조 창가의 잔영

　　그러나 어떤 학교들 특히 서울이나 관서 지방의 학교가 아닌 지역의
학교들의 창가에는 여전히 4·4조의 한문투 일색의 상투어가 들어가
있는 문어체의 창가가 계속 지어지고 있었다. 가령 연안군(延安郡) 관덕
정(觀德亭)에 사는 신종균(申宗均) 씨가 연흥학교(延興學校)를 개교하여 개
교식 때에 「근면가(勤勉歌)」를 지어서 학생들로 하여금 함께 부르게(唱和)
했다는 기사가 1908년 3월 18일자 『대한매일신보』에 기재되어 있는데
거기서 부른 창가는 다음과 같다.

<pre>
어화우리　學徒들아　어셔가세　샐니가세
녹시東風　셰다말고　一心團體　노를져어
文明界와　獨立界로　어기엿차　샐니가세
時晩타　　恨을말고　져건너　　디여보세
못건너면　中流滔沒　건너가면　同樂太平
太平乾坤　어디민뇨　自由恢復　이안인가
自由權이　어디민뇨　新學問이　여기잇다
大呼大韓　同胞들아　新學發達　熱心ㅎ셰
</pre>

　　새로운 학문과 자유정신을 고취하고자 하는 이 창가는 전대의 창가
처럼 이를 직설적으로 표현하지 않고, 좀 더 발전하여 그러한 세계에
배를 타고 건너가는 비유를 사용하여 표현하였다. 그러나 역시 많은 한
자성어가 나열되고 있고, 상투적인 표현과 개념의 노출이 드러나고 있
다. 아울러서 이 창가는 형식적인 면에 있어서도 노래의 형태보다는 음
송 내지는 율독의 형태로 불렸을 가능성이 높은 시가다. 왜냐하면 어떠
한 절 의식이 분명하지 않고(물론 몇 부분으로 나누어 볼 수는 있지만), 각 절
의 병행성이나 대응성이 보이지 않기 때문이다. 그러나 이 작품 역시
신학문 존중, 개화 및 독립 의욕 고취라는 개화기 창가의 면모를 가지

고 있고, 또 그 형식면에서도 역시 재래식의 가사와는 달리 짧은 호흡
의 구절법이 눈에 띄는 것이다.

1909년 2월 17일의 『황성신문』에 실린 경북 의성군(義城郡) 육영학교
(育英學校)의 「교육가(敎育歌)」는 이 작품보다도 훨씬 더 수구적이며 보수
적인 성격을 가지고 있다.

太虛가　　蒼茫호디　太陽이　　居中호니
八行星이　繞日홈에　地球星이　第三이라
東半球는　四大洲요　西半球는　兩大洲라
東經線　　溫帶界에　大韓國이　處히스니
三面環海　半島國이　西北으로　連陸이라
檀箕以來　數千年에　禮樂敎化　文明호고
我朝開國　五百年에　聖子神孫　相繼호샤
堯舜禹湯　心法이오　孔孟顔曾　道량이라
(…후략…)

전 20행으로 되어 있는 이 작품은 거의 한자어뿐이며 물론 문명개화
및 신학문 존중 등의 면모도 보이지만 어디까지나 공자 맹자의 동양적
전통 안에서 수용할 것을 역설하고 있다. 이 작품은 율조상으로나 문체
상으로나 지극히 보수적인 작품인데, 개화 이후에도 전국의 모든 학교
에 새로운 율조의 창가들이 완전하게 보급된 것은 아니었음을 이 작품
이 말해 주고 있다.

3. 전환기의 학교 창가와 그 의미

본 장에서는 『독립신문』 이후부터 1910년의 『학부창가집』이 발간되기 이전의 각 학교들에서 불린 창가들을 살펴보았다. 주로 통시적인 관점에서 이 창가들의 변화상을 검토해 본 바 대체로 다음과 같은 결과를 얻었다.

1905년 이후에도 4·4·4·4의 4음보를 기본으로 하는 형태의 창가도 불리었지만 1890년대의 창가보다는 약간 확대된 양식으로 변화되었다. 즉 단형의 짧은 호흡으로 시작된 개화기 창가는 휘문의숙의 「숙가」에 이르면서 4·4조로는 완숙기에 들어서는 느낌을 준다. 한편 휘문의숙의 「숙가」는 3행의 창가로서 시조 양식과의 관련이 주목된다.

1906년에는 노래에 '창가'라는 용어를 작품에 부여한 기록이 발견되었는데 이때의 '창가'는 '노래 부른다'는 뜻보다는 '노래'라는 뜻의 명칭이었다. 즉 창가라는 말은 다른 기록에서 흔히 보이는 '운동가'란 말 대신에 사용된 것이었다. 그렇지만 이 명칭은 시가 양식의 새로움을 나타내기 위해서 쓰인 것이 아니었고, '창가하다'라는 동사적인 데서 노래라는 뜻으로 의미적 전이가 이루어진 결과였던 것이다. 전생도가 불렀다고 하는 이 창가는 4·4·4·4/4·4·4·4를 한 절로 하는 형태의 것이었지만, 통사적 내용적 완결성은 확실하지가 않았다.

1907년엔 최초로 7·5조 계열의 창가가 선보이는데, 그것은 학부에서 제정한 운동가였으며 군가와 행진곡에 어울리는 가사 형태였다. 학부 제정의 「운동가」는 그 이전의 2개의 「경축가」에 비해서는 훨씬 더 구어적이고 또한 구투의 표현법에서 벗어난 것이었지만, 평양에서 불린 학부 제정 「운동가」의 수정판은 학부 「운동가」에 비해 한자어구가 한글화되고, 또 문어적인 가사로부터 구어적인 가사로 변화되며, 권위적 목소리가 평이한 목소리로 바뀌는 등 훨씬 진보된 모습을 보여준다. 또 학부의 「운동가」가 주로 8·5조임에 비해서 평양의 「운동가」는 6·5 및 7·5조를 주조로 하여 가사가 정제되고 있다는 점이 그 특징이었다.

1907년 4월 26일 학부 「운동가」가 새로운 8·5, 7·5의 양식으로 반포되었지만, 그 양식에 의한 학교 창가들은 뒤를 잇지 못했다. 1908~1910년 사이의 신문에 실려 있는 학교 창가들은 여전히 4·4조 일색이었다. 그런 가운데도 공옥소학교의 「행보가」와 「무궁화가」 및 「점진학교 교가」, 「이화학당 교가」, 「정신학교 교가」 등의 창가는 전혀 새로운 형태로 나타났다. 이 중에는 「Marching to Georgia」 곡조에 맞추어 부른 노래가 적지 않았다.

그리하여 결국 본 장에서는 재래식의 4·4조 가사형에서 단형으로의 변환, 내용상으로 신문명과 신교육 예찬, 학생들에 대한 신사상 고취 및 개화 자주 독립의 의욕을 고취시키는 쪽으로 점차 발전하여 7·5조류의 창가도 등장하고, 또 그보다 더 자유로운 형태의 창가들도 나오고 있음을 살펴보았다. 즉 이 기간은 한국의 신문학 양식의 정립을 위해 준비하는 기간이었고 여러 가지 양식이 혼효되어 있던 문학적 양식의 전환기였다. 이 전환기에 학교는 학생들에게 새로운 율조를 보급하고 익숙하게 하는 역할을 수행했던 것이다. 당시의 학교가 일종의 사회교육의 터전이었던 것을 고려한다면 그 영향력은 단지 학교 울타리 안에 머물러 있지는 않았을 것이다.

제4장

창가의 정착과 교재의 편찬

1. 『학부창가집』 개관

1) 『학부창가집』의 의의

『학부창가집』은 1910년(융희 4년) 5월에 대한제국 학부에서 발간한 일종의 개화기 국정 음악 교과서로서 그 정식 명칭은『보통교육(普通敎育) 창가집(唱歌集)』제1집이다. 이 책에 대해서는 문학 연구자보다는 주로 신음악사를 연구하는 사람들이 관심을 가져, 이상만이 최초로 소개한 바 있고, 그 후에 이유선과 민원득에 의해서 비교적 소상히 연구된 바 있다.[1] 그러나 그들의 연구는 주로 음악적인 양식에 대한 검토였고, 문

---

1) 이상만, 「현대음악─대중음악」(『한국현대문화사대계』 1, 고려대 민족문화연구소, 1981), 429면에 의하면 자신이 1958년 12월 14일자『서울신문』에 처음으로 소개했다

학적 성분인 가사에 대한 연구는 심도 있게 이루어지지 못했다.[2] 문학사 쪽에서도 이 책에 대해 간략히 언급한 일은 있으나 원전에 대한 직접적인 검토는 시도되지 않았으며, 이 책의 문학사적 가치에 대해서도 그렇게 긍정적이진 않았다.

앞장에서 개화기 학교 창가 변천사에서 살펴해 본 바 있듯이 개화기의 창가들은 학교를 그 '삶의 자리'로 한 것들이었고, 아동들의 정서 함양이나, 감정의 순화 및 음악적 성분에 대한 이해라고 하는 순전히 음악적인 목적에 기여한 것 이외에도, 그 가사의 교술성(敎述性)에 의해 개화 및 독립에의 의욕을 고취한 것들이었다는 것을 알 수 있었다. 그러나 그러한 것 이외에도 개화기 학교 창가들은 학생들에게 전통적 율조에서 탈피한 새로운 율조를 익힐 수 있게 하는 큰 역할을 했음도 살펴보았다. 학부에서 공식적으로 편찬해서 출판한 이『학부창가집』의 창가들이 그러한 기능을 어떻게 수행했는가를 집중적으로 살피는 것이 이 장의 목표다.

아울러서『학부창가집』에 실린 상당수의 창가의 가사가 당시의 국어교과서이던『국어독본』에 이미 수록되어 있던 것 그대로이거나 그것을 약간 수정한 것인데, 이 두 책은 개화기 교과서로서 당시의 학생들의 운문 양식의 모범이 되었으므로, 본 장에서는 이『학부창가집』을 중심으로『국어독본』과의 상관성에 대한 검토도 행하려 한다.

한다. 필자가 확인한 바에 의하면 국립중앙도서관(온전함)과 한국학중앙연구원 도서관(4면 분량이 낙장되어 있음)에 각각 1부씩이 남아 있다. 이유선의『한국양악백년사』(음악춘추사, 1985, 93~100면) 및 민원득의「개화기의 음악교육」(유덕희,『세계음악교육사』, 학문사, 1985, 504~513면)에도 이에 대한 언급이 있다. 한편 북한의 창가 자료집인 김학길 편의『계몽기 시가집』(평양 : 문예출판사, 1990)에도 '창가(2)'라는 범주 아래 대부분의 창가가 실려 있다.

2) 김학길 편, 위의 책에서는 그「해제」(김하명)를 통해 이 작품들에 대해서 "일제는 조선에서의 지배권을 확립하기 위하여 인민들의 민족자주의식을 마비시키려고 광분하면서 그러한 음흉한 목적 실현에 제놈들의 직접적 통제 밑에 있던 학교교육을 악용하였으며 음악교육의 교재로 되는「창가」에서도 사회정치적 주제의 작품들을 거세 말살하도록 강요"된 작품들이라는 정도로 언급하고 있다(23면).

2) 『학부창가집』 발간 과정

(1) 신교육제도와 교과서의 편찬

1894년의 갑오경장(甲午更張) 이후 우리나라는 사회의 여러 가지 부문에서 개화의 노력을 하고 있었다. 그 중에서도 정부에서 중요하게 생각한 것은 교육의 개화 즉 신식교육제도와 교육 내용의 정립이었다. 물론 갑오개혁 이전에도 정부에서 운영하던 육영공원(育英公院)이 있었고,[3] 원산에는 사립학교인 원산학사가 세워지는 등의 움직임이 있었으나 이 갑오개혁 이후 10세기 초 고려에서부터 시행되어 오던 과거제도가 폐지되고 신분계급제가 타파되면서 교육의 기회균등이 이루어지는 계기가 되었고, 학교교육의 전제가 설정되었던 것이다. 갑오개혁으로 근대적 신학제가 수립된 것은 행정기구 개편에 따라 학무아문(學務衙門)이 설치되어 문교행정기관이 독립되는 데서 시작된다. 1894년 7월에는 학무아문의 고시를 통해서 "세계사조에 따라 영재교육의 시급함을 느끼고 학교의 설립을 강조하고, 신분의 고하를 막론하고 배우고 익힘에 정진할 것"을 당부하였으며, 1895년 2월에는 드디어 고종(高宗) 황제가 전 국민에게 교육 입국(立國)의 뜻을 밝힌 교육조서(教育詔書)를 반포하였던 것이다.

이러한 제도적 준비 작업을 거쳐서 1895년 4월 신학제에 의한 한성사범학교(漢城師範學校)가 서울 교동에 세워지고 각급 학교 관계법령이 반포되면서 이후 여러 학교가 속속 세워진다. 소학교로는 1895년 서울 중부 수하동 오경선 댁에 설치되었던 기미의숙을 수하동 소학교로 개교한 것을 비롯하여 장동·정동·제동소학교가 설립되었고 이어서 양사동소학교가 설립되었다. 이와 함께 각 지방에도 공립 심상소학교가

---

3) 고종 23년(1886)에 정부에서 세운 최초의 현대식 공립학교다. 미국인 교사를 초빙하여 수학·지리학·외국어·정치경제학 등을 가르쳤다. 고종 31년(1894)에 폐교되었다.

설립되었다. 그리하여 1896년에는 38개교이던 것이 1905년 을사조약 전까지 서울에 10개교 지방에 50개교가 설립되었다.

그러나 교육제도 자체가 일본의 것을 그대로 모방한 것이었고, 1904년에는 제1차 한일협약(외국인 용빙협정)에 따라 일본인 시데하라 히로시(幣原垣)가 '학부참여관'이라는 직함으로 파견되었으며, 1906년에는 통감부의 다와라 마고이치(俵孫一)가 학부(學部) 차관의 자리를 차지함으로써 한국의 교육 행정을 정리한다는 명목하에 일본의 한국 침략을 보다 유리한 입장에서 감행하기 위한 교육계의 정지작업을 도모했다는 것을 간과해서는 안 될 것이다.[4]

공립학교의 설립과 아울러 교과서의 편찬 작업도 진행되었는데, 1905년 일본인 학부참여관 밑에 위원회를 조직하여 학부 교과용 도서 편찬에 착수했으며 1906년에는 보통학교용 교과서의 일부를 발행하여 이를 그해 9월부터 일제히 보통학교에서 사용토록 했던 것이다. 1909년까지 학부에서 발간한 보통학교용 교과서는 대략 수신서 4책, 국어독본 8책, 일어독본 8책, 한문독본 4책, 이과서 2책, 도화감본 4책, 습자첩 4책, 산술서(교사용) 4책 등이 있었다.

이러한 교과서들은 불행히도 순수한 민족교육용 교과서가 아니고 일제의 침략적 정치성의 저의를 담은 것이었다. 이러한 학부 편찬의 교과서들이 만들어지는 것을 계기로 교과서의 검인정 제도가 생겨 각급 사립학교들이 자체적으로 만들어 사용하던 민족주의적 색채가 짙던 교과서들의 사용이 금지되었고 또 압수되기까지 했던 것이다.[5] 당시의 교과서 편찬의 실태를 이에 참여했던 일본인 다카하시 하마키치(高橋濱吉)의

---

4) 김호일, 「한국교육진흥운동사」, 『한국현대문화사대계』 7, 고려대 민족문화연구소, 1980, 69면.

5) 백순재, 「보통학교 학도용 국어독본 해제」, 『한국 개화기 교과서』, 아세아문화사, 1977, 5~6면. 『대한매일신보』(1910.4.20)에는 다음과 같은 기사가 실려 있다.

"[챵가 압슈] 평양 거ᄒᆞᆫ 리셩식 씨가 지은 즁등 챵가ᄂᆞᆫ 허가를 맛지 아니ᄒᆞ고 츌판ᄒᆞ엿다 ᄒᆞ야 니부에셔 발매 반포를 금지ᄒᆞ고 인ᄒᆞ야 압슈ᄒᆞ엿다더라."

『조선교육사고』의 기록에서 살펴보면 학부에서 얼마나 친일교육을 강요했는지를 짐작할 수 있다.6)

한국에는 종래 학교의 정도와 목적에 적응하는 교과서가 없었다. (…중략…) 개국 504년(1895) 이래 점차로 높아지는 교육열에 따라 한국의 시문으로 편찬된 교과서체의 것이 있기는 하였으나 모두 생도의 년령, 학력 등에 상부하지 않을 뿐 아니라 저술자의 산만한 사상 때문에 일본 및 기타 외국 저서의 번역을 위주로 하여 자가두찬의 의견을 첨가하는 등 그 내용이 조잡할 뿐 아니라 정부를 비난하고 시세를 분개해서 일본의 보호정책을 논란하는 등 정치적 논의를 펴고 있어 교과서로서는 부적당한 것뿐이었다.

그래서 광무9년(1905) 이래 학부참여관 감독 하에 교과용 도서편찬에 착수하여 다음해 보통학교용 교과서의 일부가 완성되어 동년 9월부터 보통학교의 개시와 함께 이것을 사용하도록 하였다. 그리고 이 최초의 어려운 사업을 담당한 것이 三土忠造씨이다. (…중략…) 보통학교용 체조 및 창가 교과서, 고등학교 정도의 교과용 도서 중 한국 지리 및 일어독본 등은 완료 혹은 편찬 중 임기를 마치게 되었다.7)

(2) 창가 교과서의 발간

『보통교육 창가집』은 이러한 시대에 일차적으로는 민족주의적 창가 교재 및 교육을 대신하기 위해 만들어졌다. 『대한매일신보』(1910.5.24)의 기자는 이러한 『보통교육 창가집』 발간 기사를 작성하면서 그 저간의 사정을 그대로 드러냈다.

● 인국도 덕당치 못히
각학교에셔 이왕 쓰던 깁히 인국ᄒᆞᆫ 챵가를 ᄀᆞᄅᆞ치ᄂᆞᆫ 거시 지금 교육ᄒᆞᄂᆞᆫ

---

6) 유한철, 「한말 사립학교령 이후 일제의 사학 탄압과 그 특징」, 1988, 독립기념관 사이트(i815.or.kr) 참조.
7) 민원득, 앞의 글, 앞의 책, 483~484면에서 재인용.

방침에 뎍당치 못하다 ㅎ여 지금 학부에셔 챵가집 뎨일집을 편찬ㅎ엿는뎌 초등으로 고등교육에까지 다 쓸터이라 ㅎ며 뎨이집도 본년 닉로 발힝홀 터이라더라

창가는 이미 각급 학교의 정규 교과목의 하나였고, 앞장에서 살펴본 바처럼 학교의 각종 행사시에 의식의 노래로서 불리고 있었다. 1900년 5월 4일자 『황성신문』에는 경성학당 졸업식전에서 "齊聲唱歌"했다는 기사가 실려 있으며, 1905년경의 각급 학교 「신입생 모집 광고」에는 창가라는 과목이 발표되었다. 또한 각 학교들에서는 나름대로 창가 교사를 구하려는 광고를 내기도 했었다.

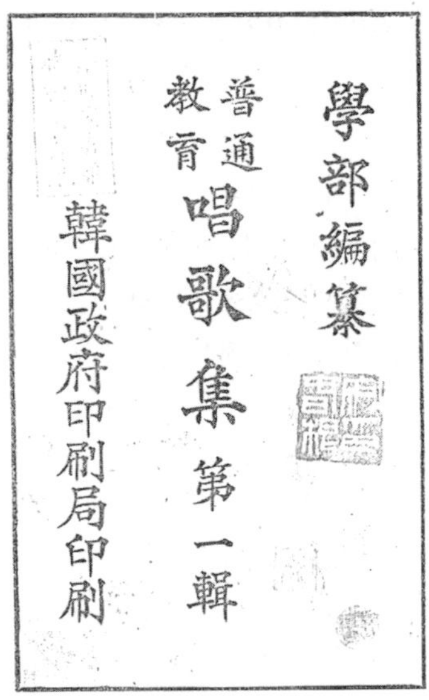

〈그림 9〉 『보통교육 창가집』(제1집) 속표지

당시의 사정이 이렇기는 하지만 다음 기사에서 보이는 것처럼 창가 교육이 실시된 것만은 사실이고 제대로 된 편제는 아직 마련되지 않았던 상태였다고 볼 수 있다.

官立高等學校에서는 一週間에 一時間式 唱歌 一科를 添入할 計劃인데 敎師가 無하므로 師範學校 敎授 日本人 小出氏로 兼任 敎授케 하라고 學校長 洪奭鉉 氏가 學部에 請願하였다더라
— 『황성신문』, 1909년 9월 16일자

이 사실로 미루어 보아 관립학교에서는 이미 기독교계의 사립학교에서 초창기부터 음악교육을 실시하고 있음에 비추어 음악교육의 필요성을 뒤늦게나마 인정하고 사범학교에 일본인 음악 교사를 초청, 채용하고 있었던 것을 알 수 있고 그 반면에 관립학교에는 음악 교사가 희귀한 실정이었음을 말해 주고 있다.[8]

이런 가운데 1909년 7월 5일에 고등 여학교령 시행 규칙이 마련되었고, 이 규칙에 포함된 음악 관련 내용은 다음과 같다.[9]

　　○音樂은 音樂에 關한 知識 技能을 得케 하며 美感을 養하며 心情을 高潔히 하고 兼하여 德性涵養케 함으로써 要旨로 함.
　　○音樂은 單音唱歌를 爲主로 하되 高雅하여 敎育上 有益한 歌辭, 樂譜를 擇하여 敎授하고 又 便宜로 複音唱歌를 加하여 樂器 使用法을 敎授함이 可함.

이 시행 규칙에 따르면 교육 내용은 주로 단음 창가를 가르치는 것이었으나, 학교나 교사의 편의대로 2중창 이상의 창가(複音 唱歌)도 가르칠 수 있고, 악기의 사용법도 가르칠 수 있게 되어 있다. 이 규칙은 여자 고등학교를 대상으로 한 것이라서 비교적 수준이 높은 편이라 할 수 있다. 보통학교 수준의 시행 규칙은 이미 1906년에 반포된 바 있는데 그 내용은 다음과 같다.

　　○ 唱歌는 平易한 歌曲을 唱케 하야 美感을 養하고 德性의 涵養을 資함으로 要旨함이라.
　　○ 歌詞 및 樂譜는 平易 雅正하야 理解키 易하고 此心情을 快活 純美케 할 者를 先함이라.

이 시행 규칙에 따르면 창가의 곡조는 평이할 것, 정서를 기르고 덕성을 기르는 내용의 가사일 것, 악보를 동반할 것, 그 악보와 가사는 내용이 평이하고 아름다울 것 등이 지시되고 있다.[10] 이러한 시행 규칙에

---

8) 위의 글, 위의 책, 486면.
9) 학제의 내용과 창가교육에 관해서는 위의 글, 위의 책, 480~500면 참조.
10) 이와 같은 창가교육의 목표는 일본의 목표와 동일한 것이었고, 또 그러한 일본의 목표는 미국의 음악교육의 목표와 유사한 것이었다. 미국의 창가학교(唱歌學校) 선구자인 메이슨 L. Mason은 음악을 교과로 채택하는 이유를 다음과 같이 들고 있다. 유덕희, 위의 책, 349면에서 재인용.

의거 발간된 『학부창가집』의 발간 취지는 「예언(例言)」이라는 이름으로
이 책의 첫 페이지에 기록되어 있다.

> 1) 本書는 普通學校, 師範學校, 高等學校, 高等女學校 等 其他一般 諸
> 學校에셔 敎授홀 目的으로써 編纂흔 者이라
> 2) 本書는 敎師用 又는 學員, 學徒用으로 使用흠을 得흠이라
> 3) 本書는 學校에셔 敎授홀쑨 아니라 家庭에셔 使用흠도 亦 可흠이라

이 「예언」을 보면 이 창가집은 보통학교용으로 편찬되었지만 다른
종류의 음악 교과서가 거의 없는 당시의 모든 학교에서 사용될 수 있었
던 것을 알 수 있다. 또한 이 책은 교사용 및 학생용, 즉 교사 학생 겸용
이라는 점을 밝혀 놓고 있는데, 이 사항을 특히 언급한 것은 당시의 교
과서 검인정 제도에서는, 신청을 할 때 그 책이 학생용인지 교사용인지
를 밝히도록 규정하고 있기 때문이었다. 그러나 이 책 외에 교사들에게
다른 지침서나 교사용 교재는 없었던 것을 알 수 있다. 이 책의 편찬자
들은 이 창가집이 가정에서도 쓰이기를 바라고 있는데, 이는 국민적 창
가운동에 활용되기를 바라는 취지라고 할 수 있다.

이 창가집이 간행되기 전에도 각급 학교에서는 오늘날의 음악 시간에
해당되는 '창가(唱歌)' 시간이 있었고, 창가라는 교과목은 신식학문의 하
나로 여겨져 거의 필수과목처럼 취급되었다. 그러던 중에 이 창가집이
간행됨으로써 표준화된 창가집의 역할을 했던 것이다. 위와 같은 시대
적인 맥락 가운데서 간행된 『학부창가집』은 비록 일본식의 여과를 거쳤
다고는 하나, 우리나라 사람에 의해서 발간된 최초의 창가집에는 틀림

---

1. 음악은 다른 예술 교과와 함께 지적훈련에 아주 유효하다.
2. 음악은 정서교육의 방편으로서 가장 적합하며, 아울러 도덕성의 함양에도 대단히
유효하다.
3. 음악은 신체적으로 보아서 성악의 훈련에 의해 강한 흉격을 형성할 수 있는 점으
로 건강적으로도 대단히 유효하다.

이 없으며, 다음의 인용문에서 이상만이 말하듯이 당시 학생들의 정서를 지배했을 뿐 아니라 음악교육의 면과 아울러 문학교육의 면에 있어서도 거의 절대적인 영향력을 행사한 책이었다고 할 수 있을 것이다.

> 여기에 실린 노래들은 적어도 본격적으로 한국가곡의 창작이 시작되기 이전인 1930년경까지 약 20년 동안 널리 보급이 되었고, 당시 사람들의 정서를 지배하여 온 것만은 틀림이 없는 사실이다.[11]

문학적인 창가의 제작과 보급의 선구자는 물론 최남선임에 틀림없지만, 창가가 교육되고 보급되고 또 받아들여질 수 있는 창가 정신(mind)의 확산에는 학교 창가의 역할이 거의 절대적이었다고 할 수 있는 것이다. 바로 이 점에 『학부창가집』의 문학사적인 의의가 있다.

3) 『학부창가집』의 체제

『학부창가집』이 1910년 5월에 발간되기 전, 그해 1월 9일자 『황성신문』에 "地方 各 私立學校에서 編述하는 不良의 唱歌를 勿施케 한다 함은 累報한 바이어니와 敎育에 關하여 普通的 唱歌를 學部에서 目下 編述中이라더라"는 기사가 보도된 바 있고, 같은 신문 3월 17일자에 또다시 창가집의 출간이 임박함을 예고하는 "學部에서 各 官公私立學校의 唱歌가 統一되지 못할 뿐 아니라 過激한 激勵的 言辭가 多하다 하야 近日에 新唱歌集을 編輯中인데 第一輯은 來 四月頃에 出刊되리라더라"는 기사가 실렸고, 이어 5월 24일자에는 『학부창가집』의 발간을 알리는 「교육(敎育) 창가(唱歌) 발간(發刊)」이란 기사가 특별한 논평 없이 실린 일이 있다.

---

11) 이상만, 앞의 글, 384면.

여기서 1월 9일자 보도의 "不良唱歌"라든가, 3월 17일자의 "과격한 격동적 언사가 다하다"는 기록을 당시 교과서 편찬 작업에 관여했던 일본인 미츠지 츄조오(三土忠造)라는 사람이 민족적이고 애국적인 내용의 노래를 학교에서 추방하려는 음모를 엿볼 수 있게 해 주거니와 '창가가 통일되지 못해서' 새로운 창가집을 편집한다는 것은 겉으로 내세운 명목일 뿐이었다.12)

여하튼 이러한 분위기와 관심 속에 이 책은 학부에서 편찬되어 출판되었고, 처음에는 한국정부인쇄국에서 인쇄했으며 당시의 정가는 11전이었다. 책의 크기는 국판(A5판)이고 본문은 59페이지로 되어 있다. 이 책에는 모두 27편의 창가가 실려 있는데 각 창가마다 먼저 그 가사를 5호 활자로 한 페이지 이상 전문을 소개하고 이어서 가사가 붙여진 악보를 그려 놓았다. 이 창가집의 각 작품의 제목과 악곡의 조성 및 박자, 그리고 가사의 운율과 절수를 보이면 다음 표와 같다.

<표 3> 『학부창가집』의 창가 목록

번호	곡 명	조	박자	운율	절수	비고
1	雁	사장조	2/4	333 / 43 / 5 / 3 / 43	1	
2	月	사장조	2/4	334343	2	
3	달	바장조	2/4	4444 〃 〃	2	
4	紙鳶과펑이	다장조	2/4	3443 〃 〃	2	국어독본 5 −6개작
5	時計	다장조	2/4	3444433443	4	국어독본 5 −19개작
6	兎와龜	라장조	2/4	75 〃〃〃〃	4	
7	蝶	사장조	2/4	4343 〃〃〃〃	2	국어독본 6 −7개작
8	移秧	내림나장조	4/4	435 〃〃〃〃	2	국어독본 7 −14개작

---

12) 민원득, 앞의 글, 460면은 이 『학부창가집』이 저간에 애창되던 항간의 창가들을 수록한 것이라 하였으나 이와 같은 점에서 결코 그렇게 보이지 않는다.

9	工夫	다장조	4/4	344 / 345 / 444 / 344	2	
10	나아가	바장조	4/4	3343 / 〃 / 4343 / 〃 / 5555 / 3343	2	
11	學問歌	다장조	4/4	335 〃 〃 〃 〃 〃 〃	1	국어독본 7 −19개작
12	四節歌	다장조	4/4	345 〃 〃 〃	4	
13	漂衣	다장조	2/4	435 〃 〃 〃	4	국어독본 8 −2개작
14	갈지라도	다장조	4/4	446 〃 〃 〃	2	
15	親의恩	내림마장조	4/4	435 〃 〃 〃	2	
16	師의恩	내림마장조	4/4	543 / 〃 / 4344	4	
17	善友	사장조	4/4	425 / 335 / 〃 / 425	2	국어독본 8 −12개작
18	學徒歌	사장조	2/4	4444 / 4444	6	
19	植松	바장조	2/4	4444 〃 〃	2	
20	四時景	사장조	4/4	34343455	4	
21	春朝	사장조	4/4	3434 / 〃 / 〃 / 4343	3	
22	勸學歌	다장조	2/4	345 〃 〃 〃	4	
23	農夫歌	바장조	4/4	345 〃 〃 〃	4	
24	修學旅行	다장조	2/4	345 〃 〃 〃 〃	2	
25	公德歌	다장조	2/4	445 〃 〃 〃 〃 〃	5	
26	運動歌	사장조	4/4	4444 〃 〃	4	
27	卒業式	바장조	4/4	345 〃 〃 〃 〃	3	

　가사(歌詞)의 문학적 성격에 대해서는 뒤에서 논의하겠지만 우선 그 형태면에서 볼 때에 7·5조류의 다절(多節) 창가(唱歌)가 절대적으로 많다는 것이 눈에 뜨인다. 한편 음악적인 면에서 볼 때 이 창가집에는 조성상으로는 다장조(C-major; 10편), 바장조(F-major; 5편), 사장조(G-major; 8편), 라장조(A-major; 1편), 내림 나장조(B♭-major; 1편), 내림 마장조(E♭-major; 2편) 등 가창이 용이한 곡들을 수록했으며, 모든 작품이 장조(major)의 노래로 되어 있다. 또 박자로는 2/4박자(13편), 4/4박자(14편) 등이어서 3박자 계열의 노래가 전혀 보이지 않는 것이 큰 특징이다.

2. 일본 창가와 『학부창가집』

1) 일본 창가의 형성 과정

우리나라의 당시의 교육제도나 교육 과정 및 교과서 등의 제정 및 운영에 있어서 일본의 영향이 크게 미쳤으므로 『학부창가집』에 대한 본격적인 고찰에 앞서서 여기서는 일본에서의 창가의 개념과 그 형성 과정을 살펴보고, 같은 시기에 일본 문부성에서 발행한 『심상소학독본창가집(尋常小學讀本唱歌集)』(1910)의 제작 과정을 검토하고자 한다.13)

일본에서 당초에 창가라는 말은 개화 이전에는 악기의 선율을 따라서 노래 부르는 것을 의미했다. 그러다가 일본의 개화기에는 영어의 sing이나 singing을 번역하는 말로 쓰이었는데 이러한 맥락에서, 7·5조로 세계 각국의 지리·역사·풍속 등을 노래한 후쿠자와 유키치(福澤諭吉)의 「세계국진(世界國盡)」(1869)이 일본 창가의 효시라고 일컬어진다. 1872년에 신학제를 반포한 후에는 창가를 하나의 교과목으로 설치하였고(이 교과목명은 1941년에야 '藝能科 音樂'이라고 개칭되었다), 창가라는 명칭은 교과목과 그 교과목의 교재 내용, 즉 '가곡(歌曲)'이라는 뜻 이 양자를 지칭하였다.

일본의 급격한 근대화 및 서구화 과정에 있어서, 학교의 음악교육은 이전의 일본 전통음악과는 다른 서구 쪽의 근대음악을 전면적으로 채택하였고, 그 근대음악의 중심에 위치하는 것이 바로 '창가'였다. 그러나 그러한 창가(가곡)에도 일본의 전통음악의 요소(예를 들면 5음 음계 등)를 가미함으로써 일본인들이 받아들이기에 쉬운 형식의 서양 음악 스타일의 노래가 되었고, 이처럼 일본의 고유한 요소와 서양의 요소를 결합하

---

13) 이 부분은 주로 일본의 『音樂大事典』(平凡社, 1981)의 「창가」 항목, 「음악교육」 항목 등을 주로 참조하여 정리하고자 한다.

는 것을 당시의 일본인들은 '화양절충(和洋折衷)'이라 불렀는데 메이지(明治)시대 이후의 일본의 모든 음악에 큰 영향을 주었다.

일본에서 근대식 신학제가 반포된 것은 1872년의 일이었지만 당시로서는 아직 서양식 음악교육을 실시할 만한 준비가 되어 있지 않은 때인지라 창가 과목에 대해서는 '이를 당분간 가르치지 않는다'는 단서를 붙여 놓았다. 즉 그때까지는 아직 학교라고 하는 근대적인 조직에서 가르칠 음악의 성격이 그리 명확하지는 못했던 것이다. 그 후에 일본의 신음악 작곡가인 이자와 슈지(伊澤修二) 등이 미국 유학을 다녀오고, 음악취조계(音樂取調契)(후에는 音樂取調所로 개편되고 이것이 발전하여 東京音樂學校가 됨) 같은 단체가 발족되면서 창가가 자리 잡기 시작하였다.14) 음악취조계는 자체적으로 『소학창가집(小學唱歌集)』이라는 첫 번째 창가집을 1881년(明治 14년)에 출판했으며,15) 제2편은 1883년에, 제3편은 1884년에 거듭 출판하였다. 1890년대에는 검정 교과서로 인정받은 창가집도 여러 종이 간행되었다. 이 창가들은 주로 미국의 음악 교재를 모범으로 하여 「才女(애니 로리)」, 「들의 여러 풀(밀밭에서)」, 「埴生の宿(즐거운 나의 집)」 등 스코틀랜드·아일랜드 및 미국의 노래를 주로 수록하였고, 또 그러한 노래들을 모방하여 일본인들이 지은 창가(예를 들어 「여름이 온다」)도 만들었던 것이다.

이러한 창가의 선율에는 제4도(계이름 파 : fa), 제7도(계이름 시 : si)의 음은 별로 나타나지 않아서 따라서 5음 음계의 경향이 있으며, 동적인 리듬이 풍부한 선율을 가진 것이 많았다. 가사는 원시를 번역한 것이 아니라 새로이 지어 붙인 것이 많았고, 문어체로써 화조, 풍월을 읊은 것이 많았다. 초기의 노래는 아직 창가와 예술 가곡의 성격이 미분리 상태에 있었다.

---

14) 堀內敬三, 『音樂 50年史』, 東京 : 大空社, 1942, 99면.

15) 정한모의 『한국현대시문학사』(일지사, 1974, 174면)는 이 창가집이 문부성에서 편찬한 것이라고 하였지만, 실제로 문부성에서 직접 편찬한 창가집이 출판된 것은 1910년 즉 우리나라의 『학부창가집』이 나오던 해였다.

그러나 창가는 시대의 행진곡 내지는 시류의 노래로서 서양화시대, 반성시대, 군국화시대를 거치는 동안 더욱 그 대중성을 확대해 나갔으며, 특히 청·일, 노·일 양 전쟁을 승리로 이끌었던 1900년을 전후하여 군가와 더불어 극성을 이루면서 수많은 창가집들도 출판되었던 것이다.

1880년대에 문학계에서 활발히 진행되던 언문일치운동(言文一致運動)은 창가의 가사에도 그 영향을 미쳐서 20세기 초두에는 언문일치 창가가 성행하게 된다. 그러한 창가의 가사는 어린 아이들의 감각에 어울리는 구어체의 시로 되어 있고, 음악적인 면에서도 창가의 스타일을 확립했다. 음계(scale)는 역시 5음 음계(도레미파솔라시 중에서 4도[fa]와 7도[si]가 빠진 음계)가 주로 사용되었고, 이 5음 음계를 가지고 음들을 순차적으로 진행시킨 멜로디와, 2/4, 4/4박자의 리듬이 주로 사용되었다. 리듬 형태로는 점 8분 음표와 16분 음표를 조합한 것(♪. ♪)이 주로 사용되었으며, 각 음부와 가사를 연결시키는 방법에는 신축성이 있었다. 악곡의 형식으로는 4소절 단위의 프레이즈(작은 악절) 3개나 4개로 1곡을 구사하는 형식이 기본이었다. 이러한 형태에 대해서 당시 일본의 보수적 지도층은 비판적 입장이었으나, 교사들과 학생들은 환영의 태도를 보였다.

1910년에 일본 문부성은 『심상소학독본창가(尋常小學讀本唱歌)』를 직접 편집 간행하였고, 그 다음 해엔 이를 고쳐서 『심상소학창가(尋常小學唱歌)』를 간행했다. 이 문부성 편집의 창가는 기본적으로 언문일치 창가의 스타일을 답습했지만, 이에 대해서는 이미 당초부터 아이들의 감각과는 동떨어졌다는 비판이 있었고, 특히 1918년(大正 7년)에 시작된 동요운동은 그 비판의 집중적인 표현이었다.

그 후 음악 교과서는 『신정심상소학창가』, 『노래책』, 『초등과 음악』 등으로 개편되었고, 2차 대전 후에는 잠정 교과서와 검정 교과서 등으로 변했다가 현재는 가창 교재의 기준이라 할 만한 학습지도요령의 공통 교재는 문부성 창가가 중심이 되었고, 언문일치 창가 이래의 스타일은 변하지 않았다.

2) 『학부창가집』과 『소학창가집』

우리나라 개화기의 『학부창가집』에 대해서 이상만은, 그의 표현을 따르면 "일본의 여과를 거쳤던 것"으로, 꼭 일본 것을 모방한 것만은 아니라고 하더라도 전체적인 패턴은 적어도 일본적 영향이 지배적이었다고[16] 말하고 있지만 이것은 당시의 실상과는 좀 거리가 있는 말이다. 영향이라거나 여과라는 말보다는 일본의 것이 거의 그대로 옮겨온 것이라고 해도 과언이 아닐 것이다. 앞에서 개화기의 교과서 편찬 시에 작용한 일본의 영향에 대해서 살펴본 바 있듯이, 당시의 학부가 일본인의 자문을 받아 각종 교과서를 만들었기 때문에 학제라든가 교과 내용 등이 거의 일본식이었던 것이다. 이런 점 때문에 당시의 학부모들 중에는 민족주의적인 교육 내용을 가지지 못한 당시의 공립학교 교육에 반대하여 자녀들을 사립학교에 보냈던 분위기가 있었던 것이다. 개화기의 검인정 국어 교과서들이 일본인의 영향 받은 것이었고 음악 교과서라고 해서 예외는 아니었다. 앞에서 인용한 문장 가운데 언급이 있었지만 한국인 음악 교사가 없어 대신 일본인을 별 문제 없이 채용했다는 것은 당시의 창가교육이 일본식이었다는 심증을 굳게 한다. 다음과 같은 몇 가지 사실을 보더라도 그러한 심증은 더욱 굳어진다.

『학부창가집』은 일본의 문부성 편 『소학창가집』과 동시대에 간행되었다. 위에서도 살펴본 것처럼 일본의 경우 각종의 창가집이 이미 메이지(明治)시대부터 만들어졌었고, 문부성에서 만든 『창가집』은 1910년에야 간행되었다. 이 『소학창가집』에는 모두 27편이 실려 있는데 공교롭게도 이 편수는 『학부창가집』의 편수와 똑같다. 또 『학부창가집』의 첫 번째 곡이 「안(雁)」인데 이 곡뿐만 아니라 많은 곡들이 본래 일본의 동요였던 것을 개작한 것처럼 보인다. 또 일본의 『심상소학독본 창가집』

---

16) 이상만, 앞의 글, 430면.

이 국어 교과서인『심상소학독본』의 운문을 창가화하여 편집한 창가집이었는데, 이 역시『학부창가집』의 편집 태도와 통하는 바가 있기 때문이다.

여하튼 창가 교과서처럼 서양식 5선지에 의한 악보를 동반해야 하는 음악책의 편찬에 있어서 당시 학부의 한국인들만으로는 감당하기가 힘들었을 것이다. 당시 학부에는 일본인 참여관이 있었고, 비록 일본인이라 하더라도 상당한 정도의 음악적인 이해가 없으면 '창가' 교과서의 독자적인 편찬은 어려웠을 것이므로, 그해에 발간 준비 중이던 일본의『심상소학창가집』의 내용이나 편집 체제를 그대로 따르지 않을 수 없었을 것이다.

그러면 과연 일본의 창가들은 당시 한국의『학부창가집』에 어떤 식으로 반영되었는지를 좀 더 구체적으로 살펴보기로 한다.17)

1「雁」

이 작품은 3·3·3/4·3/5/3/4·3의 율조로 되어 있는데, 유절 가요적인 성격은 뚜렷하지 않다. 이 노래는 일본의『소학창가(小學唱歌)』(1892.3)집의「かり」를 한국어로 번역한 것인데, 원래는 일본의 전래 동요를 이자와 슈지(伊澤修二)가 개작한 것이라 한다. 일본식의 음계로 된 전형적인 일본 노래다.

기럭아, 기럭아, 날러라,
큰기럭은, 압흐로,
적은기럭은, 뒤흐로,
사의조케, 날러라.

---

17) 일본의『세계음악 대전집』(東京 : 春秋社, 1931)의 악보를 검토하여 대조해 보며, 이유선의『한국양악백년사』(음악춘추사, 1975, 94~100면)의 설명과, 민경찬의『한국 창가의 색인과 해제』(한국예술종합학교 한국예술연구소, 1997)의 설명을 참조한다.

2 「月」

이유선에 의하면 이 곡 역시 3·4·4·3·4·3으로 된 일본 음계의 전형적 일본 노래다. 일본의 『국정소학독본창가집 심상과(國定小學讀本 唱歌集 尋常科)』(卷上, 1904)의 제2곡인 「オツキサマ」의 곡인데, 작곡자는 구체적으로 밝혀져 있지 않다. 가사는 이 독본(讀本)의 시를 한국어로 번역한 것이다.

　一 아바님, 어마님, 속히나와, 보시오,
　　밝은달이, 소셧소

　二 둥글고, 둥글어, 공과갓치, 둥글게,
　　뎌산우에, 소셧소

4 「紙鳶과 핑이」

작곡자는 미상의 곡이다. 이 노래의 제1절은 문부성의 창가집인 『심상소학독본창가』(1910)의 「紙鳶の歌」의 내용과 유사하다.

　一 올너라, 연아연아,　활신활신, 올너라,
　　공중에, 나라가난,　뎌소리기, 보담도,
　　올너라, 연아연아,　좀더좀더, 놉직이.

　二 도러라, 핑이핑이,　얼는얼는, 도러라,
　　바롬에, 핑핑도눈,　바롬갑이, 보담도,
　　도러라, 핑이핑이,　좀더좀더, 빠르게.

6 「兎와 龜」

이것도 일본곡이다. 이 곡은 1901년에 일본에서 발행된 『유년창가집(幼

年唱歌集)』의 노래다. 노우소(納所辨次郎)가 작곡한 것으로 가사까지 그대로
직역한 것이다. 가사는 원래 이시하라(石原和三郎)가 작사했다.

　一 여보,여보, 거북님,　너말드러보,
　　 天地間, 動物中에,　네발,가지고,
　　 뎌갓치, 느린거름,　처음보와라,
　　 異常타, 그뎌거름,　엇지그런가.

　二 여보,여보, 톡기님,　무슴말인가,
　　 그러ᄒ면, 나ᄒ고,　競走ᄒ려나,
　　 여긔셔, 바로쩌나,　뎌山ᄭ지에,
　　 누구라, 먼져가나,　너기희보셰.

　三 아모리, 뎌거북이,　속히거러도,
　　 밤ᄭ지, 걸닐지니,　잠깐잠자고,
　　 쳔쳔히, 가드리도,　뎌못밋츨가,
　　 코르,코르, 쏘,콜콜,　톡기,코곤다.

　四 아춧츠, 너머잣다,　어셔,가보자,
　　 쌍동,쌍동, 쏘,쌍동,　톡기,닷는다,
　　 거북은, 쉬지안코,　먼져,갓도다,
　　 자랑ᄒ든, 톡기는,　어이,느졋다.

7 「蝶」

　일본의 『유치원창가집』에 실려 있는 노래로서 원제는 「접접(蝶蝶)」
이다. 그러나 이 노래는 본시 독일의 민요다. 당시 일본에서는 원제를
「Rightly Row」라는 이름으로 불리기도 했던 곡이다.[18]

---

18) 이유선의 위의 책(96면)은 이 노래를 프랑스 민요라 했는데 그것은 잘못된 것이다.

一 뎌나븨야, 뎌나븨,　이리와셔, 노러라,
　　화계우에, 됴흔곳,　웃는다시, 퓌엿다,
　　향긔니도, 맑거든,　꿀맛굿츠, 달구나.
　　뎌나븨야, 뎌나븨,　곳속에서, 잠즈나.

二 뎌곳속에, 잠자고,　이곳속에, 쏘잠자,
　　봄다간다, 잠씨라,　무슴꿈을, 꾸엇나,
　　뎌나븨야, 뎌나븨,　닙밋흐로, 숨어라,
　　모진바람, 불닐나,　급흔비에, 져즐나.

10 「나아가」

이 노래는 「Follow Me, Full of Glee」라는 원제로 일본에서 불리던 외국 동요였다. 이 노래는 오늘날까지 우리나라에서도 아동들의 동요로 불린다.

一 나아가, 나아가, 발싸르게, 나아가,
　굿처라, 굿처라, 함거번에 굿처라.
　굿치기늑, 가기늑, 가라치는, 그뎌로,
　안젓기늑, 셧기늑, 가라치는, 그뎌로
　　우슴웃는곳, 우름우는시,
　　지미잇도다, 뎌花園으로,
　　나아가, 나아가, 발싸르게, 나아가.

二 비워라, 비워라, 힘을써셔, 비워라,
　닉켜라, 닉켜라, 부즈런히, 닉켜라.
　외오기늑, 넑기늑, 가라치는, 그뎌로,
　그리기늑, 쓰기늑, 가라치는, 그뎌로
　　넑는글이늑, 쓰는글시늑,
　　지미잇도다, 그學問이여,
　　비워라, 비워라, 힘을써셔, 비워라.

11 「學問歌」

이 노래는 일본의 음계로 된 일본곡이다.

金剛石이라도,　갈지안으면,
潤澤ᄒᆞ光彩ᄂᆞᆫ,　날슈업도다.
사름도學問을,　닥근後에야,
誠實ᄒᆞ德行이,　ᄂᆞ타나리라.
時計의바늘이,　間斷이업시,
도라감과갓치,　쉬지말지라.
寸陰을앗기여,　誠勤히ᄒᆞ면,
아모業이라도,　成功ᄒᆞ리라.

14 「갈지라도」

이 노래는 그 곡조가 미국의 작곡가 메이슨(Lowell Mason, 1792~1872)의 작인데, 메이슨은 앞에서도 살펴본 것처럼 미국의 근대적 음악교육에 기여한 바가 많은 인물이며 그의 작품들은 일본의 초기 창가의 모델이 되었다. 한편 이 노래의 곡조는 찬송가의 곡조로도 사용되었는데 오늘날의 찬송가에서는 「샘물과 같은 보혈은」(통일 찬송가 190장)이란 가사로 불린다.

一 갈지라도, 갈지라도,　바다쏘한바다,
　하늘ᄌᆞᆺ헤, 다은물결,　茫茫――ᄒ도다,
　바다라도, 건너랴면,　능히건너리라,
　져어가세, 져어가세,　一心을모아셔.

二 비화가고, 비화가도,　깁고도깁도다,
　깁더라도, 나종에ᄂᆞᆫ,　엿홀날잇나니,
　쉬지안코, 비화가면,　능히비호리라,
　비화가세, 비화가세,　一心을모아셔.

18 「學徒歌」

이 노래의 곡조는 일본의 「철도창가」의 곡조로 쓰인 것이다. 그런데 이 곡의 원작자는 오오노 우메네카(多梅稚)로서 그는 본시 일본 아악의 한 가계를 이루고 있는 집안 출신이었고 당시에는 동경 음악학교의 교수였다. 이러한 일본식 창가는 본시는 서양에서 수입한 곡의 음악적 성격을 일본식으로 절충한 것 즉 소위 '화양절충(和洋折衷)'의 것이었다.

한편 이 곡조는 우리나라에서 크게 유행하고 또 오래토록 그 생명을 유지했는데, 때로는 독립군의 군가 곡조로도, 그리고 오늘날까지 기독교회에서 비공식적으로 부르는 "마태 마가 누가 요한······"으로 시작하는 「성경목록가」의 곡조로 사용되고 있다.

二 工夫ᄒᄂ, 靑年들아,　너의職分, 잇지마라,
　　식벽달은, 넘어가고,　東天朝日, 빗초온다.

三 維新文化, 劈頭初에,　先導者의 責任重코,
　　社會進步, 旗ᄭ써압혜,　改良者된, 義務크다.

四 農商工業, 旺盛ᄒ면,　國泰民安, 여긔잇네,
　　家給人足, ᄒ고보면,　國家富榮, 이아닌가.

五 文明基礎, 어듸잇노,　學理硏究, 應用일세,
　　實業科學, 學習홈이,　今日時代, 急先務라.

六 愛홉도다, 우리父兄,　嚴ᄒ도다, 우리先生,
　　父師敎育, 嚴ᄒ온디,　學問不成 홀가보냐.

〈그림 10〉 학도가 악보

19 「植松」

이 노래의 곡조는 본래 스위스의 철학가이자 음악가인 루쏘(Jean Rousseau)의 것으로서 오늘날에도 아동들의 동요 곡조(「주먹 쥐고 손을 펴서」)로 사용되고 있는데, 찬송가의 곡조(통일 찬송가 61장 「주여 복을 비옵나니」와 94장 「예수님은 누구신가」)로도 사용된다.

一 어덕우헤, 솔을심어,　十年培養, 다자랏네,
　고든거슨, 材木되고,　구븐거슨, 火木되니,
　材木,火木, 뎌等分이,　뎌되기에 달녓도다.

二 소롬本性, 착호것만,　學不學에, 달녓느니,
　잘비호면, 賢人되고,　안비호면, 愚氓이라,
　賢人,愚氓, 뎌等分을,　싱각호쇼, 靑年學徒.

21 「春潮」

이 노래는 웹스터(J. P. Webster)가 작곡한 찬송가 곡조였고, 일본에서도 불리었다. 찬송가에서는 214장 「변찮는 주님의 사랑과」로 혹은 291장 「날빛보다 더 밝은 천국」이라는 장례식 찬송으로도 쓰인다.

 一 지시는, 달그림즈, 놀빗헤, 사라지네,
   종달시, 우는소리, 四野에, 쩌오른다,
   이졔야, 됴흔아참, 村家의, 밧분모양,
   셥을파는, 아히며, 곳을파는 늙으니.

 二 定치못흔, 봄바롬, 나뷔, 꿈을 찌이네,
   玲瓏흔, 시벽이슬, 芳草에, 무르녹아,
   이제야, 됴흔時節, 山家의 밧분모양,
   나물키는, 少婦며, 伐木흐는 樵夫들.

 三 도다오는, 붉은날, 곳속에, 빗쳐잇네,
   細柳의, 아참연긔, 계변에, 둘넛도다,
   이제야, 됴흔봄빗, 農家의, 밧분모양,
   上坪田에, 밧갈며, 下坪田에, 씨쑤려,

22 「勸學歌」

「勇敢なる水兵(용감한 수병)」이라는 제목으로 메이지(明治) 28년 무렵에 유행한 일본 군가다. 이 노래는 원래 사사키 노부츠나(佐佐木信綱)가 작사하고 일본 아악의 한 가계인 오쿠(奧) 집안의 오쿠요시이사(奧好義)(당시 그는 東京音樂學校의 교수였다)가 작곡한 것이었다. 이 곡조는 우리나라의 기독교회에서 오늘날까지 비공식적으로 "베드로와 안드레 야고보 요한……"으로 시작되는 「예수 제자가」라는 이름으로 불리고 있다. 가사는 「소년이로학난성(少年易老學難成)」이라는 주희의 권학가 7언시에

토를 달아 만든 것이다.

二 盛年은, 한번가고, 不重來ㅎ며
　　一日은, 한번지고, 難再晨이라,
　　及時곳, ㅎ야셔는, 當勉勵이니,
　　歲月이, 덧업셔셔, 不待人이라.

三 大禹는, 聖人이되, 惜寸陰ㅎ니,
　　我等은, 凡人이라, 惜分陰이니,
　　함을며, 靑年後生, 學徒들이야,
　　抄陰을, 不惜ㅎ면, 어이밋츠랴.

四 學問의, 定ㅎ관녁, 어디잇는고
　　立身코, 事業成就, 이것아닌가,
　　비홀쎄, 當ㅎ야셔, 아니비ㅎ고,
　　맛참니, 後悔ㅎ들, 무엇ㅎ리오

〈그림 11〉 권학가 악보

27 「卒業式」

이 노래는 「螢の光」이라는 이름으로 『소학창가집』에 수록되어 있다. 가사도 일본 가사의 번역이다. 원래는 「Auld Lang Syne」의 곡조이기 때문에 8·6·8·6의 율조를 지켜야 하겠지만 개화기 창가 가사의 특성인 신축성에 의해 7·5조로 불렸다. 이 곡의 원곡은 「思の出」이라는 제목으로 번역되어 일본에서도 많이 불렸고, 우리나라에서는 일찍이 배재학당 학생들이 「무궁화노래」의 가사를 붙여 노래했다.

　一 同窓에, 工夫ᄒ든,　　우리, 學友들,
　　　歲月이, 如流ᄒ야,　　오날, 當ᄒ네,
　　　보닉는쟈, 가는쟈,　　彼此 나뉘니,

　　　惜別ᄒᄂᆫ, 懷抱ᄂᆫ,　　가이, 업도다.

二 今日에, 相別ᄒᄂᆫ,　　우리, 學友들,
　 한말슴, 勸ᄒ노니,　　銘心, ᄒ시오,
　 業을맛고, 가는쟈,　　事業, 힘쓰고,
　 業을닥고, 잇는쟈,　　勤苦, ᄒ시오

三 金蘭갓치, 親密ᄒ,　　우리, 學友들,
　 誠心으로, 비노니,　　保重, ᄒ시오,
　 先進者, 後進者의,　　우리, 무리는,
　 스승의, 敎訓ᄒ심,　　굿게, 직히셰.

　위와 같은 비교를 통해서 볼 때에 『학부창가집』은 일본의 창가(일본에서 만든 창가와, 일본에서 서양곡을 바탕으로 부른 창가)를 그대로 옮겨 놓은 것이라 해도 과언이 아니다. 물론 그 중에는 확인되지 않은 것도 있지만 김인식의 작이라 알려져 있는 「표의(漂衣)」를 제외하면 거의가 일본 창가였던 것이다. 「달」의 경우에도 당시에 같은 가사로 된 한국의 동요가 있었지만 곡조는 일본식의 동요 곡조가 쓰였던 것이다.

　이러한 현상은 당시의 학부의 모든 체제가 일본식이었고, 심지어는 일본어로 된 일본식 교과서까지 편찬하려고 했던 데서 비롯한 것이다. 이러한 학부의 방침에 대해서 『황성신문』·『대한매일신보』 등이 격렬한 비판 기사를 여러 차례에 걸쳐서 실어놓기도 했다. 각종 교과서를 일본인의 지휘 감독 아래 만들고 있었고, 또 창가에 대해서는 아직 서양식 곡조에 의한 창작 능력이 모자라던 당시의 한국인들이 일본의 창가를 그대로 수용하게 되었던 것이다. 결국 당시에 각 학교에서 불리던 창가를 수집하거나 그들의 의견을 수렴하지 않고 편찬한 것은 크나큰 오류였다.

3. 『학부창가집』과 『국어독본』

1) 『학부창가집』의 율조

창가에는 대체로 음악 양식상 유절 가요로서 한 도막 혹은 두 도막 형식의 짧은 가요 양식이 많다. 따라서 문학적 입장에서 본다면 일반적으로 각 절의 가사의 진행 방식이 동일한 소위 '각 연 대응형(各 聯 對應型)'의 가사를 가지게 된다. 이러한 각 연 대응형 가사는 따라서 일정한 율조를 가지게 되는 것이 보통인데 『학부창가집』 소재 창가는 대체로 7·5조계와 4·4조계 그리고 기타의 양식으로 나누어 볼 수 있다.

7·5는 흔히 알려져 있듯이 창가의 대표적인 율조다.[19] 이 7·5조계의 율조로서는 6·5(3·3·5)조 및 8·5(4·4·5)조 등이 있는데, 이 계열에 속하는 작품이 『학부창가집』의 태반을 이루고 있다. 즉 6 「토와 구」, 8 「이앙」, 11 「학문가」, 12 「사절가」, 13 「표의」, 15 「친의 은」, 22 「권학가」, 23 「농부가」, 24 「수학여행」, 25 「공덕가」, 27 「졸업식」 등 모두 11편이다. 또 이 율조와 유사한 것으로는 9 「공부」, 14 「갈지라도」, 17 「선우」 등 3편이 있다. 이것들도 크게 보아서는 7·5조 계라고 할 수 있다. 이렇게 볼 때 7·5조계는 전체 27편 중에서 14편을 차지하고 있는 것이다.

이 작품 이외에 2 「월」, 3 「달」, 4 「지연과 팽이」, 5 「시계」, 7 「접」, 10 「나아가」, 16 「사의 은」, 18 「학도가」, 19 「식송」, 20 「사시경」, 21 「춘조」, 26 「운동가」 등은 4·4조라 볼 수 있는 가사를 가지고 있다. 이 중에서 재래식의 4·4조의 4음보 진행이라고 하는 가사 양식과 동일한 것으로는 「달」, 「접(蝶)」, 「나아가」(물론 중간에 5·5가 끼어 있긴 하지만), 「학도

---

19) 이 율조가 어떻게 해서 노래체의 대표적인 율조가 되었는가는 다음 장에서 최남선의 7·5조 시가를 검토하는 자리에서 그 미학적 원리 및 실제적인 이유 등을 자세히 살펴볼 것이다.

가」, 「식송」, 「춘조」, 「운동가」 등이 있다. 그러나 여기서 4·4조계라고
명명한 율조 중에는 4·3조계가 있어서 일괄적으로 이 율조들이 우리나
라 재래식의 율조라 말하는 것은 무리가 있다. 이 4·3의 형태에 대해서
는 다음에 자세히 고찰하기로 한다.

그 외에 어떠한 정형을 찾아보기 힘든 것으로 1「안(雁)」이 있다. 이
창가는 그 곡조가 유치한(3개의 음만 취하고 있고, 리듬도 극히 단순하다) 일본
의 전래 동요였다. 이렇게 볼 때에 『학부창가집』의 창가들은 7·5조계
와 4·4조계로 되어 있다고 종합할 수 있다. 물론 창가는 김영철의 표
현처럼 '신흥 양식'[20]이긴 하지만 재래식의 가사 양식의 흔적이 확실하
게 드러난다는 점에서, 또 악곡과의 관련을 통해서 볼 때에도 4·4조가
어울리지 않는 곡조에 4·4조 가사가 붙은 점을 고려해 볼 때에도 이
창가집의 편찬 때에 『독립신문』 시가 시대의 기존 양식의 영향이 다소
간 작용하고 있다고 할 수 있겠다.

2) 가사의 내용

창가가 학교에서 가르치는 교과목명 혹은 교과 내용임을 전제로 할
때 창가의 가사는 다른 노래 가사와는 달리 부르는 사람, 듣는 사람의
이성에 호소하며, 행동의 변화를 요구하는 메시지 지향적일 수 있다. 이
러한 가설은 창가 가사의 내용 검토에서 증명될 수 있다. 한편 『학부창
가집』 소재 창가 중 7작품은 당시 『국어독본』의 내용과 관련을 가지고
있음이 그 책의 목차에서도 표시되고 있다. 이로 볼 때 창가는 당시 국
어 교과서의 삽입시라고 해도 될 만큼, 독자적인 기능을 가진 것은 아
니었다. 즉 오늘날의 음악교육에서처럼 음악적 양식이나 악전에 대한

---

20) 김영철, 「한국 개화기 시가장르의 형성과정 연구」, 서울대 박사논문, 1986, 27면.

이해를 위해 선곡된 것이라기보다는 보통학교의 경우 음악 교사가 별도로 있지 않고 한 교사가 국어 과목과 창가 과목을 함께 가르치던 개화기에는 국어책에 부수되는 면이 있었다고 해도 과언은 아닐 것이다. 국어 책의 내용을 노래로 부를 경우 훨씬 더 암기하기가 쉽기에 국어책의 도덕적 교훈적 내용을 노래로 부르는 것은 어색하지가 않고 교육상 아주 효과적인 것이었다.

『학부창가집』의 창가 제목을 보면 이러한 생각을 뒷받침해 주는 것들이 있다. 「공부(工夫)」, 「학문가(學問歌)」, 「나아가」, 「사절가(四節歌)」, 「친(親)의 은(恩)」, 「사(師)의 은(恩)」, 「선우(善友)」, 「권학가(勸學歌)」, 「공덕가(公德歌)」 등의 제목이 바로 그것이거니와, 제목은 그렇지 않을지라도 교훈적인 내용 일색임을 그 가사의 검토를 통해서 알 수 있다.

예를 들어 5 「시계(時計)」의 경우, 시계라는 이미지에서 어떠한 정서적 감흥을 느껴 이를 가사화하고 노래로 표현한 것이 아니라, 기상·등교·공부·하교 등 공부와 관련되는 교술적인 개념들을 주제로 하는 이미지로 해석해서 구사하고 있는 것이다.

한편『학부창가집』의 편집 체제를 보면 각 단원마다 일단 가사(歌詞)만을 제시하고, 이어서 가사가 붙은 악보를 제시하는 방법을 사용했는데 이것도 가사의 내용을 위주로 하는 태도로 해석될 수 있다. 또 오늘날의 음악책처럼 노래의 악보와 가사이외에 각종 음악적 지식에 대한 설명(악전·음악사·악기·발성법 등에 관한 내용)은 전혀 없고 그저 악보만 제시한 것도, 당시의 음악교육이 역시 가창 및 가사 내용 위주의 교육이었음을 알 수 있게 해준다.

3) 『국어독본』 운문의 창가화

『국어독본』은 원래의 책 이름이 '(普通學校 學徒用)『國語讀本』'이라 되어 있으며, 1907년 2월부터 1908년에 걸쳐 학부에서 직접 편찬 발행한 교과서다. 모두 8권 8책으로 편제하였는데, 그 이유는 당시 보통학교의 수업 연한이 4년제로서 1년에 두 책씩 이수하도록 하였기 때문이었다.

『학부창가집』에는 당시의 『국어독본』의 운문들을 창가화한 것들이 들어 있다. 『국어독본』의 운문을 창가화한 것은 당시 일본의 경우와 마찬가지였는데 당시 『국어독본』에 들어 있던 운문은 모두 10편으로(불행히도 제7권은 현전하는 것이 없어서 완전하게 알 수는 없으나 『학부창가집』에 실린 작품을 통해 볼 때 이 제7권에 적어도 두 작품 정도는 있는 것으로 추정된다) 그 목록은 다음과 같다. 이 중에서 『학부창가집』에 채용된 작품은 7편으로 그 채용 방법은 원문을 그대로 옮긴 것과 약간 수정한 것(소개) 등 두 가지였다. 그리고 그 방법을 『학부창가집』의 목차에 간략하게 밝혀 놓았다.

<표 4> 『국어독본』의 시가 목록

번호	제 목	권 / 과	비 고
1	紙鳶과 팽이	5 / 6	국어독본 권5 제6과
2	聚雨	5 / 14	
3	時計	5 / 19	국어독본 권5 제19과 少改
4	蝶	6 / 7	국어독본 권6 제7과 少改
5	鐵歌	6 / 15	
6	雨	6 / 23	
7	移秧	7 / 14	국어독본 권7 제14과 少改
8	學問歌	7 / 19	국어독본 권7 제19과 少改
9	漂衣	8 / 2	국어독본 권8 제2과
10	善友	8 / 12	국어독본 권8 제12과 少改

『학부창가집』은 단 한 권만으로 당시 4년제 보통학교의 1~4학년 전체를 가르친 데 비해 『국어독본』은 모두 8권으로써 각 학년마다 2권씩 즉 한 학기에 1권씩을 가르쳤으며, 위의 10작품이 5~8권에 실려 있음을

보아 운문교육은 보통학교 고학년 즉 3~4학년을 대상으로 한 것임을
알 수 있다.

창가화된 양상을 살펴보면, 전 10편 중 창가화된 것은 7편이고, 이중
에서 변경 사항 없이 원래의 운문 그대로를 창가화한 것은 「지연과 핑
이」 및 「표의」뿐이다. 「지연과 핑이」는 3·4·4·3조가 엄격히 지켜진
작품이고, 「표의」는 7·5조가 엄격히 지켜진 작품이다.

이제 나머지 약간씩 변경된 작품들의 창가화되는 과정 및 그 방법을
살펴보기로 하자. 이러한 검토는 전통기의 시 양식이 어떤 식으로 새로
운 율조를 획득하게 되는가를 구체적으로 보여주는 예가 될 것이다.[21]
즉 그 개편 방법을 시사해 준다는 점에 있어서 이 『학부창가집』과 『국
어독본』의 창가 및 시가들은 우리에게 아주 좋은 자료가 되고 있다는
말이다.

(1) 「時計」의 창가화

時計가뎅뎅친다
    어셔어셔니러나셰　　밤이 발셔시엿네
    衣服을갈어닙게　　아츰밥이되엿네.
時計가뎅뎅친다
    洗手ㅎ고밥먹은후　　遲滯말고學校에
    冊싸셔엽헤끼게　　남보다몬져가셰
時計가뎅뎅친다
    工夫ㅎ셰工夫ㅎ셰　　晝夜로부즈런케
    닑고쓰고외일제　　다른ᄆᆞ음두지말게
時計가 뎅뎅친다

---

21) 물론 『국어독본』에 실린 운문들이 일본 국어 교과서의 운문을 옮긴 것일 수도 있다.
　　물론 그 번역 과정에서 일본의 리듬을 그대로 채용한 것도 있겠지만 대체로는 우리의
　　전통 율조로서 번역했을 가능성이 높고 실제로 『국어독본』의 운문들 중에는 전래의
　　4·4조에 부합되는 작품이 많다.

活潑ᄒ게놀며가세　　下學時間되엿네
집으로 얼는가셔　　快樂케노라보세

―『국어독본』

一. 時計가 뎅뎅친다
　　어셔 어셔 니러나셰 밤이 발셔 시엿네
　　衣服을 가러닙게 아츰밥이 되엿네.

二. 時計가 뎅뎅친다
　　어셔 어셔 門을나셰 遲滯말고 學校에
　　冊싸셔 엽헤끼게 몬져가셰 남보다.

三. 時計가 뎅뎅친다
　　工夫ᄒ셰 工夫ᄒ셰 上學時間 되엿네
　　닑고 쓰고 외일졔 두지말게 雜念을.

四. 時計가 뎅뎅친다
　　도라가셰 도라가셰 下學時間 되엿네
　　집으로 얼는가셰 快樂ᄒ게 노으셰

―『학부창가집』

　　『국어독본』의 「시계」는 『학부창가집』에 실리면서 다음 몇 구절이 바뀌었다.

1. 洗手ᄒ고 밥먹은후　　→어셔어셔 門을나셰
2. 남보다 몬져가셰　　→몬져가셰 남보다
3. 晝夜로 브즈런케　　→上學時間 되엿네
4. 다른ᄆ음 두지말게　　→두지말게 雜念을
5. 活潑ᄒ게 놀며가셰　　→도라가셰 도라가셰
6. 집으로 얼는가셔 快樂케 노라보셰
　　　　　　→집으로 얼는가셰 快樂ᄒ게 노으셰

이러한 개편에 작용한 관점은 몇 가지가 있고 이것들이 서로 결합되어 적용되었다.

① 우선 내용의 문제다. 예 6의 경우는 '집으로 얼른 가자'고 하는 다음 행의 주장에 비해 '활발하게 놀며 가자'는 얘기는 서로 어울리지 않는다. 따라서 창가화되면서 이를 고쳐 "도라가세 도라가세"라고 함으로써 다음 행과의 의미 맥락을 좋게 만든 것이다.

② 다음은 각연이 창가화되며 하나씩의 절로 바뀜에 따라 각 절 대응적 형식이 분명해진 점이다. 특히 1절과 2절이 병행적이고, 3절과 4절이 병행적이다. 예1의 "세수하고 밥먹은후"가 "어셔어셔 문을나셰"로 바뀐 것은 1절의 "어셔어셔 니러나셰"와의 병행성(parallelism)을 고려한 것이라고 볼 수 있다. 창가에 있어서의 반복성은 상당히 중요한 것이다. 아동들은 반복을 통해서 배운다. 반복은 단순하기는 하지만 어린 아이들에게는 재미를 주고, 집중력을 높여 주며 따라서 오래도록 기억케 해 주는 것이다. 따라서 4절의 "활발하게 놀다가세"가 "도라가세 도라가세"로 바뀐 것은 앞에서 말한 의미 내용의 개편이라는 측면도 있지만, 3절의 "공부하세 공부하세"의 연첩구와의 병행성을 크게 고려한 것이라고 할 수 있다.

③ 특히 크게 작용하고 있는 원리는 창가 곡조의 구절법(phrasing)에 따른 가사의 정제화라 할 수 있다. 창가화된 「시계」는 악곡의 구절법에 명확하게 대응하고 있다. 즉 1차적으로는 각 음부와 가사의 한 음이 일치하는 소위 실러빅 스타일(syllabic style) 즉 가사의 한 음절과 곡조의 한 음부가 서로 일대일로 대응하는 형식을 가지고 있다는 점을 지적할 수 있다. 물론 3절의 "닑고쓰고 외일제"의 경우는 대응되는 다른 절의 가사 역시 7자이긴 하지만 3·4의 형태가 아니라 4·3의 형태를 가지고 있다는 점은 예외로 한다. 그러나 개화기 노래의 대부분이 곡조에 가사를 붙이는 과정에서 신축성을 보여 주고 있다는 점에서 볼 때 크게 문제될 것 같지는 않다. 즉 다음과 같이 부르면 된다.

〈그림 12〉

　2차적으로는 각 마디(소절)와 가사의 한 음보가 대응한다는 점이다. 3차적으로는 곡조의 동기(motive, 즉 2마디)가 가사의 2음보씩과 대응하고 아울러서 문장 형태상 문(sentence)이거나 절(clause)의 형식을 가지고 있다는 점에서 맥락을 같이한다. 4차적으로는 한 개의 작은악절과 가사의 한 행씩이 서로 대응하고 있다.

　이와 같은 가사－곡조의 대응 형식 중에서 주목해야 하는 것은 바로 2차, 3차 대응법일 것이다. 즉 3 · 4/4 · 4/4 · 3/4 · 3/4 · 3의 리듬 형식을 음수율에 엄격하게 적용하고 있는 것이다. 우리는 여기서 개화기 노래가 어떤 식으로 만들어졌는지 그 한 면모를 들여다볼 수 있다. 가사와 악곡 중에서 개화기에는(그리고 그 이전의 고전시대에 있어서도 마찬가지지만) 악곡이 먼저 지어지는 일이 많았을 것이고, 가사는 주어진 악보에 맞추어 지어지거나 아니면 이미 있던 운문 양식을 개편하여 적용했다는 것이다. 위와 같은 이유로 "남보다 몬져가셰"라는 정치법의 가사가 "몬져가셰, 남보다"라고 도치된 것이다. 즉 이 구절이 운문 그대로 있을 때에는 대체로 4음보율로서(혹은 2음보율이라 해도 된다) 별 문제 없이 3 · 4나 4 · 4 등의 음수율이 수용되겠지만, 창가의 가사가 되면서 이처럼 정제된 것이라 하겠다. 이러한 태도는 "다른마음두지말게"가 "두지말게, 잡념을"이라고 개편되는 데서도 잘 드러난다. 여기서는 도치뿐만 아니라 글자수를 줄이는 일까지도 병행되었다.

　한편 찬송가의 번역시에 사용된 7자율의 처리 방법도 이와 관련지어 검토해 볼 필요가 있다. 김병철에 의하면 7 · 7 · 7 · 7율조의 찬송가 가사를 번역할 때에 7자의 구절 구조상으로는 4 · 3이 적당하지만 3 · 4로 번역된 것도 적지 않다고 하는데 이러한 개화 초기의 어설픈 번역에 비

한다면 『학부창가집』의 경우 음악적 양식에 충실하려는 태도를 엿볼 수 있는 것이다.[22]

(2) 「蝶」의 창가화

이 작품의 경우 우선 눈에 뜨이는 변화는 한자 표기가 한글 표기로 바뀐 점과 절(節)수가 줄어든 점이다. 『국어독본』에서는 3절인데(『국어독본』에서의 연 구분은 해당 연이 끝났을 때 막음 괄호[」]로 하고 있다) 비해 『학부창가집』에서는 2절로 되어 있다. 그러면서 한 절 3행짜리가 한절 4행짜리로 바뀌었다. 이러한 변경을 『학부창가집』에서는 "國語讀本 券六 第七課 少改"라고 표현하고 있다.

<pre>
나븨야   뎌나븨야   이리와셔   노자노자
돗타여긔   花階우에   우슴웃듯   꼿픠엿다
香긔도   시롭거던   꿀맛조츠   달콤홀사

나븨야   뎌나븨야   쏙속에셔   잠만자나
뎌꼿속에   흔잠자고   이꼿속에   쏘잠자나
잠씨여라   봄늣는다   무슴꿈을   꾸엇는가

나븨야   뎌나븨야   닙밋흐로   꼭숨어라
너의一身   날닐셔라   너의날기   져즐셔라
모진바람   빗겨불며   急흔비가   모라온다
</pre>

—『국어독본』

<pre>
一 뎌나븨야 뎌나븨   이리와셔 노러라
   화계우에 됴흔꼿   웃는다시 퓌엿다
   향긔니도 맑거든   꿀맛좃츠 달구나
   뎌나븨야 뎌나븨   꼿속에셔 잠즈나
</pre>

---

22) 김병철, 『한국근대번역문학사연구』, 을유문화사, 1975, 120~128면 참조.

二 뎌숫속에 잠자고   이숫속에 쏘잠자
    봄다간다 잠쎄라   무숨꿈을 꾸엇나
    뎌나븨야 뎌나븨   닙밋흐로 숨어라
    모진바람 불닐나   급흔비에 져즐나

즉 『국어독본』의 원 가사는 4·4(3·4)조가 아주 엄격하게 지켜지고 있는 4음보 진행의 형식으로서 재래종의 가사 양식과 일치하며, 더욱이 『독립신문』의 애국가사들이나 창가 양식과는 그 호흡이 짧다는 점에서 거의 상통하고 있다. 이 가사가 창가화되면서는 4·4나 3·4 음수율이 4·3·4·3으로 바뀌었고 또 그것을 엄격하게 지키고 있다. 이렇게 음수율이 달라진 것은 바로 악곡의 구절법 때문이다. 이 곡의 리듬은 다음과 같다.

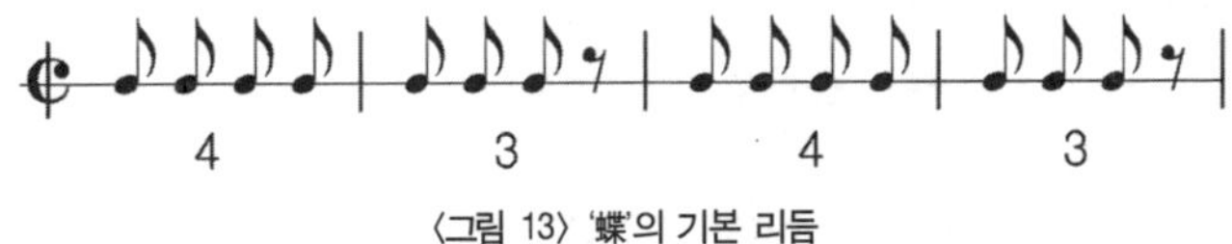

<그림 13〉 '蝶'의 기본 리듬

체언에 조사가 붙어 곡용을 하거나 용언이 활용하면 우리말에서는 3음절 혹은 4음절로 하나의 어절이 이루어진다. 이러한 우리말 문법의 특성에 따라 두 개의 어절을 붙여 놓으면 3·4조, 4·4조 및 4·3조 등의 율조는 시에서는 물론이고 심지어 일반 문장에서도 쉽게 구성해낼 수 있다. 그러나 묘하게도 우리나라 재래의 사대부 계층의 율조에 3·4나 4·4는 많이 있으나 4·3은 거의 없다. 물론 시조처럼 종장 끝구가 4·3으로 끝나는 즉 종지(終止) 운율법(韻律法)으로서만(그것도 時調唱에서는 끝 3자가 불리지 않는다) 존재할 뿐이고, 확립된 운율 양식으로서는 존재하지 않는다고 할 수 있다. 확실히 율독에 있어서 한 구(2개의 음보를 이렇게 부른다)를 이루는 음절수가 앞 음보보다 뒤 음보가 적으면 안정적이지

못하고 어설픈 감이 있다. 그러나 막상 가창할 때에는 한 음절 혹은 한 음보가 차지하는 길이는 악곡의 형식에 의존하므로 그러한 현상이 사라진다.

하지만 우리의 민요에서는 그것이 노래 양식으로 불린 까닭에 4·3조의 가사가 적지 않다. 따라서 『학부창가집』의 가사가 4·3조의 형태로 바뀌는 것은 이를 편찬한 계층인 사대부 계층의 4·4조가 민요의 노래체 양식으로 바뀌어 가는 과정이라고 말할 수 있다. 이를 이병원의 음악구분법을 받아들여 표현하면 '예술음악'이 '민속음악'으로 변화되는 과정이라 할 수 있는 것이다.[23] 창가가 장차 일종의 유행음악으로 진행되어 가는 일에 있어 이 『학부창가집』의 창가들은 그 한 전과정(前過程)을 이루고 있다는 말이다. 이런 점에서 볼 때 4·3조라는 형식은 이와 같은 개화기 창가 곡조의 영향이 크게 작용하면서 정제되어 나타난 것이라고 할 수 있다.

이 곡의 원곡은 독일 민요 「나비야(Hanschen Klein)」다. 이 곡은 일본 『소학창가집』(1882~1884년 간)의 「접(蝶)」과 제목과 내용상 일치를 보인다. 원곡에서는 그 악곡 형태가 3·3·4·3/3·3·4·3/4·3·4·3/3·3·4·3 즉 6·7/6·7/7·7/6·7이다. 그런데 여기서 나타나는 이러한 6자율은 일본 시가의 기본 율조가 아니므로(일본의 노래조는 7자나 5자로 구성되는 것이 대부분이다), 일본인들의 경우는 이를 7·7/7·7/7·7/7·7로 바꾸어 불렀을 텐데, 이러한 리듬의 변화는 곡의 질서를 크게 해치지 않는 범위 내에서는 당시의 창가에서 신축성이라는 이름으로 얼마든지 허용되었으며, 일본 창가 제작자들의 작업 모토인 '화양절충(和洋折衷)' 즉 일본 것과 서양 것을 절충한다는 태도에도 어긋나지 않는 것이었다.

위와 같은 절차로 만들어진 일본 『소학창가집』의 「접(蝶)」의 리듬 형

---

23) 이병원, 「한국음악의 민족음악학적 연구의 문제점」(이강숙 편, 『종족음악과 문화』, 민음사, 1982), 207~208면.

식이 그대로 우리나라에 전해지고, 더 나아가 전통 시가 양식의 변화까지 초래하면서까지(이미 절 구분이 되고 있다는 것이 가사 양식의 변화이지만 이러한 변화는 이미 개화 초기부터 나타나고 있다. 즉 찬송가 등의 영향으로 절 구분이 실시되었다) 새로운 창가의 형성이 진행되었던 것이다.

이 창가는 위와 같은 변경의 과정을 거쳤고, 이후에 다시 약간의 수정을 거쳐 다음의 가사로 오늘날까지 불리고 있다.

나비야　　나비야　　이리날라　오너라 (3 3 / 4 3)
노랑나비　흰나비　　춤을추며　오너라 (4 3 / 4 3)
봄바람에　꽃잎도　　생글생글　웃으며 (4 3 / 4 3)
참새도　　짹짹짹　　노래하며　춤춘다 (3 3 / 4 3)

(3) 「漂衣」의 창가화

「이앙(移秧)」[24]과 「학문가(學問歌)」의 경우 『학부창가집』에는 『국어독본』을 고쳐 싣는다는 주석문이 있으나, 막상 이 작품들이 수록된 『국어독본』이 전하지 않아 그 원본을 확인하기 어렵다. 「이앙(移秧)」은 7·5로, 「학문가(學問歌)」는 6·5조로 되어 있는데, 두 교과서 사이에서 일어난 개편 작업은 어쩌면 이와 같은 7·5조류의 노래에서 이루어진 것이기보다는, 그 외의 다른 율조에서 나타나는 4·4를 4·3으로 바꾸는 데 집중하였을 것으로 추정한다. 원가가 7·5조인 것은 손댈 필요가 없었을 것이다.

그런 현상은 「표의(漂衣)」에서도 확인된다. 이 작품도 전혀 개편되지 않았다. 원가도 7·5조 4행을 1절로 한 4절짜리이고 악곡의 형식도 또

---

24) "一, 어제, 오날, 연ᄒᆞ야, 비가, 오더니, / 논이던지, 기쳔에, 물이, 넘치네, / 볘모 옴겨, 심기는, 쩌가, 알맞다, / 소를, ᄭᅳ러, 니여셔, 쟝기, 메이고 // 二, 여긔셔는, 소몰어, 급히, 논갈고, / 뎌기셔는, 벼모롤, 밧비, 심는다, / 康衢煙月, 擊壤歌, 셔로, 불으며, / 瞬息間에, 논빗흔, 靑靑, ᄒᆞ얏네. //"(「移秧」)

한 그러하다. 이렇게 된 것은 이미 7·5조가 보편화되어 7·5조 가사를 짓는 일이 그리 어려운 일이 아니었으며(앞 장에서 살펴본 바처럼 학부에서 제정한 「운동가」가 이미 1907년부터 불렸는데 그 창가의 율조는 7·5조, 더 정확히는 8·5조였다), 나아가서는 7·5조의 가사에 맞추어 새로운 서양식 창가를 짓는 일도 가능했기 때문이었을 것이다. 다만 『국어독본』에서는 절이나 연이 구분되어 있지 않은데 『학부창가집』에서는 4절짜리로 명확하게 구분한 점만 달라졌다고 할 수 있다.

一 山谷間에, 흐르는, 묽은물가에,
　　려긔안즌, 뎌漂母, 방망이들고,
　　이옷뎌옷, 쌀젹에, 하도밧부다,
　　희는어이, 쌀나셔, 西山을넘네.

二 물에잠가, 두드려, 얼는헤우고,[25]
　　다시흔번, 쥐여짜, 너러말닐졔,
　　나모가지에, 걸고, 풀밧혜편다,
　　볏흔어이, 엷어셔, 더듸말으네.

三 멀니뵈는, 山언덕, 희기도희다,
　　終日토록, 짠옷이, 다말낫스니,
　　주섬주섬, 것어셔, 가지고간다,
　　이는어이, 쳘업셔, 비곱하우네.

四 셔리오고, 바롬찬, 長長秋夜에,
　　옷다듬는, 뎌소리, 이집뎌집셔,
　　쟝단맛쳐, 應ᄒ니, 듯기도됴타,
　　달은어이, 多情히, 窓에비최네.

—『학부창가집』

---

25) 『국어독본』에서는 '헹구고'라 되어 있다.

이 「표의(漂衣)」의 곡조를 이유선은 한국 최초의 서양 음악 작곡가 김인식(金仁植)의 작이라고 주장하고 있으며 대부분의 창가 연구자들이 이에 동의한다. 이 곡은 당시를 풍미하던[26] 「경부철도노래」 곡조의 리듬과 동일하다(4·3·5조로 일관되어 있다). 하지만 「경부철도노래」와는 달리 사용된 음이 도레미파솔라로서 일본식 5음 음계의 틀을 벗어난 것이었고, 이상만에 의하면 오히려 찬송가에 기반을 둔 음계 구성이라고 한다.[27]

(4) 「善友」의 창가화

물은담ᄂᆞᆫ그릇의빗을짜라셔
　　이리도변ᄒᆞ며뎌리도변ᄒᆞ고
사롬은사괴ᄂᆞᆫ친구롤짜라셔
　　善ᄒᆞ게도되며惡ᄒᆞ게도되오
날보담멋비나優勝ᄒᆞᆫ朋友롤
　　擇ᄒᆞ고求ᄒᆞ야쩌쩌相從ᄒᆞ고
過失을고치고善行을본밧아
　　이니몸도賢人君子되고지고

―『국어독본』

　一 물은담ᄂᆞᆫ 그릇 빗을 짜라셔
　　　이리도 변ᄒᆞ며 뎌리 변ᄒᆞ고
　　　사롬은 사괴ᄂᆞᆫ 벗을 짜라셔
　　　善ᄒᆞ게도 되며 惡ᄒᆞ게 되오

　二 날보담 멋비나 優勝ᄒᆞᆫ벗을
　　　擇ᄒᆞ고 求ᄒᆞ야 쩌쩌相從코

---

26) 이유선, 앞의 책, 55면.
27) 이상만, 앞의 글, 430면.

過失을 고치고 善行본밧아

이니몸도 賢人 君子됩시다.

—『학부창가집』

『국어독본』의 가사는 정제되지는 않았으나 대체로 3·3·3·3 조의 4음보율의 율격을 가지고 있다고 볼 수 있다. 또 매 4음보를 1행으로 하여 4행씩 한 절을 이룬다(물론 절 표시나 구분이 확실한 것은 아니나, 전체적으로 볼 때 이 가사는 2개의 문장으로 되어 있고, 그 각각의 문장이 1절씩을 이룬다. 즉 통사적, 내용적 응집력을 가진다는 말이다).『학부창가집』의 가사는 커다란 형태 즉 절 구분, 행 구분 등은『국어독본』의 것과 일치하고 있다. 그 차이는 음수율에서 나타난다.『학부창가집』의 가사는 크게 보아 한 행을 1차 대립의 항으로 나누어 볼 때 6·5조라 할 수 있다. 이 6·5조의 실제 구성법은 다양하다. 이를 자세히 살펴보자.

가사의 율조는 6·5조지만 악곡의 형태로는 7·5조에 부합되도록 되어 있다. 이 6·5조는 다음 [A]와 [B] 등 두 가지 형태로 되어 있다.

〈그림 14〉 6·5조의 리듬 구성 방식

이러한 리듬에『국어독본』의 가사를 대응시키면서 개화기의 가사 붙임의 한 특성인 신축성(flexibility)의 원리를 적용했던 것이다. 이 신축성은 악보에서 붙임줄(tie)이나 이음줄(slur)을 사용하는 것으로 나타난다.

『국어독본』의 창가화에 따라 특히 변화를 보인 곳은 6·6의 뒤 6자 부분이다.

데리도 변ᄒ고 ⇒ 데리 변ᄒ고
친구롤 싸라셔 ⇒ 벗을 싸라셔
惡ᄒ게도 되오 ⇒ 惡ᄒ게 되오
優勝ᄒ 朋友롤 ⇒ 優勝ᄒ 벗을
째째 相從ᄒ고 ⇒ 째째 相從코
善行을 본밧아 ⇒ 善行 본밧아
君子 되고지고 ⇒ 君子 됩시다

즉 6자의 가사가 5자 가사로 바뀐 것이다. 여기서 바뀐 방법을 정리해 보면 다음 4가지가 있음을 알 수 있다.

① 음절 탈락 : 데리도 ⇒ 데리, 선행을 ⇒ 선행
② 음절수가 적은 동의어로 교체 : 친구 ⇒ 벗, 붕우 ⇒ 벗
③ 축약 : 상종하고 ⇒ 상종코
④ 음절수가 적은 유사어로 교체 : 되고지고 ⇒ 됩시다

6(3·3, 4·2, 2·4)음절이 5(2·3, 3·2)음절로 바뀌면서 중요한 변화가 일어난다. 즉 6음의 경우에는 거의 다 2음보로 율독된다. 그에 비해서 5음절의 경우에는 2개의 음보로 확실하게 일괄적으로 분할될 수 없다. 즉 5음 전체가 1개의 음보로 인식되는 현상이 나타난다. 5음이 분할되면서 생기는 2음절만으로는 하나의 음보로서의 자립성을 가지기 힘들다는 얘기다. 이렇다면 결국 원래 4음보율이었던 것이 3음보율로 개편된 것이라 해석할 수 있겠다.[28]

(5) 「紙鳶과 핑이」의 경우

올너라 연아연아   활신활신 올너라

공중에 나라가는　　여소리기 보담도
올너라 연아연아　　좀더좀더 놉직이」
도러라 펑이펑이　　얼는얼는 도러라
바롬에 펑펑도는　　바롬갑이 보담도
도러라 펑이펑이　　좀더좀더 빠르게」

―『국어독본』

이 창가는 『국어독본』의 것과 완전히 일치한다. 『국어독본』에서는 연(혹은 절)을 구분하기 위해 그 끝에 괄호(」)를 사용했고, 『학부창가집』에서는 절 앞에 숫자를 붙여서 구분했다는 것만 다를 뿐이다. 이 작품의 율조에서 특기할 만한 것은 3·4·4·3의 4음보율로 되어 있다는 점인데, 여기서 4·3의 출현을 주목할 필요가 있다. 이 4·3은 『국어독본』의 제14와 「취우(驟雨)」에서도 보이고, 기타의 시편에서도 간혹 보이지만 아무튼 새로운 것임에 틀림없다.

　　난디업는 一陣狂風　　검은구름 모라다
　　먹쟝갈아 끼언진듯　　왼하늘을 덥더니
　　번기불이 번젹번젹　　우뢰소리 우루루」
　　주먹ズ흔 큰비방울　　여긔뎌긔 덧다가
　　(…하략…)

『독립신문』 소재의 애국 가사들이 한결같이 4·4조의 4음보 진행 형식임에 비하여(3·4도 더러 보인다. 4·3은 1896년 9월 3일에 실린 신영택의 「셩졀 송축가」에 나오는 '만셰만셰 만만셰' 따위의 구절에만 보인다), 『소년』지의 「청년학우회가」(3권 5호)는 8·7/8·5/8·7/8·5인데 그 중 7자는 4·3으로 되어 있다. 또 「태백산 시집」의 「태백산가 기2」에 나오는 5·4·4·3 정도만 보인다. 이 『학부창가집』의 4·3율조는 따라서 개화기 노래체 시가들(찬송가라든지, 창가)에 의해서 새로이 조직된 율조라 할 수 있다.

　이 장에서는 개화기의 공식적인 음악 교과서였던 『학부창가집』을 검토하였다. 그것은 개화기의 창가들이 학교를 그 '삶의 자리'로 하여 아동들의 정서 함양이나, 감정의 순화 및 서양 음악에 대한 이해라고 하는 순전히 음악적인 목적 이외에, 특히 학생들에게 전통적 율조가 아닌 새로운 율조를 익힐 수 있게 하는 큰 역할을 했으리라 여겨지기 때문이었다.

　그리하여 『학부창가집』에 실린 상당수의 창가의 가사가 당시의 국어 교과서이던 『국어독본』에 이미 수록되어 있던 것 그대로이거나 그것을 약간 수정한 것이라는 점에 착안하여 『학부창가집』을 중심으로 『국어독본』과의 상관성에 대한 검토도 행했다.

　『학부창가집』은 당시에 일본에서 유행하던 일본의 창가들과 긴밀한 관계에 있었다. 일본의 창가들이 한국의 『학부창가집』에 어떤 식으로 반영되었는지를 좀 더 구체적으로 살펴본 결과, 일본의 창가를 거의 그대로 옮겨 놓은 것이라 해도 과언이 아닐 정도였다. 또 『학부창가집』의 가사의 율조를 검토해 본바, 7·5조계에 속하는 작품이 『학부창가집』의 태반을 이루고 있었으며 한편으로는 4·4조계라고 볼 수 있는 창가도 상당수였다. 이 중에서 재래식의 4·4조의 4음보 진행이라고 하는 가사 양식과 동일한 것도 있었지만 4·3조계라고 볼 수 있는 것도 있었는데 이는 4·4조가 노래체화하면서 생겨난 것이었고, 구체적으로 살펴본 결과 『학부창가집』의 창가는 당시 국어 교과서의 삽입시라고 해도 될 만큼 독자적인 기능을 가진 것은 아니었으며 국어책에 부수되는 면이 보였다.

　『국어독본』의 운문이 『학부창가집』의 가사가 되는 과정 및 그 방법을 살펴본 결과 다음 몇 가지 원리가 작용하고 있음을 알게 되었다. 우선 내용의 문제로서 의미 맥락을 훨씬 더 좋게 가다듬었다. 다음, 각연이 창가화되며 하나씩의 절로 바뀜에 따라 각 절 대응적 형식이 분명해졌다. 특히 크게 작용한 원리는 창가 곡조의 구절법에 따른 가사의 정제화였다. 따라서 『학부창가집』의 가사가 4·3조의 형태로 바뀌는 것은 이를 편찬한 계층인 사대부 계층의 4·4조가 민요의 노래체 양식으로 바뀌어 가는 과정이라고 말할 수 있다. 이런 점에서 볼 때 4·3조라는 형식은 이와 같은 개화기 창가 곡조의 영향이 크게 작용하면서 정제된 리듬이라고 설명할 수 있다.

이로 볼 때 『학부창가집』은 사대부층의 4·4조가 창가 곡조의 영향으로 4·3조화되는 데 구체적으로 기여한 책이었다. 이는 앞 『독립신문』의 시가들이 사대부층의 유장한 리듬 구조를 탈피하여 짧고 명확한 리듬 구조로 변화해 가며, 유절 형태화하는 경향을 이어 받은 것으로 보인다. 그리고 이러한 변화는 교육이라는 즉 장년층(사대부층)이 개화 이후 반상의 구별이 약화된 사회에서의 유년층을 교화하는 과정 가운데 생겨난 것이고 서구식의 창가 곡조는 이러한 현상을 촉발시키는 한 계기가 되었다고 말할 수 있을 것이다.

제5장 육당(六堂)의 창가운동

1. 육당의 문학세계

1) 유학과 문학 수업

한국 근대문학의 선구자 육당(六堂) 최남선(崔南善)의 시가는 그의 창가의식에서 출발하였으며,[1] 그의 창가의식은 일본 유학과 밀접한 관계를 가지고 있다. 육당은 어려서 천자문(千字文)과 국문을 익히고, 『신약성서』와 『천로력정(天路歷程)』을 읽어 새로운 세계에 눈을 뜨기 시작하여, 약관도 못된 15세(만 14세)의 나이로 한반도의 장래가 극히 불투명하

---

1) 정한모, 『한국현대시문학사』, 일지사, 1974, 232면. 이하 육당(六堂)의 문학세계에 대해서는 같은 책, 152~242면 부분을, 그의 생애에 대해서는 『六堂 최남선 전집』(현암사, 1975)의 년보를 주로 참조하여 정리함.

던 1904년 첫 번째 일본 유학을 떠났다. 육당은 소년시절부터 당시 국내에서 발간되던 『뎨국신문』·『황성신문』·『대한매일신보』 등의 열렬한 애독자였고, 당시의 애국지사들의 비분강개하는 글을 보고 감동하여 자기도 그러한 글을 지어 이러한 신문들에 직접 투고한 적도 있었다. 그는 만년에 이때를 회고하여 신문에 자신의 글을 투고하는 것은 대단히 큰 기쁨이었다고 증언했는데 특히 그가 관심을 가지던 신문은 『대한매일신보』였다 한다.

육당은 일본 유학을 준비하느라 일본인 교장이 운영하던 경성학당에서 약 3개월에 걸쳐 일어와 산수를 배웠고, 당시 서울에 배달되고 있던 『오사카(大阪)조일신문』을 구독할 정도의 일어 수준을 가지고 있었다. 그는 1904년 10월에 황실 유학생으로 선발되어 소년반장으로 도일(渡日), 11월에는 동경부립(東京府立) 제1중학교 특설반에 입학한다. 그러나 불과 1개월여 만에 스스로 퇴학하고 그 다음해 1월에는 아주 귀국하고 말았다. 즉 1차 일본 유학 기간은 겨우 2개월여에 불과해서 소년 육당이 이 시기에 일본의 여러 근대화 개명한 모습에 눈을 크게 뜨게 되는 계기는 되었으나 이것들을 본격적으로 섭렵할 만한 충분한 시간은 없었다고 본다. 그는 귀국 후 『황성신문』에 일본의 부당한 한반도 침략을 공박하는 격렬한 논설을 투고한 것으로 인해 1개월 구류를 당하기도 했다.

그 다음 해인 1906년 4월에 그는 제2차 일본 유학을 떠나게 된다. 정규학교에 입학하기 위해서 그는 혼자서 영어 공부를 하고 그 해 10월에 와세다대학 고등사범부 지리역사과(地理歷史科)에 입학하였다. 그러나 이 학교에서도 일본인들의 한국인 차별 정책에 대한 항거로서 불과 3개월 만에 자진 퇴학하고 만다. 그리고는 1908년 6월경에 귀국할 때가지 그는 거기서 벽초(碧初) 홍명희라든가 춘원(春園) 이광수 등과 교유하며 그곳 한국인 유학생회에서 간행하던 『대한유학생회보』의 편집인이 되어서 활동하는 한편 같은 유학생회의 기관지인 『대한학회월보』 등에도 자신의 작품을 발표하였다. 그리고 그 해 겨울에 부친에게 '망국의 한을 면키 위하여는 오직 청년(青年) 자제(子第)의 계몽과 국민정신의 진작을 위하여 출판 사업을 일으킬 결심을 가지고 있다'고 간청하여 많은 돈을 얻어가지고 동경(東京)의 수영사(秀英社)에서 인쇄기구 및 조판, 식자 인쇄 기술자 5명과 함께 귀국했던 것이다. 그는 이미 10세 때부터 보관업(報館業) 즉 신문 잡지의 발행 사업을 꿈꾸고 있었던 것이다.[2]

육당이 유학이라는 공식적인 형태로 일본에 체제한 것은 불과 몇 개월에 지나지 않고, 그 나머지 2년여 동안의 기간은 거의 대부분 스스로 신문화를 체득하고 섭렵하는 데 바쳤다고 볼 수 있다. 특히 이 기간은 일본의 창가(唱歌) 전성시대였는데, 범국민적인 계몽의 노래, 단결의 노래로서의 창가는 일본의 국운과 더불어 극성을 이루었던 시기였다. 이 기간은 창가의 전성시대임과 동시에 일본의 근대시가 서정시(抒情詩)로서의 특질을 갖추어 가던 무렵이었지만 육당은 이러한 서정시에서는 어떠한 자극도 받지 못했으며 그가 받은 영향은 거의 창가에 국한된 것이었다.[3] 육당이 보다 흥미롭게 관심을 가진 것은 1870년대부터 일본 개화기에 채용된 수단으로서의 정치문학 내지 자유민권사상을 주축으로 하는 공리주의적 경파문학이었고, 창가도 그 한 부류였던 것이다.

이 당시의 육당의 느낌과 포부를 육성으로 들어 보자.

그러나 이째까지의 나의 報紙에 關한 智識은 極히 淺薄한지라, 눈에 지낸 것으로 말하야도 內地에서 刊行하난 쏠갓지 아니한 두어가지밧게는 上海에 在留하난 西人들의 漢字로 刊行하난 「萬國公報」「中西敎會報」 兩種과 日本에서 刊行하난 「大阪朝日新聞」「萬朝報」와 밋 「太陽」「早稻田文學」의 舊舊紙밧게는 다시 본것이 업더니 밋 十五의 秋에 日本으로 건너가본즉 놀납다 그 出版界의 우리나라보담 盛大함이여 한번발을 冊肆에 드러노흐면 定期刊行物·臨時刊行物할것업시 아무것도 본것업고 쏘 그等物의 내용이나 外貌에 對하야 조곰도 批評할만한 知見업난 눈에 다만 多大하다, 宏壯하다, 王

崔璨하다, 芬馥하다, 一言으로 가리면 엄청나다의 感이 날쑨이라, 무엇에 對하야서던지, 무슨구경을 할째에던지 우리나라 事物에 比較해보아 무슨 한 생각을 엇은뒤에야 마난 이사람이라, 이를 對할째에도 그 압헤 한번 머리를 숙엿고, 숙엿다가 한숨쉬고, 한숨쉬다가 주목쥐고, 주목쥘째에 곳 「이다음 機會가 잇슬터이지」하난 밋지못할 空望을 쩌안고 스스로 寬慰함이 잇섯노라.[4]

2) 출판 활동

육당은 자신의 집을 개조하여 일본에서 사가지고 온 인쇄기계를 설치하고는 신문관(新文館)이라는 출판사를 설립했으며, 이 출판사를 통해 1908년에는 그 자신의 작인 「경부철도노래」를 간행했다. 그 해 11월에는 『소년(少年)』지를 발간하기 시작했고, 1911년 『소년』지가 통권 23호로 폐간되자 타인의 명의로 『붉은저고리』를 발간했다가 이것 역시 1913년 6월 총독부에 의해 폐간되자 같은 해 9월에 다시 『아이들보이』지를 창간했고, 1919년에 다시 이 잡지가 폐간되면서 그 해 10월에 『청춘(青春)』지를 창간했다. 이후 그는 『동명(東明)』・『시대일보(時代日報)』 등을 창간했고, 『동아일보(東亞日報)』・『개벽(開闢)』・『조선문단(朝鮮文壇)』・『동광(東光)』 등을 발표 무대로 그의 문학 활동을 이어갔다.

〈그림 15〉 「경부철도노래」 속표지

사회적 여건과 경제적 사정이 어려운 중에도 그가 이처럼 출판 사업을 끊임없이 지속해 나갔다는 사실은 그의 문학적 활동의 모티브가 무

---

4) 최남선, 앞의 글, 13면.

엇이었는가를 짐작케 해준다. 지금까지의 그에 대한 연구의 대부분이 지적하고 있는 바대로 『소년』지를 창간하고 창가와 신체시를 지어내던 목적은 청년 자제의 계몽과 국민정신의 진작이라는 출판사업의 목적─그것과 다른 것이 아니다. 육당 자신도 1955년 1월의 『현대문학(現代文學)』 창간호 「한국문단의 초창기를 말함」이라는 글에서 "그것(『少年』)은 문학 또는 학술 잡지는 아니었으며, 바로 민족 운동, 청년 운동의 일념 아래 이루어졌던 것이다"고 말하고 있다. 신문관과 더불어 그가 운영하던 광문회(光文會)에서는 『동국세시기』·『열양세시기』·『경도잡지』 등의 서적을 출판해 냄으로써 소위 '조선심(朝鮮心)'을 고취하려 했는데 이 역시 국민정신진작운동의 일방이었다. 즉 그가 일본 유학을 통한 당대의 현실 인식을 통해서 멸망의 위기에 직면한 조국에 긴요한 것은 주체적인 전통에 의거한 국사에 대한 자각과 국토예찬으로 불러일으킬 수 있는 애국사상에 대한 믿음이 작용하여 이러한 출판 활동에 앞장섰던 것이며, 그의 창가운동은 그의 출판 활동과 같은 맥락에서 이루어진 것이었다.

2. 육당의 창가운동

육당은 '어쩔 수 없는 시대의 요청과 자신의 적극적 의지'에 의해 창가를 지었으며, 본 장에서는 1907년부터 1910년까지 즉 그가 소위 「구작」들을 짓기 시작한 때부터 『소년』지가 폐간될 때까지의 그의 문학적 활동을 '창가 운동'으로 이름 붙이고자 한다. 『소년』지 시대인 1910년까지의 육당 1인 문단시대의 실상을 '창가운동'이라는 이름으로 검토하려는 것이다.[5] 이 시기의 문학적 활동을 나타내 보면 다음과 같다.

① 1907.4 「구작」 10여 편 창작

② 1908.2 「모르네나는」, 『대한학회월보』 발표

③ 1908.3 「경부철도노래」 출간

④ 1908.3 「자유의 신에게」, 「생각한대로」, 「막은물」 『대한학회월보』 발표

⑤ 1908.4 「그의손」, 「백성의소리」, 「나는가오」 『대한학회월보』 발표

⑥ 1908.11 『소년』 창간

이제 이러한 그의 문학적 궤적을 시간적인 순서로 살핌으로써 시문학의 형식에 대한 그의 관심이 어떻게 실천되었으며, 어떻게 발전해 갔는지를 고찰해 보며, 특히 그가 집중적으로 사용했던 7·5조에 대해서는 그 형식상의 특성과 그 기원 및 미학적인 원리를 밝혀 볼까 한다.

1) 「구작(舊作)」과 그 형태

'공육(公六)'이라는 필명을 사용한 최남선은 『소년』지 2년 4권(1909년 4월 1일 발행)의 권두 시로 실어 놓은 3편의 작품을 '舊作 三篇'이라 이름 붙이고, 아울러서 창작 및 게재 동기를 다음과 같이 밝혔다.

나는 天稟이 詩人이 아니러라. 그러나 時勢와 밋 나 自身의 境遇는 連해 連方 素願아닌 詩人을 만들녀 하니 처음에는 매우 頑固하게 쏘 强猛하게 抵抗도 하고 拒絶도 하얏스나 畢竟 그에게 摧折한 바 되여, 丁未의 條約이 締結되기 前 三朔에 붓을 들어 偶然히 생각한대로 記錄한 것을 始初로 하야 三四朔 동안에 十餘篇을 엇으니 이 곳 내가 붓을 詩에 쓰던 始初요, 아울너 우리 國語로 新詩의 形式을 試驗하던 始初라. 이에 揭載하난 바 이것 三篇도 그 中엣 것을 摘錄한 것이라. 이제 偶然히 舊作을 보고 그 時 自己의 想華를 追懷하니 쏘한 深大한 感興이 업지 못하도다.

---

5) 정한모, 앞의 책, 153면.

육당의 이 말 때문에 이 작품들에 대해서는 현대문학사를 연구하는 학자들 사이에서 『소년』창간호(1908년 11월)에 권두시로 실린 육당의 「해(海)에게서 소년(少年)에게」와 비교하여 과연 어떤 것을 최초의 신체시로 볼 것인가 하는 논의가 있었고, 또 그와 아울러 어떤 양식의 효시(嚆矢)가 되는 작품을 정할 때에 발표 년대를 우선해야 하는 것인지 아니면 제작 년대를 우선해야 하는 것인지의 문제도 논의된 바 있다. 이 인용문에서 말하는 '정미(丁未)의 조약(條約)'이란 '한일(韓日) 신협약(新協約)'을 말하는 것으로 헤이그 밀사 사건 이후에 일제의 강압으로 '정미(丁未) 7조약(條約)'이 체결된 때가 1907년 7월이므로 이 조약이 체결되기 전 "3, 4삭"이라 하면 대략 1907년 4월경이 된다. 이때는 앞에서 검토해 본 바 육당의 문학적 수업 가운데서 그가 제2차로 도일하여 와세다대학 고등사범부 지리역사과를 다니다가 중도에 퇴학한 후 일본에서 유학생들과 교유하던 때였다.

그가 이때 지은 10여 편의 작품이 이 『소년』지에 처음으로 실린 것은 아니었다. 그 일부가 이미 그가 출판에 관계하던 『대한학회월보』에도 발표된 적이 있었던 것이다. 『소년』지에는 1909년 4월(2년 4권)에 3편, 1909년 7월(2년 6권)에 1편, 1909년 8월(2년 7권)에 2편을 발표하였다. 그 중에 『소년』 2년 6권의 「막은 물」이라는 작품은 이미 『대학학회월보』에 같은 이름으로 발표한 적이 있는 작품이었다(물론 약간의 어구 차이는 있으나 두 작품은 거의 같다). 따라서 여기서 말하는 '구작(舊作)'을 종합해 보면 대체로 다음의 12편이 해당된다.

「모르네나는」, 『대한학회월보』, 1908.2.

「자유의 신에게」, 대한학회월보, 1908.3.

「생각한대로」, 『대한학회월보』, 1908.3.

「막은물」, 『대한학회월보』, 1908.3. 『소년』, 1909.7.

「그의손」, 『대한학회월보』, 1908.4.

「백성의소리」, 『대한학회월보』, 1908.4.

「나는가오」, 『대한학회월보』, 1908.4.

「우리는아모것도」, 『소년』, 1909.4(구작 3편).

「한말하난일」, 『소년』, 1909.4(구작 3편).

「자유로제곳에서」, 『소년』, 1909.4(구작 3편).

「우리님」, 『소년』, 1909.7(구작).

「아나냐네가」, 『소년』, 1909.7(구작).

『대한학회월보』에 투고할 때 육당은 대몽최(大夢崔)라는 필명을 썼는데 그것이 육당의 것임은 「막은물」이라는 작품을 통해서 확인된다. 물론 발표연대로 따져 볼 때 「모르네나는」만 제외하면 「경부철도노래」보다 뒤의 작품들이지만 여기서는 시가 양식의 변모에 초점을 두고 있으므로 이 '구작'들을 우선해서 검토하려 한다.

물론 『대한학회월보』의 전작품(全作品)이 『소년』지에서 말한 '구작'이냐 하는 데 대해서는 논의의 여지가 있다. 그 가운데 「백성의소래」란 작품의 경우에 "구세듀부활 백성의소래 / 깃것딜녀서 남음업슬때! / 듁은이이일고 산이모여서 / 공평한심판 신의뜻일위!"란 대목을 보면 이 작품이 발표된 시기가 기독교의 부활절과 일치하는 것으로 보아 1908년의 부활절로 여길 수도 있지만 육당 자신의 증언을 참고한다면 1907년의 4월경으로 볼 수도 있기 때문이다. 하지만 같은 호에 실린 「그의손」이란 작품은 그 잡지가 발행되던 무렵에 지어진 것으로 보인다. 왜냐하면 이 작품의 말미에 육당이 "이 詩는 李閨秀의 手書한 「大韓學會」聯 裏面에 쓰오"란 말을 했는데 이 말은 당시 같은 유학생이던 '대소이(大笑李)'라는 여자 유학생이 최남선의 귀국에 즈음하여 「달 가거라(잘 가거라)」(副題: '詩歌一曲 和送大夢崔 歸鄕')란 작품을 지어 보냈는데 말하자면 이 작품에 대한 즉각적인 답장의 형태로 되어 있는 것이기 때문이다. 이 작품 중에서 구작임이 확실한 것은 「막은물」뿐이지만 여기서는 그 작품들이 『소년』지에 실린 시가들의 직전 형태를 가지고 있음에 주목하여 편의상 이를 묶어서 살펴보려 한다.

2) 5자율의 등장

첫 작품인 「모르네나는」을 비롯해서 「자유의 신에게」, 「백성의소래」 등의 작품은 5자를 한 음보로 하여 지어진 5자율의 시다.[6] 「모르네나는」은 5·5·5조, 「자유의 신에게」는 단순한 5자율 14행, 「백성의소래」는 5자 4음보율로 되고 각 2개의 율행이 1절씩을 이루는 모두 4절 짜리의 시가다. 이 5자율의 구성법은 2·3 혹은 3·2다. 이 2·3 혹은 3·2의 구성법은 3·4나 4·4와 마찬가지로 우리말의 특성상 자연스럽게 생겨날 수 있는 율조다. 그러나 그러한 5자율은 그 이전의 조선시대의 사대부 계층의 시가들에서 하나의 정형적 율조로 나타난 적이 전혀 없다. 또 『대한학회월보』에 실린 다른 이의 작품을 보더라도 그러한 율조는 사용되지 않았다. 당시의 찬송가 중에도 5자율로만 된 것은 없었다. 따라서 이 율조는 최남선에 의해서 최초로 시도된 율조로 볼 수 있는데 정한모는 이 율조에 의한 「모르네 나는」이 5음의 율조를 변화 있게 배치함으로써 그 리듬에 변조의 매력이 있는 작품이라고 인정하고 있다.[7]

밥만먹으면　　배가부름을
　　　모르네나는
물만마시면　　목이튵음을
　　　모르네나는
해만번하면　　세상인둘을
　　　모르네나는

---

6) 여기서 5자율이라 하는 것은 2·3조나 3·2조를 아울러서 일컫는 명칭으로서 논의의 편의를 위해 필자가 임의로 붙인 것이다.
7) 정한모, 앞의 책, 182면.

돈만만흐면　　　근심업난듈
　　　모르네나는
벼슬만하면　　　몸이귀함을
　　　모르네나는
디식만흐면　　　마음맑음을
　　　모르네나는
우리구함과　　　우리탓난것
　　　이쑨아닐세
여러가디가　　　모다긴하고
　　　둉요로우나
갑멸더한것　　　쏘잇난듈을
　　　아나모르나
밥과마실것　　　돈과벼슬은
　　　엇디못해도
낙과영화와　　　몸과목숨은
　　　이러바려도
나의댜유는　　　보뎐흘디며
　　　탸댜올디니
댜유한아만　　　댜유한아만
　　　갓디못하면
그의세상은　　　아모것업고
　　　캄캄하리라
하날우에서　　　나려다뵈는
　　　모든영화를
다듈디라도　　　아니밧구네
　　　나의댜유와
짜쯧한댜유　　　잇난곳에만
　　　성물이살고
해가쏘이고　　　별이돌아서
　　　목뎍일우네
댜유이댜유　　　발씰끈어서
　　　볼수업스면

두려움댱막   근심휘댱이
        내몸을덥고
가시손가던   모딘마귀가
        내등을미러
딜거움에서   걱뎡속으로
        댭아가두고
편한안에서   곤호밧그로
        미러내티네
그럴째에는
        밥은헤디고
        물은마르고
        해가빗업고
        돈이힘업고
        낙이감퇴고
        영화살아려
        디식이셜어
        소래디르며
        탄식하리라
        통곡하리라
        발광하리라

—「모르네나는」

　　과연 육당의 이러한 시도는 그의 순전한 창작적 시도인지 아니면 그러한 율조를 구사하게 할 만한 다른 원인이 있었는지를 살펴보자. 일단 유력한 자료로 대두하는 것이 일본의 시가 율조다. 일본의 시가 율조는 5자와 7자의 조합으로 이루어지는 것이 보통이다. 그 형태는 5자로 일관된 것으로는 거의 나타나지 않고 주로 5·7조나 5·7·5조의 형태로 나타나는 것이 일반적이다. 물론 육당이 일본 유학 중에 일본 시가 및 일본 창가의 율조에 접촉되었을 것임은 틀림없다. 그러나 그가 구사한 율조는 일본의 시가 율조 그대로는 아니었다는 사실이다. 즉 그는 일본의 율조의 5자 형태에 영향을 받았을 수는 있지만 일본의 것을 그대로 수용한 것은 아니었다.

한편 이 5자율의 경우에 이것이 사대부 계층의 시가 율조로는 사용된 바 없지만 민간의 구전민요나 동요 등에서는 더러 발견된다는 데 주목할 필요가 있다. 임동권에 따르면 그것은 5·5조로서 나타나는데 주로 남창 정가가 많다 하며 2·3이나 3·2의 형태를 주로 한다고 한다. 즉 2음보적이다.[8]

> 유자석죽은 근원이좋아
> 한꼭대기에 둘이열렸네
> 곱은달알은 진상을못가도
> 얽은유자는 진상을간다.
>
> 시내강변에 잔돌도많고
> 요내살림에 말도많다.

그런데 『대한학회월보』에는 제6호에는 최명환(우강생)에 의해서 「아해들노래」라는 이름으로 다음과 같은 동요가 실려 있어서 5자율과 관련하여 주목할 필요가 있다.

> 대한사람에 우리들은요　　산과골이야 깁다말게요
> 산과골이요 아모리깁허도　　우리마음은 당할수업누나
> 대한사람에 우리들은요　　물과불이야 겁내말게요
> 물과불이요 아모리겁나도　　우리마음은 해헐수업누나
> 대한사람에 우리들은요　　달과날이야 밝다말게요
> 달과날이요 아모리발거도　　우리마음은 비칠수업누나
> 대한사람에 우리들은요　　철노군함야 만타말게요
> 철노군함요 아모리만아도　　우리마음은 왼길수없누나

---

8) 임동권, 「한국 민요의 형식과 운율」, 『국어국문학』 17호(국어국문학회, 1957), 217면.

대한사람에 우리들은요　　총과칼이야 무셔말게요

총과칼이요 아모리무셔도　　우리마음은 뚜를수업누나

이 노래는 최명환이 지은 것이기보다는 당시의 아이들이 부르던 동요를 채록하여 실어 놓은 것으로 보인다. 이때의 동요 중에 이처럼 5자율의 동요가 있었고,[9] 또 '대한 사람'이라는 표현을 보거나 작품의 내용으로 보건대 이 작품이 개화기에 나온 동요로 추정되는데, 이 작품은 그러한 곡조에 맞추어 시대적인 내용을 담고 있는 작품이라 여겨진다.[10]

최남선도 이러한 어렸을 때에 이러한 동요에 노출되었을 가능성이 있었다고 보이며(그가 中人 출신이었다는 사실도 이러한 생각을 뒷받침해준다) 따라서 잠재적으로 5자율에 대한 소양이 있었을 것으로 추정된다. 그러다가 일본 유학을 통해서 일본의 5자율을 접하고 그것이 구체적으로 5자율의 형태로 나타난 것으로 보이는 것이다.

위의 동요의 예에서 보는 것처럼 5·5조는 그러나 더러 6자로의 이탈을 보이는 데 비해 육당의 경우는 거의 기계적일 만큼 5자를 고집하고 있다. 이는 그가 당시에 시가 자체의 유연한 리듬보다는 절대적 음수율에의 집착을 가지고 있었음을 알 수 있다. 그러나 이때의 5자율은 아직 율조로서 완성된 상태는 아니었고 단지 새로운 율조의 시도처럼만 보인다. 즉 아직 뚜렷한 율조 형성은 하지 못했던 것이다. 「모르네나는」은 3음보적이고, 「자유의 신에게」는 5자율을 그대로 나열한 것이고, 「백성의소래」는 4음보 2개가 모여 1절씩 모두 4절로 되어 있다. 「모르네나는」은 3음보율로 되어 있으나 절 구분이 되어 있지 않고 통사적으로도 분절의식이 보이지 않는 일종의 연장체로 되어 있는 것이다. 이 5자 내부에서는 2·3 혹은 3·2를 자유롭게 구사하고 있다. 이 작품은

---

9) 아이들 노래 중에 '얼레리꼴레리'라는 노래는 5자율로 전개된다.
10) 『소년』지에도 그러한 동요가 발표된 적이 있다. 2년 3권의 「한성지방농아사(남자편)」 3편과, 2년 4권의 「한성지방농아사(여자편)」 8편 등이 그것이다.

그 시각적 배열이 주목할 만한데 이러한 배열은『독립신문』에 연 구분 의식이 확실한 기재 양식으로 시가들이 실린 이래, 아주 획기적인 것이라 할 만하다.

　최남선의 5자율은 일종의 시도라고 할 수 있다. 이 5자율은 이후의 시가에서는 나타나지 않으며, 거의 대부분 7·5조로 흡수되어 버린 것으로 보인다. 그 주된 이유는 이 5자율이 율조로서의 독자성을 획득하기 어려운 구성으로 되어 있기 때문일 것이다. 5자율의 호흡 단위는 재래식의 4자율보다 길며, 그 하위 단위인 2자나 3자의 경우는 너무나 짧아 독자적인 음보로 반복될 수는 없는 것이다.

3) 7자율의 등장

구작 중에서 「생각한대로」(1908.3)는 7자율로 되어 있다.[11]

<pre>
물이한번웃으면　덧지안난것업고
불이한번붓흐면　타지안난것업네
물과불의큰힘을　눈이잇어보거던
아난것과분수가　업다하디마러라
캄캄하다우리들　모르거늘평등을
물과불은아라서　아난대로행하네
물압혜는귀업고　텬훈것도업스며
불에게는강업고　약한것도업나니
금은당식한딥도　무섭업시태우고
곤룡그린옷대락　당돌하게덕시네
</pre>

---

11) 여기서 7자율이라 한 것은 앞의 5자율에서와 마찬가지로 3·4조와 4·3조를 아울러 일컫는 명칭이다. 조창환 식으로는 7음절 율행이라 할 수도 있겠지만 「생각한대로」의 경우 율행으로서는 14음절 율행이 되기에 7음절 율행이라는 명칭은 이 경우에 적용할 수 없다.

이 작품의 7자율은 거의가 4·3의 구성으로 되어 있다(물론 '금은당식한 집도'는 5.2로 볼 수 있지만 이것도 '금은당식 / 한집도'처럼 읽힐 수 있기에 4·3으로 보아도 무방하다). 이 4·3의 구성을 지키기 위해 그는 "캄캄하다우리들", "모르거늘평등을"처럼 도치법을 사용해야만 했다. 이 7자율에 대해서는 제4장『학부창가집』에 대한 고찰에서 자세히 다루었지만 여기서의 4·3의 구성법에 대해서는 약간의 고찰을 요한다. 즉 이 7자는 재래식의 가사나 시조에서는 3·4의 형태가 주종을 이루고 있는 데 비해 여기서는 거의 4·3으로 일관되어 있는 것이다. 정한모는 이러한 율조를 '변조'라 부른다.12)

> 이 리듬은 재래의 가사체의 리듬에 가까운 편이지만 가사체와 동일하지는 않다. 역시 변조라 볼 수 있고, 자수에 대한 엄격한 규제가 눈에 띄며 그러한 규제에 따르느라 사용된 도치법이 도리어 효과적이듯 규칙적인 4·3의 율조가 좀 부자연스러운 듯하면서도, 3·4의 순치된 율조의 자연스러움보다 새로운 느낌을 주기도 한다.

이것을 그저 2음보율(혹은 4음보율)로만 인식해서 이것과 그것이 서로 같다고 말할 수도 있겠지만 엄연히 3·4나 4·4의 구성법이 정형율로서 존재하고 있던 당시에 이를 4·3으로 나타냈다는 것은 하나의 시도라고 볼 수 있는 것이다. 이 리듬은 3·4조나 4·4조의 가사 리듬에 젖어 있던 독자들에게 확실히 신선한 느낌을 주었을 것이다.13)

그런데 이 4·3의 율조는 사대부 계층의 시가에는 거의 없는 율조이고(있다면 그것은 시조의 결미법에서 나타나는 4·3조이거나 아니면, 가사 작품에서 드물게 보이는 변격 정도일 것이다), 동요나 민요에서 가끔씩 보이는 정도이다. 또한 당시 일본의 7자 율조가 특히 창가 양식에 존재했지만 이 7자율은 서양식 노래의 영향으로 확실하게 자리 잡은 율조인 점으로 보아,

---

12) 정한모, 앞의 책, 182면.
13) 김영철, 「한국 개화기 시가장르의 형성과정 연구」, 서울대 박사논문, 1986, 157면.

육당의 7자율은 이러한 서양곡에 의한 창가의 자극을 받아 생겨난 것으로 정리해 볼 수 있다.14) 그러나 이 작품에서는 어떤 절 구분법을 확실하게 찾아낼 수가 없기에 이 작품을 악곡 양식에 어울리는 형식을 가진 것이라고 볼 수는 없다.

「우리님」의 경우는 7/7/7/7/7/7로 1절을 삼아 모두 6절로 되어 있다. 이 작품의 7자 구성법도 주로 4·3이지만 다음 예들에서 보는 바와 같이 4·3을 벗어난 것도 있기 때문이다(행의 끝에 * 표시를 함).

> 털冠머리에쓰고*
> 몸에金繡옷닙고*
> 가삼에는勳章차
> 異常하게점잔은
> 行世하난그사람
> 우리님이아니오
>
> 코에智慧를걸고*
> 입에아난것발나*
> 눈을팽팽히쓰고*
> 남다르게놉흔체
> 하려하난그사람
> 우리님이아니오
>
> 돈잇기로有識코
> 財物잇서의젓코
> 넉넉으로픈픈해

---

14) 김영철의 위의 논문(157면)은 이 율조가 개화기의 새로운 율문 양식 중의 하나인 언문풍월(諺文風月)(7자율의 한글 정형시)의 양식과 관계 있는 것으로 보고 있으나, 이 언문풍월의 양식은 1910년 이후에 자리 잡기 시작한 것으로 아직 이 단계에서 영향을 미친 것으로 보이지는 않는다. 언문풍월에 대해서는 같은 논문의 205~214면을 참조하시오

제가잘나그런듯
하게아난그사람
우리님이아니오

우리님아우리님
네모양은웃더뇨
나는맨몸맨머리
입고가린것업서*
弱한쥐를놀내려
아니쓰오괴가죽

우리님아우리님
네자랑은무어뇨
나는根本을알고*
아난대로하나니
粉바르고흰빗갈
자랑하지아니하오

우리님아우리님
네가진것무어뇨
欠이업난내마음
水晶갓히맑으니
여럿의것거두어
난홀째에빗안내오

그런데 4·3이라도 "제가잘나그런듯 / 하게아난그사람"처럼 어색한 구
절도 있고, 4·4로 된 구절도 있어서 7자율의 경우 최남선에게서 뚜렷
한 율조로 자리 잡지 못하고 말았다. 이 7자율 역시 완성되지 못하고
7·5조로 흡수되어 버린 것으로 보인다. 기재 양식에서 행 비우기를 하
고 있고 내용상 병행구(並行句)를 시도한 것 등으로 보아 이 작품에는 절

의식이 개재되어 있는 것으로 보인다.

　다음의 「나는가오」(1908.4)의 경우는 7자율이 주조를 이루고 있지만 앞의 「생각한대로」의 구성법과는 사뭇 다르다.

<pre>
　　나는가오
　　芙蓉峰놉고큰산
　　등에딘것그것이오
　　玄海灘실개턴은
　　쒸넘난그것이라
　　나는가오
　　우에노사구라는
　　쩌나간그것이오
　　洛陽城도리화는
　　만나려난그것이다
　　나는가오
　　산디나바다넘어
　　맛날언약쎄텨두고
　　새벗님마디려고
　　듀뎌안코활개티며―
</pre>

　이 작품에도 7자율이 쓰이긴 했지만 3·4로만 되어 있고, 또 4·4의 율조도 쓰인 점으로 보아 4·4조의 4음보 진행이라고 하는 재래식의 음수율에 일치한다. 한 행을 차지하고 있는 '나는가오'라는 부분은 4음보 진행형을 방해하고 있기는 하지만 그것이 4자율로 되어 있기에 '음수율' 상의 맥락은 통하고 있다. 물론 이 작품에 다소간 절 구분의식이 있음은 그 병행구들로 보아 알 수 있지만 여하튼 육당의 7자율 특히 4·3조의 시도는 완성되지 못했고, 그것은 결국에는 7·5조로 흡수되었다고 볼 수 있다.

4) '7 · 5조'의 등장

5자율과 7자율은 각기 독자적인 율조로 자리 잡지 못하고 그 둘이 연결되어 7 · 5 혹은 5 · 7로 흡수 발전되었다. 5 · 7조의 경우는 「한말하난일」(구작, 1909.4) 한 작품뿐인데, 5 · 7의 경우는 일본의 전통적 율조에서는 흔하게 나타나는 율조이고, 우리의 율조로서는 사대부 계층이나 민간의 노래에서 찾아볼 수 없다. 따라서 이 율조는 5자와 7자가 통합되면서 일본 율조의 영향을 받은 것으로 생각할 수 있다. 그러나 최남선은 이 5 · 7조로는 더 이상 작품을 확대해 나가지 않았다. 즉 5자율과 7자율의 결합은 거의 7 · 5조의 형태로 굳어졌던 것이다.

「그의손」(1908.4)이 바로 이 7 · 5조로 완성된 작품이다.

> 내가보지 못하고 만디디못한
> 그의손과 가락이 엇던디몰라
> 웃더하면 남대양 바다물우에
> 붉으럿케 피여딘 산호가디와
> 웃더하면 곤륜산 됴약돌틈에
> 흰눈갓티 깨끗한 옥덩이갓티
> 사람들이 보고는 부러워하고
> 팅탸하고 바라게 되얏슬디나
> 옥이거나 산호나 금강석이나
> 싹고쓸고 삭이고 끈에뀐뒤에
> 머리우에 쏘디면 보배비녀오
> (…하략…)

이 작품은 연장체(聯章體)로 되어 있다. 따라서 절 구분의식이 전혀 없는 작품이다. 이 작품은 그리고 앞서 말한 바 있듯이 '구작'에는 속하지 않는 작품처럼 보인다. 그런데 이 작품의 앞 7자는 전부가 4 · 3조로 되어 있어서 7·5조의 율조가 완성될 때에 그 기원이 4·3조의 7자율에 있었음을 짐작케 해 준다. 그것은 「경부철도노래」의 경우도 마찬가지였다.

　한편 『소년』지의 소위 「구작 3편」 중의 첫 작품에서도 7·5조의 흔적을 찾을 수 있다.

<blockquote>
우리는아모것도가진것업소,
칼이나륙혈포나－－
그러나무서움업네,
鐵杖갓흔形勢라도
우리는웃지못하네.
　우리는올흔것짐을지고
　큰길을거러가난者ㅁ일세.
　(…하략…)
</blockquote>

　위에 인용한 부분은 전3절의 제1절에 해당하는 부분이다. 이 중에서 7·5조로 되어 있는 부분은 첫 행뿐이다. 후렴처럼 되어 있는(들여쓰기가 된 부분) "우리는올흔것짐을지고"는 3·3·4, "큰길을거러가난자ㅁ일세"는 3·4·4의 음수율을 가지고 있는데, 이 작품에서도 7·5조가 아직 확실하게 자리 잡은 것은 아니었다. 즉 '구작'에 대한 육당 자신의 회상에서 말하고 있듯이 '신시의 형식을 시험하던 시초'의 것일 뿐이었다.

5) '7·5조' 창가의 등장

　7·5조가 하나의 완성된 율조로 굳어지면서 창가의 형태로 구현된 것은 「경부철도노래」다. 육당 자신이 그 가사를 짓고, 자신이 경영하던 신문관(新文館)에서 출판한 이 「경부철도노래」에는 가창 곡조가 동반되었고, 그 전체 가사가 단행본으로 인쇄가 되어서 1908년 3월 25일에 초

판이, 1909년 4월엔 재판이, 1910년 5월에 3판이 간행되었다. 3판 이후의 간행 상황이라든가 또 당시의 인쇄 부수 등은 살피지 못하였지만 1년에 1차례씩 판을 갱신했다는 것은 이 노래가 당시의 우리 사회에서 얼마만한 정도의 인기가 있었는가를 짐작케 해 준다.

훗날 육당은 이 노래를 간행하게 된 계기를 조연현과의 대담을 통해서 다음과 같이 밝히고 있다.

> 광무8년(1904)에 경부선철도가 개통되었는데 이것을 보고 경부철도창가를 짓고 싶었다. 그것은 내가 일본 유학시 일본서 기차 개통에 대한 창가가 많이 유행되고 있음을 보았기 때문이었다. 그래서 그 첫 구절이 '우렁차게 토하는 기적소리에'라고 되어 있는 약 30편에 달하는 경부철도창가를 지어 이것을 출판하여 전국에 펼쳤다. 이 창가는 7·5조로 된 최초의 창가인데, 이후로부터 4·4절의 창가는 점점 자체를 감추고 7·5조, 6·5조 내지 8·5조의 창가가 그것을 대신하게 되었다.[15]

일본의 철도 창가는 전 5권으로 된 장편 창가집이었다. 그리고 그 가사는 7·5조였다. 그리고 그것이 각 지역의 역사(歷史)·지지(地誌)·풍물(風物) 등을 소재로 하여 지어졌다는 점 및 사용된 악곡의 형식이 멜로디만 제외하고는 악식(2도막 양식)이나, 리듬(점8분음표와 16분음표의 연속, 즉 ♪. ♫) 등의 유사성을 가지고 있으며, 그 첫 구절의 가사(汽笛一聲新橋を 早が汽車は離れたり)도 서로 비슷하여, 최남선 자신의 증언을 토대로 하지 않더라도 이 작품이 일본의 철도 창가를 모델로 해서 지어졌음은 확실하다.

그가 일본 유학을 처음 떠났던 1904년 무렵에는 일본에서는 이 「철도창가(鐵道唱歌)」가 굉장히 유행하고 있었다. 경부선 철도가 개통된 것은 1904년의 일이고, 「경부철도노래」가 지어진 것은 그보다 4년 후인

---

15) 조연현, 『현대문학사개관』, 정음사, 1988, 17~18면. 이 글에서 육당이 약 30편이라 말한 것은 착오다. 「경부철도노래」에는 모두 67편이 수록되어 있다.

1908년이었다. 1904년에 그는 유학을 떠났고, 경부선 철도의 개통과 함께 일본에서 「철도창가」가 유행되고 있는 현상을 동시에 체험함으로써 제작의 의욕을 구체화하기 시작했던 것이다. 그리고 그것은 자연히 창가의 형태를 띠게 되었다. 왜냐하면 일본의 경우도 철도가가 창가로서 유행했고, 따라서 육당은 그에 대응할 만한 한국판 철도창가를 써서 유포시키고자 했을 것이기 때문이었다. 또 한편 「철도가」가 창가의 형태를 지닐 때에 노래에 동반되는 메시지(가사)가 기억되기 쉽다는 장점을 가지게 될 것이었다. 육당이 「경부철도노래」를 지을 당시의 그의 취지는 초판의 「뎐례말」에 잘 나타나 있다.

이 노래는 학도모댜를 쓰고 담바귀를 불느고 택보댜를 끼고 홍쯰여라를 노래하난 아해들노 하여금 시맛과 댜미를 맛보게 하고 아울너 우리나라 남방편의 디릿디식을 듀기 위하여 지은 것이다.

그는 창가의 예술적 가치 즉 시맛과 재미뿐만 아니라 교술적 가치 즉 '우리나라 남방편의 지리 지식을 준다'는 취지를 가지고 있었던 것이다. 그러나 그 중에서도 주로 지리 지식을 의도하고 있었음은 그의 이러한 태도는 그가 제2차 일본 유학을 할 때에 비록 중도에서 그만 두기는 했지만 그 스스로 택했던 학과가 와세다대학의 지리역사과였다는 것과 무관하지가 않다. 이 사실은 또한 「경부철도노래」 책의 편집 태도를 보면 더욱 확실해진다.

우선 표지 안쪽의 첫 장에는 경부선 철도의 길가 지도가 그려져 있다. 다음 장에는 경부선 철도 도중의 두 관찰사도로서 수원관찰부의 정문과 대구 남문의 동판 사진을 실어 놓았다. 다음 페이지엔 「경부철도노래」의 곡조를 1~2절의 가사와 함께 실어 놓았으며, 각 2절 아래쪽엔 그곳의 사진 한 장씩을 실어 놓았다. 사진이 없는 곳에는 (수원) · (서울) · (향미정) 등의 주석을 붙여 놓았다. 또 가사 본문은 한글 전용을 원칙으로 하

〈그림 16〉「경부철도노래」 곡조

고 한자어에는 토를 달아 두었으며, 경부선의 각 역 이름에는 옆줄을 그어 확연하게 표가 나도록 배려했다. 가사는 전부 67절로 되어 있으며, 맨 끝에 "삼가 이 노래를 어린 학생여러분에게 드리옵내다"란 헌사를 붙여 놓았다. 이 「경부철도노래」는 이러한 면에서 아동들을 상대로 한 교술적 가치에 중점을 두었다는 것을 알 수 있다.

육당 자신의 증언도 있지만 7·5조로서 완성된 형태의 '창가 책'으로서는 처음인 이 「경부철도노래」는 당대의 어린 학생들 및 일반인에게 끼친 영향 특히 이 7·5율조의 영향이 심대했을 것으로 보인다. 물론 육당이 이 「경부철도노래」를 짓기 이전에 1907년 4월 26일자의 『황성신문』이 보도하고 있는 「학부운동가」라든가 1908년 4월 24일의 「평양 연합 운동가」 등 이미 7·5의 노래가 있었다는 것, 그리고 그것이 학교교육에서 쓰이고 있었다는 것은 앞 3장에서 언급한 바 있지만 그 영향력의 면에서 본다면 매년 새로운 판을 내고 있었던 이 「경부철도노래」의 역할이 결코 적지 않을 것이다.

3. 창가와 7·5조

1) ‘7·5조’의 기원에 대한 논의

과연 육당이 본격적으로 시도한 이 7·5조는 어떠한 과정을 거쳐서 하나의 확립된 율조로 구체화되었을까? 앞에서 언급한 대로 단순히 5자율과 7자율에 대한 실험의 과정에서 우연히 결합된 율조일까? 그 동안 최남선이 집중적으로 사용해 왔던 이 7·5조의 기원에 대해서 적지 않은 논란이 있었다. 외래적인가 내재적인가의 관점에서 그것을 일본의 전래 율조가 창가란 이름과 함께 그대로 수평 이동된 것이라 주장하는 학자도 있었고, 옛 민요 특히 고려 가요에서 그 흔적을 찾아 7·5조를 민요의 한 율조로 이해하는 학자도 있었다. 음수율의 차원을 벗어나 7·5조를 3음보율로 인식하고 이를 통해 민요의 3음보율과 연결 지으려 하는 학자도 있었다.

물론 이러한 7·5조의 기원 문제에 대한 연구들은, 육당의 7·5조에 관심이 있는 것이 아니라 주로 1920년대 소위 민요 시인들이 구사하던 7·5조의 해명에 관심을 두고 있다. 김소월이라든가 김동환 등의 민요조 시인들이 스스로 자신들의 작품을 민요조라 함으로써[16] 통용되기 시작한 이 명칭은 그 후 그것이 어떤 특정한 율조가 아닌 단지 정서적인 문제라고 치부함으로써 율조의 문제에서 다소간 벗어난 경우도 있지만, 어디까지나 이들의 민요조는 7·5라고 하는 시형식에 근거하고 있었던 것이다. 그러므로 여기서 먼저 문제의 범위를 과연 7·5조가 민

---

16) 소월(素月)은 1922년 『개벽』지 7월호에 「진달래꽃」을 발표하면서 스스로 ‘民謠調’란 명칭을 사용했다. 그리고 파인(巴人) 김동환은 소월이 작고한 지 3년 후 1938년 1월 『삼천리문학』 창간호에서 소월의 시를 ‘민요조의 여러 노래’라고 지적하였는데, 이러한 사정에서부터 이 말은 비롯되었다.

요조인가 하는 것으로 좁혀 보기로 한다.

먼저 7·5조를 재래의 율조 내지는 3음보율로 파악하려는 태도를 검토해 보자. 이러한 태도는 7·5조를 타율적인 율조 즉 외래적인 것으로 보지 않고 자율적인 율조 즉 내재적인 것으로 보는 것이다. 7·5조를 재래의 율조로 보는 이들은 고려 가요에서 그 근거를 찾고 있다. 이러한 주장을 하고 있는 정연길의 경우에서 보듯이 다음 몇 고려 가요의 구절들은 확실히 7·5조 혹은 7·5조 계열로 보인다.[17]

> 어긔야 내가는데 점그를셰라 (「정읍사」)
> 괴시란대 우러곰 좃니노이다 (「서경별곡」)
> 얄리얄리 얄라셩 얄라리얄라 (「청산별곡」)
> 그바미 우미도다 삭나거시아 (「정석가」)
> 아으계면 다라샤 넘거신바래 (「처용가」)

확실히 음수율은 7·5조로 되어 있고, 앞의 7자가 3·4 혹은 4·3의 구성법을 가지고 있다는 점에서 7·5조가 되기에 부족함이 없다.

그러나 이것만 가지고 우리나라의 민요에 7·5조가 있었다고 말하는 것은 무리가 있다. 즉 우리가 7·5조라 할 때에는 단순히 7자와 5자라는 글자의 조합이 7·5의 형태로 한번 나타난 것을 일컫지는 않는다. 이런 면에서 앞에서 살펴본 「우리는아모것도가진것업소」(구작)를 7·5조의 시라고 부르지는 않는다. 그것을 확립된 하나의 율조로 취급하려면 설사 그것이 당시의 시문학계에서 통용되는 율조는 아닐지라도 즉 정형율로서 존재하는 것은 아닐지라도 적어도 한 작품 안에서만이라도 규칙적으로 지켜지는 것이어야 하기 때문이다.

이 구절들이 들어가 있는 고려 가요는 그러나 7·5조로 일관되어 있지 못하다. 가령 「정읍사」의 경우 "달하 높피곰 도다샤", "져재녀러신고

---

17) 정연길, 「안서, 소월의 민요시와 7·5조(상·하)」, 『시문학』 11~12월, 시문학사, 1977.

요” 등처럼 전혀 7·5의 형태가 아닌 문맥을 가지고 있는 것이다.

오늘날 우리가 볼 수 있는 국문 고려가요는 전부가 조선시대의 궁중음악으로 취용된 것들이고, 이 경우 민요의 가사를 궁중음악의 곡조에 맞추는 것이 일반적 관습이었기 때문에 현재 전하는 고려가요에 원래의 민요 형태가 그대로 유지되고 있다고 보기 어렵다. 게다가 궁중음악으로의 개편 과정에서 생겨난 반복구라든가 여음구 등을 뺀다고 하면 그것이 과연 7·5조인지도 의문인 가사도 있는 것이다.[18]

만일 7·5의 율조가 고려시대에 엄연히 존재하는 것이었다면 그리고 그것이 민요에 있는 율조였다면 오늘날까지 전해지는 구전 민요 가운데 그 흔적을 찾아볼 수 있기라고 해야 할 것이다. 그러한 흔적이라고 내세울 만한 것이 있다 하더라도 임동권의 연구에 따르면 7·5조로 명확하게 나타나지 않으며, 대체로 부정형으로서 건망과 와전과 파격이거나, 정형에서 무지 중에 이탈된 것일 뿐이다.[19]

한편 7·5조를 이러한 음수율적인 방법으로 파악하지 않고 음보율적으로 파악하여 층량 3보격으로 파악하고 있는 성기옥의 주장은 위의 것보다는 훨씬 더 설득력이 있는 편이다. 즉 3음보율은 하나의 율조로 재래의 민요에 엄연히 존재했던 것이기 때문이다. 그러나 문제는 그 음보를 이루는 음절의 수에 있다. 즉 3·4나 4·3으로 묶여지는 7자나, 2·3이나 3·2로 묶여지는 5자와 또 그것들이 연결되는 방식인 7·5조에 있는 것이지 그것을 세 덩어리로 묶어 보는 법에 있는 것이 아니다. 즉 개화 이후 7·5조는 3음보의 형태가 아니라 7·5조라는 뚜렷한 음수율로서 자리 잡았으며, 따라서 다음과 같은 조창환의 주장과 같이 그것은 하나의 현실적 실체인 것이다.[20]

---

18) 가령 고려가요 「井邑詞」의 ‘어긔야’, 「處容歌」의 ‘아으’ 같은 것이 바로 그 여음이다.
19) 임동권, 앞의 글, 217면.
20) 조창환, 『한국현대시의 운율론적 연구』, 일지사, 1986, 31~32면.

층량 3보격 개념은 7·5조의 본질을 근본적으로 파괴한다. 앞장에서 설명한 바와 같이 7·5조는 율격적 현상을 오해함으로써 생겨난 허상이 아니라 한 시대를 통하여 현실적으로 형성되었고 작가의 창작 의식과 독자의 율독 양상을 통한 시작품의 총체적 현실로 우리 앞에 존재하는 구체적 실체이다. 누구도 7·5조는 7음절과 5음절의 연결된 율행을 일컫는 말임을 부정할 수 없고 7·5조의 형식에는 음절수를 맞춘다는 의식적 조작이 개재함을 부인할 수는 없다. 개화기에 형성되었고 소월시에서 문학적 가치를 지닌 리듬으로 완성되면서 동시에 형식적 해체의 첫 단계를 밟은 7·5조는 율격적 일반 이론이 어떻게 체계화되든 간에 외면할 수 없는 현실적 실체로 남아 있다. 요컨대 7·5조는 7·5조이지 결코 음보율적 7·5조가 아닌 것이다.

물론 7·5조가 3음보와 관계가 없는 것은 아니다. 7·5조가 우리나라에서 크게 보편화되는 과정에는 그 율조의 3음보적인 성격의 도움을 받았을 수는 없다. 그러나 문제는 역시 7자와 5자가 이처럼 독특한 형태 7·5조라는 것으로 묶여지고 이것이 하나의 정형율화한 데 있기 때문에 3음보율로써 7·5조의 기원을 해명하려는 것은 문제의 정곡을 찌르지 못한 방법인 것이다.

어떤 학자들은 7자는 3·4나 4·3으로, 5자는 2·3이나 3·2로 구성되기 때문에 그리고 이러한 구성법은 얼마든지 우리말에서 가능하고 또 실제로도 존재하기 때문에 7·5조는 우리의 율조라 할 수 있다고도 한다. 그러나 이런 식의 해명은 7·5조가 우리나라의 언어 환경에서 뿌리내리고 살아갈 수 있는 여건에 대해서 이야기하고 있는 것이지 구체적으로 그 리듬의 기원에 대한 해명은 못 된다. 또한 그렇다 하더라도 어째서 그것이 최남선 등에 의해 5·7조의 시도가 있었건만 5·7조보다는 7·5조로 굳어지게 되었는가에 대한 해명에는 미흡한 것이다.

이와 같이 7·5조를 내부적으로만 해결하려는 태도에 문제가 있다면 이것을 외래 리듬으로 보려는 태도는 어떠한가? 여기서 우리는 7·5조의 가사와 함께 동반된 곡조의 성격을 검토할 필요를 느낀다. 정확히

7·5조는 아니더라도 7·5조 계열이라고 할 수 있는 최초의 작품은 1907년 학부에서 제정한 「운동가」였다. 앞장에서 살펴본 것처럼 이 「운동가」를 제정할 당시 학부는 각 학교의 「운동가」를 일치시킬 생각으로 만들었는데 그 실무적인 작업은 군부 주사인 김유탁이라는 사람이 맡았다. 당시 학부에 운동가를 지을 만한 사람이 없었는지 모르나 『독립신문』에 보면 학부의 주사 한 사람이 지은 가사가 실리기도 했고, 또 『황성신문』의 기록을 보면 「가례절 경축가」 등을 학부에서 지은 것으로 되어 있는데 유독 이 「운동가」만은 군부에 의뢰를 했다는 것이 주목할 만하다. 군부에 의뢰하는 배경에는, 1910년 『학부창가집』이 나오기 이전에 학부에서 직접 관여한 창가는 거의 4·4조였고 이러한 율조로서는 「운동가」의 성격에 적합하지 않다는 판단이 있었을 것이다. 그리하여 이미 근대식 군악대가 설치되어 엑케르트(F. Eckert)의 지도를 받아 여러 가지 행진곡 등을 연주할 만한 수준이던 즉 당시의 정부 조직에서 서양식 음악에 가장 접근해 있던 군부에 이를 의뢰한 것으로 보인다. 김유탁이라는 군부 주사가 이 군악대 일에 관계된 사람인지는 확인할 수 없으나 여하튼 '군가'와 '답보(행진)'에 응하는 이 노래가 지어진 것은 이 노래가 어떤 종류의 곡조를 그것도 서구식의 곡조를 부곡으로 하기를 원하는 학부의 희망이 포함되어 있었던 것이다.

근대음악의 선구자인 홍난파는 그 자신의 증언 가운데 이 「운동가」에 대해서 언급한 바 있다.[21]

　　　'대한제국 광무일월 부강안태는
　　　국민교육 보급함에 전재함일세.
　　　운동할 때 운동하야 체육힘쓰고
　　　공부할 때 공부하야 지식넓히세.'
　라는 곡조도 없는 노래였다. 물론 이 노래가 유포되기 전에도 일부 예수교 학

---

21) 홍난파, 「악단 반세기의 회고」, 『중앙』 10월호, 1936, 217면.

당에서는 찬송가에 유사한 창가들을 간헐적으로 불러왔지마는 정부의 힘으로 학교 창가를 제정하기는 아마 이 운동가가 처음이 될 것이라고 생각한다.

즉 학부에서 큰 의욕을 가지고 이 운동가를 만들었고, 이를 보급하고자 창가에 재질이 있는 아동 2, 3인씩 선발해 놓고 이를 가르쳐서 운동회 당일 제창케 했지만 막상 뚜렷한 곡조는 없었다는 것이다. 여기서 곡조가 없었다는 말은 이 말의 증언자인 홍난파가 훗날 서양 음악 작곡가 및 연주가로서 활동했음을 두고 볼 때, 서양식 곡조가 아닌 재래의 음송 방법으로 불렸다는 말로 이해된다. 당시 군악대에는 분명히 서양식 곡조에 의한 연주곡이 있었을 터인데 어째서 곡조가 없었다고 홍난파는 증언하는 것일까? 결국 재래식의 음송 방법으로 이 「운동가」가 불리게 된 것은 당시의 군부에서 접하던 군악의 곡조를 학부에서 잘 몰랐다고 할 수도 있고, 곡조가 있다고 하더라도 막상 그것을 가르칠 만한 소양을 가진 관리도 없었기 때문이며, 비록 당시 창가를 잘 부르던 학생들이라도 새로운 서양 악곡을 익히는 일에는 다소간 시간이 걸렸을 것이기 때문이다.

2) '7·5조'의 음악적 성격

7·5조의 기원을 해명하기 위해서는 이 율조가 삶을 영위하던 자리를 검토해야 한다. 이 율조가 가창 형식에 채택되었기 때문에 가창 곡조의 음악적 성격을 검토해야 하는 것이다. 이를 위해서는 7·5조 계열의 최초 작품인 학부 「운동가」의 가창 곡조를 검토해 보아야 하지만, 불행히도 그 가창 곡조가 확인되지 않는다. 또 당시의 군악대에서 연주하던 「창가 행진곡」 등의 악보도 전해지지 않고 있으므로 부득이 가창 곡조가 확인되는 7·5조 창가인 「경부철도노래」의 악곡을 검토해 보기

로 한다. 육당은 자신의 이 작품이 최초의 7·5조 창가였다고 했지만 7·5조 계열의 율조는 이미 그 전 해의 학부 「운동가」에서, 7·5조에 어울리는 가창 곡조는 이미 근대식 군악대에서 연주하고 있었던 것이다. 그러나 본격적인 7·5조 창가의 위치에 있었고, 또 크게 유행하기도 했던 이 「경부철도노래」의 가창 곡조를 검토하는 것이 더 의의가 있을 것이다.

「경부철도노래」의 가창 곡조로 최남선이 제시한 것은 스코틀랜드 민요인 「밀밭에서(Com'ing thru the Rye……)」였다. 이 곡은 조성상으로는 사 장조(G-major)이고, 악식상으로는 두 도막 형식의 노래다. 4분의 2박자 체계 안에서 그 리듬 구조가 간단하고 또 반복적이어서 가창이 용이하며 기억하기에 손쉽다. 이러한 특징은 창가가 갖추어야 할 기본적인 조건을 만족하고 있는 것으로서 그 보급과 확산의 원동력이 된 것으로 보인다.

그런데 이 곡조는 리듬의 면에서 스코틀랜드 민요 원곡의 것과는 좀 다르다. 이 곡의 원래의 리듬 패턴은 다음과 같았다.

〈그림 17〉 「밀밭에서」 원곡의 기본 리듬

「경부철도노래」 곡조는 스코틀랜드 민요의 큰 특징인 소위 스코틀랜드식 스냅(Scotch snap)이 거세된 것임을 알 수 있다. 물론 이 Scotch snap이라는 것은 스코틀랜드의 민속 무용의 리듬과 통하며, 스냅(snap)이란 말이 본시 정력·원기·활력이라든가 급변·돌변 등의 의미를 가지고 있듯이 그 리듬에 극히 경쾌한 면이 있었다. 따라서 이 리듬은 이것을 받아들인 일본인들에게는 그리 손쉬운 리듬이 아니었을 것이며, 원래의 리듬(♪♪.)에서 두 음표의 위치를 바꾸어서 점8분음표에 16분음표가 연이은 형태(♪. ♪)로 통일시켜 버렸던 것이고, 바로 이 리듬 형태는 일본 창가의 큰 특징 중의 하나였던 것이다.

〈그림 18〉 경부철도노래 악보

그러한 변화가 일어났던 또 하나의 흔적은 위의 악보에서 보이는 제3 프레이즈에서다. 그 마지막에 가사도 없이 음표만 나와 있는 ♪은 그 다음 프레이즈의 ♪.와 합해져서 ♪ ♪. 즉 스코티시 스냅(Scottish snap)[22]을 이루게 되며 이와 아울러 나머지 음부들도 스코티시 스냅의 형태로 바뀌게 되는 것이다.

♪ ♪.와 같은 스코티시 스냅을 ♪. ♪로 개편한 것은 육당이 아니라 일

---

22) Handbook for SHSA sanctioned harp competitions(http://www.shsa.org/comp/handbook.html)에서는 스코티시 스냅에 대해 다음과 같이 설명하고 있다.

"The rhythmic figure of a very short accented note on the beat followed by a longer note to complete the beat, for example, in 4/4 time, a sixteenth note-dotted eighth note pair. The figure may be played or sung (particularly in Gaelic song) more like a 32nd note-double dotted eighth note. The Scottish snap is the staple rhythm of a strathspey, but may also be found in every form of traditional Scottish music."

본인들이었다.23) 사실 이러한 스코티시 스냅은 그 지방의 무곡의 독특한 리듬이었으므로 이를 받아들인 동양권에서 이를 무용이 아닌 가창에 손쉬운 리듬으로 바꾸어 버린 것은 당연한 일이라 여겨진다. 그런데 하고많은 서양의 리듬 가운데서 이 ♪. ♪ 리듬이 일본 창가의 주류를 이루게 된 것은, 그 리듬 형태의 활동성과 단순성 때문이었을 것이고, 더 중요한 이유로 일본의 재래식 민요 리듬과의 상통성 때문이었다. 일본 민요에서는 그 가창 부분은 물론이지만 전주 부분의 일본의 고유 악기인 삼현의 연주 부분에 상당수의 ♪. ♪ 리듬이 발견된다.24) 아울러서 이 창가의 박자가 2박자 계열인데 『일본민요집』에 실린 일본 민요의 거의 대부분이 역시 2/4박자로 되어 있었다. 또 이 창가들이 단형이라는 점도 이 리듬을 채용하게 되는 또 다른 이유가 된다.

이 곡조가 일본 창가 곡조의 대표가 된 것은 이 곡의 음계와 동양권 음계의 유사성도 크게 작용했을 것이다. 즉 스코틀랜드 민요의 음계는 5음 음계(도레미솔라)인데, 이 5음 음계는 물론 음정상으로는 동양의 5음 음계(궁상각치우 혹은 요나누끼)와는 약간 차이가 있지만, 그 차이는 거의 미미한 편이고, 따라서 동양에서 그러한 음계의 노래에 쉽게 적응할 수 있었던 것이다.

그러나 그 가장 큰 이유는 이 곡의 악식상의 특징 때문이었을 것이다. 한 프레이즈(작은악절) 당 4마디씩의 구성으로 되어 있는 이 곡의 리듬을 마디 단위로 나타내 보이면 4 / 4 / 4 / 1로서 이를 작은악절보다 하위 단위인 동기(motive)로 묶어 보면 8 · 5가 된다. 그리고 가사를 붙이는 방법에 따라서 이 8 · 5의 기본 리듬은 7 · 5, 6 · 5, 7 · 4, 6 · 4 등의 가사가 붙을 수 있게 되는 것이다. 그러므로 이 곡은 7 · 5조를 붙이기에 가장 좋은 리듬 구조였던 것이다. 이와 같이 서양과 일본의 문화를 적절히 혼합하는 태도에 당대의 일본인들은 '화양절충'이라는 명목을 붙여

---

23) 『세계음악전집』, 東京 : 春秋社, 1931, 217면.
24) 町田嘉章, 『日本民謠集』(淺野建二 편, 東京 : 岩波書店, 1983)을 참조로 함.

준 것이다.

가사를 붙이는 방식은 멜리스마 스타일과 실러빅 스타일 두 가지가 있는데, 실러빅 스타일(syllabic style)은 한 음부에 한 음절의 가사가 대응되는 방식을 말하고, 멜리스마 스타일(melisma style)은 한 음절의 가사에 여러 개의 음부가 대응되는 방식이다. 개화기 창가의 경우 실러빅 스타일을 기본으로 하되 필요한 경우에는 언제든지 멜리스마 스타일로 전환하였던 것이다. 이런 점에서 개화기 창가의 곡조에 붙은 가사는 '신축성'의 특성을 지니고 있다고 평가하는 것이다.

이 신축성은 가사보다는 곡이 먼저 만들어지는 당시의 형편, 그리고 가사를 지을 때에 전문성이 없는 작가들의 수준 등이 그 원인이 되어 생겨난 것이다. 이러한 멜리스마적 신축성을 유지시키는 데 도움이 된 것은 악곡 자체의 짤막한 분절적 리듬 형태이기도 했다. 또 그러한 분절적 리듬 형태에 실러빅 스타일의 가사를 붙이고 보면 노래의 명확성을 높이는 데에 기여하게 되는 것이다.

육당은 「경부철도노래」 초판의 「뎐례말」에서 이 노래의 특징을 다음과 같이 말했다.

이 노래는 예전부터 내려오는 '8자박이' 격됴와 다르니 나는 이러한 격됴를 '8에5'라 일흠코댜 하노라.

「경부철도노래」의 가사는 분명히 7·5조인데 육당은 어째서 '8에5'라 했을까? 조지훈은 그 이유를 "일본 明治년간의 창가, 신체시 등 7·5조의 영향 받았음을 감추려 한 데서 기인한 것"이라 말하고 있다.[25] 그러니까 조지훈은 최남선의 7·5조는 일본의 창가나 신체시에서 빌려온 것이라는 생각을 가지고 있고 아울러 그것을 부정적으로 보고 있는 것이다. 물론 7·5조가 일본의 창가 특히 신체시에 많은(사실상 대부분의 신

---

25) 조지훈, 「반세기의 가요문화사」, 『한국문화사서설』, 탐구당, 1981, 311면.

체시가 7·5조였다) 율조라는 것은 부인할 수 없다. 그러나 창가의 경우 일본의 메이지(明治) 년간의 창가에서는 적잖이 8·5조의 창가를 접할 수 있다. 가령 도야마 마사카츠(外山正一) 작사 이자와 슈지(伊澤修二) 작곡으로 된 「來たや 來た」(明治 21년)나, 야마다(山田美妙齋) 작사 오먀먀(小山作之助) 작곡으로 된 「敵は幾萬」 역시 8·5조로 되어 있고, 7·5조라 하더라도 그 부분 부분에는 8·5조의 가사가 끼어 있는 것이다. 물론 이러한 현상은 그 가창 곡조가 본래 8·5에 적합한 것이었던 때문이었다.

송민호는 "이것은 7의 원형을 4·4조로 보고 8의 5라 한 것인지, 숫자는 7이지만 음악상의 박자수는 8이라는 뜻인지, 또는 과거의 기본자수율이 8인 데 대하여 창가는 5조라는 뜻인지 모르겠다"고 해석의 가능성만을 제시할 뿐 성급한 해명은 하지 않고 있다.[26] 육당(六堂)이 「경부철도노래」의 격조를 '8에5'라 한 것은 가사의 율조를 말한 것이 아니라 곡조의 율조를 말한 것이다. 이 곡조의 리듬을 각 마디 별로 보면 첫 마디에서 셋째 마디까지는 4개씩의 음부로 되어 있고, 넷째 마디는 한 음부로 되어 있다. 따라서 이를 두 마디씩 묶어 악곡의 동기(motive)에 맞추어 표시하면 8개의 음부와 5개의 음부로 되어 있는 셈이고, 최남선은 바로 이 점에 주목하여 '8에5'라 한 것이다. 이 곡은 이러한 곡조 자체의 신축성 때문에 '8에5'도, '7에5'도, '6에5'도 가능한 곡조다. 즉 6·5조나 7·5조도 공히 악곡의 형식상으로는 8·5조나 다름이 없는 것이다.

「경부철도노래」는 기본적으로 실러빅 스타일로 가사를 붙여 놓았으나, 두 번째 마디의 리듬 형태는 사실 다음 그림과 같이 멜리스마 풍으로 되어 있다.

---

26) 송민호, 「한국시가문학사(하)」, 『한국문화사대계』 10, 고려대 민족문화연구소, 1981, 934면.

〈그림 19〉 「경부철도노래」의 가사 붙이는 방식

악보에서 보듯이 '토-'에 배정된 두 개의 음표가 이음줄(slur)로 연결되어 있는 것이다. 육당(六堂)은 두 번째 마디의 제2음부의 경과음에 대해서 모음의 가사는 -(장음표시)를, 종성을 갖춘 가사는 받침음을 분리하여 따로 배정해 두고 있다.

    토 - , 드 ㅇ , 바 - , 새 -
    녀 ㄹㅔ , 워 - , 다 - , 따 -

즉 그는 음절상으로는 3음절이지만 모라(mora)와 유사한 개념을 적용하여 음장소를 한 단위로 인식했던 것이다. 따라서 그가 '8에5'라고 부르는 것은 이런 점에서 볼 때는 그 가사의 면에 있어서도 이것이 단순히 음절수의 구성을 가리키는 말이 아닌 발음법(articulation)에 따른 지극히 당연한 표현이었다.

「경부철도노래」는 거의 전편이 4·3·5형태의 7·5조지만, 그 중에 오직 두 군데에 8·5로 된 부분이 있다. 즉 제14절의 제3행 "묘한경개 됴혼토산 비록업스나"와 31절의 "한번가서 뒷글마음" 등인데 이곳은 음장(音長)이나 받침을 독립시켜 발음할 것이 아니라 8·5의 가사이므로 그저 한 음표에 한 음절씩 붙여서 노래하면 되는 것이다. 최남선은 가사에다 이음줄을 사용했지만 만일 이를 악보에 표시했다면 굳이 이음줄을 쓸 필요가 없었을 것이다.

이런 검토의 결과로 볼 때에 육당이 7·5조의 리듬을 사용한 것은 일본 재래종의 시가 율조를 그대로 직수입해서 사용한 것이 아니라, 우선적으로 일본 창가의 곡조를 수입한 데서 이루어진 것이라고 할 수 있다.

물론 육당이 영향을 입은 일본 창가는 일본인들이 직접 지은 창가가 아니었고, 그들이 창가의 모델로 삼은 스코틀랜드 민요곡을 수정한 것이었다. 다시 말하면 육당은 서양 곡조 구체적으로는 「밀밭에서」의 곡조를 수입하기 시작하면서 7·5의 율조를 쓰기 시작했으며 이 율조가 그의 창가의 지배적인 율조가 되었던 것이다. 물론 그가 이처럼 7·5조를 쓰기까지에는 5자율과 7자율에 대한 실험 및 시도가 있었으며 이 율조들이 7·5라는 완전한 형태로 성취되면서 5자율과 7자율은 쇠퇴하고 말았던 것이다. 또한 그가 6·5라든가 8·5의 율조를 사용한 것은 다름이 아니라 그가 수입했던 창가 곡조의 형식에서 기인한 일이었고 육당은 이를 마음껏 구사할 수 있었던 것이다. 즉 그가 수입한 서양 곡조의 성격에 따라 자연적으로 일어난 현상이었다고 생각되는 것이다. 이렇게 볼 때에 일본은 7·5조와 관계 있는 나라이기는 하지만 그 발신국이 아니라 중간에서 전달해 준 전달자의 역할을 했다고 볼 수 있는 것이다.27)

한편 1907년의 학부 제정 「운동가」가 군가에 응하여 8·5조로 지어졌다는 것은 비록 학생들에게 가르칠 때에는 뚜렷한 곡조가 없었지만 그것이 지어질 때에는 아무래도 위와 같은 서양식 곡조를 바탕으로 하지 않았나 추측할 수가 있다.

음절적인 형태의 언어 구조를 가지고 있는 일본이나 우리나라의 경우 같은 곡조에 가사를 붙이면 거의 대부분 같은 율조가 나올 수밖에 없는 것이다. 그러므로 7·5는 일본의 창가 율조이긴 하지만, 그리고 일본의 개화 이후 가장 보편적인 정형율이었긴 하지만 이를 일본의 고유한 리듬으로만 여기는 태도는 시정되어야 할 것이다. 결국 우리나라의 7·5조는 서양악곡의 충격에 의해서 생겨난 율조인 것이다.

---

27) 이에 대해서는 민원득, 「개화기의 음악교육」(유덕희, 『세계음악교육사』, 학문사, 1985, 459면)도 이러한 현상을 "7·5조의 시가 형식을 따른 데서 생긴 것이라기보다는 악곡의 리듬 구조에 맞추어 지은 데서 생긴 것이라고 봄이 옳을 것"이라고 한다.

3) '7 · 5조'의 미학적 성격

그런데 문제는 개화기에 새로이 수입된 곡조에 맞추어 지어지기 시작한 이 7 · 5조류의 시가들이 왜 그렇게 빠른 속도로 보편화되었던가 하는 데 있다. 7 · 5조 이외에 다른 곡조도 있었고, 특히 4 · 4조의 경우는 전통적인 가사 율조였을 뿐만 아니라 개화 가사에서도 채용되고 있고 나아가서는 찬송가나 창가에서도 상당히 채용되었는데, 이 4 · 4조는 미약해지고 7 · 5조만이 살아남았을까? 아울러 개화 이래 각 학교에서 정한 교가나 운동가(응원가)의 대부분이 7 · 5조라는 것은 어떻게 해명이 될 것인가? 심지어는 이 7 · 5조로 된 독립군가나 민요까지 발견되는 것은 과연 어떤 이유에서인가?[28] 물론 부곡이 따라 부르기 좋은 곡조로 되어 있고, 그 음계도 한국인들에게 친숙할 뿐 아니라, 음악적 리듬도 흥겨운 것도 보편화의 중요한 이유가 되지만, 그것이 현대시에서도 한동안 크게 힘을 떨치고 있었던 데는 이 율조 자체에 어떤 힘이 있기 때문이 아닐까 생각해 볼 수 있다.

작곡가들에 따르면 7 · 5조류의 리듬이 노래 가사로서는 가장 적합한 형식이라고 말한다. 주로 예술 가곡을 작곡하는 나운영에 따르면 7 · 5조가 가장 대표적인 가요곡의 율조이고 작곡의 원리로 볼 때, 6 · 5조, 8 · 5조, 8 · 6조, 7 · 7조 등의 율조도 7 · 5조에 포함되는 것이라 설명하

---

28) 1920년대 독립군가로서 다음과 같은 것이 있다.
　　"나아가세 독립군아 어서나가세
　　기다리던 독립전쟁 돌아왔다네
　　이때를 기다리고 십년동안에
　　갈았던 날랜칼을 시험할날이
　　나아가세 대한민국 독립군사야
　　자유독립 광복함이 오늘이로다
　　정의의 태극깃발 날리는곳에
　　적의군사 낙엽같이 쓰러지리라"
　박형준, 「'투쟁의 노래'의 의미」, 『민요연구회보』 제4집, 민요연구회, 1998, 17면에서 재인용.

고 있다.29) 이 점에 대해서는 대중가요의 작사가인 정두수도 동의하고 있는데,30) 실제로 많은 대중가요, 동요, 예술가곡 등에서 7·5조류의 가사를 쉽게 그리고 자주 발견할 수 있다.

이와 같이 7·5조가 가요곡에 가장 적합한 가사 양식이라는 것에 대해서는 『시와 리듬』이란 저서를 낸 바 있는 음악학자 서우석의 설명도 매우 시사적이다. 그는 7·5조의 리듬이 음악미학상으로 볼 때에 가장 이상적으로 분할된 율조라 한다.31) 즉 12자로 된 어떤 단위의 가사가 부분으로 나뉠 때에는 6+6으로 나뉘는 것보다는 7+5로 나뉘는 것이 훨씬 더 이상적이라 한다. 다시 말하면 구조적으로 어떤 단위를 분할할 때에 그 분할의 경계지점은 그 단위의 정중앙이 되어서는 안 된다는 것이다. 분할 지점은 정중앙으로부터는 약간 한쪽으로 치우친 곳, 그러나 아주 치우쳐서 분할된 후에 양쪽의 요소가 너무나 현격한 차이를 보여서는 안 된다는 것이다. 이렇게 볼 때에 12자는 8+4보다는 7+5로 분할되는 것이 훨씬 더 좋다는 것이다. 만일 8+4로 분할된다면 한 쪽(8)이 다른 한 쪽(4)보다 두 배나 크게 된다.

공교롭게도 7+5 분할의 경우에는 일차 분할에 이어 이차 분할을 하더라도 위와 같은 분할 원칙이 지켜질 수 있다. 즉 앞의 7자는 다시 3+4 혹은 4+3으로 나뉠 수 있고, 뒤의 5자는 3+2 혹은 2+3으로 나뉠 수 있다. 만일 일차 분할에서 8+4로 해 놓으면 이차 분할에서 4+4, 2+2의 형식으로 나뉠 수밖에 없기 때문에 바람직하지 않은 것이다. 이러한 분할의 원리를 서우석은 '비균등 분할'이라 부른다.

그런데 7이 3+4로 분리되고 5가 2+3으로 분리되는 것은 비균등 분할이라는 원리에 입각한 것이다. 음악에서는 음계 이론에서 비균등 분할의 개념이

---

29) 나운영, 『작곡법』, 세광음악출판사, 1984, 156~157면.
30) 정두수, 『작사법』, 세광출판사, 1973, 267~271면.
31) 서우석, 『시와 리듬』, 문학과지성사, 1983, 170~172면.

원용되는데 이 비균등 분할의 원칙은 구조주의적 근거를 가지고 있다. 6이 3+3으로 나누어지면 3+3은 어느 한쪽이 다른 한쪽에 대해 대립항이 될 수 없다. 3과 3은 같은 것이므로 대립항을 이루지 못한다. 그래서 분할은 그 분할된 요소들이 구성적 형식을 만들기 위해서는 동일한 단위가 되어서는 안 되는 것이다.

이러한 비균등 분할의 원리를 7·5조에 적용하여 도시하면 다음 그림과 같이 된다.

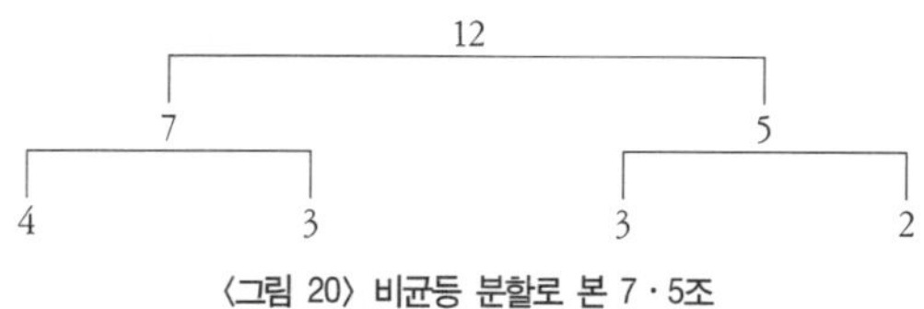

〈그림 20〉 비균등 분할로 본 7·5조

한편 이러한 서우석의 설명은 리듬에 관한 헤이돈(G. Haydon)의 음악미학적 해명과 궤를 같이한다.[32]

음악에서 건축적인 원리로서 '리듬'은—본질적으로 정리적 개념인—균형에 대응 용어다. 그것은 주로 짧은 것에서 긴 것으로의 진행에서, 강세가 없는 음이나 박자에서 있는 것으로의 진행에서, 한 보충적 요소에서 다른 보충적 요소로의 흔들림에서 나타나는 움직임의 느낌에 관한 것이다.

다시 말하면 7·5의 율조는 균형의 원리에 지배를 받고 있는 것이 아니라, 바로 리듬의 원리에 지배를 받고 있는 말하자면 '음악적' 리듬인 것이다. 이 율조는 운동감 혹은 율동감의 느낌을 불러일으키는 미학적 심리학적 근거를 가지고 있는 것이다. 또한 「경부철도노래」 가창 곡조의 기본적인 리듬(♩. ♪) 역시 이러한 율동감과 운동감의 리듬이기 때문에 가사와 곡조의 리듬이 어우러져 그 효과가 상승되는 것이다.

---

32) G. 헤이돈, 서우석 역, 『음악학이란 무엇인가』, 청한, 1984, 163면.

음악적인 측면에서 7과 5라는 대립항은 음수에 있어서는 대립적이지만 그것들이 차지하고 있는 시간적인 길이에서는 대등함을 보인다. 즉 같은 음부를 7과 5에 대응시켰을 때에 뒤의 대립항은 2만큼이 부족하게 되는데, 이 부족한 부분을 휴지부(쉼표)가 대신하게 되는 것이다. 가창을 위해서 노래는 필수적으로 적당한 휴지부를 가져야 하는데 7·5의 가사 한 행이 끝나고 휴지부를 가지는 것은 지극히 당연한 일이기도 하다. 이런 점에서도 7·5는 4·4보다 더 음악적이라 할 수 있는 것이다.

이와는 좀 다른 각도에서 성기옥이 층량 3보격의 이론을 적용한 것은 본 연구의 입장에서 볼 때, 7·5의 율조가 우리나라에 수입되어 토착화하는 데 있어서 기여한 이유를 설명한 것으로 보인다. 즉 3보격의 율조는 한국인들에게 이미 토착 민요 등을 통해 친근감이 있는 율조였기 때문에 7·5의 율조가 한국에서 정착하는 데 많은 도움이 되었다고 보는 것이다.[33]

결국 이러한 설명들은 다름이 아니라 7·5조라는 리듬 안에 미학적 아름다움이 내재해 있다는 말이고, 한국인들이 7·5조를 마치 고유의 리듬처럼 생각한다거나 혹은 7·5조로 된 시가를 짓는다거나 하는 이유가 바로 여기에 있다는 주장과 다름없는 것이다. 또 7·5조의 확산 과정을 통해서 7·5조가 민간에 스며들어가게 되고 또 7·5율조에 의한 민요들까지 제작됨으로써 개화 이후 수입된 7·5조가 아주 보편화되던 1920년대의 시인들이 7·5조를 민요조라 말한 것은 지극히 자연스러운 일이었다.

---

33) 성기옥, 「한국시가의 율격체계연구」, 『국문학연구』 48집, 서울대 국문학회, 1980, 100면.

4) 문학적 '7·5조'의 정립

육당이 '창가(唱歌)'란 용어를 쓴 것은 「경부철도노래」를 펴내던 1908
년 3월이 아니고 그보다 2년 뒤인 1910년 5월의 일이었다. 이것은 『학
부창가집』이 발간되기 한 달 전의 일이었고, 최초로 육당에 의해서 '창
가'란 명칭을 부여받은 작품은 『소년』(3년 5권)의 「들 구경」이었다. 이 작
품은 8·5 6행 1절로 하는 2절짜리였으나 동반된 곡조는 없었다. 이어
서 육당은 다음 작품들에 대해서도 '창가'란 명칭을 부여했는데 역시
부곡은 없었다.

> 「소년의 녀름」(3년 6권) 8·5/7·5/8·5/7·5 4절
> 「녀름의 자연」(3년 7권) 8·5 8행 2절
> 「조상을 위해」(3년 8권) 8·5 4행 4절

한편 『소년』지에는 곡조가 동반된 가사가 몇 편 있다. 그런데 「청년
학우회가」(3년 5권)에는 '가곡' 명칭이 붙어 있지만, 역시 곡조가 붙어 있
는 「단군절」(2년 10권)에는 아무런 명칭도 부여되지 않았다. 한편 '가곡'
이란 명칭이 부여되어 있는 「청년학우회 행보가」(3년 5권)나 「청년학우
회 하기휴학가」(3년 6권) 등은 곡조를 동반하지 않았다. 이 두 작품은 곡
조는 없지만 부곡의 가능성은 아주 높다. 아무튼 이러한 육당의 편집
태도에서 육당의 장르의식 부재를 읽어낼 수 있다고 본다.

위와 같은 율조의 시가가 『소년』지에는 상당히 많은데 이 작품들에
대해서 주로 '시'라는 명칭을 쓰던 그가 굳이 1910년 5월에 들어서서야
'창가'라는 말을 쓰게 된 것일까? 그것은 두 가지로 해석될 수 있다. 우
선 1910년 5월 이전까지는 우리나라에서 아직 '창가'라는 용어가 보편
화되지 못했던 것일 수 있다. 물론 각 학교들에서 학교령에 의거 창가
과목을 개설해 놓고는 있었으나, 기독교계 미션학교가 아니면 가르칠

교사가 없어 제대로 운영하지 못했던 것이다. 그러다가 학부에서 창가 교과서를 만들고 나서야 이 용어가 보편화된 것처럼 보인다. 또 한 가지는 물론 위의 사실과 밀접한 관계가 있겠지만 육당이 1910년 5월에 『학부창가집』이 발간 준비중에 있다는 소식을 접하고 그제야 자신의 작품들이 창가라는 이름으로도 불릴 수 있음을 각성한 것이 아닌가 하는 것이다.

「소년의 녀름」이나 「조상을 위해」처럼 4행을 1절로 하는 시가는 창가적 형태를 가지고 있다고 할 수는 있으나, 6행 내지는 8행을 1절로 하는 「녀름의 자연」 같은 작품은 아무래도 가창용(歌唱用)은 아니었다. 물론 최남선의 장르의식 부재에 대해서는 이미 여러 논자들이 지적한 바 있지만, 아무래도 그가 가창을 전제로 한 시가에 대해서 '창가'라는 명칭을 사용하기보다는 그저 율독(음송)이 편리한 7·5조나 8·5조 등의 율조를 가진 시 작품에 대하여 또 아동들에 대한 교육적 기능을 가진 작품에 대하여 이 명칭을 사용한 것처럼 보인다. 그리고 그러한 작품들에 대해서도 일관되게 창가란 명칭을 부여하지 않고 '시'라는 명칭만을 사용함으로써 『소년』지를 간행하던 최남선의 주된 관심은 문학적인 데 있지는 않았던 것이라고 추정할 수 있다.

그의 창가 대부분이 강한 교술적 성격을 가지고 있는 것도 육당의 관심이 무엇이었는지를 알게 해 준다. 물론 『소년』지에서는 자유시형, 산문시형 시가 및 시조 가사 등이 실려 있지만 특히 창가에서 그 교술적 성격이 두드러지는 것이다.

『소년』지에는 매호마다 상당히 많은 시가가 실려 있다. 그 대부분은 작자가 밝혀져 있지 않지만 이미 여러 논자들이 말하듯이 이 작품들은 유일한 집필자이자 편집자였던 육당의 작품이었을 것이다.34) 그 중에서 7·5조 계열의 시가들의 목록을 보이면 다음과 같다.

---

34) 『소년』 제2년 제10권을 보면 육당은 스스로 『소년』지의 유일한 필자임을 고백하고 있다.

「산유화」(1년 1권) 8・5조

「가을뜻」(1년 1권) 8・5조

「성진」(1년 1권) 7・5조

「소년대한」(1년 2권) 7・5조

「우리의 운동장」(1년 2권) 6・5조

「벌」(1년 2권) 6・5조

「대국민의 기백」(2년 1권) 7・5조 (원제 Progress) 번역시

「뜌의 강반의 방앗군」(2년 5권) 7・5조 (원제 The Miller of the Dee)

「노작」(2년 6권) 7・5조 번역시

「농부가」(2년 6권) 7・5조 (어느 직업 시인 아닌 친구의 작)

「대한소년행」(2년 9권) 8・5조

「단군절」(2년 10권) 8・5조 (악보 부)

「가난 배」(2년 10권) 8・5조

「바다위의 용소년」(2년 10권) 8・5조

「태백범」(2년 10권) 8・5조

「아브라함, 린커언」(3년 1권) 7・5조

「태백산가(기1)」(3년 2권) 7・5조

「태백산과 우리」(3년 2권) 7・5조

「해적가」(3년 3권) 7・5조 번역시 (日語譯을 책역함)

「들구경」(3년 5권) 8・5조

「청년학우회행보가」(3년 5권) 8・5조

「소년의 녀름」(3년 6권) 8・5조

「청년학우하기휴학가」(3년 6권) 7・5조

「녀름의자연」(3년 7권) 8・5조

「조상을 위해」(3년 8권) 8・5조

「달문담」(3년 9권) 7・5조

「톨쓰토이 선생을 곡함」(3년 9권) 8・5조

「크리쓰마쓰」(3년 9권) 8・5조

「시3편」(4년 2권) 7・5조

전 79편의 『소년』지 시가 중 29편을 차지하고 있는 것으로 보아 이
7・5율조는 『소년』지의 대표적 율조라 할 수 있다. 그리고 유형으로는

번역과 창작을 막론하고 역시 7·5조 계열이 주종임을 알 수 있다.

위의 작품들에서 채용된 6·5, 7·5, 8·5 등의 율조는 조연현이 말한 것처럼 최남선의 '현대시형에의 시도'라는 문학적인 창작 의욕이 지배적으로 작용해서 나타난 율조라고 볼 수는 없다. 그러한 변조들은 그가 「경부철도노래」의 가사를 제작할 때 그 부곡의 리듬적 신축성을 이해하고 있었기 때문에 창작 과정에서 자연스럽게 생겨난 것이라 할 수 있겠다. 아무튼 그가 『소년』지를 발간하면서 이처럼 주로 7·5조 계열의 시를 지었고(물론 그가 어떤 뚜렷한 형태의식이나 장르의식을 가지고 제작한 것은 아니었지만), 또 이를 적극적으로 보급했다는 점은 그의 창가운동의 일환이기도 하지만, 문학사적으로 볼 때는 7·5의 율조 확립에 크게 기여한 것으로 이해해야 하리라 본다.[35]

본 장에서는 개화기에 본격적인 문인으로 등장해서 활동한 육당의 창가운동을 검토하였다. 본 장의 관심이 창가에 있기 때문에 시기적으로는 1907년부터 1910년까지 즉 그가 소위 '구작'들을 짓기 시작한 때부터 『소년』지가 폐간될 때까지로 한정해서 살펴보았다.

'구작' 계열에 속하는 작품에 나타나는 특징은 우선 5자율의 사용이었다. 육당은 이를 다양한 방법으로 구사하였지만 실험에 그쳤고 육당이 5자율을 구사하게 된 데에는 일본의 시가 율조의 5자 형태 및 우리나라 민간의 구전민요나 동요 등에서는 더러 발견되는 5·5조의 영향이 있었던 것으로 보였다.

다음으로는 7자율의 사용을 찾아볼 수 있는데 그의 7자율은 거의가 4·3의 구성으로 되어 있다. 즉 이 7자는 재래식의 가사나 시조에서는

---

35) 육당의 시에 미친 찬송가의 영향에 대해서는 조신권의 『한국문학과 기독교』(연세대 출판부, 1983), 142면에 언급이 있으나, 그것은 거의 내용의 차원에서 주제의식 등으로 나타난 것이지 율조나 형태상의 것은 아니었다. 또 같은 책의 155면에는 육당과 기독교와의 관계를 언급한 부분이 있는데, 육당 자신이 기독교계 인사들과는 친분이 있었지만 스스로 교회에 다닌 것은 아니었던 것이다.

3 · 4의 형태가 주종을 이루었던 것과는 판이하게 다른 것이었다. 이것도 역시 일본 창가의 7자율 양식의 영향과 우리나라 민간의 동요 혹은 민요 등 말하자면 노래체 시가의 영향으로 생겨난 것으로 보인다.

이러한 5자율과 7자율은 각기 독자적인 율조로 자리 잡지 못하고 그 둘이 연결되어 7 · 5 혹은 5 · 7로 흡수 발전되었다. 5 · 7조의 경우는 한 작품만 보이고 대부분은 7 · 5조로 굳어졌다. 그 대표적인 창가가 「경부철도노래」인데 이 노래는 당시의 학생들에게 율조상으로 큰 영향을 미쳤으리라 여겨진다.

이어서 7 · 5조를 둘러싼 여러 문제를 검토해 보았다. 이는 김소월 등의 현대 시인들이 구사한 소위 민요조의 해명을 위함이고, 또 창가시대의 7 · 5조가 어떤 식으로 현대시의 율조로 자리 잡았는가를 검토하기 위함이었다. 그 결과 일본의 전래 율조가 창가란 이름과 함께 그대로 수평이동이 된 것으로 볼 수도 없고, 또 고려 가요에서 그 흔적이 보이는 민요의 한 율조로 이해할 수도 없었으며, 이를 3음보율로 이해하는 것도 문제의 해결에 도움이 안 되었다. 결국 7 · 5조는 「밀밭에서」 같은 서양 악곡에 가사를 붙이는 과정에서 즉 서양 악곡의 도입에 따라서 촉발된 리듬이라고 볼 수 있었고, 그 곡조의 보급과 함께 7 · 5조가 하나의 정형율로서 자리 잡은 것으로 확인되었다.

한편 7 · 5조가 가진 우리나라 언어 구조와의 상통성 및 그 미학적 성격도 그 보급에 큰 도움이 되었다. 또한 『소년』지에서는 절 의식이 분명한 7 · 5조 계열의 시도 있지만 절 의식이 불분명한 아니 그보다는 절 구분의 제약으로부터 벗어나려는 노력도 엿보이고 있다.

7 · 5조에 대한 그의 관심은 이 『소년』 이후에 발간되던 『청춘』지에까지 상당히 이어지고 있으며, 매권이 발행될 때마다 권두 시로서 악보가 붙은 창가를 소개하고 있었고, 또 「세계일주가」 등을 간행하면서 7 · 5의 완성에 기여했던 것이다. 따라서 문학적으로 7 · 5조라는 율조의 정형화는 최남선의 공로라 아니할 수 없다.

제6장

신시의 형성과 창가의 역할

　지금까지 본 연구를 통해서 필자는 『독립신문』 소재 시가로부터 출발한 창가가 어떠한 양식들을 가지고 있었으며, 어떠한 자리에서 불리었으며, 어떤 식으로 발전해 왔는가를 살펴보았다. 음악사적(音樂史的)인 면으로 보면 창가(唱歌)는 1910년 이후로는 학교의 음악교육의 교과 내용으로서 완전히 자리 잡았으며, 대중가요(大衆歌謠), 국민가요(國民歌謠), 예술가곡(藝術歌曲), 동요(童謠) 및 신민요(新民謠) 등으로 점차 분화의 과정을 겪으며 발전되어 왔다. 문학사적인 면에서 볼 때에 창가는 본래 음악적 음송 양식을 동반했지만 그 음악적 음송 양식을 벗어나서 가사(歌詞) 위주의 문학적 발전 과정을 겪으며 현대시로 발전해 나아갔다.

　본격적인 자유시로 발전해 가는 과정에서 창가는 신체시라든가 언문풍월 양식 등의 개화기의 독특한 시 양식의 탄생에 기여했으며 한편으로는 전래의 시조 양식에도 변화를 일으키게 했다. 따라서 창가의 문학사적인 위상을 탐구해 볼 때에 이러한 개화기의 시가 양식들과 창가의 관계는 어떠하며, 이 양식들의 탄생에 구체적으로 기여한 바는 무엇이었던가를 검토하는 일이 긴요한 과제로 떠오르게 된다. 나아가서 개화기에 시작되어 집중적으로 전파되었던 창가 양식이 현대의 자유시와는 어떤 식으로 접맥이 되고 있는지도 살펴보아야 할 것이다.

1. 신시와의 관련

창가와 신시와의 관련을 살피기 위해서 우리는 육당의 시작품을 다시 검토해 보게 된다. 왜냐하면 문학적 창가운동의 선봉에 서는 최남선은 다른 한편으론 소위 신체시(新體詩)의 선구자이자 대표적 작가이기도 했기 때문이다. 그의 이 두 부문에서의 활동은 시기적으로 서로 맞물려 있는데, 이런 점에서 그의 문학 활동 가운데 창가와 신체시는 어떠한 관계를 맺고 있는가를 살펴볼 필요가 있으며, 이를 통해 창가로부터 시작되는 우리 시문학사의 맥락을 온전하게 구성하게 될 것이다.

1) '신체시(新體詩)' 혹은 '신시(新詩)'—명칭의 문제

'신체시' 혹은 '신시'에 대해서 논의할 때에 우선 그 명칭 문제가 거론된다. 대부분의 연구자들이 최남선의 '신체시가대모집(新體詩歌大募集)'이라는 광고에 나타나는 몇 가지 요건을 일종의 시론(詩論)으로 취급하고 있으며, 그 시론에서 말하고 있는 것은 바로 신체시에 관한 이론이라고 확신하고 있다. 하지만 필자가 보기에 이 시론은 오히려 창가에 대한 이론이며, 이 시론에 대한 엄밀한 분석을 통해서 신체시 혹은 창가의 양식 및 그 양자의 관계에 대한 중요한 시사점에 이를 수 있다고 생각한다. '신체시(新體詩)'라는 명칭의 근거가 되고 있는 『소년』지의 '모집 광고'를 검토해 보기로 한다. 『소년』 2년 1권(1909.1)에는 다음과 같은 '신체시가대모집'의 요강이 게재되어 있다.

   1. 語數와 句數와 題目은 隨意.
   2. 아못조록 純國語로 하고 語義가 通키 어려운 것은 漢字를 傍付함도 無妨
     하고.
   3. 篇中의 措辭와 構想에다 光明·純潔·剛健의 分子를 包含함을 要하고.
   4. 技巧의 點은 別노 取치 아니함.
   5. 寄稿는 漢城南部 絲井洞 新文館으로 送致하시옵
   6. 選評은 本編輯局員이 行함.
   7. 期限업시 「少年」誌上에 隨時發表함.
   8. 當選者에 等級대로 「少年」을 幾朔式 無代送呈하오
     (奮發 應募하시오)

이 8개의 요강 중에서 시의 양식 혹은 표현법에 관련된 것은 1~4항이다. 그런데 이 규정들을 검토할 때에 놓치지 말아야 할 전제는, 이 광고가 일반적인 독자 그것도 주로 소년층을 대상으로 한 것이라는 점이다. 1항·2항·4항의 투고 규정이 그리 구속적인 것이 아닌 이유가 바로 그것이다. 기왕의 연구에서 신체시의 형식을 논할 때에 흔히 제1항을 절대적인 요건처럼 생각하는 경향이 있었는데, 이런 점에서 이 규정의 확실한 의미는 다시 고찰될 필요가 있다.

한 마디로 말하여 이 규정이 정확히 어떤 형식을 요구하는 지는 사실상 그리 확연하지 않다. 흔히 이 규정에서 말하는 "語數와 句數를 임의로 하라"는 요구를 육당의 「해(海)에게서 소년(少年)에게」와 같은 신체시적인 시형식을 의미하는 것처럼 생각하는 태도는 이 문구를 잘못 해석한 데서 오는 것이다. 여기서 '어수와 구수를 수의'로 하라 했을 때, 육당이 오직 자유로운 형태를 요구했다고만 볼 수는 없다. 왜냐하면 이 광고는 자유시는 접해 본 적도 없고, 자유시의 형태를 본 적도 없는 소년들을 대상으로 한 것이기 때문이다. 이 문제에 대하여 김용직은 이 모집 광고가 신인 발굴의 의미를 지니고 있다고 말한다.[1]

신체시는 창가의 경우보다 좀더 전문적인 양식이었다. 신체시의 이와 같은 면은 자연 제작자의 수를 축소하게 했다. 개화가사의 경우처럼 아무나 그것을 지을 수 없었음은 물론, 창가를 거치는 가운데 그 제작자의 자격에도 여러 가지 제한이 가해졌기 때문이다. 이제 우리는 신체시의 중요 제작자로 최남선과 이광수의 이름을 들어 볼 수 있다.

먼저 최남선은 이 분야에 있어서 한 개의 기념비적 존재다. 우선 그는 公六, 六堂 등의 필명과 더러는 무기명으로 많은 작품을 발표했다. 그는 또한 자신이 主宰한『소년』에 다른 제작자가 쓴 신체시도 게재해 주었다. 뿐만 아니라 일종의 축약형 신체시론도 게재, 제시한 바 있다. 그것이 바로「新體詩歌大募集要綱」이다. 이를 통해 최남선은 당시 우리 주변의 신체시에 대한 성격을 집약적으로 보여 주었다. 그는 또한 이 분야에서 신인발굴의 시도까지 벌였다. 말하자면 신체시단의 본격적인 형성을 꾀한 셈이다. 다음은 신체시가 모집광고 문면이다. 이를 통해서 우리는 그의 신체시에 대한 생각과 신인발굴의 시도를 단적으로 파악해 볼 수 있다.

그러나 육당의 취지는 전문적인 문학인으로 성장해 갈 신인을 발굴하려한 것도 아니었고, 신체시단의 본격적인 형성을 꾀하려 한 것은 더더욱 아니었다. 단지 잡지의 독자인 소년들에게 새로운 생각 및 표현법을 강조하고 그런 식의 문장 작법을 고취하려는 데 있었다고 생각된다. 이 모집 광고에서 내건 현상품은 겨우『소년』지 몇 달 분이었던 것이다.

기왕의 학자들이 가지고 있던 견해와 필자가 여기서 주장하는 견해와의 차이는 '모집 요강'의 '수의(隨意)'라는 말의 해석의 차이라고 볼

---

1) 김용직, 『한국근대시사』, 새문사, 1983, 105~106면.

수 있다. '어수(語數)'라는 것은 한 구를 이루는 음절수를 말하는 것이고, '구수(句數)'라는 것은 한 행에 놓이는 구의 수를 말하는 것이다. 여기까지는 누구라도 동의할 것이다. 그 다음이 문제다. '어수와 구수를 수의로 하라'는 말은 물론 기왕의 학자들이 해석한대로 한 시작품 안에서 다양한 어수나 구수를 구사해 보라는 뜻으로도 해석될 수도 있다. 그러나 여러 가지 정황을 보건대, 그러한 뜻으로보다는 어수(語數)의 경우 2·3·4·5음절(音節) 어느 것이든 상관이 없다는 말이요, 구수(句數)의 경우는 2음보율이든 3음보율이든 4음보율이든 관계치 않겠다는 말로 해석하는 것이 더 타당하다. 그리고 이 규정을 일반적인 소년층 독자에게 적용할 경우, 이 말은 그들이 알고 있는 혹은 익숙해 있는 율조라면 어느 것이든지 상관없이 마음대로 시를 지어 보라는 뜻으로 이해될 수 있다. 따라서 이 규정에 의하면 3·4조든, 7·5조든, 3·3·4조든, 3음보율이든 4음보율이든 그 어느 것이라도 가능하다는 말이다.

요약하면 이 규정은 정형시(定型詩)를 요구하되 그 율조(律調)는 마음대로 선택하라는 것이다. 당대에 통용되던 그 어떤 형식이나 율조든지 편집자는 상관하지 않겠다는 것이다. 이 규정을 두고 육당이 자유시적인 형태를 독자들에게 요구했다고 보는 것은 무리가 아닐 수 없다.

만일 육당이 신체시에 대한 장르적인 확고한 의식 즉 기왕의 학자들이 해석하는 대로 어수와 구수를 마음대로 구사한다는 의식을 가지고 있었다면 그는 모집 광고의 제목에 모집하는 시의 종류를 '신체시(新體詩)'라고 분명히 밝혔어야 했다. 그러나 이 규정에(규정보다는 요령에 가깝다) 노래라는 뜻의 '가(歌)를 덧붙여' '신체시가(新體詩歌)'라 한 것은 오히려 노래로 불릴 수 있는 형태(그것이 7·5조이든 4·4조이든 관계없이) 즉 창가 형태의 작품을 주로 요구하고 있는 것으로 보인다.

사실상 육당이 이 규정을 통해서 가장 강조하려고 했던 것은 제3항에 나와 있다.[2] 제3항에만 "要하고"라는 규정이 들어 있고, 이 규정은 내용에 관한 것으로서 광명(光明)·순결(純潔)·강건(剛健)의 내용을 고취하는 것은 『소년(少年)』지의 발간 취지와 전적으로 일치하는 것이다. 그 다음으로 강조하고 있는 것은 제2항의 "아못조록 純國語로 하고……" 라는 규정이다. 물론 『소년』지는 국한문 혼용으로 발간되었지만 그것은 아동들에게 한자교육을 하려는 취지에 따른 것이었을 뿐, 국어 전용의 생각은 육당(六堂)의 지론 중의 하나였으며, 시가의 제작에만 국한한 것은 아니었다. 『소년』 창간호 내표지 뒷면에 실린 「소인국 표유기(小人國 漂遊記)」의 출판 광고에 "이 책은 순국문으로 「썰니버 여행기(旅行記)」의 상권을 번역한 것인데……"라는 기록이 있는데, 따라서 이 규정은 산문의 창작·번역에도 적용되었던 규정인 것이다.

한편 「신체시가 대모집」의 모집 요강에 의해 투고된 소위 '신체시가(新體詩歌)'가 만일 『소년』지에 한 편이라도 실렸다면 이 규정이 원하는 바가 무엇이었던가, 최남선이 어떤 종류의 시가를 두고 '신체시가'라 했는지를 확연히 알 수 있겠는데 불행히도 『소년』지엔 그런 시가가 없다. 따라서 육당의 '요강'을 정밀하게 분석하고, 당대의 정황에 대해 충실히 연구해야만 올바른 해석을 가져올 수 있는 것이다.

이렇게 볼 때에 「해(海)에게서 소년(少年)에게」가 「신체시가 대모집」에서 표방하고 있는 일종의 시론에 의거하여 지은 것이라고 단정할 수는 없다. 연구자들은 흔히 신체시가 모집 광고가 「해(海)에게서 소년(少年)에게」의 창작 이론을 대변하는 것처럼 생각하는 경향이 있어 왔는데, 위에서 살펴본 것처럼 이는 근거가 부족한 것이다. 물론 「신체시가 대모집」 광고가 말하고 있는 규정과 「해(海)에게서 소년(少年)에게」의 창작 원리는 '순국어로 한다'는 규정만 제외하면 서로 상위되지는 않는다. 그

---

2) 어수와 구수를 수의로 하라는 규정이 첫 번째로 언급되었다는 점에서 이 규정이 가장 중요한 규정이라고 생각할 수도 있다. 그러나 이 규정을 첫 번째에 실어 놓은 것은 혹시 시가 제작에 익숙하지 않은 독자들이 어려운 규정에 얽매어서 그나마도 작품을 만들어 볼 의욕을 상실하지나 않나 하는 염려에서 비롯된 것이라고 필자는 본다. 즉 독자들이 부담 없이 작품 제작을 할 수 있도록 제1항에서 분위기를 만들어 주고, 중요한 이야기를 그 다음에 했다고 볼 수 있는 것이다.

렁지만 소년 독자들에게 요구한 신체시가는 분명 「해(海)에게서 소년(少年)에게」와 같은 시 양식을 가진 것은 아니었다. 그러므로 신체시가 모집 광고는 특히 시가 형식에 관한 한 결정적인 단서가 될 수는 없다. 게다가 그 시간적 순서를 보더라도 「신체시가 대모집」 광고는 1909년1월호에 발표되어서 「해(海)에게서 소년(少年)에게」(1908.11)보다 2개월 늦게 나왔던 것이다.

육당이 이 광고에서 '신체시가(新體詩歌)'라고 표기한 것은—창가의 경우에서도 살펴보았지만—뚜렷한 장르의식에서 나온 것이 아니라 다만 범칭(즉 新體의 詩歌라는 뜻을 가진 일반적 명칭)일 가능성이 짙은 것이다. 신체시라는 명칭으로써 최남선은 형태상의 새로움보다는 내용(신체시가 모집 요강에서 가장 강조되고 있는 사항) 및 표현 방법(즉 문체)의 새로움을 요구한 것처럼 보인다. 이 문제에 대해서 김용직은 '신체'라는 것이 새로운 문체를 뜻하는 것이라는 데 대해서는 필자와 같은 생각을 가지고 있지만,3) 이 경우 새로운 문체라는 것이 구체적으로는 '시문체(時文體)'라고 말하고 있다. 그에 의하면 시문체라는 것은 시대적인 제재를 표현한 것을 의미하게 되는데 최남선에게 있어서는 물론 내용의 문제도 있지만 그보다는 오히려 그러한 내용에 부합하는 표현법에 대한 생각이 더 큰 비중을 차지하고 있는 것이다.

신체시라는 명칭을 이해하기 위해서 또 한 가지 참고할 수 있는 것은 「해(海)에게서 소년(少年)에게」가 실렸던 『소년』 창간호의 「소년문단(少年文壇) 투고(投稿) 요령(要領)」이다. 이 규정에 의하여 투고될 수 있는 글의 종류를 육당은 「감회(感懷)의 서(書)」, 「견문기(見聞記)」, 「일기(日記)」, 「과문(課文)」, 「풍토지(風土誌)」, 「선배(先輩)의 경력(經歷)」, 「시사(詩詞)」, 「서한(書翰)」 등으로 나누고 있다. 그런데 필자가 확인한 바로는 시사(詩詞)에 해당하는 작품의 투고는 없었다. 그러므로 「신체시가 대모집」에 의

---

3) 김용직, 앞의 책, 98면.

한 투고는 더 더욱 힘들었으리라 생각되는 것이다.

　이 글에서 육당은 어떤 양식의 문장도 좋으나 "行文 結辭하는 사이에 힘써 眞境을 그리고 實地를 일티 말디니"라고 단서를 달아, 집필인(편집인)은 사조(詞藻)를 풍부히 사용한 것, 결구(結構)에 묘한 것은 택하지 않고 다만 거짓말 아닌 것과 수미가 상통하여 뜻이 분명히 나타난 것을 택한다고 말하고 있다. 그러고도 다시 한 번 강조하여 다음과 같이 말하고 있다.

> 眞實을 일티말일
> 　가령 아해들이 노리를 가고도 成句가 잇다고 「冠童六七人」이라 하던디 秋成時의 敍事에 傳習이라고 먹디도 아니한 '黃鷄白酒'를 쓰든디 늦게 이러난 것을 남에게 알니기 붓그럽다하야 日高三丈한 뒤에 이러나고도 日記에는 「텻닭 울면서」라 하든디 어린 兒孩에게는 當티도 아니한 公共事業의 經營과 酒烟에 關한 일을 쓰든디 하난 것은 다 그딧말이라.
>
> 簡要를 듀댱할일
> 　쓸데업난 敍景과 誇大호 記事를 避할 것이니 假令 「어데 뎌녁 八時에 우리 아바님이 서울노부터 還宅하시다 하면 다될 것을 緊한 關繫도 업난 것을 「오래 留京하시면서 學校設立일에 奔走하시던 아바님끠서 어데 서울노서 還宅하시난데 다락원 酒幕에서 點心이 늦게 되고 議政府 안말에 親知를 탸디서 이럭뎌럭 遲滯가 되야 밤八時나 되야 抵達하시엿난데 째에 으스름달은 건넌 山에 微照하고 洞里ㅅ개들은 서투른 검은옷을 딧더라」 하난 것은 아듀 안된 글이니 쓸句와 할말만 꼭 너흘 것이라.

　즉 과다한 성구(成句)나 전습(傳習)의 사용을 피하여 문장 작성상의 개성을 살리고, 독자의 타당성을 고려하여 어휘를 선택하도록 권하고 있고, 쓸데없는 서경과 과다한 기사를 피하여 간결, 명확한 문장을 쓰도록 권유하고 있다. 이는 바로 구체(舊體, 전통적인) 문장의 단점을 지적하여 새로운 문장을 짓도록 하는 육당 문장론의 출발점이라고 볼 수 있겠다. 이러한 구체의 좋지 못한 점을 극복한 문장으로 된 시가가, 다시 말하면 새로운 문장 작성법에 의한 시가가 신체(新體)의 시(詩) — 신체시인 셈이다. 이러한 필자의 생각은 「신체시가 대모집」이나 「소년 문단 투고 요령」의 규정이 일치한다는 사실에 의해 더욱 뒷받침되는데, 정한모 역시, 신체시에 있어서 새로움의 요인은 정형적인 리듬의 파괴라기보다는 구어체(口語體)의 채용이라고 말했던 것이다.4) 그리고 "모처럼 채용한 口語 時文體가 지닌 스스로운 리듬"과 이것과는 반대의 입장에 서는 "字數律에의 집착"이라는 대위법을 정한모는 "二律的인 모순"이라고 하였으며, 이 모순을 타개하기에 육당의 시적 미의식과 그 리듬의식이 너무나 허약했다고 보았다. 이런 견지에서 이재선이나 김학동처럼 '신체시=서양시'로 보는 태도는 지나친 것이라 아니할 수 없다.5) 아무튼 신체시라는 말이 단 1회 사용된 『소년』지에서 이 이상의 의미론을 시도한다는 것은 어려운 일이다. 따라서 신체시라는 말의 진원지인 일본의 신문학계를 살펴볼 필요가 있다.

2) 일본의 신체시론

신체시라는 말은 『소년』지 이전에 이미 일본 문단에서 쓰이던 명칭이었다. 1882년 7월 이노우에 데스지로(井上哲次郎), 야다베 료키치(矢田部良吉), 소도야마 마사이치(外山正一) 등 당시 동경대학(東京大學)의 교수들이 중심이 되어, 문학개량운동의 일환으로 간행한 『신체시초(新體詩抄)』로부터 시작된 명칭인 것이다. 이 책에는 영(英)·미(美)의 번역시 14편과 창작시 5편이 수록되어 있다. 여기 실린 창작시의 작자와 제목을 보이면 다음과 같다.

---

4) 정한모, 『한국현대시문학사』, 일지사, 1974, 194면.
5) 이재선, 『한국개화기 소설연구』, 일조각, 1972, 25면; 김학동, 『한국개화기 시가연구』, 시문학사, 1981, 97면.

外山正一　　　「拔刀隊の歌」,
　　　　　　　「社會學の原理に題す」
矢田部良吉　　「勸學の歌」,
　　　　　　　「鎌倉大佛詣にでつ感あり」,
　　　　　　　「春夏秋冬の詩」

이 『신체시초(新體詩抄)』의 창작시와 「범례」 등의 난을 검토한 정한모는 이들의 특징을 다음 몇 가지로 말하고 있다.[6]

① 포에트리(poetry)를 歌와 詩를 총칭하는 명칭으로만 받아들였을 뿐 포에지에 대한 자각은 거의 없었다.
② 형태면에서도 이들의 관심은 다만 量的인 것에 지나지 않았다(전래적인 「短歌」에 대하여 새로운 시의 표본인 西歐의 시는 길이에서 우선 긴 것이라고 생각했다).
③ 내용으로서의 사상은 시를 내면에서 떠받쳐주는 포에지가 아니라 밖에서 들어온 사상이었다.
④ 신체시는 「古歌」와 「漢詩」에 대립하는 新體의 詩이다. 즉 分節과 分聯을 한다.
⑤ 今之語를 사용한다고는 하였으나 실제로는 律語體에서 벗어나지 못했다.

그는 일본 전래의 율조 중의 하나인 7·5조를 받아들여 일관되게 사용하고 있는 일본의 신체시와 다양한 율조를 시도한 최남선의 시와는 이러한 형태면에서의 차이가 있기 때문에 최남선의 시에 대하여 신체시라는 명칭을 쓸 경우 일본의 명칭을 그대로 옮겨 옴으로써 마치 뒤늦은 모방의 느낌을 준다고 하여 '신시'라는 명칭을 제안했던 것이다.
　일본의 신체시가 전통 시가와 다른 점은 내용이 새롭다는 점, 장시를 짓는다는 점, 분절, 분련 그리고 금지어(今之語, 당대의 언어)를 쓰려고 했던 점으로 요약될 수 있다. 앞에서 살펴볼 것처럼 이러한 신체시론은

---

6) 정한모, 앞의 책, 173~180면.

육당의 시가에도 동일하게 적용될 수 있는 것이다. 물론 정한모도 지적하고 있다시피 일본의 신체시가 전통적인 7·5조를 답습한 사실은 그들의 새로움에의 관심이 시 형태면에서의 새로움이었다고 딱 잘라 말할 수 없게 한다.[7] 분절·분련의 방법도 이미 찬송가나 창가 등에서 실시되었던 것이다. 따라서 신체시라 할 때 '신체(新體)'라는 말은 결코 새로운 시형식을 의미하는 말은 아닌 것이다.

신체시론의 본령은 『신체시초(新體詩抄)』의 공동 편집자이면서 대표적인 '신체시' 작자이기도 한 이노우에 데스지로(井上哲次郎)의 생각에서 아주 잘 나타난다.

① 격법이 자유로울 것
② 규모가 광대할 것
③ 언어가 풍부할 것
④ 어격이 현대어일 것
⑤ 자구가 경건할 것
⑥ 지의가 명석할 것
⑦ 신기하고 청신할 것

그 역시 시의 형식상의 새로움 보다는 표현상의 새로움—즉 풍부한 언어의 동원(③), 현대어의 사용(④), 명확한 표현(⑥), 개성 있는 표현(①, ⑤, ⑦)을 강조했다고 볼 수 있는 것이다. 다른 말로 하면 '새로운 문체(文體)의 시(詩)'라는 것이다. 이런 신체시론에 의거하여 시를 지었기에 음수율, 즉 형식상의 면에서 재래 시가를 답습한 것은 별 문제가 되지 않았던 것이다.

따라서 시론상에 있어서 최남선의 시와 일본의 신체시와는 일치를 보인다고 할 수 있다. 다만 이를 구체화하는 과정에서 약간의 차이를

---

7) 위의 책, 178면.

드러내고 있을 뿐이다. 뚜렷한 장르의식이나 시 양식의 명칭에 대한 반성이 거의 없는 상태에서 육당이 '신체시가'라는 용어를 사용했다면, 그가 유학 생활을 했던 당시의 일본에서 보편화되어 사용되고 있는 신체시(新體詩)의 '신체(新體)'라는 명칭을 그대로 받아들여 사용했을 가능성이 높은 것이다. 그러므로 우리 문학사에서 흔히 '신체시'라고 불리고 있는 시가들에 대하여 이 명칭은 잘못 사용되고 있는 것이다.[8]

3) '신시' 및 그 하위 유형들

'신체시'라고 말할 때엔 문체가 새로운 시 작품을 가리키는 것이 아니라, 형태상으로 창가의 형태를 벗어난 작품을 일컬어 온 것이 사실이다. 그러나 '신체시'란 말은 사실 적당한 말이 아니다. 신체시라는 명칭에 한계를 느껴 제안된 명칭 가운데 하나가 '신시(新詩)'다. 정한모의 주장을 보면 육당 자신이 신체시라는 명칭을 확고하게 사용한 적이 없다는 점, 신체시라는 명칭을 사용하게 되는 경우 일본의 신체시가 그대로 수평 이동되어 온 것처럼 생각될 수 있다는 점, 실제로 육당의 시는 일본 신체시와는 다르다는 점 등을 들어 '신시(新詩)'라는 명칭을 쓰자고 한다.[9] 그리고 그 근거로 1909년 4월 『소년』(2년 4권)지의 「구작 3편」의 해설을 제시한다. '신시'든 '신체시'든 그러한 명칭이 지칭하고 있는 시가 작품은 동일하다. 그리고 그러한 시가들의 창가와의 장르적 변별성

---

8) 육당의 장르의식이 미약했다는 것은 1917년 5월에 발행된 『靑春』 제7호 끝에 나온 현상 문예 모집 광고에서도 알아 볼 수 있다. 그는 여기서도 '新體詩歌'라는 말을 사용하였지만 '調格隨意'라는 단서를 달아 놓았다. 정한모는 『소년』지에서 쓰였던 '신체시가'가 10년이 지난 후에도 여전히 쓰이고 있다는 것은 시와 창가에 대한 분명한 구분을 할 수 없는 애매한 장르의식에서 온 것이라고 볼 수밖에 없다고 한다. 위의 책, 166면.
9) 위의 책, 179~180면.

에 대해서는 다들 동의하고 있다. 그러나 최남선이 일종의 시론으로서 언급한 '신체시' 혹은 신체시가의 특성은 거의 문체적인 데 있으므로 이 규정에서 말하는 바를 창가와의 변별적 요소로 삼을 수는 없으므로 과연 그 변별적 요소가 무엇인지를 검토해 보고 창가로부터 발전된 양식으로서의 신체시 혹은 신시의 계기 관계를 살펴보자.

한 가지 문제가 되는 점은 '신시'라는 명칭 역시 『소년』지나 기타 문헌에서 충분하게 그리고 의식적으로 사용된 명칭이 아니라는 점이다. 『소년』지에는 단 1회 사용되었을 뿐이다. 더욱이 이 명칭으로 육당이 특정한 유형의 시가를 지칭하고 있는 것으로는 보이지 않는다.

이 명칭으로는 앞에서 논의한 바의 신체시가 의미하고 있는 뜻 이외의 것은 도저히 찾을 수 없다. 육당에게 있어서 '신시'는 신체시인 것이다. 그리고 이 신시라는 명칭 역시 최남선이 뚜렷한 장르의식을 가지고 쓴 것이 아니다. 시를 가리키는 명칭으로 이들 외에 장가(長歌), 단사(短詞), 시사(詩詞), ○○가(○○歌), ○○부(○○賦) 등의 명칭까지도 썼던 것이다. 오히려 신시라는 명칭은 신체시보다도 내포하는 개념이 넓을 수 있다. 즉 창가나 개화가사도 포함될 수 있는 것이다. 윤명구는 신체시라는 명칭도 가능하지만 신극, 신소설 등과 같은 맥락에서 '신시(新詩)'라는 명칭을 쓰자고 제안했는데10) 바로 이것이 신시의 개념을 가장 넓게 보는 태도다.

이제 필자는 개화기의 새로운 시 양식들 즉 창가나 소위 신체시 등을 포괄하는 개념으로서 신시의 의미를 규정하고, 그 하위 유형으로서 창가·신체시·자유시·산문시·신시조 등을 설정하자고 제안한다. 그러므로 신시와 동일한 개념이 아니라 그 하위 유형으로서의 신체시는 창가와 자유시 유형의 사이에 존재하는 양식이 되며, 그 구체적인 양식적 성격은 다음과 같다.

---

10) 윤명구, 「개화기문학 장르」, 『한국사학』 2집, 한국정신문화연구원, 1980, 259~260면.

일종의 정형시로서 : 각 연 대응형일 경우에는 연을 이루고 있는 행들이 서로
다른 율조로 되어 있을 것. 각 연 대응적이지 않은 작품은 행들의 율조가 서
로 같을 것.

이 경우 신체시의 의미는 최남선이 말한 신체시가의 의미와는 동일
한 것이 아님은 물론이다.

4) 신체시(新體詩)와의 관련

신체시의 시기는 창가의 시기보다도 훨씬 짧다. 특히 최남선의 경우
엔 그의 신체시와 그의 창가가 어떠한 단계로 나눠 볼 수 있게끔 시간적
인 차이를 가지고 있지 않다. 그는 창가 작가인 동시에 신체시 작가이기
도 했다는 말이다. 따라서 최남선의 작품들 안에서 창가로부터 신체시
로 이어지는 어떠한 계기 관계를 검토해 보는 것은 문제가 있다. 사실상
그는 초창기엔 창가와 신체시를 대등한 비율로 지었고, 『청춘(靑春)』 시
기엔 오히려 창가를 주로 지었다.

여기서의 문제는 「해(海)에게서 소년(少年)에게」에 있다. 이 작품에 대
해서 이광수는 "아마 이것이 내가 아는 한에서는 우리 조선에서 새로운
시 즉 서양시의 본을 바든 시로 인쇄가 되어서 세상에 발표된 것으로는
맨 처음이라고 밋는다"고 증언했다. 물론 이때의 서양시라는 것이 완전
한 자유시를 의미하지 않음은 물론이다. 확실히 이 작품은 창가적인 형
태를 벗어난 작품이었다. 여기서 '벗어난'이라는 말을 쓴 것은 의미가
있는 일이다.

즉 육당이 이 작품을 쓰던 당시에 이미 창가는 보편적인 시가 양식이
되어 있었던 것이다. 창가는 1896년부터 시작되어 특히 학교를 중심으
로 엄청나게 보급되어 있었다. 최남선이 「경부철도노래」를 간행한 지 8

개월밖에 지나지 않은 시점에, 그가 개인적으로 습작을 하던 것과, 『대한학회월보』를 무대로 발표하던 것과는 상당히 다른 양식의 작품으로 내놓은 것이 바로 이 「해(海)에게서 소년(少年)에게」인 것이다. 육당은 전 67절의 「경부철도노래」를 짓는 과정에서 7 · 5조를 완전히 익히게 되었으며, 그 이후 이러저러한 율조의 시험을 거쳐서 드디어는 이 작품을 내어놓게 된 것이다. 이 작품을 발표한 뒤로 육당의 전 작품을 대상으로 볼 때에 이 작품을 능가하는 작품은 별로 눈에 뜨이지 않는다. 있다면 「꽃 두고」 같은 작품 정도이다.

그러면 이제 신체시의 대표적 양식인 「해(海)에게서 소년(少年)에게」를 대상으로 이 작품과 창가와의 변별적인 성격에 대해서 논의하기로 하자.

　　　　一
　　텨……르썩, 텨……르썩, 턱, 쏴……아.
　　짜린다, 부슨다, 문허바린다,
　　泰山갓흔 놉흔뫼, 딥태갓흔 바위ㅅ돌이나,
　　요것이무어야, 요게무어야,
　　나의큰힘, 아나냐, 모르나냐, 호통까디하면서,
　　짜린다, 부슨다, 문허바린다,
　　텨……르썩, 텨……르썩, 턱, 튜르릉, 콱.

　　　　二
　　텨……르썩, 텨……르썩, 턱, 쏴……아.
　　내게는, 아모것, 두려움업서,
　　陸上에서, 아모런, 힘과權을 부리던者라도,
　　내압헤와서는 꼼짝못하고,
　　아모리큰, 물건도 내게는 행세하디못하네.
　　내게는 내게는 나의압헤는.
　　텨……르썩, 텨……르썩, 턱, 튜르릉, 콱.

三

텨.....ㄹ썩, 텨.....ㄹ썩, 텩, 쏴.....아.
나에게, 뎔하디 아니한者가,
只今까디, 업거던, 통긔하고 나서보아라.
秦始皇, 나팔륜, 너의들이냐,
누구누구누구냐 너의亦是 내게는 굽히도다,
나허구 겨르리 잇건오나라.
텨.....ㄹ썩, 텨.....ㄹ썩, 텩, 튜르릉, 콱.

四

텨.....ㄹ썩, 텨.....ㄹ썩, 텩, 쏴.....아.
됴고만 山모를 依支하거나,
됴ㅅ쌀갓흔 뎍은섬, 손ㅅ벽만한 짱을가디고
고속에 잇서서 영악한톄를,
부리면서, 나혼댜 거룩하다하난者,
이리톰 오나라, 나를보아라.
텨.....ㄹ썩, 텨.....ㄹ썩, 텩, 튜르릉, 콱.

五

텨.....ㄹ썩, 텨.....ㄹ썩, 텩, 쏴.....아.
나의 짝될이는 한아잇도다,
크고길고,널으게 뒤덥흔바 뎌푸른하날.
뎌것은 우리와 틀님이업서,
뎍은是非 뎍은쌈 온갓모든 더러운것업도다.
됴짜위 世上에 됴사람뎌럼,
텨.....ㄹ썩, 텨.....ㄹ썩, 텩, 튜르릉, 콱.

六

텨.....ㄹ썩, 텨.....ㄹ썩, 텩, 쏴.....아.
뎌世上 뎌사람 모다미우나,
그中에서 쏙한아 사랑하난 일이잇스니,

膽크고 純精한 少年輩들이,

才弄터럼, 貴엽게 나의품에 와서안김이로다.

오나라 少年輩 입맛터듀마.

터.....ㄹ썩, 터.....ㄹ썩, 턱, 튜르릉, 콱.

  형식면에서 이 작품의 가장 큰 특징은 각연이 서로 대응하고 있다는 점이다. 모두 6연으로 되어 있는 이 작품의 각연의 대응되는 각행들은 그 음수율마저 동일하다. 일단 '신체시'라는 신시의 하위 양식에 딱 드러맞는다. 아울러서 그 시의 구상법도 대체로 같은데 이것을 다음과 같이 표시할 수 있다.

〈표 5〉「해에게서 소년에게」의 율격 구성

1행	2행	3행	4행	5행	6행	7행
3 3 3	3 3 5	4 3 4 5	3 3 5	4 3 4 4 3	3 3 5	3 3 3

  이것을 더 단순화하면 A-B-C-B-D-B-A 형태, 즉 3·3·5형식('B'로 표시한 부분)이 한 행씩 건너서 반복되는 일종의 론도(rondo) 양식이다. 여기에 창가와 비해서 다른 점이 있다. 우선 이 작품은 정형적이기는 하나 3행과 5행이 정형화될 수 없는 틀을 가지고 있다는 점이 눈에 들어온다. 즉 음수율상으로 4·3·4·5는 율독하기가 곤란하다. 마지막 음보의 5자는 너무 길다. 그 음보는 4자 혹은 그 이하의 음수를 가져야 하고, 또 그렇게 된다면 4·3·4·4가 되어 재래식의 가사 율조와 동일하게 되어서 율독에 지장을 안 받을 터인데 여기서는 그것이 5자로 되어 율독시에 작용하는 독자의 율격적 기대감을 배반하고 있다.

  다음으로 제5행의 4·3·4·4·3은 비록 5자 이상을 벗어나는 음보가 없지만 5음보의 형태로 되어 있어서 3음보율이나 4음보율에 익숙한 한국인의 율격적 기대감을 역시 배반한다. 따라서 이 시의 율독은 매끄

럽지 못하며 결국 이 시는 음송적 형태로는 존재하기 힘들게 된다. 그렇다고 해서 이 시에 어떤 내면적 율조가 있느냐 하면 그것도 확실하게 있다고 말할 정도는 아니다. 이렇게 율조상으로 불안한 형태―이 점이 신체시의 한 형식적 특성이 된다.

한편 이 시에는 7·5조적인 율조가 제법 많이 반영되고 있다. 2, 4, 6행은 반복적으로 6·5조를 유지한다. 이 경우 6·5조가 7·5조의 한 계열임은 앞 장에서 설명한 바 있다. 이것은 이 시가 한편으론 창가의 전통에서 그리 멀지 않음을 나타내는 것이기도 하다. 이 작품에서 창가로부터 벗어난 점을 찾는다면 그것이 각연(各聯) 대응형(對應型)이기는 하지만, 단지 각 행끼리 대응하고 있지는 않는다는 점이다. 그렇지만 끝내 각 연대응형적인 시는 창가의 틀에서 완전히 벗어난 것이라고 보기는 힘들다.

여기에 창가와 신체시와의 양식상의 차이가 있으며, 한편 신체시가 창가로부터 발전된 것임을 알려 주는 근거가 있는 것이다. 비록 최남선이 신체시를 쓰던 것은 그가 창가를 혹은 「구작」이라 하는 창가를 짓던 시기로부터 그리 오래 뒤의 일은 아니었으나, 그것은 오로지 최남선에게서 그것도 최남선이 발표한 시기에서만 그럴 뿐이요, 당시의 우리나라에는 이미 7·5조류의 창가가 보편화되어 있었던 것이라고 볼 때에 신체시가 창가로부터 발전된 것임을 또한 신체시가 일본의 신체시의 영향 그대로가 아님을 알 수 있다. 또 이렇게 해서 생겨난 신체시는 그 나름의 발전 과정을 거쳐 현대시에로 연결되고 있음은 주지의 사실이다.

2. 신국풍 탄생과 창가의 역할

1) 신국풍의 장르적 특성

신체시의 경우엔 이것이 한국의 현대시로 가는 길목에서 그 중계 역할을 충분히 했다고 여겨지는 장르이지만, 개화기에 등장했던 또 하나의 장르인 신국풍의 경우에는 하나의 시도일 뿐이었고, 이를 시도한 사람들이 지속적으로 이를 발전시켜 나가지는 아니했다. 육당의 경우에도 신국풍을 그의 소위 '조선심(朝鮮心)' 탐구와 연관하여 관심을 가졌을 뿐이었다. 신시를 열심히 시험해 보던 그였건만 끝에는 오히려 평시조 양식으로 되돌아 가 버렸던 것이다. 또 한 사람의 신국풍 작가였던 이광수는 아예 시 양식으로부터 소설 양식으로 대전환을 해 버렸다. 따라서 별반 그 중요성이 없는 양식이라 할 수 있는데, 여기서는 그것이 창가의 영향으로 생겨난 양식이면서 동시에 엇시조나 사설시조 등으로부터 탈정형적인 방법을 배워온 데서 일어난 양식임을 확인해 볼까 한다. 한편 이 4장 시조 형식에 대해서 혹 이것을 신체시 양식으로 보는 견해가 있기에 이를 바로잡으려 한다.

개화기에 나타난 이 새로운 시조 양식은 육당에 의해서 '신국풍(新國風)'이라는 이름을 부여 받았다. 이때에 국풍(國風)이라는 것을 육당은 시조라는 뜻으로 썼던 것이다. 이 4장 시조를 신체시형으로 보려는 태도는 김용직에게서 찾아볼 수 있다. 그는 이광수를 최남선과 쌍벽을 이루는 신체시의 제작자라 하였으며, 그의 초창기 시작품 중에서 최남선의 「해(海)에게서 소년(少年)에게」에 준하는 것이 있다 하고, 1913년 9월에 발간된 『새별』지에 게재된 「말듣거라」를 그러한 작품으로 소개하고 있다.11)

산아 말듣거라 웃음이 어인 일고
네니 그님 손에 만지우지 않았던가
그님을 생각하거드란 울짓기야 왜 못하랴
네 무슨 뜻 있으료마는 하 아숩어

물아 말듣거라 노래가 어인 일고
네니 그님 발을 싯기우지 않았던가
그님을 생각하거드란 느끼기야 왜 못하랴
네 무슨 맘 있으료마는 눈물겨워

꽃아 말듣거라 단장이 어인 일고
네니 그님 입에 입맞추지 않았던가
그님을 생각하거드란 한숨이야 왜 못쉬랴
네 무슨 속 있으료마는 가슴쓰려

이 작품에 대한 김용직의 설명을 계속해서 인용해 보자.

「海에게서 少年에게」의 경우와 꼭같이 이 작품은 대응되는 각 연의 각행
자수가 같다. 뿐만 아니라 각 행의 어휘들 역시 알맞게 짝이 되도록 쓰여져
있는 것이다. 그것이 산에 대해 물과 꽃이, 그리고 손에 대해 발이라든가 입이
대응되어 있는 점이다. 그러나 적어도 이 작품은 7·5조나 8·5조의 자수율에
의거하고 있는 것은 아니다. 또한 이 경우에는 최남선의 많은 작품에 나타나
는 생경한 관념들이 어느 정도 불식된 듯 보인다. 이것은 이 분야에 끼친 이
광수의 명백한 공적이라고 하겠다.

그러나 이광수의 「말듣거라」가 새로운 말하자면 이광수가 독자적으
로 시작한 형태라고 보기는 힘들다. 만일 그렇다 하더라도 문학사적으
로 볼 때에 그것은 별반 큰 의미를 가지지 못한다. 같은 유형의 작품을

---

11) 김용직, 앞의 책, 107~109면.

그것도 「해(海)에게서 소년(少年)에게」보다는 확실히 뒤쳐진 즉 아류에
불과한 작품을 무려 5년이나 뒤에 단 한 작품만을 썼기 때문이다.

　「말듣거라」와 같이 각연에서 서로 대응하는 형태는 이미 창가로부터
시작되었고, 특히 이 작품이 각 행들조차 비슷한 율조로 되어 있는 점
으로 보아 창가적 형태에서 크게 벗어나지 못한 작품으로 보인다. 한편
최남선은 4행으로 되어 있는 작품을 적잖이 쓴 바 있고, 이것이 특히 창
가의 4행 구조의 직접적인 영향이라는 것은 확실하다. 이러한 4행연 구
성법은 시조의 제작에도 영향을 미쳐 바로 4장 시조를 탄생케 했던 것
이다. 그 한 예가 다음 작품이다.

　　　말한다고 쏫다하며 뜻잇다고 말다하랴
　　　애고답답 이가슴은 어느名醫가 풀어주나
　　　눈물이 속으로 흘넛스면 쓸키나 하련마는
　　　命門에 불만 나니 더욱 燥鬱.

　　　寂寞乾坤이 百年뿐 아니언마는
　　　川澤에 숨은 龍이 아니일믄 무슨일고
　　　手巾을 적시여서 空中에 내둘음은
　　　행여나 비가되여 잠긴비눌을 이릐켜도

　　　坦坦히 뚤녓스나 어두움에 가렷도다
　　　길을몰나 불으지짐 하늘까지 사맛친다
　　　燭가진者 나오나라 불다려서 재에언짜
　　　하날이 어지시니 두지마라 바람걱정.

—『소년』(3년 6권)

　이 시의 작자는 '적단향(赤檀香)'이다. 그리고 제목은 붙어 있지 않고
그저 "新國風 三首"라는 말이 첫머리에 3호활자로 밝혀져 있다. 여기
적단향이라고 밝혀져 있는 필자는 아마도 육당인 것 같다. 왜냐하면 같

은 호의 목차를 보면 이광수(孤舟)나 오랑(鰲浪)의 글에는 분명히 필자명을 밝혀 놓은 데 비해서, 이 작품에 대해서는 "新國風 三首............54"처럼 시 양식과 페이지 표시만 되어 있기 때문이다. 그러므로 '적단향(赤檀香)'이 육당의 또 다른 필명일 가능성이 있다. 그러나 설혹 '적단향(赤檀香)'이 육당이 아니더라도, 이 작품을 '신국풍(新國風)'으로 명명한 이는 『소년』의 유일한 편집인이던 육당이다.

'신국풍(新國風)'이란 말은 '새로운 국풍(國風)'이란 의미다. '국풍(國風)'이란 말은 시조(時調)를 뜻하는 말로서 육당이 처음으로 사용한 것처럼 보인다. 이외에도 『소년』지에는 '국풍'이라 표시되어 있는 작품이 10편 정도 있다.

「바다야 크다마라」(2년 8권)
「태백에」(3년 5권)
「또 황령」(3년 5권)
「압록강」(3년 7권)
「억만겁 때의 줄은」(3년 8권)
「바람쌌난 대붕보고」(3년 8권)
「대조선정신」(3년 8권)
「때의 불으지짐」(3년 8권)
「더위 치기」(3년 8권)
「청천강」(3년 9권)

이 작품들은 모두 평시조형으로서 육당이 지은 작품들이다. 다만 그 형식에 있어서 종장의 마지막 3자를 밝힌 것과 밝히지 않은 것의 차이만 있을 뿐이다. 따라서 '신국풍'이라는 것은 새로운 시조형이란 말인데, 이 경우엔 그 내용이나 문체의 새로움은 아니었고, 재래식의 시조가 3장 구조인 데 비하여 4장 양식으로 되어 있음을 부각하려는 것이었다.

이 양식은 한편으로는 영정조대(英正祖代)에 나타나기 시작했던 엇시조 양식과 유사하다. 대체로 중장이 4음보 정도 길어지는 형식이기 때문이다. 그러나 『소년』에 실린 이 신국풍은 그것이 중장에서 4음보가 길어진 것으로 해석되기보다는 또 하나의 새로운 중장이 추가되어 4장 구조를 가지게 된 것으로 보는 것이 좋다. 그 이유는 이를 실을 때에 기재 양식상 분명히 4장 형식으로 실었다는 점이다. 아울러서 그 내용이나 통사적인 구조면에서도 중장이 몇 음보 길어진 것으로 보기보다는 또 하나의 중장이 추가된 것으로 보는 편이 훨씬 타당한 것이다.

이와는 달리 이광수의 작품에서는 종장 뒤에 새로운 종장이 추가된 것처럼 보인다. 즉 제3행이 전통적 시조의 종장 형식을 가지고 있다. 김홍규의 탁월한 분석에 따르면 시조의 종장 형식은 '소음보–과음보–평음보–소음보(a〈b〉c)d'의 구조를 가지고 있는데, 이광수의 「말듣거라」는 이러한 일반적 종장 형식과 유사한 형태로 되어 있기 때문이다.[12] 우선 첫 구는 3자로 고정되어 있다. 그리고 다음 구가 6자로 되어 있고 다음 구들은 4자씩으로 되어 있다. 이 경우 마지막 구가 3자 정도로 줄어드는 것이 재래식의 시조에서 지켜지는 원칙인데 여기서는 그 다음에 장을 하나 더 추가하려고 하기 때문에 종지적 형태의 종장 형식을 사용하지 않고 다음 행과의 계기 관계를 만들어 냈던 것이다. 종장이 늘어나는 엇시조는 없다. 따라서 최남선의 신국풍은 종장이 하나 더 추가된 새로운 시형식으로 보아야 한다. 그리고 그것은 재래의 시조형과 전연 딴판의 것이 아니라 재래의 시조 양식을 발전시킨 것이고, 또 그것은 창가의 4장 형식의 자극을 받은 것으로 보아야 한다.

제4장의 끝 3자를 밝히지 않은 것은 이광수의 작품이나 『소년』지의 작품이나 마찬가지다. 김용직이 이러한 유형을 새로운 시 형태라고 주장하면서, 최남선을 극복하고 있다고 주장하는 근거로 든 이광수의 작품은 사실상 『소년』지의 신국풍 양식에서 영향을 입은 것이었다. 각 연

---

12) 김홍규, 「평시조 종장의 율격, 통사적 정형과 그 기능」(김대행 편, 『운율』, 문학과지성사, 1984), 108~111면.

에 대응되는 어구나 문장을 둔 것도 최남선의 연시조에서 일반적으로
지켜지고 있는 관습이었던 것이다.

2) 4행 창가와 그 영향

4행시 양식은 특히 창가의 전유물이라고 해도 될 만큼 창가에서 흔한
양식이다. 『학부창가집』의 경우 4행이 확실한 작품은 6 「토와 구」, 7 「접」,
8 「이앙」, 9 「공부」, 12 「사절가」, 13 「표의」, 14 「갈지라도」, 15 「친의 은」,
17 「선우」, 18 「학도가」, 22 「권학가」, 23 「농부가」, 27 「졸업식」 등 13편
으로서 거의 절반에 해당한다. 아울러서 이 작품들은 『학부창가집』에서
도 대표적이며 영향력이 큰 창가들이었다.

육당의 경우에도 4행시를 적잖이 썼으며 그의 이러한 4행 의식이 가장
뚜렷하게 나타나는 장르가 창가이다.13) 그의 4행 창가는 1908년의 『경부
철도노래』로부터 시작되어, 『소년』 창간호에서 『청춘』의 마지막 호까지
이어지는 꾸준한 창작 활동을 통해서 집중적으로 사용한 양식이었다. 이
4행 창가는 육당의 전시기를 통하여 지속적으로 전개된 하나의 고정 형태
였던 것이다. 신체시 및 산문시 형태를 시험하면서도 이 4행 의식은 불변
적으로 나타났다. 그의 4행 창가에 대한 의식은 『소년』 3년 2권에 발표된
『태백산시집』에서 잘 확인된다. 그는 이 시집을 통하여 「태백산부」, 「태
백산의 사시」 등의 자유시 및 산문시 형태의 시를 발표하면서도 「태백산
가」, 「태백산과 우리」 등의 7·5조 4행 창가를 동시에 창작하고 있다. 이
렇게 볼 때에 육당은 『태백산시집』 시기에도 산문의식보다는 오히려 정형
의식이 뚜렷했음을 알 수 있다. 『소년』지에 육당이 발표한 4행 창가를 정
리해 보면 다음과 같다.

---

13) 이에 대해서는 김영철, 「한국개화기 시가 장르의 형성과정 연구」, 서울대 박사논문,
1986, 165면 참조

「가을뜻」(1년 1권)

「단군절」(2년 10권)

「가난배」(2년 10권)

「태백호」(3년 2권)

「태백산가」(3년 2권)

「태백산과 우리」(3년 2권)

「정말 건설자」(3년 5권)

「소년의 녀름」(3년 6권)

「조상을 위해」(3년 8권)

「톨스토이 선생을 곡함」(3년 9권)

「제석」(3년 9권)

「크리쓰마쓰」(3년 9권)

「천문담」(3년 9권)

「무제」(4년 2권)

창가에 4행 형식이 많게 되는 이유는 그것이 가창 곡조를 가지고 있는 경우에 대체로 두 도막 형식(two-part song form)을 지니기 때문이다. 두 도막 양식은 그 양식이 비교적 단순한 것이기 때문에 동요라든가 민요 등 주로 간단한 장르에서 사용된다. 앞장에서 살펴본 것처럼 개화기 창가는 대체로 동요나 민요적 성격을 지니고 있음은 물론이다. 이 두 도막 양식은 단순하면서도 짧은 양식이기 때문에 아동들에 적합한 노래가 되고, 국민적 개창운동에 잘 어울리는 양식이 되는 것이다. 작은악절이 두 개가 모이면 한 도막 형식이 되고, 4개가 모이면 두 도막 형식이 되는데 이 작은악절 하나가 문학적으로는 한 행에 해당되기에 창가에는 4행 양식이 많게 되는 것이다.

결국 개화기의 이러한 4행 창가 양식은 재래 양식인 시조에 영향을 미쳐 새로운 4장 시조의 탄생에 기여했다고 볼 수 있다.

3. 자유시와의 관계

1) 육당(六堂)의 자유시

자유시 혹은 현대시의 기점 혹은 효시가 되는 작품에 대해서는 논란이 있긴 하지만 일반적으로 최초의 자유시를 말하라면 주요한의 「불노리」(『창조』 창간호, 1919.2)를 든다. 그러나 그것은 어디까지나 현대적인 성격을 갖춘 자유시인 것이고, 사실상 이 작품 이전에도 자유시형 혹은 산문시형의 작품들은 존재했다. 자유시형의 작품으로서 최초의 작품은 육당의 「태백산부」 및 「태백산의 사시」(『소년』 3년 2권, 1910.2)일 것이다. 이 작품들은 현대적인 관점에서 본다면 역시 자유시로서는 자격 미달일지 모르나 창가나 그로부터 발전된 신체시에 비해 본다면 그 정형적인 틀에서 완전히 벗어난 형태인 것이다. 그러나 이러한 자유형에 이르기까지는 몇 가지 단계를 거치게 된다. 앞서서 창가에서 신체시로 이행되는 과정에 대해서는 검토한 바 있으므로 여기서는 신체시로부터 자유시형으로 이행하는 과정에 대해서 살펴보기로 한다.

첫 번째로 「해(海)에게서 소년(少年)에게」(『소년』 1년 1권, 1908.7) 같은 신체시를 지었다. 이 작품은 각 행까지 대응하고 있는 창가적 형태로부터는 벗어난 것이지만 아직 창가의 율조가 지배적인 상태에 있다.

두 번째로 나타난 것은 「꽃두고」(『소년』 2년 5권, 1909.5) 같은 작품으로서, 이 작품은 전부 2개의 연으로 되어 있는데, 창가 율조에서는 벗어났으나 역시 각 연이 대응되는 형식을 가지고 있고, 그 구상법도 1연 2연이 동일하다. 그러나 다음 작품에서 보듯이 앞의 작품보다는 한결 자유로워졌다.

나는 꽃을 질겨 맛노라,

그러나 그의 아리싸운 태도를 보고 눈이 얼이며
　　그의 향긔로운 냄새를 맛고 코가 반하야
精神업시 그를 질겨 마짐아니라,
다만 칼날갓흔 北風을 더운긔운으로써
　　人情업난 殺氣를 깁흔사랑으로써
代身하야 밧구어
쎄가 저린 어름밋헤 눌니고 피도어릴 눈구덩에 파무처잇던
億萬목숨을 건지고 집어내여 다시살니난
봄바람을 表章함으로
나는 그를 질겨맛노라.

나는 쏫을 질겨 보노라,
그러나 그의 平和긔운 머음은 웃난 얼골 흘니며
　　그의 富貴氣象 나타낸 盛한 모양 탐하야
主着업시 그를 질겨 봄이아니라,
다만 겻모양의 고은것 매양실상이적고
　　처음서슬 壯한것 대개뒤씃업난中
오즉혼자 特別히
若干榮華 苟安치도 아니코 許多魔障 격그면도 굽히지안코
億萬목숨을 만들고 느려내여 길히傳할바
씨열매를 保育함으로
나는 그를 질겨보노라.

―「쏫두고」(1909.5.1)

세 번째로 훨씬 더 자유로운 작품은 『소년』(2년 10권)의 「평양행(平壤行)」
이라는 기행문에 삽입된 작품으로서 비교적 장형의 작품이다. 이 작품
은 기행문에 삽입된 것일 뿐 아니라 아울러서 제목이 없어 하나의 독립
된 시로서의 지위는 가지지 못하지만 그 자유로운 형태가 주목된다.

허술한 문루위에
허술한 지게ㅅ군이 안젓네

두손을 무릅압헤 맛잡고
곰방대에담배를 피우면서

송악산연봉위엔 마음업난 구름이 오락가락하고
만월대지대아래엔 개쏭감춘 풀포기가 푸릇누릇하도다
그가 얼업시 보난것이 무엇인고?

반천년 왕업이 길기도하거니와
삼국을 통일하야 처음으로 고려한 반도에 제국을 셰우니
坏한 성하도다
그러나 지금은 거림자도 업구나
그가 얼업시 생각하난것이 무엇이뇨?
(…하략…)

—『평양행』 삽입시(1909.10.1)

이와 같은 단계를 거쳐서 「태백산부」나 「태백산의 사시」가 만들어지게 된 것이다. 그런데 이러한 자유시형의 출현에는 중요한 전단계(前段階)로서 번역시의 영향을 검토해 보아야 한다.

『소년』에 실린 번역시는 모두 10편으로서 김병철에 의하면 그 대부분은 일본에서 1908년 7월에 발행된 『영미백가시선(*Selections from A Hundred British and American Poets*)』(宮森桃潭, 小林潛龍 공역, 삼성당서점)에 수록된 일본어(日本語) 역시(譯詩)에서 다시 번역한 것이라 한다.[14] 그 중에서 가장 먼저 번역된 「아메리카」(1년 2권)는 자유시 형으로 되어 있는데, 일어 역본도 자유시로 되어 있다. 이 작품은 사무엘 F. 스미스(Samuel F. Smith)가 지은 미합중국 애국가(*America*)를 번역한 것인데 가사의 맥락을 좋게 하기위해서 자유시 형태를 선택한 것이라고 볼 수는 없는 작품이다.

---

14) 김병철, 『한국근대번역문학사연구』, 을유문화사, 1975, 292~298면.

(…전략…)

四

우리祖上神靈님이여.

自由를 創開한 者여.

나는 너를 노래하야 기리노라

願컨댄 自由의 大光이 永遠히

우리나라우혜 쩐쩍거리도록 하소사

우리들이 놉혀 덜하난 거룩한

하나님아 願컨댄 너의 힘으로써

우리를 보아듀소사15)

이 작품은 「평양행」의 삽입시보다 먼저 발표되었고 또 통권 2호에
발표됨으로써 그의 자유시형에 대한 자각은 이미 『소년』 초창기부터
있었고, 그리 중요하게 생각하지 아니하다가 「평양행」의 삽입시 이후로
는 그 자각이 높아져 드디어 『태백산시집(太白山詩集)』을 엮을 무렵에는
자유시에 대한 형식적 인식이 확고해졌다고 볼 수 있다. 『태백산시집』
은 도산 안창호에게 헌정되고 있는데 '태백산'을 제재로 하여 다양한
형태의 시를 시도함으로써 그의 당시의 시 형태에 대한 인식을 잘 알아
볼 수 있게 하고 있다.

① 太白山歌(其一) … 4·3·5조 4행 4절
② 太白山歌(其二) … 5·4·4·3조 6행 4절

---

15) 원시는 다음과 같다.
Our Fathers' God to Thee,
Author of liberty,
To Thee we sing,
Long may our land be bright,
With Freedom's holy light
Protect us by Thy might,
Great God, our King.

③太白山賦········· 자유시형
④太白山의 四時 ··· 자유시형
⑤太白山과 우리 ··· 3·4·5조 4행 13절

　창가적인 형태가 확실한 ①⑤와 이에서 약간 벗어나는 ② 및 자유시형인 ③④ 등이 포함되어 있는 것이다. 물론 「태백산부」와 「태백산의 사시」 등의 작품이 자유시형으로는 되어 있기는 하지만 어떤 율격에서 완전히 자유로운 상태는 아니다. 특히 「태백산부」의 경우 그 연 구분이 모호하다. 인쇄된 상태를 보아 연 구분이 되어 있는 것 같기도 하고, 그렇지 않기도 하다. 이 작품들의 큰 특징은 행의 구성법에 있다. 이 작품들의 행은 거의 문장의 통사적인 매듭과 일치하고 있다. 즉 대부분의 행들이 문장의 끝을 행의 끝으로 하고 있다는 말이다.

地球의 山－山의 太白이냐?
太白의 山－山의 地球냐?
詩人아 이를 뭇지말라.
그것이 緊하게 讚頌할것 아니다.

하날ㅅ面은 휘둥그럿코 쌍ㅅ바닥은 펑퍼짐한데,
우리님－太白이는 웃둑!

獨立－自立－特立.
송곳?火著?筆筒의 붓?
榮光의 尖塔!
避雷針? 旗ㅅ대? 電桿木?
온갓 아름다운 勇이 한데로 뭉키여 된 朝鮮男兒의 至精大醇의 큰 팔뚝!
天柱는 불어지고 地軸은 꺽거져도,
까짝업다 이 尖塔!
삼손(유대국용사의일홈)이쳐도, 項羽가 달녀도－九鼎을 녹여서 몽치를 만

들어가지고 짱짱짱 짜려도,
　까딱업다 이팔뚝!
　地球面의 물이 다 말으기까지,
　正義의 記錄은 오직 이리라
　그리하야 어두운 世上의 燈塔이 되야 사람의 자식의 큰길을 비초여 주리라.
　太陽이 재ㅅ덩어리 되기까지,
　正義의 主人은 반다시 이리라.
　그리하야 어미닭의 날개가되야 발발쩌난 병아리를 덥허주리라.
　아아 世界의 大主權은 永遠히 이 尖塔－이 팔뚝에 걸닌 노리개로다.
　하날ㅅ面은 휘둥그럿코 쌍바닥은 펑퍼짐한데,
　우리님－太白이는 옷둑.
　地球의 山－山의 太白이냐?
　太白의 山－山의 地球냐?
　詩人아 이를 뭇지말라.
　그것이 緊하게 讚頌할것 아니다.

즉 창가의 형태는 육당의 자유시 탄생에는 별반 큰 영향을 미치지 못하였음을 알 수 있다. 다만 창가는 신체시를 낳게 했고 이 신체시가 다시 자유시를 낳게 한 것이므로 그 출발점의 위치에 서는 역할은 충분히 했다고 본다. 육당의 자유시는 아직 자유시로의 형태적 완결성을 가지지 못한 것이었고, 내재율이 미처 마련되지 않은 일종의 시도로만 보인다. 그가 거둔 문학적 성과는 오히려 시조와 같은 정형적 작품에서였던 것이다.

2) 창가의 자유시에의 기여

창가는 자유시형의 탄생에 구체적으로 기여하지는 못했다. 그러나 개화 이후 특히 학교를 통해서 보급 전파된 창가의 양식은 은밀한 가운데 현대시의 율조 및 양식에 영향을 미쳤다. 그것은 대체로 두 가지로 말할

수 있다. 하나는 창가의 대표적 율조라 할 수 있는 7·5조율이 1920년대
의 민요 시인들의 작품에서 지배적인 율조로 나타난 바 있는데, 특히 김
소월에 있어서는 그것이 내면적 율조화하여 낭송에 유려한 리듬을 부여
하면서 인구에 회자되는 명편들을 만들어 냈다는 사실이다.

　7·5조의 미학적 성격 및 그것이 한국적인 토양에서 보편적인 율조
가 될 수 있는 근거에 대해서는 앞에서 논의한 바 있는데, 7·5조의 이
러한 성격은 현대시의 7·5조율의 유려한 리듬에 대한 하나의 설명이
된다. 더욱 중요한 사실은 7·5조 창가의 보급에 따라서 7·5조를 수용
할 수 있는 독자들이 엄청나게 늘어났다는 것도 7·5조를 내재율로 한
자유시의 제작에 크게 기여한 것이었다. 아무리 좋은 율조라도 그것을
수용할 만한 준비가 되어 있지 않은 독자층들을 대상으로 할 때에는 아
무래도 그 수용이 어려운 만큼 그 제작의 의욕도 감소되는 것이다. 그
러나 7·5조의 현대시는 여러 시인들에게서 채용되었고, 그 대부분이
리듬상의 아름다움을 획득하고 있다는 것은 이러한 개화기의 7·5조
창가와 그것의 보급이 결정적인 역할을 했던 것으로 보인다.

　한편 4행시로서의 창가의 성격과 재래의 평시조 양식에 대한 그것의
영향에 대해서는 전술한 바 있지만 이러한 4행시의 구조적 완결성이 4
행 자유시의 탄생 및 그 미학적 근거를 이루고 있다고 해도 과언은 아
니다. 이러한 4행시는 시문학파의 주축이었던 김영랑에게서 완성된 것
으로 보인다.[16]

　결국 창가도 사라졌고 신체시도 소멸된 장르가 되었으며 자유시만
남았다. 그러나 창가의 양식적 특성은 자유시의 내재율 및 구성 원리로
살아남았으며 그것이 창가의 문학사적 위상이라고 할 것이다.

---

16) 현대시 코퍼스에 대한 간략한 통계 분석의 결과 필자는 한국 현대시가 평균적으로
　　4연 16행으로 되어 있음을 밝힌 바 있다. 이 연구를 통해서 비록 자유시라 하더라도
　　전반적으로는 창가와 같은 노래체의 영향을 받고 있음을 밝힌 것이다. 김병선, 「현대
　　시의 계량적 문체 연구 시론－문학은 계산될 수 있는가?」, 『국어문학회 학술대회 발표
　　논문』, 국어문학회, 2000 참조

제7장 요약과 전망

이 책에서는 1894년 갑오개혁 이후 1910년 한일병합까지의 약 15~16년 간에 걸친 한국의 개화기의 창가를 연구했다. 이 시기는 자주 독립에의 희망이 일며 신문명이 급속하게 도래하는 한편, 열강의 침략 의도가 점차로 노골화되는 복잡한 상황의 시기였고, 이 시기에 우리나라의 운문 율조가 창가라는 새로운 형태로서 어떻게 그 생명을 이어갔는가를 검토했다.

이 창가의 형성에는 당시의 이와 같은 시대 상황이 큰 역할을 담당했다. 이 시기의 민족의식이 근대화를 지향하는 쪽으로 개혁되고 있었으며, 서양의 문화가 수입되면서 근대문학의 발흥을 촉진시켰고, 그러한 근대의식은 갑오개혁을 통한 제도적인 준비를 출발점으로 본격화되었다. 아울러서 한글의 공용화운동이라든가, 서구식 교육기관의 설치 및 근대적 저널리즘의 발달 등의 현상들은 신문화운동을 촉발시켰다. 또한 기독교 특히 개신교의 전래는 이러한 신문화운동의 한 측면을 담당했다.

흔히 '창가'라는 말은 '노래(song)' 혹은 '가창(singing)'이라는 두 가지 의미를 지니지만 본 연구에서는 이를 '신생활의식의 음악적 표현'으로 보고, 그 가창 곡조의 종류나 유무에는 관계없이 개화기의 창가 전부를 대상으로 해서 검토했다. 창가의 연구는 우리나라의 신문학 양식 특히 새로운 율조의 형성에 그것이 어떠한 영향을 미쳤느냐 하는 것을 검토하는 데 그 의의가 있다. 따라서 본 연구는 우리나라의 창가운동을 개화 이후 새로이 생겨난 개화운동의 확산 과정에서 파생한 것으로 생각했다.

필자는 창가가 그 출발에 있어서는 재래의 음송 혹은 율독 양식을 통해 존재하였고, 점차로 서양 곡의 부곡 내지는 일본 창가의 영향을 받아 새로운 형태로 굳어져 갔다고 하는 가설을 가지고서, 장르론적인 접근을 주로 하고 아울러서 그 부곡에 대한 음악학적인 관점을 가지고서 그 형식 탐구에 접근했다. 또한 개화기라고 하는 특수한 시대 상황과 관련하여 창가의 '삶의 자리'에 주목하였으며, 당시 활발한 교섭 관계에 있던 일본 문학과의 상관성을 고려하여 연구했다.

기왕의 연구는 개화기 시가에 관한 그간의 업적들은 대체로 창가의 문학적 성격뿐 아니라 음악적 성격을 가지고 있다는 것에는 긍정적이었지만 막상 창가의 부곡에 대한 탐구는 거의 없었고, 특히 개화기 시가 자료의 발굴 및 정밀한 연구에는 이르지 못하는 문제점을 가지고 있었다.

제2장에서는 『독립신문』 소재 창가의 형식을 그 기사 양식에 따라 네 가지 형식으로 나누어 고찰해 보았다. 그 결과 가창 방법에 따라 대체로 다음과 같은 두 가지 유형이 나타남을 알 수가 있었다.

첫째 유형으로서 한 도막 이상의 형식으로 된 가요 양식에 적합한 창가가 있었다. 『독립신문』 소재 창가들이 대체로 이 유형에 속하는데, 제1형식의 A형 창가와, 제2형식의 창가(1편), 제3형식의 창가(1편)와 제4형식의 창가(6편)가 그것이었다. 그 가창 곡조에 따라서 구분하여 본다면 「Old

Hundredth」곡조로 불리었을 가능성이 높은 것이 제1형식의 A형 창가와 제2형식의 창가 등이고, 『찬미가』 제60장의 곡조를 부곡으로 한 것이 제3형식의 창가이며, 제4형식의 창가 중 「군가」들은 3행, 4행으로 된 노래가 있었을 터인데 그 곡조는 확실치 않다.

두 번째 유형은 율독에 적당한 창가들이다. 『독립신문』 소재 시가들 거의가 4 · 4조 4음보 진행이라는 일정한 율조를 지니고 있기 때문에 어떤 형식의 것이든 율독으로 읽힐 수 있다. 그 중에서 율독으로만 읽혔을 시가는 제1형식 의 B형에 속하는 시가들이다. 개화 행사 때 군중이나 어떤 집단이 부른 노래는 분명한 곡조를 지닌 위와 같은 곡들이겠지만, 이러한 노래 외에 개인에 의한 율독의 순서도 그러한 행사 때에 있었다.

이러한 검토를 통해서 『독립신문』 소재 시가들이 대부분 개화 행사라고 하는 '삶의 자리'에서 불린 것으로, ① 단체의 노래는 일정한 곡조를 가지고 가창되었고, ② 개인의 작품은 개인에 의하여 율독되었다는 것을 알 수 있었다.

한편 1897년부터는 4 · 4조가 아닌 「무궁화노래」라는 새로운 형태의 노래가 등장하는데 이 창가는 서양의 노래인 「Auld Lang Syne」을 부곡으로 하고 있었으며, 개화 행사의 자리에서 공식적으로 불리기도 했었다. 이 창가의 곡조는 그 뒤로 「애국가」의 곡조로 쓰였고, 「무궁화노래」의 후렴 부분은 오늘날의 「애국가」에까지 이어지고 있다. 「애국가」는 개화기 국민개창운동의 산물이었고 학교 창가는 그 선도적 역할을 했다.

제3장에서는 1905년부터 1910년까지의 학교 창가의 흐름을 살펴보았다. 그 결과 그 첫 단계에서는 『독립신문』 소재 시가부터 시작된 가사 양식의 변화를 이어받고 있음을 볼 수 있었는데, 그 변화 양식은 절 의식 다른 말로 하면 구절법(句節法, phrasing)의 호흡이 짧아지는 것이었다. 이것은 문학의 제작층과 향수층이 사대부 계층으로부터 서민 계층으로 전이되고 있거나 아니면 그 차이가 없어지는 현상을 나타내 주는 것이었다.

　1905년 이후에도 4·4·4·4조 4음보를 기본으로 하는 형태의 창가도 불리었지만 1890년대의 창가보다는 약간 확대된 양식으로 보인다. 즉 단형의 짧은 호흡으로 시작된 개화기 창가는 휘문의숙의 「숙가」에 이르면서 4·4조로는 완숙기에 들어서는 느낌을 준다.

　1907년엔 최초로 7·5조 계열의 창가가 선보인다. 그것은 학부에서 제정한 운동가였으며 군가와 행진곡에 어울리는 가사 형태였다. 학부 제정의 「운동가」는 그 이전에 학부에서 제정한 바 있는 「경축가」에 비해서는 훨씬 더 구어적이고 또한 구투의 표현법에서 벗어난 것이었지만, 평양에서 불린 학부 제정 「운동가」의 수정판은 학부 「운동가」에 비해 한자어구가 한글화되고, 또 문어적인 가사로부터 구어적인 가사로 변화되며, 권위적 목소리(voice)가 평이한 목소리로 바뀌는 등 훨씬 진보된 모습을 보여준다. 또 학부의 「운동가」가 주로 8·5조임에 비해서 평양의 「운동가」는 6·5 및 7·5조를 주조로 하고 있다는 점이 그 특징이었다.

　1907년 4월 26일 학부 「운동가」가 새로운 8·5, 7·5의 양식으로 반포되었지만, 그 양식에 의한 학교 창가들은 뒤를 잇지 못했다. 1908~1910년 사이의 신문에 실려 있는 학교 창가들은 여전히 4·4조 일색이었다. 그런 가운데도 공옥소학교의 「행보가」와 「무궁화가」 및 「점진학교 교가」, 「이화학당 교가」, 「정신학교 교가」 등의 창가는 전혀 새로운 형태로 나타났다.

　결국 3장에서는 재래식의 4·4조 가사형에서부터 단형화한다든가 호흡이 짧아진다든가하는 형식상의 발전을 살펴보았으며, 그리고 내용상으로 신문명과 신교육 예찬, 학생들에 대한 신사상 고취 및 개화 자주독립의 의욕을 고취시키는 내용의 시가로부터 점차 발전하여 7·5조류의 창가도 등장하고, 또 그보다 더 자유로운 형태의 창가들도 나오고 있음을 살펴보았다. 즉 이 기간은 한국의 신문학 양식의 정립을 위해 준비하는 기간이었으며, 학교교육을 통해서 노래의 도움을 빌어 학생들에게 새로운 율조가 퍼져 나갔다는 것을 알 수 있었다.

제4장에서는 개화기의 공식적인 음악 교과서였던 『학부창가집』을 검토하였다. 그것은 개화기의 창가들이 학교를 그 '삶의 자리'로 하여 아동들의 정서 함양이나, 감정의 순화 및 서양 음악에 대한 이해라고 하는 순전히 음악적인 목적 이외에, 특히 학생들에게 전통적 율조가 아닌 새로운 율조를 익힐 수 있게 하는 큰 역할을 했으리라 여겨지기 때문이었다.

『학부창가집』에 실린 상당수의 창가의 가사가 당시의 국어 교과서이던 『국어독본』에 이미 수록되어 있던 것 그대로이거나 그것을 약간 수정한 것이라는 점에 착안하여 『학부창가집』을 중심으로 『국어독본』과의 상관성에 대한 검토도 행했다.

『학부창가집』은 "일본의 여과를 거쳤던 것"으로서 당시에 일본에서 유행하던 일본의 창가들과 긴밀한 관계에 있었다. 일본의 창가들이 한국의 『학부창가집』에 어떤 식으로 반영되었는지를 좀 더 구체적으로 살펴본 결과, 일본의 창가를 거의 그대로 옮겨 놓은 것이라 해도 과언이 아닐 정도였다. 또 『학부창가집』의 가사의 율조를 검토해 본바, 7·5조계에 속하는 작품이 『학부창가집』의 태반을 이루고 있었으며 한편으로는 4·4조계라고 볼 수 있는 창가도 상당수였다. 이 중에는 재래식의 4·4조의 4음보 진행이라고 하는 가사 양식과 동일한 것도 있었지만 4·3조 계라고 볼 수 있는 것도 있었는데 이는 4·4조가 노래체화하면서 생겨난 것이었고, 구체적인 검증은 『학부창가집』과 『국어독본』을 비교 대조해 보는 방법을 택했다. 그 결과 『학부창가집』의 창가는 당시 국어 교과서의 삽입시라고 해도 될 만큼 독자적인 기능의 것은 아니었으며 국어책에 부수되는 면이 보였다.

『국어독본(國語讀本)』의 운문이 『학부창가집』의 가사로 변화되는 과정 및 그 방법을 살펴본 결과 다음 몇 가지 원리가 작용하고 있음을 알게 되었다. 우선 내용의 문제로서 의미 맥락을 훨씬 더 좋게 가다듬었다는 점이 확인되었다. 다음, 각 연이 창가화되며 하나씩의 절로 바뀜에 따라 각 절 대응적 형식이 분명해졌다. 특히 크게 작용한 원리는 창가 곡조의 구절법(phrasing)에 따른 가사의 정제화였다. 따라서『학부창가집』의 가사가 4·3조의 형태로 바뀌는 것은 이를 편찬한 계층인 사대부 계층의 4·4조가 민요의 노래체 양식으로 바뀌어 가는 과정이라고 말할 수 있다. 이런 점에서 볼 때 4·3조라는 형식은 이와 같은 개화기 창가 곡조의 영향이 크게 작용하면서 정제된 리듬이라고 볼 수 있다.

이로 볼 때『학부창가집』은 사대부층의 4·4조가 창가 곡조의 영향으로 4·3조화되는 데 구체적으로 기여한 책이었다. 이는 앞『독립신문』의 시가들이 사대부층의 유장한 리듬 구조를 탈피하여 짧고 명확한 리듬 구조로 변화해 가며, 유절 형태화하는 경향을 이어 받은 것으로 보인다. 이러한 변화는 교육이라는 즉 장년층(사대부층)이 개화 이후 반상의 구별이 약화된 사회에서의 유년층을 교화하는 과정 가운데 생겨난 것이고 서구식의 창가 곡조(물론 일본 창가에 연원을 둔 것도 있지만 일본 창가 역시 궁극적으로 서양의 것의 모방이었다)는 이러한 현상을 촉발시키는 한 계기가 되었다고 말할 수 있을 것이다.

제5장에서는 개화기에 본격적인 문인으로 등장해서 활동한 육당(六堂)의 창가운동을 검토하였다. 본 장에서는 시기적으로는 1907년부터 1910년까지 즉 그가 소위「구작」들을 짓기 시작한 때부터『소년』지가 폐간될 때까지의 창가로 한정해서 살펴보았다.

먼저「구작」계열에 속하는 작품에 나타나는 특징은 우선 5자율의 사용이었다. 육당은 이를 다양한 방법으로 구사하였지만 실험에 그쳤고, 육당이 5자율을 구사하게 된 데에는 일본의 시가 율조의 5자 형태 및 우리나라 민간의 구전민요나 동요 등에서는 더러 발견되는 5·5조의 영향이 있었던 것으로 보였다.

다음으로는 7자율의 사용을 찾아볼 수 있는데 그의 7자율은 거의가 4·3의 구성으로 되어 있다. 즉 이 7자는 재래식의 가사나 시조에서는

3·4의 형태가 주종을 이루었던 것과는 판이하게 다른 것이었다. 이것도 역시 일본 창가의 7자율 양식의 영향과 우리나라 민간의 동요 혹은 민요에서 찾아볼 수 있는 것으로서 말하자면 노래체의 영향으로 생겨난 것으로 보인다.

이러한 5자율과 7자율은 각기 독자적인 율조로 자리 잡지 못하고 그 둘이 연결되어 7·5 혹은 5.7로 흡수 발전되었다. 5.7조의 경우는 한 작품만 보이고 대부분은 7·5조로 굳어졌다. 그 대표적인 창가가 「경부철도노래」인데 이 노래는 당시의 학생들에게 율조상으로 큰 영향을 미쳤으리라 여겨졌다.

다음으로 7·5조의 기원을 검토해 보았다. 이는 김소월 등의 현대 시인들이 구사한 소위 민요조의 해명을 위해서이고, 또 창가시대의 7·5조가 어떻게 현대시의 율조로 자리 잡았는가를 검토하기 위해서였다. 그 결과 일본의 전래 율조가 창가란 이름과 함께 그대로 수평이동이 된 것으로 볼 수도 없고, 또 고려 가요에서 그 흔적이 보이는 민요의 한 율조로 이해할 수도 없었으며, 이를 3음보율로 이해하는 것도 문제의 해결에 도움이 안 되었다. 결국 7·5조는 「밀밭에서」 같은 서양 악곡에 가사를 붙이는 과정에서 즉 서양 악곡의 도입에 따라서 촉발된 리듬이라고 볼 수 있었고, 그 곡조의 보급과 함께 7·5조가 하나의 정형율로서 자리 잡은 것으로 확인되었다. 한편 7·5조가 가진 우리나라 언어 구조와의 상통성 및 그 미학적 성격도 그 보급에 큰 도움이 되었다.

또한 『소년』지에서는 절 의식이 분명한 7·5조 계열의 시도 있지만 절 의식이 불분명한 아니 그보다는 절 구분의 제약으로부터 벗어나려는 노력도 엿보이고 있다. 7·5조에 대한 그의 관심은 이 『소년』 이후에 발간되던 『청춘』지에까지 상당 부분 이어지고 있으며, 매권이 발행될 때마다 권두 시로서 악보가 붙은 창가를 소개하고 있었고, 또 「세계일주가」 등을 간행하면서 결국 7·5의 완성에 기여했던 것이다. 따라서 문학적으로 7·5조라는 율조의 정형화는 최남선의 공로였다.

제6장에서는 마지막으로 창가의 문학사적 위상을 정리해 보았다. 음악사적인 면에 있어서 창가는 1910년 이후로는 학교의 음악교육의 교과 내용으로서 완전히 자리 잡았으며, 대중가요(大衆歌謠), 국민가요(國民歌謠), 예술가곡(藝術歌曲), 동요(童謠) 및 신민요(新民謠) 등으로 점차 분화의 과정을 겪으며 발전되어 나갔다. 문학사적인 면에서 볼 때 창가는 그 동안 동반되었던 음악적 음송 양식을 벗어나서 가사 위주의 문학적 발전 과정을 겪으며 현대시로 발전되어 나갔다.

본격적인 현대적 자유시로 발전해 가는 과정에서 창가는 우선 신체시에 직접적인 영향을 미쳤다. 신체시는 창가로부터 발전된 것이었다. 또 창가는 언문풍월이라든가 신국풍 같은 개화기의 독특한 시 양식의 탄생에 기여했다. 이것은 창가가 재래식의 시가에 대해서 어떠한 영향을 미쳤는지를 검토해 보는 중요한 양식들이었다. 한편 자유시에 대해서는 창가의 대표적인 율조인 7 · 5조가 자유시의 내면적인 율조화하는 데 결정적인 기여를 한 것으로 생각되었다. 즉 1920년대의 민요시를 탄생케 한 원동력이 되었고, 다른 한편으로는 7 · 5조를 한국인들이 보편적으로 공감할 수 있는 율조로 만드는 데 기여했다. 또 창가의 4행 양식은 현대시의 4행 구조와 관련을 가진 것으로 생각되었다.

이상으로 우리나라의 개화기 창가에 대한 하나의 연구를 해 보았다. 장차 개화기의 창가 자료들과 그것들이 불린 기록들이 좀 더 소개되어서 보다 완전한 창가 연구가 이루어져야 할 것이다. 그리고 일본의 창가와의 상관성에 대한 연구는 현대문학의 비교문학적 연구의 입장에서도 계속적으로 이루어져야 하리라고 믿는다. 개화 이후의 창가의 발전상과 현대시와의 관계 등도 차후의 연구에서 시도되어야 할 것이다. 아울러서 이러한 연구에 이어서 좀 더 발전적으로 문학과 음악의 상관성에 대한 학제적(inter-disciplinary)인 연구가 계속되어야 할 것이다. 그렇게 될 때에 한국의 창가 연구는 완결될 수 있을 것이다.

개화기 창가집

부록 목차

『독립신문』 소재 창가

1. 글(최돈셩, 1896.4.11)

대죠션국 건양원년	텬디간에 사롬되야
즈쥬독닙 깃버ᄒ셰	진츙보국 뎨일이니
님군의 츙셩ᄒ고	인민들을 ᄉ랑ᄒ고
졍부를 보호ᄒ셰	나라긔를 놉히달셰
나라도을 싱각으로	부녀경뎌 즈식교휵
시죵여일 동심ᄒ셰	사롬마다 홀거시라
집을각기 흥ᄒ랴면	우리나라 보젼ᄒ기
나라몬져 보젼ᄒ셰	자나ᄭᅵ나 싱각ᄒ셰

나라위히 죽는죽엄　　국태평 가안락은
영광이제 원한업네　　ᄉ롱공샹 힘을 쓰세

우리나라 흥ᄒ기를　　문명지화 열닌세샹
비ᄂ이다 하ᄂ님끠　　말과일과 ᄀᆺ게ᄒ세

아모것도 몰은ᄉ롭
감히일언 ᄒ옵내다

2. 대죠션 ᄌ쥬 독립 이국ᄒ는 노러(니필균, 1896.5.9)

학부 쥬ᄉ 니필균 씨가 「대죠션 ᄌ쥬 독립 이국ᄒ는 노러」를 지엿ᄂ디

아셰아에 대죠션이　합가　이야에야 이국ᄒ세
ᄌ쥬독립 분명하다　　　나라위히 죽어보세

분골ᄒ고 쇄신토록　합가　우리졍부 놉혀주고
츙군ᄒ고 이국ᄒ세　　　우리군면 도와주세

깁흔잠을 어셔ᄭ이여　합가　늠의쳔디 밧게되니
부국강변 진보ᄒ세　　　후회막급 업시ᄒ세

합심ᄒ고 일심되야　합가　ᄉ롱공샹 진력ᄒ야
셔셰동졈 막아보세　　　사롭마다 ᄌ유ᄒ세

남녀업시 입학ᄒ야　합가　교휵히야 기화되고
세계학식 비화보자　　　기화히야 사롭되네

팔괘국긔 놉히달아　　합가 산이놉고 물이깁게
뉴디주에 횡힝ᄒ세　　　우리ᄆ음 밍셰ᄒ세

3. 이국가(뎐경틱, 1896.5.19)

봉츅ᄒ세 봉츅ᄒ세　　즐겁도다 즐겁도다
아국태평 봉츅ᄒ세　　독립ᄌ쥬 즐겁도다

쏫퓌여라 쏫퓌여라　　향기롭다 향기롭다
우리명산 쏫퓌여라　　우리국가 향기롭다

열미열나 열미열나　　열심ᄒ세 열심ᄒ세
부국강병 열미열나　　츙군이국 열심ᄒ세

진력ᄒ세 진력ᄒ세　　빗나도다 빗나도다
사롱공샹 진력ᄒ세　　우리국긔 빗나도다

영화롭다 영화롭다　　놉흐시다 놉흐시다
우리만민 영화롭다　　우리님군 놉흐시다

만셰만셰 만만셰ᄂ　　쟝셩ᄒ 기운으로
대군쥬폐하 만만셰　　세계에 유명ᄒ야

텬하각국
넘볼셰라

4. 동심가(리중원, 1896.5.26)

잠을찌세 잠을찌세 만국이 회동ᄒ야
ᄉ쳔년이 꿈속이라 ᄉ희가 일가로다

구구셰졀 다ᄇ리고 늡으부강 불어ᄒ고
샹하동심 동덕ᄒ세 근본업시 회빈ᄒ랴

범을보고 개그리고 문명기화 ᄒ랴ᄒ면
봉을보고 ᄃ닭그린가 실샹일이 뎨일이라

못셰고기 불어말고 그믈믺기 어려우랴
그믈믜ᄌ 잡아보세 동심결노 믜ᄌ보셰

5. 글(김교익, 1896.6.2)

쵸당에 깁히든잠 창외에 더틴날이
뉘라셔 ᄭᅵ랴는고 삼간이 놉하셔라

구텬을 ᄇ라보니 우연니 오는말삼
미인옥누 어디미요 우리죠션 신문이라

반갑고 장ᄒ도다 논셜도 만컨마는
신문논셜 장ᄒ도다 헌집논셜 장ᄒ도다

ᄌ고이리 헌집목슈 뉘라셔 통리ᄒ여
ᄒ나둘쁜 아니연만 이러타시 소샹ᄒ가

아마도 이목슈는 헌연목과 헌기동을

양공중 뎨일이라   그더로ᄂ 반듯셰워

아모리 풍우라도   공평렴직 벽을치고
삼누젼복 업시ᄒ여   효제츙신 문을달며

인의도덕 도비ᄒ고   이집도 옥누되여
례약셔슈 자리쌀면   우리민인 놉히안져

광명촉을 켜여노코   이목슈와 더목슈며
태평연을 비셜ᄒᆯ째   역죠창싱 논일젹에

쵸당에 자든사롬
격양가를 불너보셰

6. 노래(허일, 1896.6.2)

부러ᄒ세 부러ᄒ세   아국인민 일심되기
부국강병 부러ᄒ세   자나쌔나 츅슈ᄒ세

우리만민 합역ᄒ여   심샹으로 알지말고
뎡부롤 도와주세   일심합역 이써보세

나라위히 이쓰ᄂ것   ᄉ희지니 기형뎨라
곳곳치 영광일셰   일심동쳬 ᄒ여보세

ᄉ랑ᄒ고 이휼ᄒ셰   독립신문 ᄒᄂ말슴
우리만민 이휼ᄒ셰   져져히 본을밧셰

ㅈ쥬독립 견실ᄒ여   이신문을 보ᄂ는형뎨
외국에 디졉밧세   아모쪼록 불망ᄒ세

빗나도다 빗나도다   만세로다 만세로다
ㅈ쥬독립 빗나도다   대군쥬폐하 쳔만세

7. 익국가(한명원, 1896.7.4)

뎐디구샹 륙쥬즁에   경향원근 무론ᄒ고
ㅈ쥬독립 분명ᄒ다   꿈을씌여 진보ᄒ세

츙셩으로 보국ᄒ기   평안시졀 양병ᄒ여
사름마다 밋셔로세   세계샹에 횡힝ᄒ세

경ᄉ보기 무란ᄒ니   몸이비록 쥭드리도
합심동덕 첫지로다   나라위히 혼을마세

강이깁고 산이놉되   흠ᄭᅴ 만만세를 불너
우리ᄆ음 반길일세   우리

님군 봉츅ᄒ세

8. 익국가(리용우, 1896.7.7)

대죠션국 인민들아   츙셩으로 님군셤겨
이ᄉ위한 익국ᄒ세   평안시졀 향복ᄒ세

경ᄉ롭다 경ᄉ롭다   강하가 묽다희도

샹하업시 우리동포　　　원원훈 우리무음

홈씌모도 군수되야　　　젼신이 쇄분히도
경텬위디 호여보세　　　나라위히 영광되리

황하슈가 여침토록　　　평싱집심 여일호기
히륙군를 봉츅호세　　　안팟업시 밍셔호셰

9. 노리(경무 학도들, 1896.7.16)

힘써보세 힘써보세　　　힝뎡스법 공부힘써
아국경무 잘호보세　　　인민권리 보젼호셰

학도로 공부호여　　　집집마다 즈쥬호고
뎡부를 도와보세　　　인민마다 즈립호니

뎡부를 도운후에　　　대죠션국 독립형셰
빅셩들을 보젼호세　　　만국에 장호도다

경무관리 되고보면　　　장호도다 장호도다
우리공업 막대호다　　　우리독립 장호도다

뎡부에 니목되여　　　대죠션국 태극긔호
억조챵싱 보호호세　　　셰계상에 놉히단니

법관에 슈족되여　　　영화롭다 영화롭다
악훈사룸 경계호셰　　　대죠션국 영화롭다

만셰만셰 만만셰
대군쥬폐하 만만셰

10. 독립문가(김셕하, 1896.7.16)

우리죠션 신민들은   우리셩쥬 유덕ᄒ여
독립가를 드러보오   ᄌ쥬독립 죠흘시고

병ᄌ지슈 셜치ᄒ고   연쥬문을 쇄파ᄒ고
ᄌ쥬독립 죠흘시고   독립문이 놉하지네

독립문을 지은후에   우리셩쥬 슈만셰요
독립가를 불너보셰   우리챵셩 화합이라

우리죠션 신민들은   오빅년리 죠흔일은
진츙보국 ᄒ여보셰   독립문이 죠흘시고

11. 익국가(윤태셩, 1896.7.18)

북셔 슌검 윤태셩이가 북셔 ᄌ니 디도를 그럿ᄂ디 길 거리와 초가 와가와 문 피ᄶ지 력력히 그린 후에 익국가를 지엿ᄂ디

즐겁도다 즐겁도다   동포형뎨 합심ᄒ여
ᄌ쥬독립 즐겁도다   부국강병 ᄒ여보셰

부국강병 ᄒ량이면   실샹지죠 시험ᄒ여
영웅열ᄉ 모화다가   동방뎨일 빗내보셰

스롱공샹 업을지어   우리형데 남녀간에
스시쟝츈 즐겨보세   모든일이 경스로다

싱각스록 즐겁도다   부디부디 동심ᄒ여
동국에 형데들아   보국이민 ᄒ여보셰

12. 이국가(달셩회당 예수교인, 1896.7.23)

독립공원 굿게짓고   하ᄂ님끠 셩심긔도
태극긔를 놉피달셰   국티평과 민안락을

샹하만민 동심ᄒ야   님군봉츅 졍부스랑
문명례의 일워보세   학도병졍 슌검스랑

전국인민 깁히스랑   사룸마다 이즈픔어
부강셰계 쥬야빌셰   공평졍직 힘을쓰오

압뒤집이 인심료량   륙신셰샹 잇슬때에
급히급히 합심ᄒ세   국티평이 뎨일죠타

천년셰월 허숑말고   군긔잡고 밍셰ᄒ야
동심합력 부디ᄒ오   대군쥬의 덕을돕셰

13. 이국가(박기렴, 1896.8.1)

대죠션국 인민들은   방ᄌ흠을 닉브리고
독립신문 자셰보오   쑴들이나 어셔ᄭ이오

우리명부 훼언말고   반쳔년 미친슈치
무움이나 곳쳐보셰   일죠에 푸러노코

아셰아즁 반도국이   샹쾌ᄒ고 즐거온말
ᄌ쥬독립 분명ᄒ니   만권셔에 다홀손가

독립문과 독립원을   삼각산 샹샹봉에
일신ᄒ게 지여노코   졍결이 단을모와

건곤감니 태극긔을   만국샹에 빗치나고
반공즁에 놉히달면   지나국을 압두로다

독립국도 만컨마논   아메리가 후ᄒ풍쇽
우리독립 뎨일이지   영길리국 부강ᄒ법

국외신민 일심홈을   나라위ᄒ 극역ᄒ면
이샤위한 본을밧아   셰계샹에 읏듬되리

만셰만셰 만만셰
독립긔쵸 억만셰

14. 이민가(숑쳔ᄉ립학교 학원들, 1986.8.18)

우리동국 사롬들아   텬부지지 동포되여
이민가를 드러보오   호싱지덕 일반이라

나라에 부강지업   나라에 독립지권
빅셩으로 말미암고   빅셩으로 힘닙ᄂ니

어와우리 빅셩들아   불힝이 병화긔근
진츙보국 안홀쇼냐   싱령도탄 불샹ᄒ다

위민부모 어진덕화   위민ᄌ목 붉은셩교
여보젹ᄌ ᄒ오시며   시민여샹 홀지어다

우리빅셩 부요ᄒ면   샹하일심 긔화힘써
국가흥왕 졀노되지   문명진보 구경코져

오쳔만년 무강지후
여민동락 ᄒ여보세

15. ᄌ쥬독립가(문경호, 1896.8.20)

졍동 비지 학당 학원 문경호가 나라를 위ᄒ야 ᄌ쥬 독립가를 지엿ᄂ디

우리나라 독립되니   팔괘긔를 놉히다니
팔괘긔가 기운나네   셰계샹에 뎨일일셰

죠흘시고 죠흘시고   독립문에 밍셰ᄒ야
독립문이 죠흘시고   우리나라 힘써보셰

사롬마다 널니비와   나라돌맘 업스면은
우리나라 힘써보셰   금슈만도 못ᄒᄂ니

우리나라 위ᄒ랴면   지혜와 힘을비러
하ᄂ님끠 긔도ᄒ야   우리나라 도아보셰

사룸마다 힘을써셔　　독립두ㅈ 흥왕ㅎ면
독립두ㅈ 굿게ㅎ셰　　셰계샹에 동등일셰

남녀노소 셩벽니여　　ㅂ라고 원ㅎ기ᄂ
나라도을 궁니ㅎ셰　　어룬ᄋ희 일심으로

합심ㅎ고 힘을써셔　　대군쥬의 은과덕이
독립국을 힘써보셰　　텬지에 가득ㅎ니

향복무강 ㅎ옵쇼셔
남산ᄀ치 만만셰

16. 익국가(최병희, 1896.9.1)

인의동방에 꼿치피니　　꼿피엿네 꼿피엿네
건양원년 죠츈일셰　　만민화락 만민화락

요슌셰계 도라왓나　　학도들아 학도들아
거리거리 격양가라　　츙이두ㅈ 잇지마라

입신양명 ㅎ량이면　　학교셰워 교휵ㅎ니
츙군익국 위쥬로라　　셩샹덕틱 산희로다

산희ᄀ흔 만흔덕틱　　갑흘거슨 ㅎ나잇네
무어스로 갑흘쇼냐　　교휵ㅎ여 셩취ㅎ후

문명진보 ㅎᄂ째에　　시호시호 부지리라
죠션관민 일심ㅎ셰　　어셔밧비 공부ㅎ셰

만세로다 만세로다   만세로다 만세로다
셩샹폐하 만세로다   우리독립 만세로다

17. 셩졀 숑축가(신영틱, 1896.9.3)

만세만세 만만세   독립긔쵸 만만세
쳔츄셩졀 만만세   문명세계 만만세

시화셰풍 만만세   무궁셩슈 만만세
국부병강 만만세   만셰만셰 만만세

18. 익국가(김죵셥, 1886.9.5)

광활훈 텬디간의   죠션국에 싱쟝ᄒ여
우리인싱 삼겨나셔   의지식지 ᄒ여시니

부모은혜 망극훈중   대쟝부의 당당훈일
님금은혜 더옥크다   츙효밧긔 쏘잇ᄂ가

삼각산 쎼ᄂ긔운   오빅여년 지낸후에
죠션왕긔 쟝홀시고   깃분쇼식 쏘잇고나

반갑고도 죠흘시고   태극긔를 놉히드러
ᄌ쥬독립 죠흘시고   익국가를 불너보셰

우리나라 대쇼인민   먹고입고 살묘칙은
츙군익국 ᄒ여보셰   ᄉ롱공샹 힘를쓰고

듯고보고 힝홀거슨   국태평과 민안락을
효뎨츙신 본을밧셰   날과때로 츅슈ᄒ셰

만셰만셰 만만셰 우리
셩쥬 억만셰

19. 익국독립가(최영구, 1896.9.8)

대죠션국 학도들아   일심으로 독립위ᄒ
독립가를 들어보오   합심두ᄌ 닛지마오

어셔밧비 독립ᄒ셰   동포형뎨 꿈을ᄭ여
이째를 일치말고   ᄌ쥬독립 ᄒ여보셰

뎡부를 보호ᄒ후   닛지말셰 닛지말셰
젼국인민 교휵식혀   합심두ᄌ 닛지말셰

합심두ᄌ 니지면은   독립문을 셰운후예
셰계샹에 쓸디업네   팔패긔호 긔운나리

깁히든잠 어셔ᄭ여   ᄉ랑ᄉ랑 나라ᄉ랑
일심합력 ᄒ여보셰   나라위ᄒ ᄉ랑ᄒ셰

나라위ᄒ 쥭거드면   밤낫스로 공부ᄒ여
쥭드리도 영광일셰   츙군익민 ᄒ여보셰

남으나라 인민들은   대죠션국 인민들도
밤낫스로 교휵ᄒ네   어셔밧비 교휵ᄒ셰

ᄉ롱공샹 힘을써셔　　만셰만셰 만만셰
부국강병 되야보셰　　대군쥬폐하 만만셰

20. 익국가(리영언, 1896.9.10)

우리나라 대죠션은　　ᄌ쥬독립 되야시면
ᄌ쥬독립 분명ᄒ다　　문명기화 됴흘시고

십부아문 대신들은　　각부각군 관찰군슈
츙량지심 픔고지고　　션졍션치 ᄒ고지고

면면촌촌 빅셩들은　　삼강오륜 쥰힝ᄒ고
ᄉ롱공샹 힘써보셰　　효뎨츙신 직혀보셰

기화기화 헛말말고　　독립문을 크게짓고
실샹기화 ᄒ여보셰　　태극기를 놉히달셰

불너보셰 불너보셰　　님군ᄉ랑 몬져ᄉ랑
익국가를 불너보셰　　빅셩ᄉ랑 후에ᄉ랑

ᄉ랑ᄉ랑 ᄉ랑즁에　　만셰로다 만셰로다
이ᄉ랑이 뎨일일셰　　우리나라 만셰로다

21. 익국가(김철영, 1896.9.15)

잠씨보셰 잠씨보셰　　깁히든잠 번듯씨여
대죠션국 인민들아　　ᄌ쥬독립 도와주셰

합심ᄒ고 동력ᄒ야   ᄌ쥬독립 ᄒ량이면
우리인민 보호ᄒ셰   인민ᄉ랑 첫지로다

졍부가 잇슨후에야   빅셩들이 잇슨후에
빅셩들이 의지ᄒ고   졍부가 의지되ᄂ니

도와주셰 도와주셰   ᄉ랑ᄒ셰 ᄉ랑ᄒ셰
우리졍부 도와주셰   우리인민 ᄉ랑ᄒ셰

ᄉ랑ᄉ랑 ᄉ랑이야   ᄉ랑ᄉ랑 ᄉ랑이야
빅셩들은 졍부ᄉ랑   졍부에ᄂ 빅셩ᄉ랑

샹하ᄉ랑 서로ᄒ면   샹하의심 업셔지면
부국강병 ᄌ연되고   ᄌ쥬독립 왜못ᄒ리

졍직으로 익국ᄒ고   니외관민 너나업시
공평으로 익민ᄒ야   익국익민 왜못ᄒ리

마자히도 부국되고   부국강병 된연후에
안ᄒ여도 강병되네   태국긔를 놉히달아

일쳥국을 압졔ᄒ고   독립문이 빗치나고
오대쥬에 횡힝ᄒ면   독립디에 꼿치퓐다

씻칠셰라 씻칠셰라   마디마디 명심ᄒ야
독립신문 ᄒ온논셜   사름마다 본을밧셰

22. 경축가(김긔범, 1896.9.17)

인향 용동 예수교 교당에셔 대군쥬 폐하 탄신일 밤에 등불도 만히 달고 교인들이 남녀 노유 다 례비당에 모혀셔 대군쥬 폐하를 위ᄒᆞ여 하ᄂᆞ님끠 긔도ᄒᆞ고 김긔범이가 경축가를 지어 불넛ᄂᆞᆫ디

남녀노쇼 인민들은　　우리모도 일심으로
경축가를 불너보셰　　셩샹폐하 경축ᄒᆞ셰

츙심이군 ᄒᆞᄂᆞᆫ거슨　　국태민안 부국강병
빅셩마다 본분일셰　　셰계샹에 영화로다

죠션관민 노유간에　　독립문을 굿게셰니
문명진보 일심ᄒᆞ셰　　만민화락 즐겁도다

우리빅셩 합심ᄒᆞ니　　만셰만셰 만만셰
ᄌᆞ쥬독립 만만셰라　　셩샹폐하 만만셰

경축ᄒᆞ셰 경축ᄒᆞ셰　　우리빅셩 경축으로
하ᄂᆞ님끠 경축ᄒᆞ셰　　만슈무강 ᄒᆞ옵쇼셔

23. 독립가(최병헌, 1896.10.31)

데일
텬디만물 챵죠후에
오쥬구역 텬뎡이라

아시아쥬 동양중에

대죠션국 분명ᄒ다
　　　후렴
독립긔쵸 쟝구슐은
군민샹이 뎨일이라

깃분날 깃분날
대죠션국 독립ᄒ날

깃분날 깃분날
대죠션국 독립ᄒ날

　　　뎨이
단군긔ᄌ 즈쥬시고
신라년호 건원이라

긔국홍계 인평후에
고려건원 광덕이라

　　　후렴

　　　뎨삼
만셰완산 션리화ᄂ
신인금쳑 텬슈로다

긔원경졀 오빅후에
건양년호 빗나도다

　　　후렴

뎨ᄉ1)
음양죠판 태극긔를
일원ᄀᆺ치 놉히다니

죠션역시 구방이라
긔명유신 ᄎ시로다

　후렴

뎨오
금셩옥야 온대디에
구쳔오빅 방리로다

이쳔만즁 합심ᄒ여
독립가를 불너보셰

　후렴2)

24. 이국가(고관직(정교) 인응션(부교), 1897.1.28)

강원도 김화군에 유쥬ᄒ 친위 이대디 정교 고관직 부교 인응션 이국가

어화우리 군인들아　　텬디디간 만물즁에
이말슴 드러보오　　사ᄅᆷ이 웃듬일세

사ᄅᆷ 숨겨나니　　오륜이 붉아쓰니

오륜이 붉아세라   문명셰계 분명ᄒ다

어화 죠흘시고   하희ᄀᆺ치 깁허쓰니
싱지양지 부모은덕   오륜이 읏듬일세

혼졍신셩 지셩으로   어화 죠흘시고
효이양지 ᄒ여볼가   군쥬은덕 의지식지

태산ᄀᆺ치 놉하쓰니   근시호셩 츙셩ᄒ여
오륜에 뎨일일셰   부국안민 ᄒ여보세

어화 죠흘시고   국부민강 ᄒ량이면
국부민강 ᄒ여볼가   시화셰풍 ᄒ얏세라

어화 죠흘시고   ᄌ쥬독립 ᄒ량이면
ᄌ쥬독립 ᄒ여보세   영쥰만죠 ᄒ얏셰라

어화 죠흘시고   우리군디 챵시홈은
우리군디 챵시힛네   교련양병 긔쵸로다

교련양병 졍밀ᄒ야   텬하강병 디온후에
텬하강병 되얏셰라   만국뎨일 독립ᄒ세

어화 죠흘시고   위진텬하 거륵ᄒ고
뎨일독립 ᄒ온후에   슝덕만셰 가득ᄒ다

화피쵸목 죠흘시고   어화 죠흘시고
늬급만방 즐거워라   요님군 셰계런가

강구년월 붉은달에   어왕 죠흘시고
격양가를 스랑흐세   순남군 시졀인가

슈역츈풍 묽은바롬   어화 죠흘시고
목동가에 흥치로다   우리죠선 만셰로다

셩즈신손 면면흐여   어화 죠흘시고
즁희누흡 빗나쇼스   우리군디 만셰로다

미쟝졍병 이어나셔   셩슈쳔셰 쳔쳔셰
즁심스군 흐여보셰   만셰만셰 만만셰

태평태평 쟝태평
시여시여 시부여

25. 군가(시위디 병뎡, 1897.6.10)

시위디 병뎡들이 흐는 군가인디 져녁이면 쟈기젼에 매양 이 노리들을 흐고
잔다더라

대군쥬 폐하끠셔   즈쥬독립 흐옵신후
려민동락 흐옵시니   길겁도다 만물이라
억만년 변치말고   흔굴굿치 흐스이다

어화우리 셩은이야   님군이디 새로시니
긔국오빅 삼년브터   독립즈쥬 졍흐셨네
지금폐하 위덕이 만만셰

새로워라 새로워라　　셩군셩덕이 새로워라
오빅년에 쳐음이요　　亽쳔년에 쳐음이라
아마도 즈고로　　　　금샹이 뎨일이신가

폐하실셰 폐하실셰　　우리군쥬 폐하실셰
즈고로 업던일을　　　우리셩샹 새로시니
신민들도 처음이라　　억만년 변치말셰

병뎡이야 병뎡이야　　츙군익국 잇지마라
쳥국죠졍 완미ᄒ여　　쇽방번국 멸시터니
일죠ᄇ룸 동방으로　　취슝츈광 ᄒ엿거늘
즈쥬독립 쏫시피여　　부국강병 열미연다

병뎡이야 병뎡이야　　츙군익국 잇지마라
비눈물에 쓰엿스나　　물에풍파 업슬쇼냐
언냥노슈 못견듸면　　두려울ㅅ 파션이라
너의쇼임 무겁도다　　무거우니 샹쾌로다

병뎡이야 병뎡이야　　츙군익국 잇지마라
아황샤직 도모즈와　　우리국가 긔유즈는
역젹이며 역국이니　　불공대텬 흔놈이라
치라치라 용더마라　　너의쇼임 그재로다

병뎡이야 병뎡이야　　츙군익국 잇지마라
슈만강병 압혜세워　　탄환우긔 홀지라도
차심일편 금텰이면　　어이텬우 업스리요
나가거라 나가거라　　죽을망뎡 퇴치마라

병뎡이야 병뎡이야   츙군익국 잇지마라
싱즈필스 쳔리오니   죽기무슴 두려올가
위군위국 젼사즈와   방명쳔셰 불후니라
긔린각상 염쳠츠로   샤필잡고 기다린다

병뎡이야 병뎡이야   츙군익국 잇지마라
아황오빅 죵샤와   팔도사는 만민싱에
너의일 너의들이   너의싱젼 빗내겠다
빗츤곳시 빗나겠다   내의놀낸 빗칠너라

병뎡이야 병뎡이야   츙군익국 잇지마라
너의젼승 개션놀은   환호희셩 너를마져
부모구고 네손잡고   젼공셜화 듯즈오니
그째용진 ㅎ던말은   엇지쾌치 아니ㅎ랴

텬디기벽 ㅎ온후에   만물이 싱겻셔라
만물이 싱긴후에   귀홀셰라 사롬이라

아태조 창업후에   인물즈랑 죠흘시고
오빅삼년 기국후에   열셩지덕 누리더니

대군쥬 폐하끠셔   즈쥬독립 ㅎ셧스니
요순우탕 본을밧아   쳔츄유젼 ㅎ옵쇼샤

26. 성몽가(문경호, 1897.9.14)

잠을끠오 잠을끠오   그만ㅎ면 실컷잣지
깁히든잠 어셔끠오   무슴잠을 이리자나

희가도다 낫이되고   모든일을 다호고셔
동리집이 다씨엿소   편이안져 노는구나

이쌔꾸지 잠자다가   게으르고 어리셕어
지금씨여 무엇호나   무숨일을 호여볼가

엇지호면 됴흘넌지   붓그럽지 아니호며
뎡신ᄎ려 싱각호게   무안치도 아니혼가

잠잘째에 못혼일을   부즈러니 쌜이호면
잠을씨여 어셔호셰   압션사롬 뒤셰우네

잠자다가 뒤을지고   잠자다가 도적맛고
잠자다가 쳔디밧고   잠자다가 엇어맛고

잠자다가 화맛나고   잠자다가 혼이나셔
잠자다가 욕을보고   다름박질 호엿구나

우리잘째 뉘가씨나   죠션인민 되여셔는
씨든사롬 싱각호게   분호줄을 모로는가

분호기도 그지업고   싱각호면 눈물나고
슬푸기도 한량업네   분호한심 졀노ᄂ네

누구보고 원망호며   모든일을 싱각호면
뉘탓이라 호을홀가   잠잔탓이 아닐넌가

남과ᄀ치 살녀호면   새사롬들 되여보셰
더런구습 다브리고   오날브터 시작호셰

사룸이 셰샹에남이　　분호 ᄆᆞᆷ 업시며는
쳔디밧고 지디말게　　스스로 목미여죽게

어셔어셔 잠을ᄭᅢ여　　나라돌 ᄆᆞᆷ업시면
우리나라 어셔돕셰　　금슈만도 못ᄒᆞᄂᆞ니

어셔돕셰 어셔돕셰　　우리나라 어셔도아
진충갈력 힘을써셔　　부강지업 일워보셰

젼국인민 합심ᄒᆞ야　　가션ᄌᆞ와 협잡ᄌᆞ는
흉의지심 돈돈ᄒᆞ면　　ᄌᆞ겁ᄒᆞ야 다라나네

지금ᄶᅢ가 느져쓰니　　나라위히 죽는것은
어셔어셔 시작ᄒᆞ셰　　죽드리도 영광일셰

흉을본다 일못ᄒᆞ고　　무셥다고 일못ᄒᆞ고
욕을흔다 일못ᄒᆞ고　　어늬ᄶᅢ에 일을ᄒᆞ나

어리셕은 소리말고　　팔괘국긔 놉히달고
어셔어셔 시작ᄒᆞ야　　텬하각국 알게ᄒᆞ셰

우리나라 동포형뎨　　젼국인민 합심ᄒᆞ야
내말슴을 드러보오　　이국지심 돈돈ᄒᆞ면

부국강병 졀노되고　　샹등국이 졀노되고
문명기화 졀노되고　　샹등빅셩 졀노되네

그러ᄒᆞ고 볼작시면　　어늬누가 여엿보며
두려올것 ᄒᆞ나업네　　어늬누가 말을홀가

영미국을 부러말게 영미국이 무엇인가
어셔샐니 쏘차가면 우리나라 비승ᄒ네

죠션빅셩 놉하지면 뎌졀노 놉하지시니
대군쥬 폐하끠셔는 그도아니 됴흘손가

깃부고나 깃부고나 원디구에 진동ᄒ니
오날놀에 만셰소리 깃분ᄆ음 한량업네

남녀로소 업시 다 합심ᄒ여 시작ᄒ기를 쳔만쳔만 ᄇ라오

27. 연셜노리(리치웅, 1898.6.11)

유지훈 친구가 본샤에 글을 지여 보닛는디 말ᄒ기를 나는 젼쥬 사는 리치웅
이요 뎌번에 입셩ᄒ야 구경ᄎ로 독립관에 가셔 방청으로 연셜을 드러보니 흉격
이 시원ᄒ여 더웁고 갈증난 디 어름물이로다. 스스로 흥을 익이지 못ᄒ야 연셜
노리를 좀 ᄒ엿스니 긔지ᄒ여 주시요.

ᄌ미잇고 ᄌ미잇네 오빅년리 업던연셜
독립협회 연셜이여 오늘이야 쳐음듯네

듯기죠흔 의리연셜 츄호일분 ᄉ졍업시
보기죠흔 국긔셔젹 공평졍즉 화답ᄒ고

일심합력 위국이민 토론연셜 쟝ᄒ셩명
ᄌ쥬독립 견고연셜 륙대쥬에 진동ᄒ네

우리대한 신민들아 효뎨츙신 반ᄌᄒ고

독립협회 입참ᄒ야   인의례지 도비ᄒ세

여민동락 연셜가로
우리
셩샹 만만셰라

28. 애국가(찬양회부인회, 1898.10.18)

이둘 十三일 오후 ᄒ 시에 찬양회 부인들이 모혀 일젼에 녀학교 셜시ᄒ여 주옵쇼셔 ᄒ고 진복ᄒ야 샹쇼한 비지를 공포ᄒ고 인ᄒ야 연셜들ᄒ며 나라 ᄉ랑ᄒ는 노리를 지여 셔로 불으고 길거워 ᄒ더라 ᄒ기에 그 노리를 좌에 긔지ᄒ노라

三千리 넓은강토	二千万즁 만ᄒ동포
슌셩학교 찬양회에	이국가를 드러보오
단군긔ᄌ 긔千년에	부인협회 쳐음일셰
쳐음일셰 쳐음일셰	녀학교가 쳐음일셰
문명동방 대한국에	황뎨폐하 쳐음일셰
셩샹의 놉흔은덕	하늘아리 하늘이라
슌셩학교 챵셜ᄒ고	동포녀ᄌ 만히모하
비양셩취 ᄒ량으로	각항지죠 굴ᄋ치니
구미각국 부러마쇼	문명동방 더옥좃타

萬셰萬셰 億萬셰라	황뎨폐하 億萬셰라
萬셰萬셰 億萬셰라	대한뎨국 億萬셰라
千셰千셰 萬千셰라	동궁뎐하 萬千셰라
千셰千셰 萬千셰라	슌셩학교 萬千셰라
百셰百셰 千百셰라	우리동포 千百셰라
百셰百셰 千百셰라	찬양회쟝 千百셰라

百셰百세 千百셰라　　찬양회원 千百셰라

29. 새군가(윤철규, 1898.11.1)

시위 2대디 대디쟝 윤철규 씨가 금번에 군가 일편을 새로 지여 군인들을 굴 앗쳐 권면혼다 호기에 그 군가를 엇어 좌에 긔지호노라

어화우리 군인들아　　이니말슴 들어보쇼
나는좃테 나는좃테　　혁구유신 나는좃테
황실보호 진심호야　　우리셩은 보답호셰
츙군이국 호고보면　　명슈쥭빅 되오리라

어화우리 군인들아　　우리칙임 비경호다
일신샹에 이담부로　　시각인들 방심홀가
기예년습 괴라말쇼　　고진감니 즈년일셰
약셕깃흔 이교훈을　　명심호고 각골호셰

어화우리 군인들아　　츙군이국 호여보셰
부탕도화 호드러도　　지진무퇴 호야보셰
금셕깃치 견졍호면　　세계샹에 당당호다
어셔어셔 진보호야　　호령각국 호여보셰

어화우리 군인들아　　토디인구 작다마쇼
일일유신 호고보면　　일인당빅 못홀쇼냐
우리나라 독립즈쥬　　오빅년리 처음일셰
혁구유신 신쟝뎡에　　거지이름 탁용혼다

어화우리 군인들아　　이니말슴 명심호쇼

유공필샹 유죄필벌   그뉘아니 몰을쇼냐
훈련졍예 ᄒᆞ고보면   ᄉᆞ관승츄 즈진ᄒᆞ다
황뎨폐하 萬萬셰로   독립긔쵸 무궁무진

30. 새군가(윤쳘규, 1898.11.21)

젼시위 2대디 대디쟝 윤쳘규씨가 뎌번에 새로 지흔 군가 1편을 좌에 련속ᄒᆞ
야 긔지ᄒᆞ노라

어화우리 군인들아   츙군이국 ᄒᆞ여보셰
일월ᄀᆞᆺ흔 우리셩군   문명긔화 힘쓰신다
동반셔반 디구샹에   즈쥬독립 분명ᄒᆞ다

빅도경쟝 ᄒᆞ실때에   ᄉᆞ관병뎡 셜디ᄒᆞ샤
무ᄉᆞ시에 양디식혀   불우지일 쓰랴신다
이럼으로 군인대졉   세계샹에 졔일일셰

인의녜지 쳔셩야요   효제츙신 인도로다
지심츙직 ᄒᆞ고보면   불츠탁용 ᄒᆞ신다네

무관학교 셜시ᄒᆞ여   기예교련 식히시네
좌작진퇴 연습ᄒᆞ여   일군구령 ᄒᆞ여보셰
당당뎨국 간셩되고   빅셩의게 병쟝된다

우리빅셩 군인밋고   우리군인 빅셩밋네
군인빅셩3) 샹부ᄒᆞ면   부국강병 못홀쇼냐

---

3) 원문에는 그냥 '빅셩'만 표기되어 있는데, 이를 내용에 맞추어 수정한 것임.

꽂피엿네 꽂피엿네　　션리디에 꽂피엿네
죵남산에 즌을드려　　우리황뎨 축슈ᄒ셰
삼각산이 슛돌되고　　한강슈가 씌갓도록
일심ᄒ셰 일심ᄒ셰　　﹒진보샹에 일심ᄒ셰

어화우리 군인들아　　익국가나 불너볼가
어셔어셔 부강ᄒ여　　독립긔쵸 무궁무진
萬세萬세 萬萬세로　　황상폐하 億萬셰라

31. 교가(경성학당, 1899.6.16)

○어질셰라　어질셰라　우리님군　어질셰라
○녯눌폐단　혁신ᄒ여　문명지치　독립일셰
○츙셩일셰　츙셩일셰　우리인민　츙셩일셰
○죠야일심　보국ᄒ야　태평만셰　동락일셰
○건양원년　졈은봄에　경셩학당　챵립ᄒ니
○일취월쟝　ᄒᄂ학업　봄풀ᄀᆺ치　왕셩ᄒ다
○잇지말셰　잇지말셰　학당ᄯᆺ을　잇지말셰
○신의두ᄌ　굿게직혀　슈화라도　피치말셰
○분골쇄신　ᄒ드리도　남의일에　지지말셰
○ᄒ룰ᄀᆺ치　졍신써셔　쳘셕ᄀᆺ치　밍셔ᄒ셰
○오눌셩ᄉ　비유ᄒ면　한강슈가　엿고엿네
○오눌쾌락　비유ᄒ면　죵남산이　놉고놉다
○황뎨폐하　만만셰요　자주독립　만만셰며
○우리인민　만셰로다　우리학당　만셰로다

32. 무궁화노리(비지학당, 1899.6.29)

一　셩즈신손 오빅년은　우리 황실이요
　　산고슈려 동반도는　우리 본국일셰
후렴　무궁화 삼쳔리　　화려 강산
　　대한사룸 대한으로　길히 보젼ᄒ셰

二　이국ᄒ는 렬심의긔　북악ᄀᆺ치 놉고
　　츙군ᄒ는 일편단심　동ᄒᆡᄀᆺ치 깁허

三　쳔만인 오직ᄒᆫ무음　나라 소랑ᄒ야
　　소롱공샹 귀쳔업시　직분문 다ᄒ셰

四　우리나라 우리황뎨　황텬이 도으샤
　　군민공락 만만셰에　태평 독립ᄒ셰

개화기 신문 소재 창가

1. 廣州 朴生 寄書(『帝國新聞』, 1903.4.15)

樂歌 制定 처분이 나리시기를 사롬의 마음을 감발ᄒ고 션비의 긔운을 가다
듬어 충분ᄒ고 인국ᄒ는 것이 풍악과 노릭에서 지남이 업눈지라 맛당이 젼명홀
터이니 문관이 그 졀쥬를 지어밧치라 ᄒ옵셔다더라

여보시요 동포님네 　　이닉말삼 들어보오
출어세상 일평싱에 　　허고갈일 무어시오
효데츙신 근본이요 　　사롱공상 스업일세
우리인싱 꿈갓ᄒ니 　　허송셰월 엇지홀가
부싱모육 놉흔은덕 　　효당갈력 홀거시요
대한신민 되엿시니 　　츙즉진명 ᄒ여보세
젹신지상 우리동포 　　거무어슬 종ᄉᄒ오
사롱공상 힘을써도 　　바랄거시 바이업소

이목발근 이텬디에　　이롱안밍 되지말세
션비스업 쓸디업소　　초스츠례 어림업네
잇는즈본 얼마되오　　형셰디로 말을흐게
참봉초스 갑시만코　　쥬스갑슨 등분잇소
헷봉류는 흐지마소　　건몰흐고 잡혀가지
오날전역 멋빅원이　　닉일아참 쥬스로다
이런경위 가진량반　　졍신차려 그만두오
나의말이 허언인가　　션비스업 쓸디업소[1]

2. 詞藻

1. 鐵椎(『大韓每日申報』, 1908.12.15)

沃野千里　벼를심어　　그집흐로　　식기꼬고
金銀銅鐵　다녹여서　　萬斤鐵椎　　민든후에
萬古에　　包藏禍心　　奸細輩롤　　묵고치고

2. 保彊訣(『大韓每日申報』, 1908.12.20)

이江山을　　숣혀보니　　남줄곳이　　全혀없다
놉흔터는　　집을짓고　　느즌곳은　　田畓풀세
아못됴록　　一心으로　　쌍을직혀　　億萬世를

3. 直矢(『大韓每日申報』, 1909.8.3)

善心은　　활살이오　　惡心은　　관혁이라
包藏禍心　奸細輩들　　뎌관혁이　　머지안타
보아라 나의고든 화살 百發百中

---

1) 『帝國新聞』, 光武 7년(1903) 4월 15일자, 3면. 작자인 廣州 朴生이란 사람은 본명이
박싱근이며, 미처 다 싣지 못한 내용이 4월 16일·17일·18일자에 연속해서 실려 있다.

4. 鋤惡草(『大韓每日申報』, 1909.8.4)

南山에　　밧츨니러　　됴흔穀食　　심었더니
가라지와　雜種惡草　　사이사이　　석겻고나
오희야　　뎌가라지　　뎌惡草를　　다믜여라　　씨도업시

5. 靑年아(『大韓每日申報』, 1909.12.25)

金玉이　　보비라도　　鍊磨안코　　光彩나며
人才가　　出衆한들　　培養안코　　英雄되랴
靑年들아　放心말고　　工夫ᄒ야　　이羞恥를

3. 少年 男子歌(韓人野球團用 唱歌)(『大韓每日申報』, 1909.7.24)

(一)
무쇠骨格 돌筋肉 少年男子야
愛國의 精神을 奮發ᄒ여라
다다럿네 다다럿네 우리나라에
少年의 活動時代 다다럿네

(後斂)
萬人對敵 練習ᄒ여 後日戰功 세우세
絶世英雄 大事業이 우리目的 아닌가

(二)
身體를 發育ᄒᄂ 同時에
競爭心 注意力 養成ᄒ려고
空氣됴코 區域넓은 演技場으로
活潑潑 나ᄂ듯이 나아가세

(三)

忠烈士의 더운피 循環잘되고
獨立軍의 팔다리 敏活ㅎ도다
霹靂과 斧鉞이 堂前ㅎ여도
우리는 조곰도 두렴업네

(四)

돌니고 쎄여쥐는 白輪赤旗는
神速홈이 黑雲深處 번갯불ズ고
보내고 바다차는 手球蹴鞠은
粉粉홈이 白日晴天 쏘락비로다

(五)

海戰과 陸戰의 모든遊戱를
次第로 興味잇게 勝負決ㅎ니
凱旋門 두려시 열니는곳에
勝戰鼓를 울녀라 둥둥둥둥둥

4. 경고 지정가(『대한민일신보』, 1908.10.20)

숨ㅎ고　　답답ㅎ다　지정가　　동포들아
어둡고　　캄캄ㅎ다　즈본가　　동포님네
싱각업고 피도업다　돈가진　　형뎨즈민
지산만　　굿게직혀　일푼쳑리 내지안코
니혼집만 패업스면　억쳔만년 누릴줄노
아모싱각 업고보니　탄식홀일 이아닌가
나라가　　쎠나가도　돈만으면 살줄아니
나라가　　업셔지면　지산은　　쓸더잇나

한심ᄒ고 슯ᄒ도다 엇지ᄒ면 됴탄말가
졍신을　잠싼드려 이ᄂᆡ말슴 드러보소
이ᄯᅢ가　어느ᄯᅢ뇨 살수업게 된ᄯᅢ로다
삼쳔리　토디지산 낭즁지물 다되엿고
이쳔만　형뎨ᄌᆞ민 궤상육디 다되엿다
엇지ᄒ여 이리됏나 교육업ᄂᆞᆫ 연고로다
아모동리 아모촌에 ᄯᅳᆺ좀잇다 ᄒᆞᄂᆞᆫ쟈가
교육업시 못될줄을 싱각ᄒ고 ᄭᆡ다러셔
발긔ᄒ고 발동ᄒᆞᆫ들 지졍업시 홀수잇나
이런ᄉᆞ졍 셜명ᄒᆞ야 지졍가에 통긔ᄒᆞ면
홀수업ᄂᆞᆫ 핑게ᄒ고 이마롤　ᄶᅵ푸리네
학교보조 업다면셔 단셩샤에 츌입ᄒ고
공익샤회 보조안코 기싱집에 츌입ᄒ고
고ᄋᆞ보조 ᄒᆞᆫ푼안코 싁쥬가에 츌입ᄒ네
곳치시오 곳치시오 ᄆᆞ음들좀 곳치시오
요ᄯᅢ나마 넘기젼에 깁히싱각 돌니시오
요ᄯᅢ가　션듯지나 졍말나라 업게되면
억만지산 쳔셕직이 ᄒᆞᆫ푼ᄒ줌 쓸수업네
무셔웁고 두렵도다 나라두ᄌᆞ 즁ᄒ도다
밧치시오 밧치시오 학교뒤롤 밧치시오
린식말고 보조ᄒᆞ세 공익에ᄂᆞᆫ 린식말게
학교흥왕 되고보면 교육발달 ᄌᆞ연되네
교육발달 되고보면 국권회복 ᄌᆞ연되고
국권회복 되고보면 사ᄂᆞᆫ방도 ᄌᆞ연되네
한이업고 ᄭᅳᆺ치업셔 그치ᄂᆞ니 동포님네

5. 시스 평론(『대한미일신보』, 1909.1.5)

▲ 도소쥬를 フ득부어　새봄맛자 취케먹고
　류성긔를 새로틀어　녯날곡됴 다바리고
　시곡됴를 지어내여　멋날격적 흐던츠에
　오륙편을 알외ᄂ니　시한국에 새동포는
　새졍신에 드러보쇼

▲ 훈고동을 틀고나니　청년노래 됴흘시고
　락락창창 뎌쇼나무　구름밧긔 소사잇네
　너도쏘훈 초년에는　무한풍샹 격근후에
　오늘날에 특립횟다　어화한국 청년들아
　뎌와フᆺ치 비양ᄒ소

▲ 쏘훈고동 틀고나니　지스노래 됴흘시고
　층층고고 뎌탑들은　반공즁에 소셧고나
　너도젼일 험훈돌노　무훈런마 밧은후에
　오눌셩긔 이아닌가　어화한국 지스들아
　뎌와フᆺ치 단톄되쇼

▲ 쏘훈고동 틀고나니　인민노래 됴흘시고
　만경창파 강물빗츤　하눌フᆺ치 푸르고나
　너도처음 적은물노　쳔빅시니 합훈후에
　오눌확쟝 이아닌가　어화한국 인민들아
　뎌와フᆺ치 진보ᄒ쇼

▲ 쏘훈고동 틀고나니　은스노래 됴흘시고
　광치잇는 뎌빅옥은　명젼쳔츄 흐리로다
　너도흙에 뭇쳣다가　세샹밧글 나온후에

오늘보비 이아닌가　어화한국 은ᄉ들아
뎌와ᄀᆺ치 출신ᄒ쇼

▲ ᄯᅩᄒᆫ고동 틀고나니　대신노래 됴흘시고
탄탄평평 뎌큰길은　인민왕리 것츰업다
너도이왕 험디로셔　풀과돌을 졔ᄒᆫ후에
오눌대로 이아닌가　어화한국 대신들아
뎌와ᄀᆺ치 공평ᄒ쇼

▲ ᄯᅩᄒᆫ고동 틀고나니　영웅노래 됴흘시고
단청올린 뎌기동은　고루거각 벗텻고나
너도굽은 나무로셔　먹줄디패 밧은후에
오눌셩지 이아닌가　어화한국 영웅들아
뎌와ᄀᆺ치 슈리ᄒ오

▲ 송구축ᄉ 지어내셔　동포압헤 긔도ᄒ고
영신축ᄉ 지어내셔　텬부젼에 긔도횟네
한국동포 이힁브터　복을만히 밧거니와
뷘긔도야 쓸디잇나　이노리를 명심ᄒ야
실디ᄉ업 홀지어다

6. 시ᄉ 평론(『대한ᄆᆡ일신보』, 1909.1.28)

▲ 긔호학회 졔공들아　긔호위치 말홀진딘
온나라의 중심이라　셰력가도 고긔잇고
지졍가도 게잇는디　국가승평 홀째에는
부귀들만 잘ᄒ다가　금일비참 당ᄒ셔는
초월ᄀᆺ치 범연ᄒ며　학회ᄒ나 셜립이나

회관집도 못뎡ᄒ니 타도사ᄅᆷ 디ᄒ기에
붓그럽지 아니ᄒᆫ가 개인쥬의 다ᄇ리고
국가관념 연구ᄒ야 완젼셩립 ᄒ여보소

▲ 셔북학회 졔공들아 셔북리력 말ᄒᆯ진뎌
탐관오리 뎌학뎌를 졔공들이 다밧엇고
ᄉ환계에 젹막키도 졔공들이 우심이라
국가승평 ᄒᆯᄶᅢ에는 별반압졔 다밧다가
금일비참 당ᄒ셔는 긔명샹에 큰목뎍을
졔공들이 몬져잡고 젼국모범 되엿슨즉
누가찬숑 안ᄒ리만 방해쟈도 만타ᄒ니
영원유지 주의ᄒ야 완젼셩립 ᄒ여보소

▲ 교남학회 졔공들아 교남풍긔 말ᄒᆯ진딘
츄로현셩 유풍으로 검박슈신 위쥬ᄒ니
국가승평 ᄒᆯᄶᅢ에는 안은무ᄉ 힛거니와
금일비참 당ᄒ야도 이규모만 직혀가면
엇지싱존 ᄒᆯ수잇나 유지쟈의 셩력으로
학회창셜 ᄒ엿스나 됴잔흠이 말못되니
나만알던 젼일습관 어셔급히 다ᄇ리고
단톄력을 분발ᄒ야 완젼셩립 ᄒ여보소

▲ 호남학회 졔공들아 호남토디 말ᄒᆯ진딘
량뎐미답 허다ᄒ고 소산물픔 풍쪽ᄒ야
국가승평 ᄒᆯᄶᅢ에는 도젹ᄀᆺᄒ 뎌관인께
만히만히 ᄲᅢᆺ기고도 그렁뎌렁 지넛스나
금일비참 당ᄒ셔는 젼일보다 우심ᄒ게
삼남뎨일 뎌토디를 외인들이 쥬의인디
학회발달 묘연ᄒ니 회식흠을 숭샹말고

실디스업 강구호야   완전셩립 호여보소

▲ 관동학회 졔공들아   관동형편 말홀진딘
　　토광인희 홀쑨더러   태산쥰령 둘넛기로
　　년스죵죵 흉년드러   국가승평 홀째에도
　　쥬린쟈가 허다호고   금일비참 당호여도
　　소요흠이 우심인디   옹용취셔 녀학회가
　　긔호량남 학회보다   리두희망 비승호니
　　졔공들의 용력흠을   불문가지 호겟스나
　　퇴보말고 진보호야   완전셩립 호여보소

7. 시스 평론(『대한미일신보』, 1909.1.30)

▲ 리완용씨 드르시오   총리대신 녀디위가
　　일인지하 만인샹에   칙임됨이 엇더호며
　　슈신계가 못혼사룸   치국인둘 잘홀손가
　　젼날일은 엇더턴지   오늘브터 회기호야
　　가뎡풍긔 바로잡고   졍부졔도 혁신호야
　　즁흥공신 되여보소

▲ 송병준씨 드르시오   니부대신 녀디위가
　　디방뎡치 관할호고   관리션악 시찰호니
　　그칙임이 지즁인디   공의힝젹 볼작시면
　　매국젹이 이아닌가   왕스물론 회기호야
　　공졍호게 틱인호고   츙심으로 보국호야
　　즁흥공신 되여보소

▲ 죠즁응씨 드르시오   농샹대신 녀디위가

ᄉ농공샹 네가지에　세가지를 관할ᄒ야
전국빈부 긔관인디　여긔붓고 뎌긔붓는
공의힝동 쇼인이라　어셔밧비 졍신ᄎ려
무ᄉ분주 그만두고　농샹공을 발달ᄒ야
즁흥공신 되여보소

▲ 리지곤씨 드르시오　학부대신 뎌디위가
국민교육 긔관이라　흥망셩쇠 졔잇는디
공의심쟝 볼작시면　방해홈이 무수ᄒ니
나라몬져 쇠코보면　공은망치 아니홀까
싱각ᄒ면 긔막히리　교육계에 열심ᄒ야
즁흥공신 되여보소

▲ 고영희씨 드르시오　법부대신 뎌디위가
싱명긔관 이아닌가　법률브터 공졍히야
국가ᄌ연 문명인디　공의힝동 볼작시면
나의칙임 늠다주고　나랏돈만 공식ᄒ네
츙의인ᄉ 해치말고　공직ᄒ게 법을셰워
즁흥공신 되여보소

▲ 리병무씨 드르시오　군부대신 뎌디위가
전국보호 이아닌가　군ᄉ브터 강ᄒ여야
오는도적 막을텐디　잇던군인 희샨ᄒ니
군ᄉ업는 뎌쟝슈가　고금텬하 어디잇나
전국인민 몰어다가　어셔밧비 교련ᄒ고
즁흥공신 되여보소

▲ 임선준씨 드르시오　탁지대신 뎌디위가
전국지졍 관할이라　국민간에 지금형편

금융고갈 되엿ᄂ디　　공의소위 볼작시면
망국대부 패를ᄎ니　　ᄌ취멸망 이아닌가
아모죠록 회기ᄒ고　　재원발달 연구ᄒ야
중흥공신 되여보소

8. 시ᄉ 평론(『대한미일신보』, 1909.12.8)

▲ 일진회야 일진회야　　오됴약만 ᄒ더리도
　네공명이 굉장ᄒ고　　칠협약만 ᄒ더리도
　네소원을 푸럿거던　　무슴욕심 못다치워
　합방계칙 쏘내ᄂ냐　　일신부귀 됴타ᄒ들
　너도역시 한인이지　　그런일을 엇지ᄒ노

▲ 일진회야 일진회야　　오됴약과 칠협약에
　그결과롤 못보ᄂ냐　　전국형편 고샤ᄒ고
　일진회만 보더리도　　외인에게 노례되고
　동포에게 원슈되니　　그신셰가 엇더ᄒ냐
　리해샹의 관계로도　　그런일을 못ᄒ리라

▲ 일진회야 일진회야　　네당류를 통계히도
　수쳔명에 불과ᄒ더　　무슴긔셰 보이랴고
　빅만이라 가칭ᄒ노　　너의ᄀᆺ흔 흉역비는
　만만명이 잇더리도　　수에칠비 아니어늘
　국민이니 디표이니　　너의말이 가통ᄒ다

▲ 일진회야 일진회야　　흉악ᄒ게 죄를짓고
　구구잔명 보젼코져　　헌병이니 슌사이니
　압뒤문을 옹위ᄒ들　　이쳔만즁 동포들은

밤낫으로 피씃는다　좁고좁은 이텬디에
어디가셔 용신홀쑈　네신셰가 가련ㅎ다

▲ 일진회야 일진회야　너의소위 두령쟈는
제욕심만 치우랴고　궁흉극악 못된일을
츳져가며 ㅎ거니와　ᄭᅡ닭업는 회원비는
무엇츠례 올줄알고　그일신을 그릇치노
어셔밧비 퇴회ㅎ야　올흔국민 되여보소

9. 시스 평론(『대한미일신보』, 1910.2.19)

▲ 샤회등을 놉히들고　각샤회를 빗춰보니
비풍쳐우 침침ㅎ중　리미마량 잡귀들이
예셔불쓴 제셔불쓴　별별괴상 드러닌다
츈츄필을 ᄲᅴ여들고　룡면거스 화법으로
마귀들의 진상그려　보텬디하 인류계에
흔번구경 식혀볼가

▲ 일인중목 이란쟈는　무당노릇 숭상ㅎ니
문명힛단 일본에나　열심봉교 홀거시지
례의동방 한국에다　요슐젼파 웬일인고
놀부틋던 박속처럼　별별괴물 다나오니
문명힛단 □의국도　그만ㅎ면 다알겟다
뎌마귀도 그려니고

▲ 시텬교당 깁흔곳에　어두귀면 큰마귀가
식기마귀 불너니여　쇼년립지 회를셰고
신셩ㅎ뎌 쳥년들을　빅방으로 꾀여다가

마귀종즈 믄드노라 쥬야분주 혼다ᄒᆞ니
착훈인도 못홀만뎡 악훈길노 쓰어넛나
그마귀도 그려니고

▲ 아츰에는 경시청에 져녁에는 스령부로
쏘든니는 산영개는 졍탐군이 네로고나
너도역시 사롬이지 사롬에몸 잇고보면
문에나고 드러갈째 하ᄂᆞ님이 두렵거든
동포구원 못홀만뎡 동포모해 춤아ᄒᆞ나
그마귀도 그렷고나

개화기 학회지 소재 창가

1. 贊歌(奇書)(李奎澂, 『태극학보』 제5호, 1906.12)

太極學會 東方萬年　　太倉之米이몸덜이
極樂世界보라거든　　學問힘써個人力이
會合團體일너보세　　東洋大韓復權基礎
方方正正죠흘시고　　萬苦千辛홀지로다
年富力强우리同胞

2. 新年祝歌(會長 宋在燁, 『서우』 제3호, 1907.2)

新年元朝寶李春風에
一炷香萬歲盃先祝吾 皇帝

南山의松栢은鬱鬱蒼蒼코

漢江의流水는浩浩洋洋응

瑞雲和風亞東韓半島

太極章旗빗는곳에家家歡呼聲

韓雖舊邦이나其命維新은

皇天이仁愛ㅎ샤眷佑我東方

新年을當ㅎ여新精神으로

上下가合心ㅎ여進步히보세

莫重 宮禁을肅淸ㅎ여셔

奸細輩의出入을嚴禁ㅎ오며

政治룰一新히改善ㅎ여셔

朝野人才를登庸ㅎ온後

義務와强制룰實施ㅎ여셔

全國의敎育을擴張홀지며

法律과警察을改良ㅎ여야

生命과財産을保護홀지오

忠勇兵士룰養成ㅎ오면

國家의藩屛과干城될지라

士農工商貴賤勿論코

各盡其力으로職分다ㅎ면

自由의權利룰恢復ㅎ온後

獨立의基礎룰確立홀지니

臥薪嘗膽을닛지마시고

有進無退로나가봅세다

國家가잇슨後에身家잇나니

忠君愛國네글자를닛지마시오

波蘭猶太史蹟을싱각ㅎ시고

血淚와熱心으로盟誓홉세다

三千里疆土우리大韓國

世界列强同等은非難이로세
堂堂帝國의놉흔일홈을
六大洲上에宣揚ᄒ세다

3. 除夕漫筆(李承鉉, 『태극학보』 제7호, 1907.2)

故國山川써ᄂᆞᆫ後에,　　荏苒光陰如流ᄒ여
大韓光武十一年이,　　於焉間에도라왓네
回望疆土三千里에,　　同胞諸君無恙한지
우리學生靑年들은,　　文明進步初程일세
政治法律警察學과,　　醫農工商實業上에
勤勤孜孜힘을써셔,　　國家棟樑되여보세
客窓寒燈집흔밤에,　　冊을펴고잠못일네
蘊故知新하인後에,　　三四同志問答할제
私情업슨뎌風雪은　　홀홀불어窓을치고
쏙쏙가는時鍾소리,　　人生白髮지촉한다
靜坐忽然싱각ᄒ니,　　陰曆除夕오늘일세
어화우리同胞님네,　　이니말ᄉᆞᆷ드려보소
陽陰曆新舊歲가,　　瞥眼間에다지ᄂᆞ니
우리學業進就홈도,　　與時俱新ᄒ여불가
屠蘇酒壽福餠과,　　巫祝問卜吉凶事며
富貴功名祝願說은,　　虛飾儀節그만두고
歲拜혼後첫人事에,　　國民義務相勸ᄒ여
二千萬口頭腔속에,　　愛國精神가득부어
비ᄂᆞ이다비ᄂᆞ이다,　　一心團體비ᄂᆞ이다

4. 太極學會贊祝歌(八十翁 蔡東濟, 『태극학보』 제7호, 1907.2)

太極兮太極兮여,	一片靑邱太極兮로다
太極兮無極兮여,	無極이有極이로다
英年同胞僉學員이,	太極旗下團體로다
一心團體熱心事는,	硏究精神學問이라
學問發達ᄒ온후에,	新春和氣도라와셔
兮太旗를놉히들면,	四海中에빗이나고
太平乾坤日月下에,	群生草木樂時로다
女媧氏몸이되여,	硏石補天이아닌가
救生靈於塗炭也에,	作舟楫而濟之로다
致吾君於堯舜也에,	無爲之治볼지로다
어화우리太極會員,	不遠千里渡海홈은
一心進步卒業後에,	所願成就이아닌가
大韓乾坤太極學會兮여,	萬歲萬歲億萬歲之基礎로다

5. 西友師範學校 學徒歌(會長 金有鐸, 『서우』 제4호, 1907.3)

西友師範學校靑年學徒들
壁-의卦鍾을들어보시오
一點二點暫間가는中
人生百年이如走馬로셰
東園春山의芳艸綠陰도
西風秋天의黃葉踈林응
靑春少年을즈랑마시오
明鏡白髮이可惜ᄒ도다
後進敎育을擔着ᄒ랴면
少年强壯時가맛당ᄒ깃네
그럼으로大禹는惜陰ᄒ시고

古人이말ᄒ기롤一刻直千金
이말을寶鑑삼아服膺ᄒ시고
暫時라도怠惰말고勉勵히보세
生存競爭當此時代에
國家興亡이니게달녓네
列强의待遇롤生覺ᄒ사록
奴隸犧牲의恥辱쑨일세
二千萬同胞우리兄弟아
此時가何時며此日何日고
六大洲大陸의形便살피니
弱肉强食과優勝劣敗라
國權을保全ᄒ고同胞救濟ᄂ
우리들兩肩上에擔任義務라
血淚롤揮灑ᄒ고奮發心으로
實地上學問을硏究합세다
一身이榮貴ᄒ고一國興홈은
學問一事밧게ᄂ다시업겟네
堂堂ᄒ三千里大韓帝國이
世界萬國과同等돼보세
父母님게孝道ᄒ여榮華돌니고
나라님게忠誠ᄒ여功業세우세
大勳位一等章銅像紀念은
千秋萬歲에竹帛留芳名
忠臣烈士가非別人이니
偉功을思慕ᄒ여萬一效則응
一片精神우리大韓魂
頭腦속에넛코닛지마시오
學徒學徒師範學徒야
忠君愛國血誠心을닛지마시오

6. 단연동밍가(저자 미상, 『대한자강회월보』 제10호, 1907.4)

어화우리동포님네 　 세상억조이창싱이
이내말삼들어보소 　 졔가졀로산다ᄒ나
나라실력아니며난 　 빅셩모여나라되고
ᄒ시반쩨견딜손가 　 나라힘에빅셩사니
국민의무네글자를 　 어화우리동포님네
잠이들면이즐소냐 　 이내말삼들어보소
알뜰ᄒ고졀용ᄒ면 　 허랑ᄒ고람용ᄒ면
거지라도치부ᄒ고 　 부자라도픽가ᄒ오
ᄒ심ᄒ고졀통ᄒ다 　 사면풍우희진집에
우리나라오날형편 　 남의빗은길이넘소
만일이빗못갑허서 　 의지일은우리동포
가더조차쎼앗기면 　 가로상에방황ᄒ야
풍찬노숙면홀손가 　 이싱각을홀작시면
전호구학어이홀고 　 눈속에서피가솟네
어화우리동포님네 　 오놀우리국민의무
이내말삼들어보소 　 무삼일이졔일인고
사람마다알뜰ᄒ고 　 티끌모여태산되듯
집집마다졀용ᄒ야 　 부강긔초바라보리
담배먹난동포님네 　 배곱흘쩨료긔되오
이내말삼들어보소 　 등치울졔어ᄒ되나
어혼료긔다못되고 　 부지럽난습관인쥴
부지럽난습관일셰 　 깃다러서짐작이면
끈어보세끈어보세 　 몸에붓흔손발톱도
담바귀를끈어보세 　 불긴ᄒ면베내거든
부지럽난습관이야 　 담배먹난동포님네
끈어보지못홀손가 　 이내말삼들어보소
담배ᄒ나끈키로서 　 줌이빗갑안뙤들아

무삼효험대단ᄒ리
전국동포이쳔만에
담배먹난이식구를
ᄒ로먹난담배갑을
동젼두푼분배ᄒ야
일쳔만을합산ᄒ면
칠쳔이빅만원이오
전국내에조은젼지
오십만두락이로다
ᄒ로담배먹난동안
매명반시가량ᄒ야
적고적게셈ᄒ야도
동젼두푼벌것이니
일만사쳔사빅만원
부지즁에엇어잇소
담베석달먹지말고
나라빗을갑ᄒ보자
불당긔듯늘어ᄂ니
쳔의민심이아닌가
이혈성을크게길너
건건사사이갓ᄒ면
뉘가나를능모ᄒ며
뉘가나를침범ᄒ고
나라빅성되야나서
국민의무못다ᄒ면
비나이다우리동포
단연동밍길게직혀
너고나고나고너고
공향태평ᄒ야보세

이런싱각두지마오
일쳔만에가량ᄒ고
졀장보단타산홀졔
일년소비회계ᄒ니
칠원이각되여잇소
미명일년담배밧을
반되직이가량ᄒ면
곡식으로환종ᄒ면
오십만셕될것이오
이반시에사람마다
놀지안코일을ᄒ면
담배갑과합계ᄒ면
그수효가얼마런고
사랑홉다김광졔씨
갸륵ᄒ오서상돈씨
동밍발긔ᄒ든날에
전국동포향응ᄒ아
사랑홉다우리동포
애국혈성가륵ᄒ오
부강도우리것이오
문명도우리것일세
어화우리동포님네
이내말삼잇지말소
수족셩ᄒ병신이요
인형탈슨즘싱이라
남의빗을쳥쟝혼후
문어진집즁수ᄒ고

7. 思想八變歌(鄭在洪, 『대한자강회월보』 제13호, 1907.7)

第一變　나라ᄒ고相關된, 公변되게미운놈, 흔미에쳐죽여서, 이니분풀니로다,
第二變　잘못쳐셔못마치면, 속결읍시나만죽네,
第三變　六穴砲로얼는노코, 샬니쮜면일읍도다,
第四變　六穴砲을當場삿네,
第五變　남죽이고, 나살야면, 天理에못될리로다,
第六變　죽이고셔, 나도죽자,
第七變　한스람남죽이고, 한스람나죽으면, 兩人相讐될쑨이라,
第八變　한스람나만죽어, 全國이感惺ᄒ면, 이몸에榮華되고, 國家에幸福일시,

8. 生辱死榮歌(鄭在洪, 『대한자강회월보』 제13호, 1907.7)

榮華로다榮華로다,　　　이니죽엄榮華로다,
흑갓치뼈근말도,　　　　죽은후엔金言일셰,
軍士길너戰爭보덥,　　　志士죽엄有力ᄒ외,
志士열만잘죽으면,　　　일흔國權되찻는다,
人生흔번안니죽나,　　　早晚相關쑨이로다,
죽지안코살냐흔덜,　　　서셔살짜어디잇나,
남의손에죽는날은,　　　犧牲이네아니냐,
나죽어榮華됨을,　　　　보고어셔짜라오게,

9. 追托書(鄭在洪, 『대한자강회월보』 제13호, 1907.7)

밧구로는富貴之慾,　　　안으로는室家之樂,
다바리고不顧흘졔,　　　다시무엇걱정ᄒ리,

그러ᄒ나흔付托은,   두낫子息敎育할닐,
사랑ᄒᄂᆫ同胞에게,   바라나니심쎠쥬옵,

10. 十可憐(Funny. A. B 生, 『태극학보』 제13호, 1907.7)

憐故國三千里에   四面八方大砲聲이라
憐 貴 公 子ᄂᆫ   至今이야大夢醒가
憐秋夜採蓮女ᄂᆫ   隔江猶唱아르랑이라
憐시골農事군은   上坪下坪愁心歌—라
憐滄海釣魚客은   細雨斜風반나마—라
憐城內小學童은   三三五五愛國歌라
憐屛門募軍군은   依舊爭唱獨酒歌라
憐絶勝送郞婦ᄂᆫ   臥數一年二年過라
憐西來杜鵑鳥ᄂᆫ   江山到處븍국聲이라
憐海外留學生은   有志十年에磨劍聲을

11. 悲秋詞(無何狂 宋旭鉉, 『태극학보』 제13호, 1907.9)

東方昨夜雷雨聲에   撼天動地ᄒᄂᆫ도다
不識不知이니근심   洪水滔天될가네겨
終夜轉展生覺타가   心亂魂迷就睡ᄒ니
似夢非夢恍惚間에   何許白髮一老翁이
短筇弊屐불군발로   獨立冠을버셔들고
半泣半歎ᄒᄂᆫ말이   我本東土鎭界肺로
劃野分州皇帝時에   白頭山靈되야잇셔
三千里의널은疆域   保全토록힘셧더니
桑田海波翻覆됨이   白頭山이袪汰로세

捿接홀處所이엽셔
너도亦是祖韓子라
時之緩急莫知ㅎ고
이러ㅎ듯ㅎ는소릭
홀젹씨여이러ㄴ니
四壁徒立寂寞ㅎ디
容에회포도두는듯
冷落ㅎ기쯕이업다
哭不得이ㅎ는노릭
物色이ㄴ구경ㅎ지
어졔바음장마비가
凌天大廈千萬間에
更上一層拭目ㅎ니
遺子餘孫哀哀情狀
牧兒漁童동동거름
愀然正襟ㅎ는擧動
一夜光陰이러ㅎ가
어이업슨童子對答
井上梧에미미소릭
光武時節夏季雨가
隆熙元年新秋風이
이몰듯고驚惶失色
네의몰이졍몰이면
우리同胞靑年드이
羣山獨夜陸放翁이
明春時節復來ㄹ고
瞻彼南山落來葉이
無情歲月秋風霜이
嗟呼危急吾家事는

定處업시가든길에
니턴사정ㅎ잣더니
줌저기ㄴ무숨일가
枕上片時ㅈ든줌을
南柯一夢안일런가
窓틈에셔우는바람
상머리에써운琹書
어ㅅ이졍뉘로홀고
大韓魂아어디잇소
望思臺로올ㄴ가니
이럿ㅌ시무졍튼가
비가슬며야단낫네
野汰沙漲寒心터라
抱柱擎棟悲泣ㅎ고
牛場魚磯이럿더라
童子불너뭇는물이
時機不常何多ㅎ뇨
精神업다無何狂아
무엇스로듯고잇소
昨夜間에지니가고
山東角에吹來ㅎ오
虛言이냐졍몰이냐
得意秋냐落葉秋지
此時代가何時代요
大讀兵書ㅎ든쩌라
拱手自若ㅎ지마소
지고십허질가보냐
원슈되고원망되지
來頭禍를豫算ㅎ면

於斯尤甚猛冬運이　　目下不遠ᄒ엿구나
若彼草木根不固면　　嚴冬寒雪엇지홀고
嚴冬寒雪怯을너여　　根凍心死되게되면
陽春復來ᄒ드리도　　葉茂枝榮홀슈업네
同胞드라同胞트라　　草木之年同胞드라
固其根心ᄒ엿드가　　동지섯둘셜흔풍에
自强不屈ᄒ고나셔　　獨立舘을重修홀가

12. 愛國歌(찬성시하나님ᄀ치가히로同調)(愛國生, 『태극학보』제18호, 1908.2)

一

긴놀이맛도록　　깁흔밤들도록
생각ᄒ고　　　　생ᄀ홈은
우리나라로다　　길이싱ᄀ호셰
우리나라로다　　길이싱ᄀ

二

니먹고마시며　　모든족척들과
의탁하여　　　　생댱훈곳
우리나라로다　　길이사룽호셰
내일생사룽히　　길이사룽

三

나의부모형뎨　　조샹들의희골
ᄀ치술고　　　　뭇친딕는
우리나라로다　　닛지못ᄒ겟네
항샹닛지못히　　닛지못히

四
틔산이변ᄒ야   바다가변ᄒ야
바다되고   들이된들
나라ᄉ랑ᄒᄂ   길이불변일셰
내몸변ᄒᆯ손가   길이불변

五
내나라를내가   뉘가내나라를
ᄉ랑ᄒ지   ᄉ랑ᄒᆯ고
내몸이죽어도   길이보젼ᄒ셰
내나라보젼히   길이보젼

六
우리나라문명   우리나라록립
발달되고   공고ᄒ면
밧ᄂ영화로다   나라영광일셰
항샹즐겁겟네   나라영광

13. 感安君昌浩 心舟歌(저자 미상, 『서북학회월보』 제3권 제15호, 1908.2)

어야지야어셔가자, 모든風波무릅쓰고, 文明界와獨立界로, 어셔쌸리나아가자, 멸망波에쓴자들아, 길이멀다恨歎말고, 希望키를굿이쏘고, 實行돗슬놉히달아, 부ᄂ바름쟈기젼에, 어야지야어셔가자

14. 愁心歌 二首(自唱自和)(저자 미상, 『태극학보』 제20호, 1908.5)

「自唱」二千萬生靈우리同胞님네, 이내말솜들어보소, 죽자ᄒ니可憐ᄒ고, 살자

ᄒ니難處로다, 有宛事而誰訴ᄒ고, 有痛心而誰叫ᄒ고, 父携母抱에험봇짐싸셔메고, 避亂가세避亂을가세深深山谷無人處로避患이나ᄒ여볼가, 앗다! 여보三千里江山안에, 深山深谷이그어듸냐, 金剛山이냐, 智異山이냐, 金剛山으로가랴ᄒ니, 豺狼이□立이라, 生命이可畏ᄒᆯ슈업고, 智異山으로가려ᄒ니, 長遠ᄒᆫ前途ᄂᆫ溝堅이重重□듸, 前後左右에侵入ᄒᄂᆫ革更笞의侮辱이야, 아이구!, 참아딘졍셜어난죽겟소, 一網으로收盡ᄒ엿스니, 銅山도崩頹ᄒ고, □泉도涸渴이라, 人身은本無翼이라雲畔月釣도ᄒᆯ수업고大鵬이在後로다, 失巢之馬어듸가며, 勇獺이驅逐이라, 無穴之魚어듸가며, 四野가風浪이라失棲ᄒᆫ蛇群이避身ᄒᆯ곳全혀업네, 楚漢時節에, 力拔山氣盖世ᄒᄂᆫ項將軍도路窮力盡ᄒᆯ수업셔, 馬江水中에世上離別ᄒ엿섯고, 當世英雄拿罷倫도赤手空拳ᄒᆯ길업셔, 一孤島에悲魂이되엿지, 아이구! 無識無慮ᄒᆫ軟軟弱骨우리人生이야, 엇지ᄒᆯ고, 엇지ᄒᆯ고, □地를欲尋ᄒᆫ들, 헐수업ᄂᆫ此時로다, 「自和」春이야風이야花야月이야春風花月도라왓네北陸에窮陰이已盡ᄒ고, 四郊에積雪히消盡ᄒ엿스니, 春風花月이分明ᄒ지, 南山西苑에姸花芳草ᄂᆫ, 好時節을歡迎ᄒ며, 梅梨杏花千萬枝에, 꼿, 몽울은紅紅白白, 아이구好時節, 花時節, 이아닌가, 茫茫ᄒᆫ宇宙間에, 寥寥寂寂如睡眠ᄒᄂᆫ万山平野가, 不知轉眄之頃에, 完然 和氣天堂을粧飾ᄒ엿지, 아이구是誰之功인가, 春神의功인가, 山野의功인가, 아니아니라多愛多憐多情多權ᄒ신, 唯一의造物主上帝의功이로다, 嗚呼嗟乎吾輩人類야, 可憐可哀吾輩靑年들아, 如此ᄒᆫ和氣春風月노, 吾人의三冬間做業ᄒᆫ疲苦精神을慰勞케ᄒ며, 多惡ᄒᆫ心臟을一層淸潔케ᄒ건만…… 아이구, 無智多愚ᄒᆫ人類들아, 不知此節之意味ᄒ고, 安樂不爲에悠悠虛送ᄒ며, 戱花遊月에誤落惡着ᄒ야, 反作大罪ᄒ니, 無智ᄒᆫ人類中에靑年輩더욱可惜, 日後其罪價ᄂᆫ何也오, 死刑이지…… 上帝의愛情으로一等을苦減ᄒ면, 暗暗地獄에無期徒形이지, 念之思之여다, 靑年輩靑年輩여

　餘興一首

　冊床을欹坐ᄒ고, 四載昔事를生覺ᄒᆫ즉, 悲感ᄒᆫ눈물, 自然이지, 道柳가, 실실一히交拂ᄒ엿스니, 寒食東風이分明ᄒ고, 夜深五更에, 天氣가爽凉ᄒ니, 三五月이, 네아닌가, 沓沓沓沓, 이니가슴, 무엇ᄒ면씨원ᄒᆯ가, 沓沓鬱鬱心亂中에, 글一首를生覺ᄒ니

　百花落盡綠陰新, 乳雀殘鶯啼送春, 此身未得歸耕計, 獨對釰書思其人.

15. 國文風月 三首(□丹山人·石上逸民·長林主人,『태극학보』제23호, 1908.7)

나는가네 □丹山人[1]

나는가네정조하, 하긔방학틈을타, 고국산천도라가, 우리부모보겟다, 여러분
잘이스오, 자나씨나너나라, 쉴쩌라놀지만고, 힘쓸써준비ᄒ자

화(和) 石上逸民

잘잘가게어하하, 고향갈길졍죠타, 오늘리별잠시간, 등추되면쪼본다, 부모위
로ᄒ연후, 동포권고잘ᄒ라, 국권회복ᄒᄂᆫ날, 독립가불더보자

又(和) 長林主人

귀국ᄒᄂᆫ너죠하, 순식간에차를타, 오늘밤손ᄂᆫ호니, 리별이서분ᄒ다, 만리히
외이쓴일, 부모께말ᄒ여라, 쪼다시깁쎄만나, 독립준비히보자

16. 歌調 류자빅이(羲洋子,『태극학보』제24호, 1908.9)

舊調
저건너 갈메봉 안긔구름속에 비무더온다 우장을 허리에다두르고 기심미러갈
거나
此右一節에對ᄒ야其意味가全無ᄒ다ᄒ기ᄂᆫ不能ᄒ나雄健活潑ᄒ精神을表揚
ᄒ기不能ᄒ故로此롤改正ᄒ야曰
新調
저건너 퇴백산 안긔구름속에 빅만의용병이 독립기를들고 디환포를수리에싯
고 적진치 러갈거나
此ᄂᆫ좀듯기에상쾌ᄒ요
舊調

---

1) 이 별호의 실제 인물은 金壽哲이다(松南 金源極,「送□丹山人金壽哲還國」,『태극학
   보』제23호, 1908.7, 43면 참조).

저건너 초당압헤 빅년언약 화초를심어드니 박년초는아니나고 금년리별화초
가 만발이라

此右一節은其意味가和暢ᄒᆞᆫ듯ᄒᆞ나 靑年과兒童의腦裏에無限ᄒᆞᆫ淫情을輸入
ᄒᆞᄂᆞ니此를改正ᄒᆞ야曰

新調

저건너 ᄒᆞᆫ반도에 단군혈죡을심엇드니 단군혈죡은 어디로가잔말리냐 왜놈의
종자가 드러를온다

이것갓타면시세에對ᄒᆞ야좀강긔ᄒᆞᆫ意味가有ᄒᆞ오

舊調

성성제혈염한지에 이를끈고우는저두견아 하구만은공산을두고 니창밧게 와
서 웨운단말가 임을그려 병든나는 네우름소리만드러도 나는죽갯구나

此右一節은我의無數ᄒᆞᆫ靑年의心腸을熔腐케ᄒᆞᆫ者로다此를聞ᄒᆞᄂᆞᆫ자誰가掩耳
失色치아니ᄒᆞ리요改正ᄒᆞ야曰

新調

聲聲啼血染花枝에 이를끈고우는저두견아 ᄒᆞ구만은空山을두고 니창밧게 와
서 웨운단말가 나라일코 병든나는 네우름소리만드러도 피눈물나는고나

此를聞ᄒᆞ미其味如何요

修身歌(愁心歌의音變)

舊調

난사로구나 나사로구나 난사중에도兼난사로구나 저산밋헤 임두고갈길이 난
난사로구나—

此를嗜吟ᄒᆞ시는諸君—山밋헤임두고가기로서難事될것무엇이오 難事ᄒᆞ나드
러보소

新調

난사로구나 난사로구나 난사중에도兼難사로구나 남의게로 국권양여키는 난
난事로구나

此外에難事가쏘잇소?

舊調

千장萬검之中에 斧월이當前을홀지라도 맘정만변치말고 정지만잇지마라라

일후에연분곳되면은 쏘다시보리라
　斧월이當前홀지라도ㅎ지못ㅎ고보지못ㅎ면아니될일ㅎ나잇소曰
　新調
　千만겁지中에斧월이當前홀지라도　맘정만변치말고　理상만변치말라라　우리
가힘쓰고보면은니자유차즈리라

17. 희망가(希望歌)(愛國生, 『태극학보』 제26호, 1908.11)

(一)
독립하을됴흔희망
깃버하게하도다
사쳔여련오린나라
더옥더옥새로워
동포들아츙의로써
국권비양어서ㅎ자
하리로다하리로다
우리나라독립

(二)
우리나라문명홈은
바랄바잇도다
품질죠흔단군자손
더옥더옥새로워
동포들아열심으로
교육발달어서하자
하리로다하리로다
우리나라문명

(三)

물산풍족살진따에
롱토까지죠코나
금슈산하죠흔강토
더옥더옥새로워
동포들아열심으로
식산사업어서하자
하리로다하리로다
우리나라부요

(四)

해륙군이업다하고
무긔까지업다만
국민들아자강졍신
더옥더옥새로와
동포들아혈셩으로
무예졍신활도ᄒ자
하리로다하리로다
우리나라웅강

(五)

우리들라희망잇서
항상깃버하도다
우리들아진취긔상
더옥더옥새로와
동포들아즐겁고나
혼곡조로노리하셰
하리로다하리로다
우리소원셩츄

18. 學生歌(敎育子,『태극학보』제26호, 1908.11)

(一)
나를사랑하고기르시\는이는
우리父母先生박게업고나
敎育하\는은혜깁히싱각하니
學問닥글마음自然생기네

(후렴)

東西大地에賢能俊傑이
모다學問으로쏘차나오고
上下千載에國家盛衰가
全혀敎育上에關係잇도다

(二)
한학교에들어동학하는親舊
셔로사랑홈이兄弟갓도다
모히난곳마다학문토론하고
유익홈으로써서로勸하세

(三)
暖衣飽食하는靑年子弟들아
째를일치말고비홀지어다
우리人類만일學識업고보면
草木禽獸에도못比ᄒ리라

(四)
生存競爭하는이時代에나서

힘슬것이오직敎育쑨이니
우리學生된者一層奮發히
발고빗는길노몬져나가세

(五)
어화우리人生늙어白首되면
혼자한탄하나無盆하리니
千金ੱ튼時間虛送하지말고
恒常熱心으로學을힘쓰세

19. 農夫歌(畔世少年, 『서북학회월보』 제1권 제15호, 1909.8)

왓도다왓도다   봄이왓도다
지나갓든봄철이   다시왓도다
뫼놉고물닭은   우리나라에
지나갓든봄철이   다시왓도다
압니와뒷기에   어름풀니고
먼산갓가운산   눈이녹난다
풀폭이폭이마다   속닙나오고
나무가지가지마다   엄이돗난다
어화우리農夫들아   精神차려라
아릿들웃들에   쩌느저간다
날니온쟝기잇다   밋지말고
살진쇼잇다고   자랑말지라
날니온쟝기와   살진소라도
이쩌가지나가면   쓸더업도다
일하기어렵도고   계르지말고
놀기가조타고   쉬지말어라

아랫들웃들의   조흔논밧을
우리의조상이   니루우섯네
어렵고수고로움   만히참으며
한이랑두어이랑   니루우섯네
수고로울씨에는   쏨을흘니고
어려울씨에는   눈물흘녓네
눈물은줄기줄기   눈물보터고
쏨발은방울방울   흙에섯겻네
祖上의주신것을   직혀가려면
니몸이계르고는   할수업도다
아참부터저녁신지 힘써지으면
깃븜으로조흔열미 거두리로다

20. 聞童謠(春夢子, 『서북학회월보』 제1권 제16호, 1909.10)

舊調
량반 량반 두량반 기파라 석량반
聞者―曰이곡조는, 우리나라, 이왕량반들이, 일홈은, 량반이라고, 자처ᄒ나,
힝위는, 기빅정이마도, 못ᄒ싸닭에, 일어ᄒ동요롤, 들을만ᄒ지오, 아마, 즉금은,
량반이라는작자들이, 좀회기ᄒ랴고ᄒ지오,
그러면, 이곡조도, 좀기량ᄒ는것이, 좃소,
新調
량반 량반 저량반 문명ᄒᆞᆯ사 참량반 갓탄곡조라도, 량반들에가게가, 디단히잇
소
舊調
둘짜라가세 별짜라가세 서장국으로 명길너가세
聞者―曰명길너가랴면, 둘짜라가고, 별짜라가는디, 무슴관게, 잇나, 오롤랄
은, (싱존경징)ᄒ는시디지오, 글언솔이ᄒ고는, 명이길기는, 고사ᄒ고, 명이제명

이못되깃소, 니솔이, 한마듸들어보오,

新調

낫도가고, 밤도가세, 문명궤도로 명길너가세

이것이, 참명길방법이오

舊調

아가 아가 우지마라 너우는소리 일촌간장 다 탄다

聞者－曰이것은, 어미죽은아히나, 아비죽은아히, 울음소리여, 이것치, 속상ᄒ는모양이오그러면, 날아업고, 집업는, 아히우는소리롤, 뉘가불상히녁일사롬잇나, 참일촌 간장탈일이, 이로세

이곡조는 기량치안여도 그가운디 열어가지의미가포홈ᄒ엿소

舊調

뒤동산에 할미꼿은 늙으나 절므나 곱으러젓네 련당압헤 진달니꼿은 봄쳘이 간다고 슬허마라

聞者－曰이곡조는, 디단히자미잇소 우리同胞들은, 저할미꼿처럼, 늙으나, 절므나, 쏩으러지지말고, 진달니꼿처럼 봄쳘가는것을, 악겨, 사업상에, 진보ᄒ여봅시다

舊調

형님, 형님, 사촌형님, 시집사리 엇더턴가 고쵸당쵸 밉다ᄒ니 시집사리 웨 더 미울가

형님형님 사촌형님 시집사리 밉다ᄒ니 고쵸보다 엇더턴가

동싱동싱 사촌동싱 고쵸당쵸 밉다지만 시집보다 더밉겟나 당홍치마 열두폭이 거젹문안에서 다록안네

聞者－曰이곡조를, 들음이, 비상ᄒ감격이, 나오, 디져녀자가, 되여서는, 시집사리를, 직분으로, 알쌘외라, 쏘ᄒ실가의 원만ᄒ화락으로, 지닐것인디, 고쵸당쵸보다, 더밉다고ᄒ니 규문지니에무슴화기가, 잇스리오

이것은다름아니라, 녀자의교육이, 서지못ᄒ여, 부쳐간의화락을, 아지못ᄒ며, 쏘는혼인을, 부모의전제로만, 한까닭에, 이러ᄒ폐단이, 종종ᄒ니 가정의부모, 되는이들은, 디단히주의홀것이, 아닌가

21. 孔子 誕辰歌(저자 미상,『서북학회월보』제1권 제17호, 1909.11)

庚戌八月오롤랄이　　우리夫子誕辰이라
天縱ㅎ신우리夫子　　生民以來未有로세
爲天地兮立心ㅎ고　　爲生民兮立道로다
去聖絶學繼承ㅎ야　　萬世太平열엇도다
詩書禮樂刪述ㅎ야　　帝王政治表彰ㅎ고
春秋□鉞森嚴ㅎ야　　亂臣賊子畏誅로세
博施濟衆널분主意　　席不暇暖轍環ㅎ사
日月갓치붉으신道　　警世木鐸되엿구나
우리東方君子國은　　夫子의道講明키로
禮義文物燦然ㅎ야　　大同之治快覩터니
聖遠言湮ㅎ심으로　　文明程度低落ㅎ야
長夜乾坤沉沉ㅎ데　　夢覺關을뉘가열고
萬世不易大規模롤　　우리들이遵守ㅎ고
萬機萬像光輝코저　　大同敎會發起로세
우리同胞二千萬은　　如天大路共進ㅎ야
貳心貳德ㅎ지마라　　大同二字目的일세
어화조타오날놀에　　贊揚歌롤불너보세
玉振金聲조흔소리　　萬口一齊和荅ㅎ여
前無後無우리夫子　　萬世功德褒揚ㅎ세
우리國家文明홀길　　今日부터基礎로다
萬歲萬歲萬萬歲　　夫子之道萬萬歲
萬歲萬歲萬萬歲　　大韓帝國萬萬歲
萬歲萬歲萬萬歲　　大同敎會萬萬歲

22. 巷謠 前續(春夢子, 『서북학회월보』 제1권 제17호, 1909.11)

셕탄 빅탄 타는디는 연긔도 풀석나지 마는 님의가슴 타는디는 연긔도 김도
아니난다(情歌)

여보 이거 무슴놀이오 듯고도 의미롤 잘몰으깃소 딕덜은 흥에지워서 티평성
디와 갓치 서로 님성각이나ㅎ면 자미가 콩튀들 홀일 만킷소나는 날아 되여가는
꼴아군이롤 보니 글언성각 날결을이 업슬듯ㅎ오 참답답ㅎ 분들이로군

여보너놀이한마디 들어보오

셕탄 빅탄 타는디는 연긔도 풀석나지마는 국가사롤 성각ㅎ고 주야로 우는
이니가슴 타는디는 연긔도 김도 아니난다

곡조는 한가지오마는 니놀이는 딕덜 듯긔에 자미 업깃소 그러나 귀가 잇는
사롬이면 듯긔비참홀듯

뒤문밧게 칠성단 쌋코 본남편 죽으라고 산쳔긔도 홈니다에

허허 참귀쓴영 믹키는 놀이 다 듯깃소 본남편 올이 살나고 긔도못ㅎ들 죽으
라고 긔도희요 과연례의지방 인물이로군 놀이만 들어도 나라에 일언잡년들이
이스니 말아니지 즉금은 녀즈사회와 녀즈교육이발달되니 일어ㅎ 폐단이업서
질터이지

여보너놀이 한마디 들어보오

뒤문 밧게 칠성단 쌋코 국권독립ㅎ라고 하눌임께 긔도홉시다

갓탄곡조라도 과연 정신잇는 놀이라고 할만ㅎ지오

간다 간다 간다고ㅎ더니 가고서 다시 쇼식 업네

무엇이 간다고 ㅎ더니 가고서 다시 쇼식이 업단 말인가 니듯긔에는 우리날
아 국권이 간다 간다 간다고ㅎ더니 국권 돌아온다는 쇼식이 다시 업는 모양인
가 참글어ㅎ의미가 포함ㅎ엿스면 조흔놀이오

시야 시야 파랑 시야 록두밧헤 안지마라 록두쏫 쩌러지면 과부눈물 졀노난다

시야 너도 못쓸놈이로다 과부의 싱활이 다맛록두 익은후 청포장수나 ㅎ여먹
으랴고 발아는것인디 넛디문에 록두도 익을수업스니 과부의눈물이 졀로날밧게
잇나

나는 죽어 오리나무 되고 너는 죽어 장갈장갈되고 아래서 우헤쓴지 밋헤서

쯧혜쯘지 휘휘 친친 감겨셔 일싱풀니지 안케 놀셰

인정은 디단히 좃튼모양이로고 글언단합심을 훈번변ᄒ여 국민단체 글어키 열심ᄒ면 디단히 공사에 유익홀 일이오 글언음사 탕정으로정신 업시 롤다가는 썩어질랄이 몟칠이나 되는가 보셰

聞者-日嗚呼라大抵國家의文明程度롤間巷의小說과歌謠롤聞ᄒ고其卑隆을 觀察홀지어늘 滿城內歌謠롤 들음이 人類生活과 國家行動에對ᄒ야는 分毫도觀念이無ᄒ고 다맛 桑間濮上의 哇晉밧게 업스니 國이如此ᄒ고 其民의生活이 安得不困이며 其習의鮮怠가 安得不生이리오 旣往은 不可諫이어니와 來者롤可追어다

23. 巷謠 前續(春夢子, 『서북학회월보』 제1권 제18호, 1909.12)

人力車는 가자고 박퀴를 들들 구는데 白銅錢 업서서 나못가굿느야

聞者-日↑在哉라此輩여 돈업는놈이 人力車는 무습허기지고 쏭쏱놈의人力車야 제順色으로 거러구시구가지참어집번놈이로군 此롤改良하야日

人力車는가자고 박퀴를 들들구는데

우리國家의 文明進步는 期望이杳然ᄒ고나

이런 소리나 좀ᄒ여보게 신둥머리 부러진 소리 ᄒ지말고

汽車는 가자고 열두고동만 트는데 정든님 잡구셔 헌화수작만 ᄒ누나

聞者-日갈길은 못가도 정든님만 잡고수작ᄒ면 잘될일자연 싱길가 참정신 업는 손드리로군 此롤改良ᄒ야日

汽車는 가자고 열두고동만 트는데 國家前途를 싱각ᄒ니 갈길이 망연ᄒ고나

열어분 우리나라이 교음사치로 오날이지경 안되얏소 이전글언소리 좀그만두고 니소리를 좀들어보오

南山松亭느러진가지에 홀노 우는 저법국아 임죽은넉시거든 네가날더려가거라 싸라라 싸라라 네가 날싸라라 뒷동산리화정속으로 날싸라오나라

聞者日 참흉한놈의 소리로군 此를改良ᄒ야日

南山松亭느러진가지에 홀노 우난 저법국아 너도 거처홀곳업서서 그러키설찌

운단말니냐 짜라라 짜라라 날짜라라 티빅산단목ᄒ로 날짜라라

　이런소리 좀ᄒ여보오 무슴 님이니 난장이니 밤낫 썩어질 소리 ᄒ지말고

　엇지살면 남부럽지안케 남전북답에 호의 호식으로 자녀싱산ᄒ고 잘산단마린고 진정코 니수단 가지고는 못살깃구나야

　聞者曰 아모일도아니ᄒ고 가만이 안저서 남전북답에 호의호식ᄒ일 싱기나 누어먹을놈의 팔자도 삿갓곡두ᄂᆞᆫ쎄구 비나무아리 누어야ᄒ지 此를改良ᄒ야曰

　엇지살면 남부럽지안케 남전북답에 호의호식으로 자녀싱산ᄒ고 잘산단마린고 진실로 니수단 가지고 경영 잘ᄒ기에 잇슬것이로고나

　참勤實ᄒ者의用心이로군

　明沙十里 海棠花야 꼿진다구 서러마라 明年春三月 도라오면 꼿흔피여 만발히도 人生ᄒ번 늙어지면 靑春다시 못오누나

　聞者—曰人生이ᄒ번늙으면靑春도다시못올터이오 事業도 다시여지 업스니 참늙기전에 힘써서 더사업을 경영ᄒᄂᆞᆫ것이 죳켓소 靑年학싱들은주의ᄒ여들을 만ᄒ오

　노랑다파리 뒤범벅 상튀ᄂᆞᆫ죽지도안코 성화만 디네 콩닥짜 달나기 감쟝콩닥짜 엿붓처 주엇더니 닥근콩은 아니처먹고 마당엽ᄒ로 다니면서 날콩만 주어 먹고 오경추야 찬밤중에 공능포단에 물쏭만 싸누나 웨그리죽지도안코 쌍성화만 디노

　聞者—曰우리날아에서 早婚ᄒ여 무슴유익ᄒ일 보앗소 신랑은 어리고 신부ᄂᆞᆫ 장성ᄒᆫᄭᆞ닭에 이런교악ᄒᆫ풍요가 다싱기니 웃지아녀자의 과당ᄒᆫ칙이 라고만 ᄒ리오 진실로 社會先進者의責任이不少ᄒ도다 이져ᄂᆞᆫ男女婚姻界에一大注意를 加ᄒ야 如此ᄒ風謠를 좀기량ᄒ여 봅시다

24. 巷謠(저자 미상, 『서북학회월보』 제1권 제19호, 1910.1)

양산도화타령

一

借問酒家何處在오牧童이遙指살구나무村이라

후렴

엘화노아라그리도못놋찌네젼교가나리셔도못놋찌네

聞者-曰여보 술집이나 밤낫찻아 덩이면서 살구쏫 구경이나흐면 싱활영업도 기중에잇고 國민의무도 기중에 잇나뇨 참쪽도흔분들이로군 이러키 無의미흔노리는 이젼좀그만덜두시오

젼교가 나리셔도 못노을것 무슴지중흔 보퓌롤 쥐엿든가 만일 국민단체의손을 그러키잡고 안노아스면 국권회복홀일 어렵지아닐터이야

二

장푸밧혜 금리어놀듯 금신금실 잘두 논다

聞者-曰 무엇이 그러키 금리어 놀듯 금실금실 잘논단말인가 밤낫 놀구만보오 먹고살일 절노나는가 보기

三

가자가자 놀녀가자 남의님 짜라 놀녀가자

聞者-曰 놀녀간다은말도 안된말이어든 황차 남의님 짜라 놀녀가뇨 그것 노은중에 잘노은 모양이로군 이러흔 잡연놈들이 이스니 나라이 나라될수 잇나 此롤改良흐야曰

가자가자 놀녀가자 동서디룩 유람가잔다

이런 快濶흔소리 하여보오 價値가 얼마나 되는가

四

옥동도화 만수춘에 가지가지 봄빗치라

聞者-曰 옥동도화는 저러키 봄을맛나 난만흔 빗틀 쯰엿는디 우리종족은 봄을맛나도 풍설을 면치 못하니 참가련흔일이로구 此롤改良흐야曰

옥동도화만수춘은 가지가지 봄빗친데 우리나라민족은 언제나 봄을 만나서 너와갓치 되여볼가

舊調보담 좀精神잇는 소리라고홀만흐오

五

달도밝고 明朗흔디 님의싱각 절노난다

聞者-曰 달도붉고 明朗흔쌔에는 님의싱각 흐는법인가뇨 국가싱각도 업고 부모싱각도 업고 전수님싱각쑨이여 싱각중에는 제일조흔 싱각이로군 밤낫흐는싱각

이 그러ㅎ면 조혼일만 밤낫싱길걸 此룰改良ㅎ야曰
　　달도 붉고 명낭혼디 날앗일을 싱각ㅎ니 한심걱정 절노난다
　　님싱각ㅎ니보다 자미업깃소
　　六
　　노다가게 자다가게 져달이 지도록 노다가게
　　聞者－曰 한번무숨 사업ㅎ잔 말은 업고 노는 타령 뿐이로세 此룰改良ㅎ야曰
　　노지말게 자지말게 저달이 지도록 무숨업을 ㅎ든지 노지말게
　　世上에놀고 먹는놈은 도젹놈
　　노다 가면 득실잇소 자다 가야 득실잇지
　　聞者－曰 별혼소리 다듯깃소 노나자는디 무숨득실이 잇나뇨 샤롬이 무숨운
동이든지 무숨직업이든지 ㅎ여야 득실이 잇깃지 놀고 자는데 득실이 잇어요 참
별혼득실이로군 此룰改良ㅎ야曰
　　아니놀면 득실잇고 놀고보면 득실업네
　　득실이 엇더혼것인지 아는사롬의노리라 홀만ㅎ오
　　七
　　(원문에 없는 부분: 저자주)
　　八
　　일주빅년 못사는인싱 아니놀고 무엇ㅎ랴
　　聞者－曰 일주빅연못사는 인싱이 결을업시 활동ㅎ여도 안될일인디 놀기만
ㅎ깃다고ㅎ나 此룰改良ㅎ야曰
　　일주빅연 못사는인싱 놀고보면 사업업네
　　과연 사업가의 말이로구
　　九
　　세상 천즉만즉간에 고로키 곱기왜싱겻나
　　聞者－曰 무엇이 그러키 곱기 싱겻단말인가 얼굴이야 곱고밉고간에 품힝과
덕성이 이스면 위더혼 인물이아닌가 此룰改良ㅎ야曰
　　세상 천즉만즉간에 전국위인 차져보셰
　　진실로 사랑홀만혼사람 아는소리로군
　　十

雨水경칩에 기풀어지고 정든님 사랑에마음 푸러진다

聞者－曰 정든님이라눈것은 무엇말나 빠진것인가뇨 엇더턴지 마음이 푸러
진다니 좃키눈조흔일이오 나는 그런대 마음 폴러질수 업소 此롤改良ᄒ야曰

雨水경칩에 기푸러지듯 우리국가 기반도 그러키 얼는 풀녀라

과연 國民사상이 잇눈소리로군

집안 가풍이 얼마나 조흐면 머리싹고 송낙쓰고 바랑을 몟나

聞者－曰 무엇을 두고 훈소랜지 의미롤 젼혀 모르깃네 머리싹고 송낙을 써
도 졔지업만 잇스면 고만이지

最新唱歌集(附樂典)[1]

1. 國歌 1[2]

1. 東海물과 白頭山이 말으고 달토록
   한아님이 보우하사 우리나라 萬歲
후렴 : 無窮花 三千里 華麗江山
       大韓사람 大韓으로 기리 保全하세
2. 南山우에 져소나무 鐵甲을 두른 듯
   바람잇을 不變함은 우리 氣像일세
3. 가을하늘 空豁한데 놉고 구름업시

---

1) 국가보훈처 편(1996), 『최신 창가집』(해외의 한국독립운동사료(16), 일본편 (4))에 영
   인되어 있다. 이 창가집은 1914년(단기 4247년) 7월 북간도 소재 광성중학교에서 발행
   하여 사용하던 음악 교재라 한다. 일제의 간도영사관에 압수되었던 등사판 창가집이
   다. 음악 교재여서 악보가 그려져 있고, 음악 이론에 관한 내용도 포함되어 있다.
2) 제목 옆의 번호는 이 책의 면수를 나타냄.

밝은달은 우리가삼 一片丹心일세
4. 이氣像과 이맘으로 民族을 모으며
   괴로우나 즐거우나 나라 사랑하세

2. 國旗歌 3

1. 亞細亞東 大韓國은   하날이 살피신 내나라
   太極肇判 하옵실 때   우리나라 創立코
   於千萬歲 無窮토록   無極으로 堅固해
   文明天地 白日下에   永遠토록 빗나네
2. 上下天裁 文明基礎   우리의 國旗에 빗나네
   우리國旗 나는곳에   自由自强 確實코
   忠孝節義 兼全하여   保國安心 至極해
   三千里난 光明하고   二千萬은 새로워
3. 乾坤坎離 太極旗   우리의 精神을 드리고
   맑은맘 강한긔운   태극갓치 높이떠
   錦繡江山 名勝地에   빈틈없이 날니세
   千萬歲에 無盡토록   우리함끠 하리라

3. 大韓 少年 氣槪 5

1. 泰山이 문허지며   바다가 變하야도
   우리 少年의 굳은마암   變할 때가 업도다
   地球가 제 軌道를   어길 때가 잇으되
   大韓少年의 氣槪
후렴 : 堅固하고 堅固하다   堅固하고 堅固하다
      堅固하고 堅固하다   大韓少年의 氣槪

2. 해와 달은 빛을 　　　　變할 때가 잇으되
　 우리의 少年의 굳은마암 變할 때가 업도다
　 겨울에 草木들은 　　　　落葉들이 되여도
　 大韓少年의 氣槪
3. 겨울에 비오고 　　　　　녀름에 눈이 오되
　 우리 少年의 굳은마암 　變할 때가 업도다
　 샘에셔 불이나고 　　　　불에셔 샘이 솟되
　 大韓少年의 氣槪

4. 守節 7

1. 뒷東山 뎌松竹 　　　　　그 졀개 직히려고
　 찬이슬 싸힌눈 견대여 　홀노 풀으럿네
후렴 : 重한責任 맛흔靑年 　우리學生들
　　　 困하고 어려움 참아셔 目的을 達하네
2. 앞들에 뎌蜀葵 　　　　　忠君性 變치안코
　 사나운 東南風 외이여 　太陽만 向하네
3. 봄날에 뎌참새 　　　　　날기를 배흐랴고
　 약한몸 삭삭히 익혀셔 　成就들 하엿네
4. 靑天에 白日이 　　　　　다하면 듭밭키고
　 밤과 낫같이 지안코져 　내뜻을 일우네

5. 勸學 9

1. 光陰이 流水갓하야 　　　살같이 빠르네
　 光陰이 나를爲하야 　　　遲滯키 萬無ㄹ셰
2. 오날을 한번보내면 　　　또닷이 못오네

금보다 貴한歲月을　　　着實히 액이셰
3. 우리의 靑年時代는　　　霽時와 같도다
　　期會를 한번일으면　　　또엇기 어렵소
4. 生存을 競爭하는데　　　할일이 만흔中
　　智識이 읏듬이로다　　　배화야 하겟네
5. 高明한 學業닥이는　　　이때 잇고나
　　一刻이 千金이로다　　　이때를 일치마오

6. 同志 11

1. 上帝난 우리를 도으샤　　同志케 하시네
　　信愛로 一生 지벌졔　　　德에다 터하셰
2. 苦難이 逼迫하는때　　　내에뜻 너차지
　　福樂이 榮華되는때　　　내의뜻 너차지
3. 마암이 善散할지면　　　弱하기 짝업고
　　이맘이 團結할지면　　　强하기 限업네
4. 智識을 競爭하는中　　　할일이 만토다
　　一齊히 어셔나아가　　　目的을 達하셰
5. 오홉다 우리同胞여　　　信하고 愛하여
　　나라에 榮光돌니고　　　永遠히 즐기세

7. 愛國 12

1. 大韓帝國 三千里에　　　國民同胞 二千萬아
　　大韓二字 잇지말고　　　國民義務 직혀보세
후렴 : 大韓疆土 華麗江山　　諸國同胞 忠愛國民
　　太極旗를 놉히달고　　　永遠無窮 지내보세

2. 우리맘을 團結하여 　님군의게 忠誠하고
　 우리힘을 合하여서 　同胞들을 사랑하세
3. 太白山峰 白雪갓이 　우리精神 희게하고
　 漢水맑은 물결갓이 　우리精神 맑게하세
4. 皇上陛下 愛民聖德 　黃海萬里 無極이오
　 우리들의 自强力은 　金剛千峰 울니리라
5. 三角山에 拤揚하난 　太極旗에 밝은빛은
　 五大洲에 어대지 　日月갓이 빗나도다
6. 군민들아 군민들아 　恒常깨여 잇음으로
　 子女敎育 義務삼고 　靑年培養 熱心하세
7. 靑年들아 靑年들아 　德義二字 中心삼고
　 晝夜不撤 勤工하야 　職分職任 豫備하세
8. 하나님끠 비올것은 　大韓帝國 우리나라
　 獨立富强 하게하고 　永生福樂 주옵소서
9. 萬歲萬歲 萬萬歲요 　大皇帝陛下 萬萬歲
　 皇太子殿下 萬萬歲 　大韓帝國 億萬歲라

8. 愛國 15

1. 우리 황뎨폐하 　텬디 일월갓이 만수무강
　 산놉고 물맑은 　우리 대한뎨국
　 하나님 도으샤 　독립부강
2. 길고긴 황업은 　용흥강 풀은물 쉬지안틋
　 금강 십만 봉에 　　날빗 찬란함은
　 태극의 영광이 　빗치난듯
3. 비단갓은 강수 　봄꼿 가을달도 곱거니와
　 오곡 풍등하고 　금옥 구비하니
　 아셰아 락토가 　이안인가

4. 이천만 동포난　　한맘 한뜻으로 직분하세
　　사욕을 버리고　　충의만 앞세워
　　님군과 나라를　　보답하세

9. 大韓魂 17

1. 화려한 강산 우리 대한은　　천리 범위 적지 안토다
　　백두산으로 한내산까지　　연한 경개 그럿냇도다
후렴 : 선조임이 여긔 무첫고　　리도 대한혼이 되리
　　　사천년 조국 대한강토를　　집을 내가 보호하겟네
2. 언어와 의복 같은 동족이　　맘 한뜻 든든하고나
　　원수가 비록 산하같으나　　유의 정신 꺽지 못하네
3. 귀하고 빗난 우리 태극긔　　리 혼을 모다 드리네
　　강□한 맘과 굿둔 단제로　　족을 서로 도아주리라
4. 용감한 우리정신 학도야　　국의 精神을 잇지말고서
　　우리힘과 정성 다하야　　민의 의무를 감당합시다
5. 충군과 애민은 우리직무오　　국과 獻身은 우리 義務
　　내나라 위하야 적은 이몸을　　共한 사업에 드리리로다
6. 국민의 분자되는 이내몸이　　부한 책임 중대하도다
　　내맘과 내정신 내가직히면　　나라 영광은 절노 나리라
7. 우리 선조와 장한 긔개와　　민을 사랑한 뜻 본받아
　　삼천리 안에 단군자손들　　맘 한뜻 가질지어다

10. 만나 생각 18

1. 사랑하는 우리청년들　　오날날 서로 만나보니
　　반가운 뜻이 많은중에　　나라생각 더욱 만코나

　　　언제나 언제나　　　　獨立년에 다시 맛날가
　　　언제나 언제나　　　　獨立년에 다시 만날가
2. 청년들아 참 분하고나　져원슈가 참 분하고나
　　져원슈를 모라내고서　소평천하 소원이로다
　　언제나 언제나　　　　개선가를 높이 불을가
3. 청년들이 참 괴롭고나　남의 속박 참 괴롭고나
　　이 속박을 벗어바리고　국광 선양 소원이로세
　　언제나 언제나　　　　自由鐘을 크게 울릴가
4. 청년들아 참 슯으고나　무국민이 참 슯으고나
　　우리 국권 회복하고나　국위진동 소원이로세
　　언제나 언제나　　　　동립긔를 높이 날일가
5. 청년들아 조상 나라를　망케함도 내 직책이오
　　興케함도 내 직분이라　락심말고 분발합시다
　　소원을 소원을　　　　성취할 날 멀지안네

11. 죽어도 못 노아 19

1. 아세아 동편에 돌출한 반도　단군이 품부한 복디로구나
　　에라 노아라 못노켓구나　　삼천리 江山을 못노켓구나
2. 품질도 튼튼 의긔도 많은　　단군의 혈족이 우리로구나
　　에라 노아라 못노켓구나　　이천만 동포를 못노켓구나
3. 하나님 하나님 우리내실째　자유와 독립을 안주섯나요
　　에라 노아라 못노케고나　　대한에 국권을 못노켓고나
4. 청년아 청년아 말무러보자　민권에 사셔가 어대로 갓나
　　에라 노아라 못노켓고나　　연줄과 셔책을 못노켓고나
5. 삼척의 장검을 빗겨들고서　져원슈 머리를 버이자구나
　　에라 노아라 못노켓고나　　저각장 목아지를 못노켓고나

12. 自由 20

1. 한반도 강산 우리나라는　　단군의 유업 완연하고나
   당당한 우리 二千萬으로　　六大洲上에 활동
후렴 : 하나님이 주신 자유를　　대한사람 모다 가젓네
   독립의 사샹과 애국셩으로　　우리 自由를 공고
2. 선죠의 주신 살진 토디는　　우리의지 직힐 遺業이로다
   열강의 야심을 생각하사록　　우리의 勇力을 더욱
3. 신대한 국민 우리 동포야　　국가의 흥망이 뉘게 달넛나
   우리의 정성과 힘을 다하야　　내 나라 국권회복
4. 自由를 일은 나라 백성은　　生活할곳 전혀업고나
   차라리 이몸이 한번 죽어도　　우리의 자유는 永遠

13. 去國行 21

1. 간다 간다 나는 간다　　너를 두고 나는 간다
   잠시 뜻을 얻엇노라　　감을대난 이 시운이
   나의 등을 내밀어서　　너를 더나 가게하니
   일노붙어 여러해를　　너를 보지 못할지나
   그동안에 나는 오직　　너를 위해 일하리니
   나간다고 슬어 말아　　나의 사랑 한반도야
2. 간다 간다 나는 간다　　너를 두고 나는 간다
   져 시운을 대적타가　　열혈들을 뿌리고서
   네 품속에 누어 자는　　네 형데를 다 깨여셔
   한번 깨긋해 보와스면　　속이 시원 하겟다만
   래종일을 생각하야　　빈주먹을 들고 간다
   내가 가면 영 갈소냐　　나의 사랑 한반도야
3. 간다 간다 나는 간다　　너를 두고 나는 간다

나가 너를 작별한 후 　太平洋과 大西洋을
건널 때도 잇게스며 　셔비리아 만주들에
단닐 때도 잇으리라 　나의 몸은 부평같이
어느 곳에 가 잇든지 　너를 생각 할터이니
너도 나를 생각하라 　나의 사랑 한반도야
4. 간다 간다 나는 간다 　너를 두고 나는 간다
지금 이별 할 때에는 　빈주먹을 들고 가나
얻후 상봉 할 때에는 　긔를 들고 올 터이니
눈물 흘닌 이 이별이 　깁은 환영 되리로다
악풍 포우 심한 잇때 　부대부대 잘 잇거라
후일 다시 만나보자 　나의 사랑 한반도야

14. 韓半島 22

1. 동해에 돌출한　　나의 한반도야　　너난 나의 죠상나라이니
나의 사랑함이　　오직 너뿐일세　　한반도야
2. 은택이 급고나　　나의 한반도야　　내 션죠와 모든 민족들이
너를 의탁하야　　생쟝하엿고나　　한반도야
3. 산천이 수려한　　나의 한반도야　　물은 맑고 산이 웅장한데
너를 향한 츙성　　더욱 깊어진다　　한반도야
4. 력사가 오래된　　나의 한반도야　　션죠들의 유적을 볼때에
너를 사모함이　　더욱 깊어진다　　나의 한반도야
5. 일월같이 빗난　　나의 한반도야　　둥군달이 반공에 밝을 때
널을 생각함이　　더욱 간절하다　　한반도야
6. 아름답고 귀한　　나의 한반도야　　너난 나의 사랑하는 바이니
나의 피를 뿌려　　너를 빗내고져　　나의 한반도야

15. 牧丹峰 23

1. 금수산에 뭉킨 영긔　반공중에 웃득소샤
　모란봉이 되엿고나　활발한 긔샹이 소스난 듯
후렴 : 모란봉아 모란봉아 반공중에 웃득소사
　　독립한 내 모란봉아 네가 내 사랑이라
2. 모란봉하 평양셩은　뎨일강산 명승디라
　일등락원이 아닌가　쾌활한 흥치가 생기난 듯
3. 모란봉하 좌우편에　보통벌과 大동들이
　광활하게 터졋고나　모색한 홍금이 터지난 듯
4. 모란봉하 언덕밑에　흘녀가난 大동강물
　거울같이 맑아서라　더러운 마음이 씨긔난 듯
5. 모란봉하 먼뜰밧게　크고 젹은 뫼봉들이
　웅쟝하게 둘엿고나　광대한 경윤이 생기난 못
6. 모란봉하 보통강수　大동강과 합류하여
　황해수로 드러간다　무궁한 희망이 생긔난 듯
7. 모란봉하 순한맥에　을밀만수 둥군대가
　진주같이 노엿고나　유쾡한 졍이 생긔난 듯
8. 모란봉하 강가온대　능라 반월 고운 섬은
　비단 자리 폐여논 듯 애만한 졍회가 깊어진다
9. 모란봉하 강물가에　층암절벽 길게 뺏쳐
　청류벽이 되엿고나　웅쟝한 긔개를 떨치난 듯
10. 화려하다 금수강산　황금인 듯 白玉인 듯
　내 죽으면 바로 죽지 그대로 놋코 난 못살네라

16. 愛國 25

1. 텬디를 개벽한 후에　동방반도 대한
　황텬이 품부햇으니　우리것 아닌가

내가 아니 직히면   누구가 직힐소냐
   정신차려 눈을 뜨라   지금이 어나때냐
2. 화려한 강산 중에는   사나니 누군가
   한옷 닙고 한 말하는   우리 동족일세
   셔로 위해 힘쓰라   이 내일이 아닌가
   이 큰집을 보호할 이   우리가 아닌가
3. 국권을 회복할 이들   어나 누구 아닌가
   남녀로소 누구든지   직분을 다하야
   괴로우나 즐거우나   애국하난 자이니
   너도 애국 나도 애국   이것 내 직분일세

17. 乾元節 26

1. 무궁 삼천리 강산에   우로의 은택을 받아셔
   생장한 이쳔만 민족들   오날 경축해
후렴 : 한 목소리에   같은 곡됴로
       높은 진황샹 나심을   모다 경축해
2. 남산에 송백은 푸르고   한강에 류수는 깊은데
   거륵한 실의 복죠는   기리 누려여
3. 존엄한 황실에 위권이   열국에 떨치여지도록
   우리의 츙의를 다하여   님군 셤긔네
4. 화려한 한반도에 영광이   세계에 빗나지도록
   우리의 혈셩을 다하여   나라 사랑해

18. 帝國 歷史 27

1. 백두산이 붓이되고   한강수가 연수되여

우리민족 무궁력사   쳥텬쟝지에 써보세
2. 수양광의 백만대병   검□□혼 되엿으니
   을지쟝군 삼쳑검이   쳔만고에 빗나도다
3. 리세민이 삼십만명   일젼하에 샤도하니
   량만츈의 일편젼이   만고영소 날내도다
4. 쟝부세상 한변나겨   웅도무략 배은후에
   무쟝군의 본을받아   덕개를 일치마오
5. 가화열렬 독자즁에   경지요사 물목하여
   일본신자 붙권하니   쟝하도다 박제상은
6. 옥즁불서 림사시에   열폭샹셔 간절하여
   지사불변 애츙졀은   百濟간신 셩츙이라
7. 우리동포 이쳔만이   더츙신 졀개같이
   국가의무 다잇도다   지사불변 하여보세
8. 텬하문쟝 최치원은   일격문에 파뎍하고
   외국박학 왕박사는   일본문화 시죠되어
9. 우리나라 젼셩시에   우리민족 문명할때
   더럿틋이 강하더니   오날기반 웬일인가
10. 금유신의 북비괴도   리忠武의 지셩연구
    됴흔무긔 졔죠하며   텰갑구션 또 만들내

19. 野球 28

1. 무쇠골격 돌근육   소년 남자야
   애국의 졍신을   분발하여라
   다다랏네 다다랏네   우리나라에
   소년의 활동시대   다다랏네
후렴 : 만인대덕 련습하여 후일젼공 세우세
       졀세영웅 대사업이 우리목뎍 아닌가

2. 신톄를 발육   하난 동시에
   경쟁심 쥬이를   양성하려고
   공긔좋코 구역넓은   운동쟝으로
   활발발 나란듯이   나아가세
3. 츙녈사의 끌난피   순환 잘되고
   독립군의 파다리   민활하도다
   벽력과 부월이   당젼하여도
   우리난 조곰도   두려움 없네
4. 돌니고 빼여쥐난   백련젹긔난
   신속함이 흑운심터   번개불같고
   보내고 바다치난   수구축구난
   분분함이 백일쳥쳔   소락비로다
5. 해젼과 륙젼에   모든 유희를
   차례로 잠이잇게   승부 결하고
   개션문 두려시   열니난 곳에
   승젼고 올려라   두둥둥둥둥

20. 前進 29

1. 참 깃분 音聲으로 노래하여
   職務에 前進 前進 합세다
후렴 : 各科를 全務하되 落心말고
       하겟다 하세 우리 직무를 다
       젼진 젼진 젼진 깃쁜 맘과
       젼진 젼진 젼진 깃쁜 노래
2. 一秒나 半秒인들 放心말고
   저길에 어셔어셔 나아갑시다
3. 文明할 目的으로 立志하여

始終이 如一하게 하여보세
4. 富强할 目的으로 培養하여
   蒼生으로 蘇生하게 하여보세
5. 모험할 精神으로 배약하여
   死生을 不願하게 하여보세
6. 勇敢한 精神으로 培養하여
   천천코 不弛하게 하여보세
7. 勤勉한 思想으로 研智하여
   日新코 月新하게 하여보세
8. 忍耐한 思想으로 經難하여
   百鍊한 鋼鐵갓치 되여보세
9. 國事를 담임하되 盡忠으로
   國□를 堅固하게 하여보세
10. 文明코 富强하게 得達하여
   六洲에 獨立旗를 휘날리세

21. 擊劍 30

1. 快하다 長劍을   빗겨 들어네
   오날오날 우리손에   잡은 칼은
   요동 만주에   크게 활동하던
   동명왕의 칼이   방불하고나
후렴 : 번적번적 번개갓치 번적
       번적번적 번개갓치 번적
       쾌한 칼이 우리 손에 빗나며
       제국에 위엄을 떨치난고나
2. 韓半島에 勇敢한   快男兒를
   어나 누가 능히   對敵할소냐

　　淸川江의 隋兵을　　　擊破하던
　　乙支公의 칼이　　　　오날날 다시
3. 우리의 칼이 한번　　　빗나는 곳에
　　惡魔의 여러 머리　　　秋風落葉
　　閑山島에 倭敵을　　　격파하던
　　忠武公의 칼이　　　　오날날 다시
4. 오날날 우리 손에　　　잡은 칼은
　　누구를 위하야　　　　연습함인가
　　바다를 버히고　　　　산을 버힌 후
　　勝戰鼓 울이며　　　　獨立 萬歲

22. 優勝旗 31

1. 쾌하다 오날날　　　　모힌우리는
　　인산과 인해로　　　　들인마당에
　　승부를 결단코져　　　한번나서니
　　마암도 좃컨이와　　　청신상쾌
후렴 : 앞으로 앞으로　　　션뜻션뜻 나가세
　　우승긔가 우리　　　　앞에날인다
　　남보다 몬져 나가　　　취할양으로
　　나아가세 나아가면　　내것이로다
2. 지기는 슬혀하고　　　이긔기좋긴
　　하날 졍해 주신　　　□□한特性
　　광활 운동장에　　　　한번나서니
　　마음도 좃커니와　　　졍신이상쾌
3. 내 앞에 쳥황백　　　　뵈이난긔는
　　우리가 나가붓들　　　목적물일세
　　긔어히 일등긔를　　　잡을 양으로
　　나가세 우승긔가　　　져긔 날닌다

23. 漂衣 32[3]

1. 산곡간에 흐르난   맑은물가에
    져긔안즌 져漂母   방망이들고
    이옷저옷 발째에   하도밧브다
    해는어이 쩔너서   서산을넘네
2. 몰에잠가 돌달여   얼은히우고
    다시한번 쥐여짜   널어말을쩌
    나무가지에 걸고   풀밧에펏다
    볏은어이 열버서   더듸말으네
3. 멀이뵈난 산언덕   히기도히다
    종일토록 옷이   다말나스니
    주섬주섬 걷어   가지고간다
    애는어이 철없어   배곱아우네
4. 서리오고 바람찬   長長秋夜에
    옷다듬는 져소래   이집저집서
    쟝단맛쳐 응하니   듯기도좃다
    달은어이 多情히   창장에빗쵀네

24. 希望 33

1. 독립하올 죠흔희망   깁어하게 하도다
    사천여년 오랜나라   더옥더옥 새로워
    동포들아 츙의로써   국혼배양 어서하자
    하리로다 하리로다   하리로다 독립
2. 우리나라 문명함은   바알바가 잇도다

---

3) 표기법의 차이는 있으나 『학부창가집』의 「漂母」와 같은 작품임.

품질됴흔 단군자손   더욱더욱 새로워
동포들아 열심으로   교육발달 어서하자
하리로다 하리로다   하리로다 독립
3. 산물 풍족 살진따에   농사까지 됴코나
금수산하 됴흔강산   더옥더옥 새로워
동포들아 열심으로   식산사업 어서하자
하리로다 하리로다   하리로다 부요
4. 해륙군이 업다하고   무긔까지 업다마는
동포들아 자강정신   더옥더옥 새로워
동포들아 열셩으로   무예정신 활게하자
하리로다 하리로다   하리로다 부강
5. 우리들이 희망잇세   향상급어 하도다
우리들의 진취긔샹   더옥더옥 새로워
동포들아 즐겁고나   한곡됴로 노래하세
하리로다 하리로다   우리소원 셩취

25. 帝國地理 34

1. 우리대한 동반도난   디구상에 웃뜸이라
두루두루 살필사록   금강산하 분명하다
후렴: 귀한 말 귀한 말   나라사랑 하란 말
땀흘니고 피흘니여   내나라를 보전하자
귀한 말 귀한 말   나라사랑 하란 말
2. 금강구월 지리묘향   백두계룡 명산들은
빠낸긔운 쟝한형세   긔묘하고 졀승하다
3. 압녹쳥쳔 대동한강   금강락동 대강들은
맑은빗과 길게흐름   아름답고 빗낫도다
4. 길고넓은 모든들에   가즌곡식 다잘되고

크고젹은 언덕마다   과목살림 또잘된다
5. 여긔져긔 새여보니   금은동쳘 싸여잇고
   동셔물론 어대든지   금수어별 또만코나
6. 삼면에는 바다이고   일면에는 연륙하여
   수륙통샹 편리하니   샹업발달 더욱좋다
7. 모든물산 풍족하고   수륙통샹 편리하여
   공업까지 발달되니   어이아니 좋을소냐
8. 사시긔후 온화하여   위생샹에 젹당하고
   맑은바람 밝은달에   깊은흥치 또한좋다
9. 셩품좋고 긔품좋은   단군자손 중다하여
   쵸명하고 준수하니   문명국민 되리로다

26. 勸學 35

1. 나를 사랑하고   긔르시난 이난
   우리 부모 선생   바게 업도다
   교휵하는 은혜   깊이 생각하니
   학문 닦을 마음   자연 생긔네
후렴 : 東西 대디에   영웅 준걸이
       모다 학문으로   쪼차 나오고
       □□□□ □□□□ □□□□□
       □□□□ 관계 잇도다
2. 한학교에 드러   동학하는 親舊
   서로 사랑함이   형제 갓도다
   모히난 곳마다   학문 토론하고
   유익함으로써   서로 권하세
3. 煖衣 飽食하는   청년자제들
   때를 일치말고   배울지어다

우리 인유 만일　　학식업고 보면
초목금수에도　　못비할이라
4. 생존경쟁하는　　이 시대 나서
　　힘슬 것이 오직　　학문뿐일세
　　우리 학생된 자　　일층 분발하야
　　발고 빗난 길로　　먼져 나아가세
5. 아하 우리 인생　　늘거 백발되여
　　혼자 한탄하나　　문익하리니
　　텬금같은 시간　　허비치 말고
　　항상 열심으로　　학문 힘쓰세

27. 兵式 行步 36

1. 쟝하도다 우리학도　　병식행보가
　　라파류이 군인보다　　우승하도다
　　우리장관 호령한번　　부르떠
　　앞을보고 나아감이　　엄숙하도다
　　공부하여 지식어더　　무긔만들고
　　운동으로 힘을다가　　군인되야서
　　우리재조 우리힘을　　모다합하여
　　나라일을 한번힘써　　도아보겠네
2. 공부할때 공부하여　　지식넓히고
　　운동할때 운동하여　　체휵힘써서
　　군병될자 군병되여　　직분다하고
　　장관될자 장관되여　　지휘하리니
　　오날우리 행보하난　　적은운동을
　　경한일노 알지말고　　주의할지라
　　쟝하도다 우리학도　　오날날이여

　　　겁유심을 때여놋코　　　자수자강해
3.　나아가고 나아가고　　　다시나아가면
　　목뎍디에 달할때가　　　잇으려니와
　　락담하고 자겁하여　　　도라서는때
　　우리신세 말못되고　　　비참함이라
　　앞서기를 다토면서　　　서로나가면
　　억만대병 강한창검　　　무섭지안타
　　나아가세 나아가세　　　우리학도들
　　거름을 맛초면　　　　　행진해소셔
4.　뒤엣일을 생각말고　　　앞만향하야
　　쟝관명만 기다리오　　　행진할때에
　　원수진을 당한듯이　　　담력을내여
　　우리거름 용맹잇게　　　깊이나가세
　　총과칼이 상설갓치　　　번듯걸이매
　　대포소래 앞뒷산을　　　들들골일때
　　우리맘음 철석갓치　　　아모겁없이
　　앞을보며 이길듯이　　　급히나가세
5.　활발하고 담대한맘　　　각각가지면
　　우리앞에 두려운것　　　하나업갯네
　　백절불굴 하는정신　　　뎨일귀하다
　　괴롭으나 즐겁으나　　　겁이업갯네
　　력사상에 쟝한인물　　　내게비하여
　　졀때사업 겨와같이　　　내가할듯이
　　강한맘음 날낸의긔　　　쓰난날이면
　　개선가를 불으면셔　　　도라오겟네

28. 運動 37

1. 강의,용감,히망,광명　　네가지덕을
　　가진 우리 아름답은　　청년들아
　　대승리에 월계관을　　내가받으러
　　활발하고 공명하게　　나아싸호라
　　높고밝은 우리양심　　장관삼아서
　　그명령에 일진일퇴　　하고만 보면
　　우리정신 가장높이　　향상될지매
　　아름다운 큰승리로　　내것될이라
2. 나아가고 물어가는　　거룸사예도
　　신성하고 또고상한　　네가지덕을
　　호흡하메 □□하는　　그새에도
　　신성하고 또고상한　　네가지덕을
　　언제던지 생각하고　　잇지말아세
　　우리정신 가장높이　　향상식호여
　　우리선조 대황조의　　높으신리샹
　　절문우리 자손들이　　발현합시다
3. 사라가기 경쟁하는　　오날이날에
　　우리자유 우리복락　　안보하라면
　　강의,용감,희망,광명　　네가지덕을
　　갑옷삼아 우리몸에　　굿건이입고
　　가장높이 끗헤까지　　향상한정신
　　칼을삼아 우리손에　　빗겨들고서
　　나아가세 나아가세　　고함소래로
　　문명역에 나아감에　　잇을뿐일세
4. 우리선조 대황조의　　크신리샹을
　　오날우리 자손들의　　자유복락은
　　이자유와 복락나무　　뿌리밝은따

이따청구 니는 바로   내생명인져
우리배와 우리살이   가루되여도
심쟝속에 끌은피를   뿜여셔라도
우리쳥구 우리민족   자유보젼은
졀문우리 학생들이 ·할일아닌가

29. 警醒 38

1. 사랑하는 민족아   때를 생각합세다
   잠꾸대를 마시고   빨니 잠을 깨여라
2. 경쟁하는 시대에   때를 생각 안타가
   국권을 일은 동포여   정신차여 보시오
3. 세게上에 열강이   내의 동포 해함을
   수수방관하시고   빨이 일을 하여라
4. 만유쥬께 구하기   우리 나라 도으사
   王公아하 서민히   義務알게 하시오

30. 作隊 39

1. 동모들아 쎄를지어   노래부르세
   아름다운 목소래와   깃분맘으로
   고함소래 노피하여   용맹스럽게
   거름을 맞초며 가세
후렴 : 아모근심 염여말고 갓튼맘으로
       거름을 맞초며 가세
       만세 만세를 갓치 부르며
       만세 만세를 노래 합시다

2. 지금우리 행보하며　　나아갈째에
　 정숙하고 엄정하여　　문난함업시
　 단정하고 활달스러운　구두소래에
　 거름을 맛초며 가세
3. 압세거니 뒤서거니　　거름거름이
　 한들갓치 쪠를지어　　나아갑시다
　 어려움을 스려말고　　견댈심으로
　 거름을 맛초며 가세

31. 保國 40

1. 단군긔자 건국하신　　우리대한국
　 산은높고 물은맑은　　명승디로세
　 말도갓고 의복같은　　우리동족이
　 한마음 한 뜻일세
후렴 : 만세만세 이천만 동포
　　　만세만세 삼철이 강토
　　　우리들의 힘으로써
　　　영세에 무강켓네
2. 하나님이 주신우리　　살진토디와
　 생명자산 우리것을　　보전합시다
　 보국으로 맹약하고　　합심다하여
　 동립이 완연토다
3. 우승열패 하는오날　　이십세기에
　 잠시라도 방심말고　　견진희보세
　 충군성과 애국심을　　날노배양히
　 국사를 도와보세

32. 感恩 41

1. 부모님의 나으사   또한 양휵하셧네
   풀과같은 우리를   붓도두고 김매여
   좋은꽃이 피기를   보시고져 할이니
   감사할가 이은혜   엇지하면 갑흘가
2. 사람되을 직분을   교훈하여 주시와
   돌과같은 우리을   가르시고 쪼음은
   보배그릇 되기를   원하시난 일일세
   감샤할사 이은혜   엇지하면 갑흘가
3. 문앞枯木 가지에   반포하는 가마귀
   부즈런이 물어다   제어이을 먹이네
   가쟝귀한 사람이   부모사랑 모를가
   감사할사 이은혜   엇지하면 갑흘가
4. 슈를놋세 슈놋세   부모은혜 슈놋세
   오색찬란 능라실   세침중침 뀌여셔
   등잔앞과 달아래   졍셩드려 슈노니
   고당백발 부모님   만슈무강 합소셔

33. 學徒 42

1. 학도야 학도야   져긔청산 바라보게
   고목은 썩어지고   영목은 소생하네
2. 동반구에 대한에   우리소년 동포들아
   놀길을 조아말고   학교로 나가보세
3. 소년의 공부난   금은보석 싸음이니
   청년에 공부하여   앞길을 예비하세
4. 충군과 애국이   우리들의 의무로다

근실히 학업닥가서　책임을 일치마세
5. 영웅과 열사가　　　별사람 안이로다
　　정신 가다듬고　　　의긔를 다해보세
6. 뒷동산 숑듁도　　　그의절개 불변커든
　　하물며 우리인생　　초목만 못할소냐
7. 나라의 긔초가　　　우리소년 공부로다
　　열심을 다드리고　　국사를 도아보세
8. 태산이 높대도　　　하날아래 태산이로다
　　올으고 올으면　　　못올을 이가업네
9. 선인에 격언을　　　명심하여 잇지마라
　　날마다 닥는지식　　태산과 일반일세
10. 학도야 학도야　　　우리담임 지중하다
　　진진코 불이하여　　목적을 달해보세

34. 觀物生心 43

1. 뒷동산에 꼿피고　　앞내물이 흘을제
　　가지가지 붉고　　　묵묵수는 맑다
　　잔디우에 옥토기　　짝을차자 나아가네
　　거름거름 밝은것은　어린풀에 속잎이요
　　임임총총 수목들은　반겨하난 듯
2. 락락장송 풀으고　　양유가지 풀을제
　　두류미 춤추고　　　꾀꼬리가 운다
　　청천백일 높고나　　나러가는 황새야
　　세쟝사가 분요타고　높이날며 웃지말아
　　이내속에 품엇든것　오직 일편심

35. 運動 44

1. 학도야 학도야 　　　靑年학도야
   이때가 어느때냐 　　　정신채리여
   머무적 머무적 　　　　지체말고서
   앞으로 빨니활활 　　　나아갑세다
2. 쳥년의 시절이 　　　　한번가고서
   다시는 도라오지 　　　안이하누나
   힌머리 늙으며 　　　　한탄말고서
   이때를 잇지말고 　　　힘쓸지어다
3. 쳥년의 긔샹이 　　　　장쾌하고나
   앞길이 비록멀고 　　　높을지라도
   오르고 오르고 　　　　다시올나가
   문명산하 상상봉에 　　올나가고야
4. 고란과 위검이 　　　　앞을막으며
   대포나 총과칼이 　　　맹열하여도
   용감한 긔개로 　　　　헤치고나가
   저빗난 우승긔를 　　　금쳐잡고야

36. 獨立 45

1. 아쥬동방 화려 반도난
   개국된지 사쳔년여의 국일세
2. 단군긔자 됴션국으로
   게게승승 독립이 완연하도다
3. 삼쳔리 죠션 강토난
   이천만 우리의 유업이로세
4. 금수강산 명승디디난

自由국민 혈성이 가득하도다

5. 혈성忠義 힘을 다하면
   국가뢰복 하긔난 비란이로세
6. 유진무퇴 결사함으로
   혈누용담 가지고 나아가보세
7. 竭忠보국 우리 짐이니
   간신젹자 되난者 없이해보세
8. 을지문덕 금유신장을
   우리 胸中에 모시고 나아갑세다
9. 自由國民 大韓 동포야
   락담샹혼 마시고 니러납시다
10. 만유쥬끠 긔국하오니
    대한국권 만만세 유지하소세

37. 望鄕 46

1. 父母형뎨 리별하고　　타관으로 작각되니
   섭섭한마암 向하는곳　　나의본향 뿐이로다
2. 놀든친구 엇더하며　　식솔들이 무양한가
   멀니멀니 나온뒤에　　고향생각 간졀하다
3. 도라갈길 망막하다　　도라가면 졍을풀가
   大海같이 격한공긔　　은연中에 담을쳣네
4. 본향게신 친구들아　　내목소리 和答하오
   높고맑은 구름편에　　그리운졍 표합내다

38. 學徒 47

1. 대한청년 학생들아   동포형뎨 사랑하고
   우리들의 일편단심   □□하게 맹약하세
   화려하다 우리강산   사랑홉다 우리동포
   자나깨나 잇지말고   속히광복 하옵세다
후렴 : 학도야 학도야   우리 쥬의는
         도덕을 비우고   학문을 넓혀서
         삼쳔리 강산에   됴흔강토를
         우리 학생들이   광복합세다
2. 우리들은 땀을흘녀   문명부강 하게하고
   우리들은 피를흘녀   自由독립 하여보세
   두려움을 당할때와   어려움을 만날때에
   우리들의 용감한마암   一호라도 변치마세
3. 모든곤란 무릅쓰고   쉬움없이 나아가면
   못할일 무엇인가   일심으로 나아가세
   이강산에 우리동포   속히광복 하량이면
   우리들의 重한책임   잠시인들 이즐소냐
4. 닛지마세 닛지마세   애국졍신 닛지마세
   샹하귀쳔 무론하고   애국졍신 닛지마세
   편할때와 즐거울때   애국졍신 닛지마세
   우리들의 애국셩을   죽더라도 니즐소냐

39. 國民 48

1. 텬동같이 나는소리   금셕의죵 울니난듯
   우리의 自由性일세   뉘능히 대항하리오
후렴 : 걱졍마라 부모국아   걱졍마라 부모국아

　　　　自由를 爲하야 나섯내니 넘녀할것 아조없네
2. 텰토와 같은 힘으로　　나라에 원슈를 막고
　　自由의 권을 뽐내니　　나라의 영광이로다
3. 춍과칼을 견울때와　　　우리피를 흘닐때에
　　거룩한 우리 토디에　　원슈가 셜곳없네
4. 우리꾼긔 가는곳에　　　병림할자 전혀없고
　　유진으로 맹약하니　　　재뎐무덕 이아니냐

40. 血誠隊 49

1. 신대한에 애국청년　　　끌난피가 뜨거워
　　일심으로 분발하여　　　혈셩대를 조직코
　　조샹나라 붓들긔를　　　굿게맹약 하엿네
2. 두려말어 부모국아　　　원슈들이 많으되
　　담녁잇고 용맹잇난　　　혈셩대의 청년들
　　부모국을 직히랴고　　　굿게파슈 셧고나
3. 혈셩대의 조국졍신　　　뼈에깊이 잠긔여
　　山은능히 뽑더라도　　　그졍신은 못뽑아
　　장할세라 장할세라　　　혈셩대의 그졍신
4. 혈셩대의 忠義졀개　　　굳세고도 굳세도다
　　쇠는능히 굽혀도　　　　그졍신은 못굽혀
　　장할세라 장할세라　　　혈셩대의 그졀개
5. 번개같이 활동하고　　　원수들이 맹열하되
　　혈셩대의 쟝한긔개　　　누가능히 막을가
　　장할세라 장할세라　　　혈셩대의 그긔개
6. 대포소리 부드치며　　　칼이앞을 막으되
　　모험하는 혈셩대는　　　돌격셩만 부르네
　　장할세라 장할세라　　　혈셩대의 맹진력
7. 혈셩대의 흘은피가　　　하수같이 흐르네

나라영광 빗내지고　　　나라위엄 떨치네
혈성대를 혈성대를　　　향상노리 하리라

41. 血誠隊 50

1. 쟝하도다 애국청년　　　일톄분발 피끌어
　　洪水같이 니러나니　　　혈성대가 되엿고나
　　걱정마라 부모국아　　　피가끌난 혈성대가
　　죠샹나라 붙들기로　　　맹약하고 나섯고나
2. 혈성대의 조국정신　　　뼈에깊이 잠겻도다
　　山은능히 뽑더라도　　　그정신은 못빼앗네
　　걱정마라 부모국아　　　천만번 죽더라도
　　변치안일 혈성대가　　　일심으로 닐엇네
3. 혈성대의 忠의졀개　　　굳세고도 굳세고나
　　쇠는능히 굽히더라도　　　그졀개는 못굽히네
　　걱정마라 부모국아　　　忠의잇난 혈성대가
　　나라집을 직히랴고　　　여긔파슈 굳게셧네
4. 벽력같이 맹열하고　　　번개같이 활동하는
　　혈성대의 쟝한긔개　　　누가능히 당할소야
　　두려마라 부모국아　　　용맹잇난 혈성대가
　　나라집을 도우랴고　　　맹열하게 활동하네
5. 대포소리 부드치고　　　칼이앞을 막더라도
　　유전무퇴 혈성대는　　　겁이없이 나아가네
　　두려마라 부모국아　　　담력잇는 혈성대가
　　모험돌격 하는때에　　　뎌원슈를 항복받네
6. 혈성대의 흘은피가　　　하수같이 크게흘네
　　나라힘을 떨쳐내고　　　나라영광 빗내보세
　　걱경마라 부모국아　　　혈성대가 예잇고나
　　장할세라 혈성대를　　　향샹불네 노래하리

42. 運動 51

1. 대한국 만세의   부강긔엽은
   국민을 교육함에   전혀잇도다
   우리는 덕을닦고   지혜길너서
   문명에 션도者가   되여봅세다
2. 사회샹 직책을   감당하려면
   톄육이 완전함이   필요하도다
   용감한 정신으로   뛰여나가서
   동모들과 같이   활동해보세
3. 청명한 텬긔와   넓은마당에
   운동긔 아래여   버려셧도다
   남보다 더잘할   경쟁심으로
   활발히 내다라   빨니나가세
4. 앞선자 그누랴   잠간셧거라
   단인中 일등샹은   내물건일세
   이긔기 좋아하고   지긔스름은
   한나라 한몸이   일반이로세
5. 상뎨의 품부한   귀한인물노
   아모일도 분발하면 目的達하네
   나아가세 나아가세 고함소리로
   정신을 가다듬어   나아가세
5. 한반도 뎨국에   영광돌니고
   우리학교 명혜를   일충빗내세
   학도야 학도야   靑年학도야
   독립졍신 애국셩을 분발하여라

43. 父母 恩德 52

1. 山아山아 높은山아   네아모리 높다한들
   우리부모 날기르신   높은은덕 밎을소냐
   높고높은 부모은덕   어이하면 갑하보리
2. 바다바다 깊은바다   네아모리 깊다한들
   우리부모 날기르신   깊은은덕 밎을소냐
   깊고깊은 부모은덕   어이하면 갚아보리
3. 山에나난 가마귀도   부모효도 극진한데
   귀한人生 우리들은   부모님끼 어이할가
   넓고넓은 부모은덕   어이하면 갚아보리
4. 우리부모 날길을제   고생인들 얻어하며
   뼤가녹듯 수고하여   우리들을 길넛으니
   닛지마세 닛지마세   부모은덕 잇지마세
5. 굳고굳은 바위돌은   만세토록 변치안네
   한부모의 같은자손   우애지졍 바위같아
   우리들은 효도로써   부모은덕 갚아보세

44. 運動 53

1. 白頭山下 넓고넓은   만쥬뜰들은
   건국영웅 우리들의   운동장이요
   거름거름 隊를지어   앞만향하여
   활발하게 나아감이   엄슉하도다
2. 大砲소리 앞뒤山을   둘둘울리고
   銃과칼이 霜雪같이   맹열하여도
   두렴없이 막막하는   돌격소리에
   뎌의군사 홍겁하며   정신일엇네

3. 億萬大兵 가운데로   헤치고나아가
   우리들의 총과검을   휘휘둘닐세
   원슈멀이 말우에서   떠러지난것
   늦은가을 남우닙과   다름없고나
4. 개선문하 自由종을   떵떵울리고
   三千里에 독립긔를   펄펄날닐제
   萬歲萬歲 萬歲萬歲   우리나라에
   萬歲萬歲 萬歲萬歲   우리同胞야

45. 國民 54

우리 님군 폐하 한아님 도으샤
일월같은 셩덕
우주에 떨치소셔
국민을 사랑하샤
어진 덕을 빗내시니
위권이 환우 덮이로다
우리 님군 폐하
하나님 도으소셔

46. 學生 前進 55

1. 大韓뎨국 국민청년 학생들아
   문화경쟁 하난 오날날일세
   혁구죵신 우리 뎨일 목적이니
   때를 일치말고 속히 나아가세
후렴 : 나아갑세다 나아갑세다
        문명풍죠 따라 나아갑세다

　　　　나아갑세다 나아갑세다
　　　　맑고 빗난 길노 나아갑세다
2. 우리들을 쫏난 모든 사단들이
　　사자같이 위엄 뵈울지라도
　　오직 우리 마암 더욱 분발하여
　　실지 상에 학문 역구 합세다
3. 용감성으로써 멈울 거름 없이
　　활발하게 앞서 뛰여나가세
　　뉘게든 지지 안닐 마암으로써
　　향상 열심으로 젼진해보세
4. 東西今日 大勢 大颱風과 같이
　　우리 앞에 當場 目睹되엿네
　　東洋平和 主翁 우리 少年들아
　　일단졍신으로 前進합시다

47. 입은 하나 56

1. 입은 하나요　　손은 두리니
　　먹은 것보다　　일은 갑졀하오
　　입은 하나요　　귀는 두리니
　　말은 덜하고　　잘 드르시오
2. 입은 하나요　　눈은 두리니
　　말은 더대하고　잘 살피시오
　　입은 하나요　　발은 두리니
　　올은 말만하고　속히 일하세

48. 學校 紀念 57

1. 단군셩죠 건국하샤　　吾皇都邑을
　유명하온 졀승디에　　貴한 學校 設立
후렴 : 깁은 날 깁은 날　　학교 창립한 날
　　영웅녈사 輩出하야　나라 부강하라
　　깁은 날 깁은 날　　학교 창립한 날
2. 높은 덕을 배양하고　智德 발달하여
　문명 사업 진흥할 곳　오날날 생겻네
3. 부모들아 열심으로　이 학교 찬셩코
　청년들아 열심으로　학문을 배우세
4. 南山우에 뎌 숑백은　풀은 긔운 발발
　청년 학교 청년 학도　自由 긔샹 늠늠
5. 나라 근심 하는 자야　눈물을 끗치랴
　독립긔쵸 굿게할 자　우리 학교일세

49. 作別 58

1. 광음이여 쥬마로다　　다졍한 친구를
　어언간 작별케 되니　　셥셥키 일반일세
후렴 : 그대를 전별하는 때　한노래 높어셔
　　또다시 만나긔까지　늘 긔억하리로다
2. 쵸목도 꼿이 지고야　열매를 여나니
　만물에 순환 보시고　슯으나 위로하세
3. 텬디는 변할지언졍　그대를 니즐가
　산쳔이 변태하여도　마암이야 변할가
4. 갈길을 지체 마시고　쟉별을 합시다
　이것이 나의 표이니　가신 후 긔역하시오

50. 깊이 생각 59

1. 슯으도다 민족들아   우리신세 슯으고나
   세게만국 삷어보니   자유활동 다건만
   우리민족 무삼죄로   이지경에 빠젓난가
   날고기난 금슈들도   몸담을곳 다잇건만
   우리들은 간곳마다   몸부칠곳 없고보니
   가련하다 이신세를   어이하면 좋단말가
2. 사랑홉다 청년들아   아모념녀 하지말고
   너의마암을 안심하여   앞에길을 내다보라
   등뒤에는 범따르고   발뿌리에 泰山쥰령
   락심하여 쓸때없다   안이갈길 못되나니
   죽을지경 당한민족   분발심을 뽑내여셔
   泰山쥰령 헷친후에   坦坦大路 行해가세

51. 行船 60

1. 大韓뎨국 통상수료난   긔묘하게 잘되엿으니
   무소불능 하신이가   대권능을 나타냇네
   후렴 : 배 떠나가네 배 떠나가네
       大東洋 반도에 배 떠나가네
2. 배머리에 太극긔난   文明風에 너풀하니
   국긔 바라볼 때마다   애국셩이 진동한다
3. 현원씨의 이제불통   지나땅에 유명하고
   골놈벗에 신발현은   西반구가 뎨게잇네
4. 洪水재앙 믈너가고   大풍랑이 平졍하니
   긔사외젹 하신이는   우리들과 함긔하네
5. 萬國交通 하는때에   수립수出 하는 物品
   黃金白金 許多하고   紫玉白玉 다실엇네

52. 義務 61

1. 靑年들아 靑年들아　　新大韓國 靑年들아
　四千餘年 祖國精神　　모긔爲하야
　죽구살믈 같이하자　　盟約이로다
후렴 : 大韓帝國 靑年들아　우리원슈 누군가
　　　언제던지 잊을소냐　피를흘녀 갑고야
2. 二十世紀 競爭場에　　强兵으로 行陣하세
　國家안에 自由獨立　　保全하기는
　우리靑年 學生들에　　血誠으로야
3. 우리目的 到達하긔　　忍耐性에 달엿고나
　至大至重 하온짐을　　지고가는者
　萬歲福樂 表準하여　　落心말지라
4. 大事業을 目的하면　　危險한곳 當하리니
　괴로우나 즐거우나　　膽力가지고
　天地末日 되긔까지　　永久保全케

53. 檀君 62

1. 우리시조 단군긔셔　　太白山에 강림하샤
　나라집을 창립하여　　우리 자손의게 주시엇네
　거룩하고 거룩하다　　대황조의 높은 성덕 거룩하다
2. 모든곤란 무릅쓰고　　황무디를 개척하사
　오곡百과 번포식혀　　우리 자손들을 길으셧네
　잇지마세 잇지마세　　대황조의 높은 은덕 잇지마세
3. 묘든위험 무릅쓰고　　안한 즘생 모라내샤
　해외독을 멀니하여　　우리 자손들을 보호햇네
　변치마세 변치마세　　大皇祖를 向한 은성 변치마세

4. 착한도를 세우시고　　어진 명사 뽑우시와
　 쳥구山河 빗내시고　　쳔자만손 和락하게 햇네
　 잇지마세 잇지마세　　大황조의 어진 덕化 잇지마세
5. 형뎨들과 자매들아　　大황조의 자손된자
　 우리형뎨 자매들아　　쳔번 죽고 만번 죽더라도
　 변치마세 변치마세　　大皇祖를 向한 忠誠 변치마세
6. 형뎨들아 자매들아　　조샹나라 모든 민족
　 우리형뎨 자매들아　　열성 품고 合力 단力하여
　 빗내보세 빗내보세　　大皇祖의 높은 일을 빗내보세

54. 告別歌 64

우리 다시 만나 볼 동안　　陸路 水路 어대던지
간 곳마다 和平하여　　　　速히 만나기를 바라네
후렴 : 다시 만날 때　　　　다시 만날 때
　　　우리 셔로 다시 만날 때
　　　다시 만날 때　　　　다시 만날 때
　　　그 때까지 健康을 祝願

55. 愛國歌 65

1. 긴날이 맛도록　　생각하고
　 깊은밤 들도록　　생각함은
　 우리나라로다　　우리나라로다
　 길이 생각하네　　길이 생각
2. 내 먹고 마시며　　의탁하야
　 모든 족척들과　　生長한 곳

우리나라로다　　　내 일생 사랑해
길이 사랑하네　　　길이 사랑
3. 나의 부모 형뎨　　갖이 살고
선조들의 해골　　　뭇친 대난
우리나라로다　　　항샹 잇지 못해
잇지 못하겟네　　　잇지 못해
4. 태산이 변하야　　바다 되고
바다가 변하야　　　들이 된들
나라 사랑하는　　　이 맘 변할손가
길이 불변하네　　　길이 불변
5. 내 나라를 내가　　사랑하지
누가 내 나라를　　　사랑할고
내 몸이 죽어도　　　내 나라 보젼해
길이 보젼하세　　　길이 보젼
6. 우리나라 문명　　발달 되고
우리나라 독립　　　공고하고
빗난 영화로다　　　항샹 즐겟네
나라 영광일셰　　　나라 영광

56. 星 67

1. 반짝 반짝 하는 별　　하날 우에 높이 떠
빗는 광채 빗최니　　　금강석과 갓도다
2. 태양 빗치 진 후에　　이슬방울 매츨 때
젹은 광채 가지고　　　밤새도록 잇도다
3. 하늘 빗츤 풀으고　　빗난 광채 엿보네
고요한 밤새도록　　　소래 업씨 지나네
4. 반듸불과 같은 빗　　내가 너를 모르네
어둔 밤에 경찰관　　　밤새도록 잘하네

57. 農民 68

1. 춘하추동 사시 순화는   우리 농민 위함이로다
   봄에 갈고 녀름 김매면   가을에는 추수 되겟네
2. 새벽안개 이슬 것치고   낫에 해빗 심히 더우대
   땀을 쓰고 나아가기난   엇을 거시 잇음이로다
3. 개아미는 적은 버레나   제 할 직책 모다 다하여
   녀름 고생 시혀 아니고   아믈아믈 거둬 드리네
4. 사롱공상 각기 직업은   사람에게 졍한 것이라
   근한이난 리를 엇나니   나의 직분 죠흔 줄노 아오
5. 하날에셔 우로 나리사   만만 곡식 길어 주시네
   넘녀 할 것 하나 업스니   나의 일만 급히 할이다

58. 相思 69

1. 나의 친구 리별한 후   편안하신가
   우리 서로 놀든 졍은   잇기 어렵소
2. 죠흔 일을 만날쎄나   어려움 볼 쎄
   나의 마암 향하는 곳   친구뿐일세
3. 군의 편지 볼 때마다   깃붐이 만코
   서로 멀이 떼나스나   맘은 갓갑소
4. 하난 사업 군을 위하야   형통하옵고
   형의 긔후 안령하와   만복하소셔
5. 나난 아모 질고 업고   편안히 놀고
   보난 일도 여이하니   넘녀 마시오

59. 警醒 70

1. 열성잇난 청년들아 단결심으로
   져 악종의 독한 세력 격파하기를
   오매불망 천신으로 맹악하후에
   대한 정신 발행합시다
후렴 : 네 아모리 네 아모리 그리하여도
   이 맘음과 내 정신은 못 빼슬이라
   네 아모리 네 아모리 그리하여도
   건국청년이 여긔 잇다
2. 우리들이 가진 바는 총검 안이오
   우리 마음에 품은 것은 강포 안이오
   일편단심 충의로서 모든 국적을
   능히 멸할 수가 잇다
3. 생사간에 청년들아 대한 혼이니
   보수사상 깊이 쌕여 기회 차자서
   혈삭토록 분발하여 쾌보하기를
   잇지말고 힘써 봅세다
4. 활발한 청년들아 애협심으로
   용맹잇게 나아가서 모든 역적을
   일망타진 파멸후에 우리들 한을
   상쾌하게 갚아 봅세다
5. 이십세게 대한 청년들의 □□□
   살신성인 결정하고 실역 배화서
   대소위험 무릅쓰고 나아가면은
   우리 목적을 달한다

60. 乾元節 慶祝 71

1. 만유의 主宰 샹데끠옵서
   텬디를 짓고 사람내실제
   아세아 동방 넓은반도에
   이쳔만 인종 우리냇도다
후렴 : 깁부고 깁운 오날날이여
       우리의 황샹 탄일로세
       太皇뎨 폐하 셩수무강은
       하나님 앞에 축복합내다
2. 사쳔년 개국 대한국이요
   존엄한 우리 황실이로다
   우리皇室 五百여年에
   金枝와玉葉 번셩하도다
3. 甲戌年 二月 初八日□은
   우리皇上 건원졀일세
   셩자와신손 니은신위가
   우리皇上끠 밑으셧도다
4. 인자한 덕과 영혜하심이
   列셩조 우이 뛰여낫셧네
   日月같이 밝은 聖聰이
   동셔양 우에 現達하도다
5. 堂堂뎨국 三千里內에
   독립에 긔쵸 곤고하도다
   화려한 江山 은강토는
   우리조국의 유업이로세
6. 山川도 또한 깁부게거든
   하믈며 우리 臣民된者랴
   河海가 엿고 泰山이격다

우리皇恩 無限함일세
7. 엇엇게 하면 聖恩갑흘가
忠君의 血誠 이뿐이로다
太極에 國旗 빗나난곳에
우리나라 영광이로세
8. 千歲요 千歲 千歲요千歲
萬歲요 萬歲요 億萬歲로다
吾室은 萬歲 누리옵시고
獨立國 大韓 光復합세다

61. 運動 72

1. 대한국민 우리 청년학도야
잇때가 언젠가 경쟁시댈세
깁히든잠 얼는깨고 정신차려셔
급한 경쟁장에 한번 나아가세
후렴 : 나아가세 나아가세
경쟁심을 분발하여 나아가세
나아가세 나아가세
目的을 達하긔까지 나아가세
2. 하나님이 내신 귀한 인물노
젼진을 다하면 질것없겟네
앞선자를 부려말고 급이 나아가세
일등상을 타려 활동하보세
3. 장하도다 우리 少年同胞야
오날이 우리의 깁은날일세
至今까지 우리용긔 향샹가지던
뉘게든지 우리 지지 안켄네

4. 生存競爭 하난 오날날이나
   실지상 교육이 必要하도다
   智育으로 연마하야 文明부강코
   國家干城 우리 體育일세

62. 擊壤 73

남산 송백 울울창창   동해 유수 호호양양
대한 건곤은   이 산수 갖이 울창하야
융희 일월 천만세에   빗날세라
우리난 성대인민이 되야 康衢煙월 격양가를 부르리라

63. 卒業 74

1. 바위아래 소는새음   잔잔벽계 일우에
   녀름낫과 겨울밤에   쉬지안코 흘으네
   산협사이 험한길노   구비구비 감도라
   쳔신만고 불고하고   전진하여 나가세
2. 철이장강 만리해에   뜻과갇이 닐하니
   물이넓기도 넓고나   아하한량 업도다
   동문동디 우리학우   한같은 맘으로
   입학하던날 처음붙어   원한바 잇셋네
3. 도덕디식 배양하고   톄휵발달 일삼아
   지난학긔 오는학년   일츽월장 하던니
   격년근고 함으로써   금일결과 생기니
   오호오날 얻은셩공   영원토록 빗내세

64. 閔忠正公 追悼 75

1. 天地至剛 至正氣가　閔忠正의 一刀로다
후렴 : 잊이마세 잊이마세 나라를 爲하신뜻
2. 피가흘어 대가되니　대한뎨국 령광일세
3. 居諸광음 밤이오니　殉節하신 금일이라
4. 全國同胞 二千萬이　爲公追悼 一般일세
5. 學徒들아 學徒들아　丁寧遺書 잇슬손가
6. 忠愛目的 본을바다　독립졍신 높입세다 丨
7. 竭忠報國 우리마암　正公一般 이안이랴
8. 年年此日 紀念하여　追悼歌를 높여보세

65. 國文創立 紀念 76

1. 높이 소슨 長白山下 고은 天然界
　　네적 우리 神聖한씨 처음 생겟네
　　특별한 땅 특별한 씨 우리 민족에
　　서로 쓸말 내네
후렴 : 널이 널이 말널이
　　멀이 멀이 우리 멀이
　　우리 맘에 늘 이 날을 굿게 싹이세
　　싹이세 늘 이날을
2. 거룩하고 밝은 우리 세종죠
　　말에 맛는 글을 샐오 지여내섯네
　　아름답고 아름답고 우리나라에
　　특성을 글엿도다
3. 동서양에 열강을 살펴보컨데
　　말과 글이 구역따라 각각 달이도

대한국의 말과글을 발전하기는
　　우리의 담당일세
4. 뢰수중에 죠국졍 배양하기는
　　국문 먼저 힘쓸 것이 필요하도다
　　간편하고 알기쉬운 우리 국문은
　　세게에 웃듬일세
5. 깃부도다 깃부도다 오날날이여
　　국문창조 긔염식을 축해해보세
　　발라오라 어서 속히 연구하여셔
　　永遠히 빗내보세

66. 登山 77

1. 무리를 지어 거름거름
　　록음을 밟아 올나가누나
　　산상에 올나 앉으니
　　산슈 평풍일세
후렴 : 日月 광채 찬란한 中에
　　　산쳔경개 아름답고나
　　　두 눈을 들어 삶어보니 금슈강산일세
2. 폭포는 바위 울녀 쟝단 잘치고
　　챵송은 바람맞아 검은고
　　꾀고리 소리 풍류 같은 후
　　우리의 화답을 쳥해

67. 愛國 78

1. 단군성조 건국하옵신
   아쥬동방 우리대한국
   사쳔여년 력사국으로
   오날날이지경 웬일인가
후렴 : 대한국 동포 우리민족아
        자유의 졍신을 진흥하여라
        우리의 독립 만만세토록
        하나님 앞에 축원합시다
2. 눈을들어 삷어보니
   삼쳔리 안에 우리동포를
   무례한 수욕과 공연한구타
   날마다 더욱 심코심하다
3. 남산에 바위도 마암잇으면
   우리와 같이 분울하겟고
   뒤동山 쵸목도 입이잇으면
   우리를 爲하야 변호하리라
4. 사랑하는 우리동포야
   죽던지 살던지 우리휨으로
   내태한 악습과 의뢰사샹을
   오날날붙어 끈어바리세
5. 독립할 사샹과 단톄심으로
   일단열심을 각각가지면
   원슈 비록 산과 같하나
   우리앞을 막지 못하리
6. 독립과 자유를 회복하는대
   三千里江山이 깁어하겟거니
   하믈며 우리 이쳔만이야
   건국한 우리 少年들

68. 不如歸 79

1. 공산명월 야삼경에   슯이우난 두견새는
   소래소래 불여귀라   고국산천 생각하고
   도라가기 지원이라   져달빛이 질때까지
   목에피가 마르도록   애명셩 불쳘하니
   두견새야 무러보자   네에넉시 누구인지
2. 불여귀 불여귀하니   네소래가 슯으도다
   마도한셜 졈은달은   보슈쥬외 굳이갑고
   일맥훈을 완회코져   갈력충셩 애쓰다가
   문문산의 의혼츙셩   연옥혼 작화하니
   고국산천 못잊어서   그의력시 네안으냐
3. 불여귀 불여귀하니   네소래가 슯으고나
   만국관개 모힌즁에   존초셩심 깊이품고
   만강혈을 여진하고   공수셰게 하랴다가
   칠일투가 미진하여   진졍훈 되엿으니
   고국산천 못잊엇세   네의력시 되엿느냐
4. 불여귀 불여귀하니   네소래가 슯으고나
   만리소풍 대운날에   평화주의 홀노픔고
   젹장군 영젹한후   대한만세 부르다가
   捕獲中에 함낙하여   외토고혼 화작하니
   고국산천 못잊어서   그와 우짓나냐

69. 時有變遷 81

1. 슯은 일을 본후   즐거움 오고
   눈물 흘닌 뒤에   쾌락이 펴네
   고생 받은 끝에   연단을 엇고

힘을 올케쓰면   령광이로다
2. 한재 만난 뒤에   쟝마가 오고
   압제 받은 곳에   자유가 나네
   惡을 싸은 자는   보슈가 잇고
   때를 올케 쓰면   유익이 되니
3. 교휵 받은 뒤에   선배가 되고
   일을 근이 하면   공갑슬 밧네
   나라 사랑 한자   충혼이 되며
   혈성을 다하면   자유를 얻네

70. 精神 82

1. 슲으도다 우리 민족아
   사천여년 력사국으로
   자자손손 복낙 밧더니
   오날날 이 지경 웬말인가
후렴 : 철사주사로 결박한 줄을
        우리 손으로 끈어 바리고
        독립만세 장한 소래에
        동해가 변하야 륙디가 되리라
2. 일간 초옥도 네것 안이요
   수묘 전토도 네것 못되터
   무러한 수목도 대답 못하고
   공연한 구타만 거져 밧노라
3. 한치 버레도 만일 밭으면
   죽기전 한번 옴쪽거리고
   조고만 벌도 네가 다치면
   네 몸을 반다시 쏘고 죽는다

4. 눈을 드러 살펴보니
   삼철리 우에 사모찬 것은
   우리 부모의 한숨이오
   우리 학도의 눈물일세

5. 남산 초목도 눈이 잇으면
   비참한 눈물이 가득하겟고
   동해 어별도 마음 잇으면
   우리와 갖이 서러 하리라

6. 금수강산이 빗츨 이럿고
   광명한 일월이 아득하고나
   이것이 누죄나 생각하여라
   네 죄 내 죄 까딱이로다

7. 사랑하는 우리 학도야
   자던지 깨던지 우리 마음에
   나태한 악습과 이뢰사상을
   모도 다 한 칼노 끈에바리고

8. 사랑하는 우리 학도야
   죽던지 살던지 우리 마음에
   디혜를 배우고 덕을 닥아서
   우리 국권을 회복합세다

9. 애국경신과 단톄심으로
   육전혈류 무릅써으면
   원수가 비록 산과 같으나
   우리 앞을 막지 못하네

10. 독립긔 밧고 자유종 치난 때
    부모 한숨은 우숨이 되고
    대한반도 광명턴디에
    건국영웅 우리 안인가

71. 冒險猛進 83

1. 눈을 들어 삼천리　　구울러보니
　　금수강산에 한국　　내 나라이오
　　승승하게 잘 아는　　우리 소년들
　　이세국민 자격이　　튼튼하도다
　　앞길에 시험과　　　장이되난것
　　조곰도 사양말고　　달녀나가셔
　　내팔뚝 내힘을　　　시험하난때
　　태산이 가비엽고　　우서우리라
2. 이천만 동포중　　　우리 형뎨야
　　國家에 수치를　　　니가 아나냐
　　뎬분한 자유권은　　사가 업건만
　　우리 민족 무삼죄로　죄를 받는가
　　나라 사랑 하난 자　적지 안컨만
　　모험맹진 할 자야　멋치되나냐
　　깰지라 소년들아　험한 마당에
　　조금도 사양말고　달녀 나가세
3. 동서양 영웅이　　별인 안이니
　　이십세긔 경쟁장　좋은 긔횔세
　　모험맹진 할 者　멋치 안이냐
　　앞서 길을 쥬져 말고　나아가겟네
　　자나깨나 잊이말고　생각하기는
　　나의 책임 못다하면　사람 못되네
　　뭇노니 우리 소년　대한 동포야
　　이때가 어느 때냐　생각하여라
4. 나아가세 나아가세　아모 겁없네
　　천신과 만고는　사업성취니
　　분골쇠신을　둘여할소냐

내 한몸 죽으면   츙혼일세
우리 재조 우리 힘을 어여 못배면
황천에 원혼을   면치 못하리
을지문덕 리순신쟝 우리 모시고
한길노 두러서서   나갈지이다

72. 愛國 84

1. 대한민국 동포들아   정신을 차려라
   몸과 맘을 모다 밧처   내 나라 사랑해
2. 한 죠상에 같은 자손   애졍이 만코나
   동포 졍세 생각하니   내 나라 생각해
3. 사망할 때 림한 자야   어이 하잔 말가
   힘과 맘음을 모다 드려 내 나라 사랑해
4. 국권회복 인민 안락   어이 하면 할가
   몸과 맘을 모다 드려   내 나라 사랑해

73. 汽車 85

1. 들들들 구러가는 긔차 박휘는
   종일토록 쉬지안코 구러가네
   천리노졍 머다 하여도
   순식간이면 득달하도다
2. 아참해에 빚이 덥다 하여도
   얼른 발서 석양텬이 다 되오
   청춘시절이 좋다 하여도
   자고 깨면은 백발이로다

3. 청춘아 생각하여라 우리 앞길이
   凶惡하고 걸이는 곳 많으되
   락심만 말고 향해 가면은
   가는 마다 태평가로다
4. 바람아 광풍아 불지를 마라
   귀한 지목이 모다 꺽어지노나
   너의 광풍이 맹영하여도
   불과 삼일이 멀다 하리라
5. 한반도 강산아 내 말 드러라
   잠시 겁은 두려말고 안심해
   우리 청춘이 너를 위하야
   피를 흘여서 일하리라

74. 愛國 86

1. 단군성조 유풍여속   사천년 전해셔
   산명수려 우리대한   렬성조 나섯네
2. 삼천리에 동반은   본국 산천일세
   우로지택 생장한 일   엇지 보답할가
3. 이천만인 동포들은   나라 사랑 하야
   경쟁하는 이 시대에   각긔 직분 하세
4. 남여학생 청년들은   밧비 공부한 후
   사롱공상 힘을 쓰면   부강 긔초되네
5. 백두산서 동해수는   깊고 건강하다
   이와 갖이 마음 먹어 츙애만 다 하세
6. 태극 국긔 하는 나라 동서양 세계에
   제국 문명 자랑하니   화려한 빌일세
7. 죵남산천 밭을 가라   무궁화 심으니
   즁흥 제업 만만세에   무궁춘색일세

75. 가마귀 87

1. 가마귀는 깍깍 울고 잇고
   참새는 짝짝 울고 잇고
   문이 밝어서 왓으니
   얼핏 이러나지 안으면
2. 늦어진다 옷을 입고서
   띄를 매고 세수하여 갑세다
   대야의 물을 퍼서 놓고
   일을 닥고 양치질 하여 갑세다
3. 얼고도 정하게 잘 쑷고
   손도 착실히 잘 쑷고
   경하게 되엿거던 일다하고
   아참 인사를 합세다
4. 밥도 조용히 잘 먹고
   책과 석판을 닛지 말고
   가졋거든 학교에 갑세다
   학교에 밧비 갑세다
5. 오날도 학교에 갑세다
   좋은 노래와 자미 잇게
   즐겁은 공부도 잘하고
   즐겁은 유히도 합세다

76. 가마귀 88

1. 가마귀 가마귀   져기 나는 가마귀
   한 마리 두 마리   떼를 지어 날은다
2. 이 나무 저 나무   가지마다 안자서
   까와악 까아왁   소래하며 날은다

77. 責地勢 89

1. 이 디세야 무러 보쟈
   네 엇지 그리 무광하냐
2. 삼쳔리에 넓은 강산
   너의 폭원에 不少하고
3. 이쳔만구 많은 민족
   네의 책임이 중대하고
4. 금은 동텰 허다 광물
   네의 産出도 부하도다
5. 단군같은 大성人도
   네의 경내서 誕生하고
6. 이쳔이백만 년슈에
   네의 영광이 항극커늘
7. 엊이타고 근일에는
   이럿타시 무광하냐

78. 猛進 90

1. 담잇고 勇猛잇난 청년 남아야
   氣槪를 떨쳐라
후렴 : 두 주먹을 부르거두고 나아가는 곳에
        막을 자 누구냐
2. 원슈들이 山海같이 만코 만으대
   우리를 못막네
3. 쟝하도다 청년남아의 맹진력이여
   원슈를 멸하리
4. 우리 원슈되난 자들 다 모라내고

개가를 부르리
5. 만호천문 太極旗를 만만세토록
   열국에 빗내셔
6. 독립긔와 自由鐘을 門젼에 달고
   영세히 누려라

79. 效孝 91

1. 一平生에 難報키난   우리父母 은덕이라
   그은덕을 갚으라면   조흔方法 업지안타
   그은덕을 갚으라면   조흔方法 업지안타
2. 이십사효 효측하여   造次顚沛 勿論하고
   넘넘在玆 一心으로   쟝슈하기 祝願하세
   넘넘在玆 一心으로   쟝슈하기 祝願하세
3. 三神山에 不老草는   求之不得 할지라도
   徹天之孝 잇고보면   鮒魚竹筍 나오리라
   徹天之孝 잇고보면   鮒魚竹筍 나오리라
4. 四季마다 쳘을따라   衣食住를 便하시며
   至誠으로 奉養함은   人子직분 이아닌가
   至誠으로 奉養함은   人子직분 이아닌가
5. 五刑之屬 三十罪에   뎨일큰것 무엇이냐
   生我育我 父母에게   不孝不慈 莫大니라
   生我育我 父母에게   不孝不慈 莫大니라
6. 六大洲가 크다한들   父母恩德 같할지며
   五大洋이 깊다한들   父母恩德 같할소냐
   五大洋이 깊다한들   父母恩德 같할소냐
7. 七十行年 老萊子도   그二親을 봉효할제
   五色란의 몸에입고   영아같이 숭내내네

五色란의 몸에입고   영아같이 슝내내네
8. 八珍味를 쥰비하야   공양함도 좋커니와
    지휘영영 거역안코   슌죵함이 뎨일이라
    지휘영영 거역안코   슌죵함이 뎨일이라
9. 九泉下에 가신후에   子欲孝인들 소용잇나
    생존하신 뎌父母를   편하시게 봉양하세
    생존하신 뎌父母를   편하시게 봉양하세
10. 十目所視 이世上에   父母의게 不孝하면
    금수들과 무리하니   엇이감히 擧頭할가
    금수들과 무리하니   엇이감히 擧頭할가
11. 百子十孫 우리들은   金枝玉葉 明分하다
    영웅호걸 만커니와   孝子烈女 젹지안타
    영웅호걸 만커니와   孝子烈女 젹지안타
12. 쳔추만세 될지라도   우리가 不變하여
    게게승승 샹젼함은   효재명칭 이안인가
    게게승승 샹젼함은   효재명칭 이안인가
13. 무수무강 하시긔를   北斗星에 祝願하면
    신셩하신 우리上帝   도으심이 잇을지라
    신셩하신 우리上帝   도으심이 잇을지라

80. 關東八景 93

1. 만고동방 조화신공   어대어대 셜시햇노
    죽쟝망혜 대활보로   관동팔경 찾아가세
2. 백두금강 산맥발바   결졍석주 사선봉은
    통천해상 바람쐬니   춍석졍의 긔관일세
3. 즁유지수 뜻을세고   영낭술 안양남석
    고성산천 도라드니   유연하든 삼일포라

4. 삼십육봉 필긔하고 　명사여셜 만경조에
　　간성석송 올아보니 　청순정이 여긔로다
5. 간수아셔 졍신내고 　의상맹승 탁석진은
　　야양승디 발바드니 　낙산사가 淨土로다
6. 백운간에 울울떨고 　평포호색 이십리에
　　강능별거 드러가니 　졀승경개 경포대
7. 扶櫪海에 착족하고 　절벽비천 좋은광경
　　삼척암 올나가니 　오심천上 竹西樓라
8. 청담수로 눈을쑷고 　십리명사 해당화는
　　울전해텬 바라보니 　망양정이 경개로다
9. 명화일지 꺽거들고 　백석청송 연충간에
　　평해풍경 히록하니 　월소정이 장쾌하다
10. □□해안 좋은풍경 　금낭풀어 지록한후
　　보보젼진 무한홍을 　만리풍낭 깻치난듯

81. 祖上을 爲해 94

1. 영광에찬 오랜력사 　아래에나고
　　행복에된 좋은강토 　우에살미
　　생각하라 우리들이 　무슨공이뇨
　　신성하신 대황조의 　위영이신져
2. 그의뒤를 이여그의 　사상현실케
　　애슬자가 우리이믈 　생각할진대
　　맥박은 자조치고 　어개웃쓱해
　　어려움을 아는그때 　한없씨귀히
3. 우리힘은 적을지나 　졍셩깊으니
　　능하기를 다하야서 　쉬지안아서
　　받을때에 나흐무로 　중째에젼수해
　　한대한대 고와지게 　힘쓸뿐일세

4. 시간은 무궁이라　　무슨생각을
　조급하게 먹지마라　앞으니라
　큰짐등에 질대지불　생각하고서
　언제던지 젼진긔를　한모양하세

82. 讚揚 恩德 95

1. 여보시요 소년들아　이말을 직혀라
　세상에 귀즁한 일이　만타 할지라도
2. 부모님의 은덕보다　더즁한일이야
　또다시 없으리라　　부모은혜 밧게
3. 산이암만 높다해도　일대언덕이요
　바다이 암만 깊다하고　제엇이 비할가
4. 이같이 긔묘한 심신이　뉘에 은공인가
　참높고 깊고 넓기가　측양키 어렵다
5. 이같이 무궁한 은혜　밧은 우리들은
　무엇으로 보답할가　다만 진심 효도
6. 효도하는 百행 원인　이라 하엿으면
　효도로써 긔초삼고　모든 사업하세
7. 효도에는 두 가지니　양로와 양口라
　이 두가지 행함 즁에　뎨일 양로로다
8. 금슈즁에 가마귀도　효도라 칭하니
　가쟝 귀한 이 인생은　더욱 행합시다
9. 션악간에 부모끠는　효로써 간하니
　대순즁자 본을받아　그같이 행하세
10. 량친 효도하랴면　텬셩을 직히라
　우리들은 힘 다해도　오히려 부족해
11. 忠君 애국하랴거든　효를 몬져 하세

자고로 의인녈사들　　효에서 나왓오
12. 忠臣을 효자문에　　구한다 하엿네
　　이 말대로 실행하야　　늘찬양 합시다

83. 學生追悼 96

1. 신텬디에 학생게는　　문명 좇아 묘판일세
　　만리젼뎡 동진코자　　백년 단톄 매졋더니
2. 변수 중에 악한 마귀　　모든 남우 몬져 베네
　　슲으도다 가는 쳥년　　다시 오긔 어렵도다
3. 춍민하든 일편졍신　　원셩동연 하리로다
　　다만 우리 희망점은　　명명 중에 도울셰라

84. 卒業 97

1. 날은 밝고 바람 맑아　　우리 마암 새로워
　　한 솟밥과 한 벼루에　　배우든 형뎨의
　　업 맞춤 길 떠남　　축하하기 위하여
　　간절코 겸손한 맘으로　　으난 노랠세
2. 업이 학교 네 성상에　　일심으로 차린
　　그 행장 굿건하거니　　꿋덕도 아님이
　　태산 같으리라　　용긔 발발해
　　갈ㅅ길이 險惡하단을　　의게 그 무엇
3. 너의들이 가는 곳은　　침막코 황양해
　　거츨은 가싀덤블과　　배암 독사의 굴
　　종종한 광야야　　아모러나 행장 굳은
　　너의겐 우수워　　너의겐 우수워

4. 이를 여러 길내임은　　너의들의 직분
　쉬움없이 나아가게　　우리는 따르리
　빨이 나아가게　　　　우리는 따르리
　우리의 리샹하는데　　다 닷기까지는

85. 英雄 模範 98

1. 게림나라 즘생중에　　개와돗이 되여도
　일본신하 안되기로　　죽기까지 결심한
　박제상의 그츙성을　　우리모범 하리라
2. 일본나라 인군으로　　남종삼아 붙이고
　일본나라 왕후로서　　녀종삼기 작적한
　석우로의 그쟝긔를　　우리모범 하리라
3. 주욕신사 중한의로　　금산적을 즉칠때
　빈주먹에 싸홈하여　　한나없이 다죽인
　됴중봉의 칠백의사　　우리모범 하리라
4. 한산도와 영등포에　　거북선을 타고서
　일본군함 수천척을　　한아없이 함몰한
　리순신의 그韜略을　　우리모범 하리라
5. 홍이입은 텐강쟝군　　좌충우돌 하면서
　쥐와같은 왜놈군사　　도처싸화 죽이든
　곽재우의 그용맹을　　우리모범 하리라
6. 의병일켜 싸호다가　　대마도에 갖어셔
　일본나라 물과곡식　　먹지안코 죽으신
　최익현의 그졀긔를　　우리모범 하리라
7. 늙은도적 이등박문　　활빈당도 할때에
　삼발삼중 죽인후에　　대한만세 불으든
　안즁근의 그의긔를　　우리모범 하리라

86. 愛國 99

1. 우리나라 대한데국　　만세무강 하옵소셔
　백두산이 외외하고　　한강수는 양양한데
　단군성자 이천만중　　그와같이 희고맑다
2. 대주재끠 비나이다　　근화세게 우리나라
　천만세에 무궁복을　　그와같이 나리소셔
　거룩하고 거룩할사　　우리나라 거룩하다

87. 小川 100

1. 집앞에 흘으난　　뎌젹은 물아
　너희는 흘러서　　어대로 가나
2. 송사리 떼들은　　논가로 흘너
　친구를 몯오와　　큰내로 간다

88. 靑山 101

1. 초목에 속닙날 때에
　구경 가지 즐겁도다
　동모들과 작대하야
　이산 져산 올나가니
2. 간수에는 고기 놀고
　바위틈에 구름 닌다
　텬디간에 자연 경색
　가지가지 깃붐이라

3. 꼿그늘 떼잔띠 우에
   편이 안져 쉬일 때에
   솔바람 새 소래들도
   그것 또한 자연 풍류

89. 勸學 102[4]

1. 소년은 이로하고   학난셩하니
   일촌의 광음인들   불가경이라
   디당의 츈초몽을   미각하야셔
   게쳔에 오엽들이   이추셩이라
2. 셩년은 한번가고   무즁래하며
   일일은 한번지고   난재신이라
   급시곳 하야셔난   당연여하니
   세월이 덧없어셔   부대인이라
3. 대우는 셩인이되   셕촌음하니
   우리는 범인이라   셕분음이니
   하믈며 쳥년후생   학도들이야
   초음을 물셕하면   어이및으랴
4. 학문이 명한관역   어대잇는고
   립신코 사업셩취   이것아닌가
   배홀때 당하야셔   아니배호고
   맛참내 후회한들   무엇하리오

---

4) 표기법의 차이는 있으나 『학부창가집』의 「勸學歌」와 같은 작품임.

90. 修學旅行 103[5)]

1. 조일이 션명한데　행쟝을 뎡돈
　경풍이 츄의하야　젼로를 인도
　동문을 일출하니　흉금이 상쾌
　우리를 반긔난듯　인산과 지슈
　일보일보 젼일보　학업이 여차
　일리오리 부십리　젼진이 무궁
2. 박언채 박언취는　화초와 광물
　션생님 가라치신　리과의 실험
　가이획 가이긔는　승디와 고젹
　션생님 가라치신　디력의 재료
　뎌 산쳔 뎌 풍물　무한한 추미
　모됴다 자익일세　수학의 여행

91. 갈지라도 104[6)]

1. 갈지라도 갈지라도 바다 또 한바다
　하날끗에 다은물결 망망하도다
　바다라도 건너라면 능히 건너리라
　져어가세 져어가세 일심을 모아셔
2. 배화가고 배화가도 깊고도 깊도다
　깊더라도 나종에난 옅을날 잇나니
　쉬지안코 배화가면 능히 배호리라
　배화가세 배화가세 일심을 모아셔

---

92. 我의 學校 105

1. 내 일생 깁움은　　나의 학교요
　　쥬야로 생각은　　나의 학교라
2. 쟝래에 큰 인물　　길너 주시고
　　쟝래에 큰 사업　　예비해 주네
3. 밋부고 진실한　　우리 학우들
　　때때로 깁움이　　가득 하고나
4. 나 일생 소원은　　우리의 학교
　　천만년 가도록　　빗나지소셔

93. 檀君 紀念 106

1. 굳은마암 한갈같은　　각방사람이
　　우리셩죠 크신빛에　　모혀들어셔
　　아모거나 같이하쟈　　맹셰하던날
　　깁붐으로 노래하여　　송축합세다
2. 끗침없난 어진바람　　사해에불고
　　녹지안은 은혜이슬　　팔역의받아
　　영원히큰 참복락이　　보편하던날
　　깁붐으로 노래하여　　송축합세다
3. 힘껏셩껏 졍의위해　　활동하여셔
　　괴로움에 빠져잇난　　만방사람을
　　건져내여 함끠살기　　경륜하던날
　　깁붐으로 노래하여　　송축합세다
4. 대주재의 앞에나와　　공손히업대여
　　어린아해 마암으로　　정성들어셔
　　쳐음으로 하날길을　　개척하던날
　　깁붐으로 노래하여　　송축합세다

94. 運動 107

1. 활발스런 우리   청년학도야
   오날이 우리에게   깃분날일세
   깊이든잠 얼는깨고   정신차려서
   동무들과 갓치   운동해보세
   후렴 : 나아가세 나아가세 앞만보고 나가세
          나아가세 나아가세 일등상을 엇도록
2. 당당한 이내몸   떨치난곳에
   만인의 박수소래   일어난다
   앞서간자 부뤄말고   뛰에나가서
   일등상을 엇도록   활동해보세
3. 쟝하도다 우리   청년학도야
   청명한 오날일기   깃분맘으로
   노래도 부루며   운동할때에
   유쾌한 정신   더욱분발해
4. 이긔긔난 좃코   지긔슬키난
   너와내게 잇난 마암   일반일세
   우리앞에 휘날니난   우승긔
   남보다 먼져가서   밧아쥐고야

95. 卒業 108[7)]

1. 동챵에 공부하든   우리학우들
   세월이 여류하여   오날당햇네
   보내는자 가는자   피차나뉘니

---

7) 표기법의 차이는 있으나 『학부창가집』의 「卒業式」과 같은 작품임.

　　　　석별하는 회포는　　가이없도다
2. 금일에 상별하는　　우리학우들
　　한말삼 권하노니　　명심하시오
　　업을맡고 가는자　　사업힘쓰고
　　업을닦고 잇는자　　근고하시오
3. 금란같이 친밀한　　우리학우들
　　셩심으로 비노니　　보즁하시오
　　션진자 후진자의　　우리무리는
　　스승의 교훈하심　　굿게직키세

96. 前進 109

1. 뒤에일은 생각말고　　앞만향하야
　　견진견진 나갈때에　　활발스럽다
　　청년들아 용감력을　　더욱분발해
　　견진견진 나아가세　　문명부강케
후렴 : 청년의 가는앞길이　태산과갓치 험하다
　　　　고생함을 생각말나 갈때에
　　　　청년들아 용감력을 더욱분발해
　　　　견진견진 나가세　　문명부강케
2. 오고가난 바람형세　　맹렬한것은
　　무형무색 공긔들이　　합력함이오
　　우리들의 전진하난　　문명긔상은
　　뇌심초사 힘써함이　　이것안인가
3. 태평양과 대서양에　　무한한물은
　　산곡간에 적은물이　　회합함이오
　　우리들이 모든시염　　성취하기는
　　천신만고 지난후에　　능히함이라

97. 朝鮮魂 110

1. 늘 히망 앗참인　　나의 님 조선아
　네 풍채는　　　　　우슴그리부엉
　내 생명 없이니　　내 사랑 끗없다　내 조선아
2. 네 우에 대럿난　　두던이나 뵈나
　내물이나　　　　　가득히 알밴 것
　오직 조선의 혼　　정의자유로다　　내 조선아
3. 네 품에 자라는　　아들 우리들은
　한 몸되여　　　　　시간의 끗까지
　뜨겁게 긔차게　　너를 사랑하리　　내 조선아
4. 우리의 능력은　　너를 표상한
　태극긔를　　　　　산마다 물마다
　남극에 북극에　　휘날닐만하다　　내 조선아

98. 四時景 111[8)]

1. 동원에 화발하고　　南陌에 초록하니
　蜂蝶의 世界로다　　일시번화는 너의가 먼져
2. 江南에 雨歇하고　　水北에 沙明하니
　鷗鷺의 生涯로다　　清流沐浴은 우리와 같이
3. 風淸코 月明한데　　鴻雁이 高飛하니
　羈窓의 鄕思로다　　長夜感懷는 古今이 일반
4. 萬山에 雪白한데　　松柏이 獨靑하니
　丈夫의 心事로다　　千古特節은 누구가 제일

---

8) 표기법의 차이는 있으나 『학부창가집』의 「四時景」과 같은 작품임.

99. 歡迎 112

1. 즐겁도다 오날에   귀한친구 만나셔라
    길고오란 장마날에   쳥텬백일 빗치인듯
후렴 : 모씨를 모씨를   오날날에 맛나셔라
      높은덕을 사모하여 한곡됴로 노래하셔
2. 사랑홉다 모대인의   츙의혈셩 간절하여
    모든고난 모든풍파   날노길이 밧앗고나
3. 흠도없고 틔도없이   두렷하게 밝은마암
    가을하날 만공중에   높이빗난 만월인듯
4. 괴로우나 즐거우나   변치안는 높은졀개
    츄은바람 찬셔리에   홀노빼인 찬숑인듯

100. 四節 113[9]

1. 春色을 자랑하난   죠흔화원도
    재식곳 안이하면   볼것업도다
    츈화와 같은부귀   사졍업나니
    학문을 배양코야   가히얻으리
2. 夏夜난 훈혹하고   등화밝은데
    엊이타 화츙들은   와셔빠지나
    불같은 不義榮利   감히탐할가
    화패를 자취함은   어리셕도다
3. 추곡을 거두기난   무삼공인요
    알괘라 츈화붙어   근고함이라
    어려셔 공부하기   행여슬어셔

---

9) 표기법의 차이는 있으나 『학부창가집』의 「四節歌」와 같은 작품임.

　　자라셔 사업하기　　어려우니라
4. 동졀을 안과하는　　밀봉보시오
　　로고를 불탄하고　　예비함이지
　　원려가 업고보면　　근우잇나니
　　쳔년을 허송코야　　늙어엇졔리

101. 運動 114[10]

1. 만위근본 이내몸은　　필요할사 건강일세
　　앞에오난 허다사업　　건강코야 감당할세
　　유록화홍 렴양텬에　　활발운동 하여보세
2. 쳥년사회 이내몸은　　학업종사 이안인가
　　덕육지육 량젼사도　　톄육안코 어이할가
　　연비어략 자재디에　　활발운동 아니할가
3. 학생시대 이내몸은　　일심공부 힘쓰리니
　　셜챵형안 신디로대　　츈복한번 뜰칠지니
　　휴풍근류 모츈자에　　활발운동 됴흘지니
4. 국민분자 이나몸은　　톄건코야 심건이라
　　근뢰쥬의 실행함에　　最션근본 이것이라
　　天郎氣淸 是日也에　　활발운동 둏을세라

102. 녀름의 自然 115

1. 天동소리 앞뒤산에　　들들울리고
　　일순쳔리 번개불이　　누에지나네

---

10) 표기법의 차이는 있으나 『학부창가집』의 「運動歌」와 같은 작품임.

큰소낵이 한줄기가　쏘다져오며
산에는 사태나고　물은넘쳐셔
모든것이 약하게도　패해슬어져
간곳마다 自然力의　위세표로다
오래기른 됴션소년　정력쏘치면
그의앞에 이셰계가　져러리로다
2. 왼하날에 흑운덮어　침침히옴도
힘의바람 한번부니　씻은듯겆어
그림같은 무지개가　웃득서면셔
날빗이 션려하여　밝음나오나
千鈞으로 머리위를　눌으던암흑
이졔서야 그림자나　얻어셔볼가
만히싸흔 朝鮮男兒　예긔높이면
그의앞에 이셰계가　져터리로다

103. 勸學 116

1. 공부할날 만타하고　믿지마시요
무정세월 물결같이　지나가네
청춘에 학문을　힘쓰지안코
백발의 한탄을　어이하리오
후렴 : 청년의 닥난학업은 장래의 긔도이로다
권하노라 너의학문 힘써하기를
청춘의 학문을　힘쓰지안코
백발의 한탄을　어이하리오
2. 天下에 귀한것은　신톄건강
인간에 즁한것은　덕성함양
만사에 긴한것은　지식발달

　　　　모도다 학문중에　　　잇나니라
　3. 잡렴은 다바리고　　　가라침받아
　　　젼심과 일의로　　　　연구하여서
　　　착실한 졍셩이　　　　잇은연후에
　　　너의공부 뜻과같이　　되오리라
　4. 부모의 바람과　　　　선생님교훈
　　　일야 셩심으로　　　　너를위하야
　　　너의학문 셩취키를　　원하나니
　　　너안이 져바리기　　　어려우리라

104. 英雄 追悼 117

　1. 빗날세라 여웅렬사　　만세불망 하실이
　　　이나라의 영광이오　　우리들의 본이니
　　　녯적이나 지금이나　　항샹앙모 함네다
　　　우리예긔 다드여서　　당신뒤를 따르오
　2. 용맹잇는 선조들이　　지금잠을 자오나
　　　당신향한 공명들은　　우리함게 잇도다
　　　충의절게 하신군에　　심디를 본바다서
　　　올은목적 성공하여　　군을慰勞 하리라
　3. 고명하신 영웅렬사　　높히여 공경하기는
　　　세세자손 우리들의　　올은팔이 힘일세
　　　나라긔를 높이들고　　당신혼을 향하여
　　　나의음성 나의마음　　화합하여 부르네

105. 運動 118

1. 동반구 亞洲에 　　우리대한은
　 일면은 육디오 　　삼면은수로다
　 가려한 강산이 　　팔만여방리
　 분명한 반도를 　　그려냇도다
후렴 : 청년아 청년아 　한국청년아
　　　몽롱한 깊은잠을 속히쌔여서
　　　애국셩을 　　　분발하여셔
　　　이좋은 강산을 　보전합세다
2. 불한코 불열한 　　온대디방에
　 귀중한 텬죠물 　　엇지만코나
　 금수와 어별도 　　불가승수며
　 금은과 동절이 　　구산갓도다
3. 오백년 누리든 　　종묘사직과
　 사천년 유래한 　　조종강토를
　 만만세 영원이 　　보존하랴면
　 실디상 교휵밧게 　다시없게네
4. 자강에 졍신과 　　독립사샹을
　 이천만 민족이 　　각기다햐야
　 민디가 발달코 　　국권복하여
　 세샹에 태극긔 　　높이날이세

106. 世界地理 119

1. 창망한 우주안에 　디구션이 달엿소
　 그안에 잇난만물 　할량할수 없도다
　 수육이 난호이니 　육주오양 분명코

　　　　그우에 잇난것은　　　동식광물 이로다
2. 곳곳에 싸인것은　　　금은보석 뿐이오
　　일년에 사게되여　　　연화풀실 족하다
　　륙주에 사난인종　　　구역따라 정하니
　　풍속이 각이하야　　　언어까지 다르오
3. 아시아 구라파와　　　아불이카 대양주
　　남북미 육대주가　　　자연분게 되엿소
　　태평양 대서양은　　　뎨일큰 바다이오
　　인도양 남북양은　　　또한광대 하도다
4. 남미에 아마손과　　　북미에 미스시피며
　　아시아 양자강과　　　구라파에 짜늅江
　　세계에 유명하야　　　그일홈이 장하고
　　긔중에 미시스피　　　뎨일장강 이로다
5. 崑崙山 히말나야　　　오락키와 앤듸쓰
　　유랄과 알프미은　　　뎨일높은 뫼로다
　　긔중 에베레쓰트　　　뎨일높은 봉이오
　　알프의 텁텁봉은　　　세계에 공원이로다

107. 陽春佳節 120

1. 도라왓네 도라왓네　　　갇은봄철이 도라왓네
　　어린풀닙 풀읏풀읏　　　여기저기 돗아난다
2. 붉고누른 꼿송이난　　　언덕마다 곱게퓌고
　　나비들은 이곳져곳　　　정행없이 날아가네
3. 지난겨울 오난너름　　　봄을두고 가고오니
　　찬눈밋헤 자든만물　　　소생하여 도라오네
4. 쌈씌풀은 높아가고　　　버들가지 푸루를제
　　종달새난 높이뜨고　　　꾀꼬리난 반겨우네

5. 농부들은 쟁기메고   밧을갈너 들노가고
   즘생치는 목자들은   풀을따라 몰너가네
6. 앞남산에 바닭이   벅국벅국 울며날고
   발밑에 개아미는   게우른자 경계하네
7. 어화죠타 양춘가절   사시중에 뎨일일세
   청년들아 죠흔때를   허송말고 학문닥세

108. 江海 121

1. 졍쳐없이 흐르난물   의미없이 뛰놀며
   풍우대작 흥흥할졔   노한거동 갓도다
   아참해빗 무지개난   온유하게 빗나며
   몹쓴바람 니러나면   즉시없여 지도다
2. 깊고높은 산골쟉이   측량하기 어렵소
   잇난것을 수탐할졔   그가나를 비웃네
   제가나를 놀내이며   나를슝내 일지라도
   감근함이 없난격동   네가 어리석도다

109. 團心 122

1. 학도들아 학도들아   우리쳥년 학도들아
   오날우리 안심주난   톄휵발달 이안이냐
후렴 : 행보를 일치말고   발을맛쳐 나아가며
      유쾌하게 활동하세 신톄건강 하여보세
2. 학도들아 학도들아   우리동유 학도들아
   우리서로 의리잇게   사랑하며 나아가세
3. 사랑하난 학도들아   사랑으로 심주하고

　　학문으로 동글단짜　　우리마음 단심일세
　4. 단심일세 단심일세　　우리마음 단심일세
　　우리단심 되고보면　　전국국심 비란일세

110. 同舟相濟 123

　1. 百卄四度 百三十度中　산대해 풍낭중애
　　둥실떳다 져큰배는　　크고크긴 하다마는
　　여산홍도 충년하야　　션파중도 거무졍에
　　위금지경 되엿지만　　락담말고 어서가자
　2. 동심합력 배져여라　　져력풍은 급히불고
　　배틈에셔 물드는데　　切迫정황 겁하지만
　　신건축 교휵게에　　문명화가 피엿고나
　　더언덕을 향해가면　　무궁보낙 잇으리라
　3. 동심합력 배저여라　　져탁낭이 급히밀어
　　셩두전진 극난인데　　切迫경황 급하지만
　　신발달한 실업게　　부강긔가 굳엇고나
　　져언덕 향해가면　　군권회복 하리라
　4. 동심합력 배저어라　　져포구가 급히나여
　　션로까지 불편인데　　공백정황 급하지만
　　신개션한 졍치게에　　독립죵이 우난고나
　　져언덕을 행해가면　　웅비실력 잇으리라
　5. 동심합력 배저어라　　저암초가 嵼嶇하여
　　사면충돌 가백인데　　공백경황 급하지만
　　신발달 단톄게에　　자유긔가 뜨는고나
　　져언덕을 향해가면　　국민안낙 잇으리라
　6. 동심합력 배저어라　　저해무가 암흑하고
　　나반침도 불비인데　　공배경황 급하지만

신고무한 쟝무게에　　개선문이 높앗고나
져언덕을 향해가면　　국민여화 잇으리라
7. 동심합력 배저어라　　저거경이 출몰하여
동주인이 개읍인뎨　　切迫情況 급하지만
신진보한 법율게에　　권리등이 밝아고나
져언덕을 행해가면　　황금세게 잇으리라

111. 秋景 125

1. 녀름 경치 가고　　가을 바람 오니
추수 때로세　　다방 솔 나무로
찬바람이 칠 때　　하날이 개도다
2. 금자라 까랏네　　앞밧고 최둑에
찬란한 빗치　　분수 갓치 올녀
산과 갓치 덥고　　강과 갓치 흐르네
3. 내의 마암 조코　　정신이 쾌하도다
힘써 노래하오　　잇것 다 쓰도록
감사 무궁하야　　굽혀 하려 하오

112. 登山 126

1. 산으로 가서　　샘물도 먹고
즐거운 노래를　　불너보세
깃붐도 만코　　해빗도 죠타
뎌 맑은 개쳔에　　목욕하세
2. 금같은 화관　　곳곳이 잇세
자년이 눈치례　　꿈이엿네

　　　더산에 올나　　　음음한 대와
　　　더 푸른 나무에　　영화로다
　3. 큰나무 능지　　　판판한 곳에
　　　평안히 누어서　　노래하세
　　　버레난 쏠쏠　　　찬바람 쏠쏠
　　　장미꼿 향긔를　　모라오네
　4. 산으로 와서　　　샘물도 먹고
　　　각가지 화초를　　구경하세
　　　즐거운 노래　　　산웅성일제
　　　오날날 자미　　　엇더한가

113. 心舟 127

어야지야 어서가자　　모든풍파 무릅쓰고
문명게와 독립게로　　어서빨니 나아가자
멸망파의 든자들아　　길이멀다 한탄말고
희망幟을 굳이꼿고　　실량돗을 높이달아
부는바람 자기前에　　어야지야 어서가자

114. 學徒 128[11]

　1. 학도야 학도야　　청년학도야
　　　벽상에 쾌종을　　들어보시오
　　　한소래 두소래　　가고못오니
　　　인생이 백년가기　주마갓도다

---

11) 절의 구성에는 차이가 있으나 이 『최신창가집』의 「惜陰」(141면)과 같은 작품임.

2. 동원 춘산에　　방초녹음도
　　서풍 추천에　　황엽쉽고나
　　제군은 청춘소년　자랑마시오
　　어언에 명경백발　가석하리라
3. 귀하고 귀하다　가는광음은
　　일분 일각이　　직천금일세
　　문명에 좋은사업　감당하랴면
　　이때를 허송하고　어이밎으랴
4. 시게의 바늘이　간단이없이
　　도라가는 것과같이 쉬지말지라
　　촌음을 앗기여　　셩근이하면
　　아모 업이라도　　셩공하리라

115. 農夫 129

1. 왓도다 왓도다　　봄이왓도다
　　지나갓든 봄철　　다시왓도다
　　산높고 물맑은　　우리나라에
　　지나갓든 봄철이　다시왓도다
2. 앞내와 뒷개에　　어름풀이고
　　먼산 갓가운산　　눈이녹는다
　　풀포기 포기마다　속닙나오고
　　나무가지 가지마다 싹이돋는다
3. 어화우리 농부들아 졍신차려라
　　아래들 웃들에　　때늦어간다
　　날카론 장긔잇다　밀지말고
　　살진소 잇다고　　자랑마라라
4. 날카론 장긔와　　살진소라도

이때가 지나가면　슬데없도다
일하기 어렵다고　게으르지말고
놀기가 좋다고　쉬지마러라
5. 아래들 웃들에　좋은논밧을
우리의 조샹이　이루섯네
어렵고 수고롭음　많이참으며
한이랑 두이랑을　이루섯네
6. 수고로온 때는　땀을흘리고
어려운 때는　눈물흐렷네
분물은 줄기줄기　눈물을보래고
내몸이 게으르고는　할수없도다
7. 조샹이 주신것을　지혀가라면
땀은방울 방울흙에　젹시엇네
아참붙어 저역까지　힘써지으면
깃붐으로 좋은열매　거둘이라

116. 自由 130

1. 대한 국민들아 너의 조샹 나라를
자유국으로 동서에 활동하라면
우리에 긔반을 벗어 바리고
자유종 치난 소래에 디구를 진두케하라
2. 용감한 쳥년들 우리 조샹 나라를
셰샹 젼젼하는 동방에 녁사국으로
오날날 이디경 웬일인가
와신샹담 잇지말고 국가를 위해 힘쓰세
3. 구미의 열강들을 관찰하여 보시오
활발한 긔샹 부려움 한량없도다

분하고 절통한 우리 국민도
일심단체 하량이면 국권을 회복하겠네

117. 靑年 得心 131

1. 청년의 백일이　　밝음과갖이
　　조국의 영화도　　빗내여라
　　조국의 영화가　　빗나여짐은
　　천년의 고명함이　　빗나여야
후렴 : 조국의 영화　　빗나여짐은
　　　　우리의 참으로　　소원이라
　　　　청년아 힘써　　조국의 영화
　　　　태양의 빗갈이　　빗내여보세
2. 송백의 푸른 기운　　창창도하고
　　소년의 기상은　　늠늠하다
　　우리의 기상이　　松柏같으면
　　조국의 쇠한 긔운　　떨치리라
3. 깊이든 바위돌은　　굴닐지라도
　　청년의 굳은 뜻은　　못 굴이네
　　우리 제울 뜻이　　참견고하면
　　조국의 독립기초　　든든하리
4. 언덕에 개암이는　　적은 버레나
　　잠시도 쉬지 안코　　양식 예비
　　우리 청년도　　고생코 고생
　　신고를 지난 후에　　목덕 달해
5. 눈밋헤 쇠한 초목　　죽은 듯하나
　　춘풍의 늠늠 생긔　　발생한다
　　조국은 잠시 겁은　　두러워 마라
　　우리가 너를 위해　　힘 쓰리라

118. 行步 132

1. 나아가세 호영소래   한번날때에
   兼全한 우리학교   용감건아는
   활발하며 용감하며   보죠가족히
   앞만보고 뚜걱뚜걱   나아가도다
   졍신조코 지식만코   몸건강하니
   우리마음 반석갓치   든든하고나
   가는곳은 어대냐고   누가믈릇때
   우스면서 자유별을   가라치라

2. 칠월팔월 더운텻은   나려지과
   불과같은 모래밧헤   발을구어도
   가이없이 널븐들에   눈은싸이고
   만주들노 오는바람   샬을버혀도
   그때에도 머춤없이   용긔하옵세
   앞만보고 빨니활활   나아가도다
   가는대는 어대냐고   누가믈을때
   우수면서 자유별을   가라치도다

3. 총과대포 퉁탕퉁탕   산을울니며
   창과칼이 상셜갓치   번쩍얼일때
   검불근 그얼고레   우숨띠우고
   가벼여히 나는듯이   달녀가나네
   내편군사 죽으믈   뚜여넘으며
   져편군사 머리를   뚝뚝자르고
   그목적은 무엇이냐고 누가믈을때
   우스면서 자유긔를   휘날니다

4. 오천년 빗난력사   이을사명을
   하나님끠 바다치고   나는우리들
   굿게세운 그경신은   이러할지오

그정신과 용감은　　　이리할지라
잠시라도 잊이말고　　　뇌력하여야
우리들이 이상경은　　　멀지안이라
자유롭고 복스러운　　　신대한국이
져곳에 태양가치　　　빗나지안냐

119. 耶蘇 軍兵 133

1. 거룩하다 우리　　　그리스도 군병아
　열심성과 용감력을　　　분발하여셔
　마귀권세 아래잇는　　　우리동포를
　사망중에 구원함이　　　오날날이라
　하나님 젼신갑쥬　　　떨처닙고서
　일심단체 함으로써　　　나아갑시다
　셩신검광 번척번척　　　빗나는곳에
　백만마귀 번개갓치　　　떠러지노나
후렴 : 전도하세 전도하세　우리나라에
　백만명을 위하야서　전도합세다
　피와땀 흘니면셔　　죽을지라도
　백만명을 위하야서　전도합세다
2. 거룩하다 우리　　　그리스도 군병아
　삼위일테 능력으로　　　건강하여서
　무형하고 권세잇난　　　바알세부를
　사로잡고 도라옴이　　　오날날이라
　나아가세 나아가세　　　젼쟁장으로
　활발한 보법으로　　　나아갑세다
　우리군대 가난곳에　　　노든원수는
　행성중에 유셩같이　　　떠러지노나

3. 거룩하다 우리　　그리스도 군병아
　 우리대장 예수씨를　본을바다서
　 신령하신 원시경을　바로끼고서
　 골고다에 십자을　　바아보아라
　 피와물이 함끠흘어　도를지엇고
　 뼈와살이 쪼각쪼각　떠러진것은
　 형님들과 나를위해　하신것이니
　 우리들도 동포위해　하여봅시다
4. 거룩하다 우리　　그리스도 군병아
　 이때가 어느때야　　싱각하여라
　 백두산하 이쳔만인　우리동포은
　 져악한 마귀금을　　빼지못하고
　 당당한 우리대한　　금수강산에
　 죄악이 가득하야　　빗즐일엇네
　 우리대장 셩을보고　울어섯으니
　 우리들도 동포위해　눈물흘니세

120. 컬넘버스 134

1. 원양에 대원수요　　발견에 시조로다
　 어화라 컬넘버쓰　　쟝하도다 그의위공
2. 동방에 대인도를　　서으로 항해함은
　 세게에 일주하야　　목적을 도달코져
3. 선즁에 차공들은　　위인을 왕각이라
　 해즁에 투입코져　　위험한 이론즁에
4. 진진코 不弛하야　　필경 신대륙을
　 세게에 소개하니　　어화타 컬넘버쓰

121. 海 135

1. 승풍파 만리양은　　동양에 죵각이오
　　북미쥬 발현키는　　태서의 강용일세
후렴 : 바다바다 큰바다　　오대양에 큰바다
　　　호호한 텬디간에　　운동쟝 버렷도다
　　　이십세게 용쇼년이　오대양에 활동하니
　　　우리에 活動력은　　악낭경과 평디로다
2. 남빙양과 북빙양은　　탐험가의 경력이라
　　우리도 같은인류　　졍겨와 되만말가
3. 풍됴에 밀어들면　　육디도 고해로다
　　순풍에 돗을단니　　건곤이 일야부라
4. 건강한 대한혼을　　긔선에 가득실고
　　육대쥬 도라보니　　텬애가 비인이라

122. 靑年 學友 136

1. 무실력행 등불밝고　　긔발 날니난 곳에
　　우리들이 나아갈길이　숫돌간도다
　　영화로운 우리력사　　복스러운 국토를
　　빗치나게 할양으로　　힘을합햇네
2. 용쟝하던 죠샹의피　　우리속에 흐르니
　　아모러한 일이라도　　겁이없도다
　　디선으로 이르라고　　뇌력하는 졍신은
　　자강충실 근면졍제　　용감이로세

123. 歡迎 137

1. 엄동에 위력 눈이 스러져
   산은 푸르고 물은 흘으네
   크나큰 일흠 귀한 져얼골
   성셰에 영광일세
   산아 물아 영원까지를
   네 빗 가져 네 소리하랴
   너히에 귀한 죠샹 나라에
   여원히 신졍보라
2. 자비의 츙신 평화 가져와
   꼿은 웃고 샘은 흘으네
   꼿꼿한 졍신과 늠늠한 긔샹
   우리에 사랑일세
   꼿아 새야 고됴 맛초아
   자유에 소래 크게 불너라
   저희에 조샹 나라 귀한
   영원히 화평주이
3. 하날은 높고 날은 빗나네
   만세 광채 더욱 새로워
   대성의 집은 귀코 높고나
   우리에 근애일세
   우리 학생 졍셩 다하야
   환영노래 크게 불너라
   너희에 조상 귀한 나라에
   우리에 소원 대성

124. 學友 138

1. 셰샹 친구 만흔 중   나의 친구 뉘뇨
   학교에 공부하난   학우들이 안인가
   사랑홉다 학우들   밋부다 형뎨들
   친졀하게 지넴은   형뎨와 일반일세
2. 한 학교에 드러와   션생님을 모시고
   한 책상에 공부하니 깃붐이 만토다
   사랑홉다 학우들   밋브다 형뎨들
   권증악 하면서   공부에 열심하세

125. 復讐慄抱 139

1. 단군 자손 우리 소년   국치민욕 네 아느냐
   부모 쟝사 할 곳 없고   자손까지 종되엿다
   텬디 넓고 너르것만   의지할 곳 어대더냐
   간대마당 천대 받고   까닭없이 구축되네
   후렴 : 이젓나 이젓나   우리 원수가
       合倂한 수치를   네가 이젓나
       자유와 독을   다시 찻기는
       우리 현신함에   견혀 잇도다
2. 나라 없난 우리 동포   사라잇기 붓그럽다
   땀을 나고 피를 흘녀   나라 수치 싯첫내고
   뼈와 살은 거름되여   논과 밧헤 유익되세
   우리 목적 이것이니   잇지말고 나아가세
3. 부모 친척 다 바리고   외국 나온 소년들아
   우리 원수 누구던냐   이를 갈고 분발하여
   백두산에 칼을 갈고   두만강에 말을 먹여
   앞으로갓 한소래에   승전고를 둥둥울녀

126. 苦學 140

1. 산중에 섬풀꺽고   산곡에 물을길어
   스승을 셤기자는   넷날 고학생
2. 녀름에 반듸불과   겨울 눈을 모아
   근실히 공부함도   넷날 고학생
3. 다리를 손곳으로   찌르며 공부함과
   머리를 다라맴도   넷날 고학생

127. 惜陰 141

1. 학도야 학도야   청년학도야
   벽상에 괘종을   드러모시고
   한소래 두소래   가고못오니
   인생이 백년가기   주마간도다
   동원 춘산에   방초녹음도
   서풍 추천이   황엽쉽도다
   뎨군은 청춘소년   자랑마시오
   어언에 명경백발   가석하리라
2. 귀하고 귀하다   가난광음은
   일문 일각이   직천금일세
   문명에 좋은사업   감당하랴면
   이때를 허송하고   어이밎으랴
   시게의 바늘이   간단없이
   도라가는 것과갖이   쉬지말지라
   촌음을 앗기며   셩근이하면
   아모 업이라도   성공하리라

128. 太平洋行 142

1. 오대양에 대왕으로   젼세게에 독보되여
   일진일퇴 자유자재   태평양에 위엄일세
2. 항해하는 져긔선은   흑운같은 연을토코
   맹열한 져汽笛聲에   천만리 쾌행일세

129. 春遊 143

1. 춘풍삼월 호시절에   방화隨流 즐겁도다
   리화도화 만발하니   문명텼디 이안인가
후렴 : 년년차랑 무궁하니 만고춘풍 즐겁도다
2. 층층청산 둘넛으니   엄연군자 긔샹이오
   낙낙장송 풀은빗은   대장부의 긔조로다
3. 흐러가는 청발수는   만리젼정 진취되고
   갑을병졍 긔암석은   견확불발 입디로다
4. 비거비래 쌍쌍연은   봄소식을 알니는듯
   오고가는 범나븨는   꼿가지에 꿈을꾸네
5. 북관홍운 높이뜨고   남산가긔 둘려잇네
   우순풍조 됴흘시고   년풍도진 거룩하다

130. 體育 144

1. 용활하다 우리쳥년   열심히 공부하여
   모든학문 연구하되   신톄강건 뎨일일세
   신톄강건 하량이면   운동톄조 하여된다

활발하다 각색운동　　지체말고 하여보세
후렴 : 학도야 청년 학도야 모든 사업을
　　　능히인라 하고 행하면
　　　만의근본 신톄 강건하여야
　　　장래무한 고란 감당하리라
2. 삼휵즁덕 흑토만　　나아가면 半便이지
　　완전교휵 하량이면　　쳬육안코 될수없다
　　병식체조 예비한후　　긔게톄조 힘얻으면
　　그외각종 운동에는　　조곰치도 념녀없다
3. 쳬휵발달 된곳에는　　사람마다 용맹하고
　　쾌활졍신 잇은것은　　거광톄조회 또하엿네
　　모든운동 힘써하면　　차력보락 무엇이냐
　　운동하세 운동하세　　용감강병 되게하세
4. 화발용감 과단인바　　삼휵즁에 다드럿소
　　톄휵수단 쓰는따는　　신톄강건 으뜸이오
　　자즌운동 할지라도　　의식으로 일절말고
　　진심으로 행한후에　　크게사용 하옵세다

131. 工夫 145

空然히 허송말세　　오날날을
금일은 다시두번　　오지를 안네
무단히 낭유말셰　　이 셰월을
금년은 다시두번　　오지를 안네
부즈런히 공부하셰 학도들아
하우씨 석초음을　　우리들도

132. 學生 愛國 146

1. 산높고 물맑은 우리 동반도는
   사천여년 나려오는 우리 집이니
   사시 긔후 항상 좋코 태평한데
   우리 기중에서 호흡하노라
   후렴 : 나아가노나 나아가노나
   　　　우리 학생들이 나아가노나
2. 하나님은 좋은 텬디 주셧으니
   지금 우리들이 더욱 힘쓸때로다
   젼일 태도 긇이 벗어 바리고셔
   강한 용맹으로 나아가노라
3. 지식을 넓이고 신쳬를 강케해
   부강흥성하는 모든 좋은 학문을
   주야 밧비 촌음마다 다토면서
   풀무속에 백년강철이 되게
4. 약육강식하는 오늘 당한 세계에
   열심하는 의기 우리 갑주로고나
   사면 열강덜은 호랑이 같으나
   무릅쓰고 막고 모라나가세
5. 우리 학생들은 젼국방패되여
   나라 백성 위해 직책 모다 다하여
   이천만 중 평생 대한데국으로
   태평 복낙 느려 영영 즐기세

133. 歸雁 147

1. 月色은 우운에 　　　가리우고

월임은 반공에　　　　높아도다
져먼대셔 나라오난　　기럭이떼들
점점 갓가이　　　　　점점 갓가이
2. 앞셧든 기럭은　　　　떠러지고
뒤섯든 기럭은　　　　앞셔온다
한 마리식 두 마리식　날개를 펴고
점점 갓가이　　　　　날아들도다

134. 善友 148[12)

1. 물은 담난 그릇　　　빗을따라셔
이리도 변하며　　　　더리변하고
사람은 사괴는　　　　벗을따라셔
선하게도 되며　　　　악하게되오
2. 남보담 몇배나　　　우승한벗을
택하고 구하야　　　　때때샹종코
과실을 고치고　　　　선행본바다
이내 몸도 현인　　　　군자됩시다

135. 師의 恩 149[13)

1. 철없고 어린 동서불변 우리들
힘써 가라친 우리 우리 선생님
니즐소샤 그 은혜 아참이나 저녁이나

---

12) 표기법의 차이는 있으나 『학부창가집』의 「善友」와 같은 작품임.
13) 표기법의 차이는 있으나 『학부창가집』의 「師의 恩」과 같은 작품임. 원문 제 3절의
오류를 『학부창가집』에 의해서 일부 수정하였음.

2. 지식 넓이고 재능 도덕 닥이는
   누구 힘인지 동무들아 아나냐
   올타 우리 선생님 구젼심수 이 안인가
3. 이 몸 낫키난 부모님의 은회오
   사람 되기난 선생님의 은회라
   니즐소냐 선생님 부모님과 일반이라
4. 높고 또 깊은 선생님의 큰 은회
   엊이 이즈며 어늬때나 갚을가
   우리 몸을 세우고 우리 일홈 날니여서

136. 師의 恩 150

옥이라도 간후에야   보배가되고
금이라도 달년코야   즁보되나니
동셔불변 둔한재질   우리학생들
교휵없이 사업셩취   엊이될소냐
태양의 빗과같이   우리를쬐고
구름의 비와같이   우리를쩍셔
해마다 자란우리   지식과긔능
우리를 교휵하신   사의은일세

137. 掃除 151

1. 비와 걸네로 몬지를 씻어   세간사리 경결하게
   이구셕 저구셕 잘 닥가셔   곱게 되기까지 소제합세다
2. 문갑 책상과 필통과 벼루   방안 긔구를 경결하게
   낫낫치 간짐혀 치여놓고   곱게 만든 후에 공부합세다

3. 나무 검불과 종의의 조각   뜰에 몬지를 쓸어내고
   족악돌 주읍고 물 뿌려서   곱게 만든 뒤에 운동합세다

138. 時計 152[14]

1. 시게가 뎅뎅친다
   어서어서 니러나세   밤이 발서 새엿네
   의복을 가러입게   아참 밥이 되엿네
2. 시게가 뎅뎅친다
   어서어서 문을 나세   지체말고 학교에
   책싸셔 옆에 끼게   몬져가세 남보다
3. 시게가 뎅뎅친다
   공부하세 공부하세   샹학시간 되엿네
   읽고 쓰고 외일졔   두지말게 잡염을
4. 시게가 뎅뎅친다
   도라가세 도라가세   하학시간 되엿네
   집으로 얼는가세   쾌락하게 노으세

139. 仁宅 153

1. 인심은 터이되고   효졔충신 긔동되야
   예의염치 울을삼아   애친경장 육사친우
2. 사벽이 완고하니   졍졍방방 우리인택
   쳔만년 풍우에도   기울쥴이 잇으리요

---

14) 표기법의 차이는 있으나 『학부창가집』의 「時計」와 같은 작품임.

140. 朝起 154

1. 일어나오 일어나오　맑은긔운 아참날에
   새소래가 먼저나오　일어나오 일어나오
   아참잠을 일즉깨면　일일에 덕이라오
2. 일어나오 일어나오　아참잠을 늦게깨면
   만악의 본이라오　일어나오 하난소래
   놀나서 꿈을깨니　샹쾌하다 이내음

141. 職業 155

텬생증민하니　필수직이라
광화한 텬디간에　내 업 없으랴
업무 귀쳔이라　셩공 즉커니
심샹 직업간에　네 공을 두라
공무 애증이라　근즉셩하니
그늬가 업 없다고　게으르리요
사심과 허욕과　사치 번뇌난
셩공을 바라난　도가 안이라
졍직하라 근검하라　거젼하여라
모든 직업 잇난　소년들아

142. 月 156

1. 앞남산 우후로달구경　달구경 가세
   공과 같은 뎌달이　빗최여오니

남무가지 새들은   서로 놀나고
농부들은 달을 띄고   돌아오누나
2. 높고 낮은 산곡과   깊은 물에도
한결 갖이 빗최여   밝고 밝으니
날 떠러진 황혼에   광명텬디난
둥근 달이 반공에   떠잇음이라

143. 新年 157

1. 일년의 처음날을   새로 마저서
경축하난 오날날   깃붐이로다
집집에 오락가락   노난 사람들
새로 맛난 오날날   깃붐이로다
2. 액운과 괴로운 일   다 지나가고
승평한 성대 건곤   우로 밧드러
년풍코 민안락케   깊이 비노니
새로 맛난 오날   깃붐이로다

144. 我의 家庭 158

1. 귀하고 중한 나의몸   길녀주시고
주야로 복락 줌은   나의 가정이라
2. 우리의 부모님들은   날과 밤으로
나의 등 어르만지며   깃붐 주시도다
3. 친절한 나의 형뎨야   한 맘 한 뜻으로
자든지 깨든지   부모 순봉하세

145. 朝春 159

1. 지새난 달 그림자 　 놀빗헤 사라지게
　 종달새 우난 소래 　 사야에 떠오른다
　 이졔야 됴흔 아침 　 촌가의 밧분 모양
　 섬을 파난 아해며 　 꼿을 파난 늙으니
2. 정치 못한 봄바람 　 나뷔 꿈을 깨이네
　 영농한 새벽이슬 　 방초에 무르녹아
　 이졔야 됴흔 시졀 　 산가의 밧분 모양
　 나물 캐난 소부며 　 별목하는 초부들
3. 도라오난 붉은 날 　 꼿속에 빗쳐잇네
　 세유의 아참 연긔 　 계변에 둘넛도다
　 이졔야 둏은 빗 　 농가의 밧분 모양
　 샹평전에 밧갈며 　 하평전에 씨쑤려

146. 자쟝 160

1. 아가야 자장자장 어셔 자거라
　 아가야 자장자장 잘도 자노라
　 져진 자리 바리고 마른 자리 바린다
　 사랑합다 챵중보옥에 아라 자쟝
2. 동기동 자장자장 우리 효자동
　 동기동 자장자장 우리 우애동
　 친척에도 화목동 붕우에도 신애동
　 사랑합다 가졍 교휵에 바리 자장
3. 장하다 자장자장 얼는 소학교
　 장하다 자장자장 발셔 中大學
　 방사동이 되고서 영웅동이 되어라
　 우리나라 광복 사업에 아라 자장

147. 軍 161(원본에 곡조만 있고 가사는 없음.)

148. 遊戱進行 162

빙빙빙빙 빙빙빙 두둥그렇게
손을셔로 붓잡고서 빙빙둥글게
우리들은 손을셔로 붓잡고셔
빙빙빙빙 둥구럿게 도라단이세

149. 祖國 생각 163

1. 이곳은 우리나라   안이것만
   무엇을 바라고   이에 왓난고
   자손에 거름될이   내 독립군
   설땅이 없지만   히망잇네
2. 국명을 잃어바린   우리민족
   하해에 띄끌갖이   떠단이네
   잃어타 웃지말아   유국민들
   자유해복 할 날   잇으리라
3. 한반도에 생쟝한   우리민족아
   하나님이 주신   독립 석하에
   당당한 자유생활   끈허진지
   사년이 발서   지나갓도다
4. 해외에 나온   우리 동포야
   괴로우나 질거우나   우리 마음에

와신상담   잇이 말고서
원수갑흘 준비하여 봅시다
5. 두만 건녀를   살펴보오니
   금수강산은   빗을 일엇고
   신성한 단군자손   우리 동포은
   저놈에 철망에   걸여 잇고나
6. 서베리아 찬바람에 이고생 함은
   한반도 너를   위함이로다
   너와 나와 서로   만나볼 때는
   독립년 밖에   다시없고나
7. 높이 솟은 백두산아 내말 드러라
   저것너 부사산   부려 밀어라
   우리의 청년이   지진 되어셔
   부사산 번질날   멀지 안토다
8. 죠국을 일코 가넌 영혼은
   텬당도 도로혀   디옥되리니
   이말을 잊이말고   분발하면
   한반도 강산   회복하리라

150. 國歌 164

上帝난 우리 大韓을 도으소셔
獨立富强하야 太極旗를 빗나게 하옵시고
權이 寰瀛에 떨치여
於千萬歲에 自由가 永久게 하소셔
上帝난 우리 大韓을 도으소셔

151. 蝶 165

날아가난 저나뷔　　어대로 가나
봄바람에 취하야　　행하지 말고
花階우에 좋은꽂　　여게 잇으니
향기내도 맛흐며　　이리 오느라

152. 京釜鐵道 166

우렁차게 토하난　　汽笛 소래에
남대문을 등지고　　떠나 나가셔
빨니부는 바람예　　형세 같으니
날개가진 새라도　　못 따르겠네

개화기 교과서 소재 창가

1. 軍歌(『新訂 尋常小學』 卷二, 18~19면)

朝鮮國民 되ᄂᆞᆫ 자ᄂᆞᆫ	我君我國 爲ᄒᆞᆯ지라
膽氣勇略 奮發ᄒᆞ야	敵兵萬若 잇슬ᄯᅥᄂᆞᆫ
목숨슐기 不顧ᄒᆞ고	一段忠義 힘ᄲᅥ보세
飛雨갓튼 彈丸中에	鬼神갓치 다니면서
鐵노민든 城門을난	一聲砲響에 ᄭᅵ치고
구름갓치 뫼인 敵兵	바롬보듯 훗터보세

2. 비호기를 勸홈이라(『新訂 尋常小學』 卷三, 2~3면)

杏花며 桃花ᄂᆞᆫ	발서 ᄯᅥ러지고

三夏九秋는 또　　　　어느 결을에 다갓느뇨
白雪이 霏霏ᄒ야　　　今年이 벌서 歲暮ㅣ로다
오는 날을 밋고　　　게어르게 말아
歲月은 ᄉ롬을　　　기다리지 아니ᄒ니
於焉間에　　　　　少壯ᄒ던 니가 老大ᄒ야진다
不學ᄒ면 無識ᄒᄂ니　世上 ᄉ롬의게
譏弄을 바들　　　　그ᄯᅢ에는
後悔ᄒ야 슬퍼ᄒ야도　效驗이 업나니라
暫時 ᄉ이라도　　　虛送ᄒ지 말고
各般才藝를 學習ᄒ며　古今歷代를 達通ᄒ야
着實히 工夫ᄒ면　　追後에는 必然
有識ᄒ 스롬으로　　될터이라
到底히 工夫ᄒ라　　우리들

3. 秋(『初等小學』卷五, 10~12면)[1]

(一)

셔늘ᄒ게 부는바람,　　陰樹속에 소래ᄒ네.
너푼너푼 나는입새,　　梧桐나무 먼져안다.
못가운데 고은련곳,　　반쯤굽어 물에졋네.
놉흔가지 우는맴이,　　번차례로 매암매암.
(二)

소래업시 오는이슬,　　말근밤에 빗이나네.
방울방울 생긴낫이,　　풀닢마다 眞珠로다.
섬돌압헤 鳳仙花는,　　져진연지 단장곱소
쉬지안코 우는蟋蟀,　　추의재촉 즉즉즉즉.
(三)

---

1) 『한국개화기 교과서 총서』 4, 아세아문화사, 1977, 164~166면.

진애업시 밝은져달,　　半空中에 걸녀잇네.
둥굴둥굴 뵈는影子,　　수박덩이 疑心업네.
江湖間에 갈째꼿은,　　짜에쌀녀 白雪갓소
구름가에 가는鴻雁,　　동모불너 기럭기럭.

4. 短歌(『初等小學』卷七, 31~12면)[2]

(一)

크고 큰 저 참나무　　도토리로 싱겨낫네
地中에 깁히 뭇쳐　　적은 싹이 차차난다
간흔 쑤리 실과 ｆ치　　이리저리 얼키엿고
풀은 입새 적은 가지　　空中으로 소사나셔
不知不食 멋멋히에　　根固枝繁 ᄒ얏도다
가지 우에 안진 새는　　됴흔 소리 노리ᄒ고
그늘 밋헤 섯는 牛羊　　쎄롤 지어 피셔ᄒ네
(二)

大洋中에 珊瑚島는　　적은 벌네 지음이라
모래ｆ치 적은 겁질　　모고모며 쏘 모은다
낫과 밤을 쉬지 안코　　一心으로 집을 지니
山도 되고 바회되야　　나종에는 大島되네
草芽樹花 여긔져긔　　太陽빗헤 찬란ᄒ오
여러 힘을 모고모면　　못홀 일이 어디잇나
쉬잔코 부지런ᄒ면　　못홀 사업 업ᄂ니라
(三)

힘을 쓰오 힘을 쓰오　　힘을 쓰어 工夫ᄒ오
古來文章 事業家가　　工夫ᄒ야 되얏ᄂ니
낫에 비고 밤에 닑어　　熱心으로 쉬지 말면

---

2) 위의 책, 351~353면.

日就月將 결로 되야 有名한이 되고 나네
歲月이 만타해도 흔번 가면 오지 안소
이 내 몸이 적다해도 國民中의 흐나이니
우리나라 잘 되랴면 工夫안코 홀 수 업네

5. 紙鳶과 핑이(『國語讀本』 권5, 14~15면)[3]

올너라 연아연아 활신활신 올너라
공중에 나라가는 뎌소리기 보담도
올너라 연아연아 좀더좀더 놉직이

도러라 핑이핑이 얼른얼른 도러라
바롬에 핑핑도는 바롬갑이 보담도
도러라 핑이핑이 좀더좀더 빠르게

6. 驟雨(『國語讀本』 권5, 33~34면)[4]

난더업는 一陣狂風 검은구름 모라다
먹쟝갈아 씨언진듯 왼하늘을 덥더니
번기불이 번젹번젹 우레소리 우루루

주먹ズ흔 큰비방울 여긔뎌긔 덧다가
함박으로 퍼붓는듯 펑펑줄줄 쏫아져
나모닙이 어푼너푼 락슈물이 주루루

---

3) 『한국개화기 교과서 총서』 6권, 아세아문화사, 1977, 310~311면.
4) 위의 책, 329~330면.

뢰성번기 령히나며   바롬소리 비소리
上天下地 뒤놋는듯   瞬息間에 漲水나
시너물이 출녕출녕   모릭언덕 우수수

적은드시 비가긋쳐   구름것고 히날졔
彩色다리 架設ᄒᆞ듯   무지기가 쏫쳐네
各色草木 너홀너홀   덧ᄂᆞᆫ이슬 후두두

7. 時計(『國語讀本』 권5, 49~50면)[5]

時計가 뎅뎅 친다
어셔어셔 니러나셰   밤이 발셔 시엿네
衣服을 갈어닙게   아춤밥이 되엿네

時計가 뎅뎅 친다
洗手ᄒᆞ고 밥먹은후   遲滯말고 學校에
冊싸셔 엽헤끼게   남보다 몬져가셰

時計가 뎅뎅 친다
工夫ᄒᆞ셰 工夫ᄒᆞ셰   晝夜로 부즈런케
닑고쓰고 외일졔   다른ᄆᆞ음 두지말게

時計가 뎅뎅 친다
活潑ᄒᆞ게 놀며가셰   下學時間 되엿네
집으로 얼른가셔   快樂케 노라보셰

---

5) 위의 책, 345~346면.

8. 蝶(『國語讀本』 권6, 19~20면)⁶⁾

나븨야 뎌나븨야   이리와셔 노자노자
둣타여긔 花階우에   우슴웃듯 꼿뛰엿다
香니도 시롭거던   꿀맛좃츠 달곰홀사

나븨야 뎌나븨야   꼿속에셔 잠만자나
뎌꼿속에 혼잠자고   이꼿속에 또 잠자나
잠씨여라 봄늣는다   무슴 꿈을 꾸엇는가

나븨야 뎌나븨야   닙밋흐로 꼭 숨어라
너의一身 날닐셔라   너의날기 져즐셔라
모진바람 빗겨불며   急혼비가 모라온다

9. 鐵歌(『國語讀本』 권6, 40~41면)⁷⁾

烈火에 달궈니고   冷水에 담거니여
집긔로 꽉집어셔   마치로 두다리니
百番鍛鍊 이니몸   强흐기 긔지업다
强흐면 壽홀손가   아니쓰면 못흐리라
자조쓰면 빗치나고   아니쓰면 록이는다
빗나면 시로웁고   록슬면 썩느니라
말듯거라 靑年들아   逸居無敎홀작시면
黃米彌白醱 가득흐야   草木同腐 슬플지라
學問을랑 힘써닥고   寶劍을랑 자조갈게

---

6) 위의 책, 385~386면.
7) 위의 책, 406~407면.

10. 雨(『國語讀本』권6, 58~59면)[8]

비야비야 오는비야
    어디로셔 나려왓노   하늘노셔 나려왓네
    空中에서 나려왓네
그 前에는 어디 잇셧노
    河川에도 잇셧고   池溏에도 잇셧고
    湖海에도 잇셧네
엇지ㅎ야 올나갓노
    쓰거온 볏헤 쪼여   水蒸氣가 되어셔
    뭉게뭉게 올나갓네
지금 어디로 가려노
    河川으로 가려ㅎ네   池溏으로 가려ㅎ네
    湖海로 가려ㅎ네

11. 移秧[9]

어졔,오날,연ㅎ야,   비가,오더니,
논이던지,기쳔에,   물이,넘치네,
볘모옴겨,심기는,   쩌가,알맛다,
소를,쓰러,니여셔,   쟝기,메이고
여긔셔는,소몰어,   급히,논갈고,
뎌긔셔는,벼모롤   밧비,심는다,
康衢煙月,擊壤歌,   셔로,불으며,
瞬息間에,논빗흔,   靑靑,ㅎ얏네.

---

8) 위의 책, 424~425면.
9) 『학부창가집』에는 『國語讀本』 권7 14과에 실려 있다고 되어 있으나, 국어독본에서 이 작품을 찾을 수 없다. 여기서는 『학부창가집』에 수록된 작품을 싣는다.

12. 學問歌[10]

金剛石이라도, 갈지안으면,
潤澤혼光彩는, 날슈업도다.
사룸도學問을, 닥근後에야,
誠實혼德行이, ㄴ타나리라.
時計의바늘이, 間斷이업시,
도라감과갓치, 쉬지말지라.
寸陰을앗기여, 誠勤히ᄒ면,
아모業이라도, 成功ᄒ리라.

13. 漂衣(『國語讀本』 권8, 4~5면)[11]

山谷間에 흐르는	묽은 물가에
뎌긔안즌 뎌 漂母	방망이 들고
이웃 뎌옷 쌀 적에	하도 밧부다
히는 어이 쌀나셔	西山을 넘네
물에 잠가 두드려	얼는 헹구고
다시 혼번 쥐여짜	너러 말릴 졔
나모 가지에 걸고	풀밧헤 편다
볏흔 어이 엷어셔	더듸 말으네
멀니 뵈는 山언덕	희기도 희다
終日토록 쌘 옷이	다 말낫스니
주셥주셥 것어셔	가지고 간다
이는 어이 쳘업셔	비끓 하우네

---

10) 『학부창가집』에는 『國語讀本』 권7 19과에 실려 있다고 되어 있으나, 국어독본에서
   이 작품을 찾을 수 없다. 여기서는 『학부창가집』에 수록된 작품을 싣는다.
11) 『한국개화기 교과서 총서』 6권, 아세아문화사, 1977, 446~447면.

셔리오고 바롬 찬　　　　長長秋夜에
옷다듬는 뎌 소리　　　　이집 뎌집셔
쟝단맛쳐 應ᄒ니　　　　듯기도 됴타
달은 어이 多情히　　　　窓에 비최네

14. 善友(『國語讀本』 권8, 33~34면)[12]

물은 담는 그릇의 빗을 짜라셔
　　이리도 변ᄒ며 뎌리도 변ᄒ고
사롬은 사괴는 친구롤 짜라셔
　　善ᄒ게도 되며 惡ᄒ게도 되오
날보담 몃 비나 優勝한 朋友롤
　　擇ᄒ고 求ᄒ야 써써 相從ᄒ고
過失을 고치고 善行을 본밧아
　　이ᄂ 몸도 賢人君子 되고지고

15. 本分 직힐 일 一(『幼年必讀』 권2, 17면)[13]

여보 우리 同窓諸君　　　우리 本分 직힙시다
四千年 古國 ᄂ 나라　　　二千萬 同胞 이 빅셩
隋唐은 우리 敗將이오　　　日本은 우리 弟子일셰
여보 우리 同窓諸君　　　우리 本分 직힙시다
슬푸구나 슬푸구나　　　우리나라 슬푸구나
國權은 어디로 가고　　　羈絆되기 어인일가
이 나라이 업셔지면　　　우리 同胞 엇지홀고

---

12) 위의 책, 475~476면.
13) 『한국개화기 교과서 총서』 2권, 아세아문화사, 1977, 69면.

16. 本分 직힐 일 二(『幼年必讀』 권2, 18~19면)[14]

여보 우리 同窓諸君	우리 本分 직힙시다
國民自由 굿게 직혀	獨立權利 일치말셰
維新事業 이니 나라	中興功臣 우리로셰
여보 우리 同窓諸君	우리 本分 직힙시다
世界文明 輸入ᄒ야	萬國玉帛 會同ᄒ졔
太極國旗 놉히 달고	愛國歌롤 불너보셰
愛國愛族 우리 同胞	世界一等 우리 大韓

17. 血竹歌 一(『幼年必讀』 권3, 41~43면)[15]

슬푸도다 슬푸도다	우리國民 슬푸도다
國恥民辱 至今生存	우리무리 무삼面目
슬푸도다 슬푸도다	우리국민 슬푸도다
저버렷네 저버렷네	閔忠正을 져버렷네
한칼로 殉國ᄒ든	精忠大節 그 靈魂
九原冥冥 져 가온데	우리 國民 구버보네
슬푸도다 슬푸도다	우리 국민 슬푸도다
國恥民辱 우리 무리	一點報答 무엇인가
自由國權 썻기엿소	今日奴隷 이 아닌가
이 나라 무삼 나라	波蘭과 埃及이지
이 나라 무삼 나라	印度와 越南일셰
슬푸도다 슬푸도다	우리 國民 슬푸도다
四叢九幹 져 더 보쇼	三十三葉 完然ᄒ이
靑靑ᄒ 져 빗 쏘 잇는가	우리 國民 警戒로세

---

14) 위의 책, 70면.
15) 위의 책, 141~143면.

精血이 모얏네 天地造化   忠憤이 이로다 神人感動
萬國이 同淚ᄒ고   世界가 掀動일세

18. 血竹歌 二(『幼年必讀』 권3, 43~46면)[16]

슬푸도다 슬푸도다   우리 國民 슬푸도다
警戒로다 警戒로다   우리 國民 져 디 보쇼
롤납고도 신긔ᄒ다   우리 閔忠正
어리셕고 불상ᄒ다   우리 國民들
三千里 疆土 이 나라   二千萬 同胞 이 빅셩
우리 눈물 져 디에 ᄲᅧ려   大韓中興 어셔 히보셰
奴隷되지 말고   國權 恢復ᄒ세
國恥民辱 어셔 씨셔   地下含笑 우리 閔公
世界一等國이 이 나라로다
世界自由民이 이 國民일셰
우리 同胞 져 디 보쇼   슬푸도다 슬푸도다
우리 同胞 져 디 보쇼   우리 國民 슬푸도다
슬푸도다 슬푸도다   우리 國民 슬푸도다

19. 獨立歌 一(『幼年必讀』 권4, 41~42면)[17]

獨立ᄒ세   우리나라
獨立ᄒ세   獨立ᄒ세
우리 靑春少年들아   슬푸고 忿ᄒ다
우리나라 獨立ᄒ세   우리 大韓 나라

---

16) 위의 책, 143~146면.
17) 위의 책, 203~204면.

어이ᄒ야 이 디경   슬푸고 忿ᄒ다
奴隸自取 이 디경   우리 大韓 나라
어이ᄒ야 이 디경   슬푸고 忿ᄒ다
卑屈自甘 이 디경   우리 大韓 나라
어이ᄒ야 이 디경   슬푸고 忿ᄒ다
淸俄밋다 이 디경   우리 大韓 나라
어이ᄒ야 이 디경   슬푸고 忿ᄒ다
世事全昧 이디경   우리 大韓 나라

20. 獨立歌 二(『幼年必讀』 권4, 42~44면) [18]

獨立ᄒ세   우리나라
獨立ᄒ세   獨立ᄒ세
슬푸고 忿ᄒ다   어이ᄒ야 이 디경
우리 大韓 나라   君臣相忘 이 디경
슬푸고 忿ᄒ다   어이ᄒ야 이 디경
우리 大韓 나라   虐政ᄒ다가 이 디경
슬푸고 忿ᄒ다   어이ᄒ야 이 디경
우리 大韓 나라   依附ᄒ다가 이 디경
슬푸고 忿ᄒ다   우리 大韓 나라
어이ᄒ야 이 디경   슬푸고 忿ᄒ다
사룸업셔셔 이 디경   우리 大韓 나라
어이ᄒ야 이 디경
愚蠢ᄒ야셔 이 디경

---

18) 위의 책, 204~206면.

21. 獨立歌 三(『幼年必讀』권4, 44~46면)[19]

獨立ㅎ세
獨立ㅎ세
우리 靑春 少年
어셔 獨立ㅎ세
官爵도 고만 두고
私計도 고만 ㅎ게
이 人民 우리 人民
남의 人民 아닐셰
堂堂獨立 우리 大韓
世界一等 되야보세
우리 靑春 少年
獨立이로다
獨立이로다

우리 나라
獨立ㅎ세
依賴도 고만두고
自立ㅎ야 보세
이 나라 우리나라
남의 나라 아닐셰
이 江山 우리 江山
남의 江山 아닐셰
우리 靑春 少年
어서 獨立ㅎ세
어서 獨立ㅎ세
우리 大韓을
獨立이로다

22. 六條歌(兪吉濬 著, 『勞動夜學讀本』第一, 10~13면)[20]

어화어화 됴흘시라
하나님의 놉흔됴화
이만물을 나여시니
나래쥬어 새가날고
고기혜엄 지느러미
긔여가는 버러지에
쒸고닷는 네발김생
그러ㅎ데 우리사람

---

19) 위의 책, 206~208면.
20) 위의 책, 416~419면.

이목총명 수족편리
됴흘시고 됴흔중에
인의예지 성품이며
효뎨츙신 행실이라
말삼으로 통정ᄒ고
글자로눈 가라치니
신령홈도 특이ᄒ고
영오홈도 극진ᄒ다
어화됴타 이러ᄒ니
우리노릇 홀양이면
큰근본이 여섯가지
쉬지말고 닥그어라
사람되는 우리도리
노치말고 직히어라
사람되는 우리권리
닛지말고 힝ᄒ여라
사람되는 우리의무
쮜여나게 놉히오자
사람되는 우리자격
부지런히 힘쓰오자
사람되는 우리직업
질거웁게 누리오자
사람되는 우리복록
디식업시 홀수잇나
졍셩으로 배화보셰
배호고도 배호며는
못되는일 업나니라
어화어화 됴흘시라
배화보셰 배화보셰

23. 愛國歌(兪吉濬 著, 『勞動夜學讀本』第一, 18~22면)[21]

사랑홀손 사랑홉다
어화됴타 우리나라
거울인듯 고흔물과
그림갓튼 놉흔뫼라
단군이래 사쳔년에
부국강병 거록ᄒ다
을지공의 디략에는
슈양뎨가 울고갓다
양만츈의 용맹에는
당태죵이 혼이썻다
자쥬독립 이러ᄒ니
어느누가 결을손가
예셩문무 태죠황뎨
한양셩에 도읍ᄒ사
셩자신숀 만만년에
동방텬디 문명ᄒ다
우리동포 여러형뎨
질거올사 웅쟝코나
아달되야 효도이고
님금에게 충셩이라
이나라에 백셩되니
됴흘시라 경사로다
부셰밧쳐 다사리고
군사되야 직히오자
우리긔운 비홀진대
곤륜산이 놉흘숀가

---

21) 위의 책, 424~428면.

우리졍셩 혜아리면
동해슈도 깁지안타
일월갓티 광명ᄒ게
우리나라 빗나이자
하날쳐름 놉흐도록
우리나라 밧들니라
물이거니 불이거니
나라일을 샤양홀가
이내몸은 죽드라도
남의욕은 보지마자
이내집은 ᄭᅳᆫ어져도
남의아래 되지마라
닛지마소 닛지마소
이마암을 자나쌔나
이쳔만이 단톄되야
삼쳔리의 방패로다
어화어화 됴흘시고
이쳔만의 일심이라
사랑홉다 사랑홉다
우리나라 사랑홉다
이쳔만의 일심단톄
사랑홉다 우리나라

24. 勞動歌(兪吉濬 著, 『勞動夜學讀本』第一, 35~41면)[22]

로동ᄒ는 동포님네
대한남자 우리로셰

---

22) 위의 책, 442~447면.

우리힘이 나라되고
우리쌈이 샤회되네
수고롭다 말삼마소
움작이네 우리셰계
인간사를 도라보니
만가지로 버럿는데
그중에도 첫재됨은
사는노릇 셰가질셰
농부되야 밧을갈고
목슈되야 집을짓게
누에치고 면화심어
길삼ᄒᆞ니 옷감일네
부귀공명 므엇인고
셩현호걸 이것일셰
뎌사람네 사는방법
달녀잇소 우리손에
거룩홀사 로동이야
우리노릇 이러ᄒᆞᆫ데
그누라서 쳔타홀가
동포님네 생각ᄒᆞ게
졍딕ᄒᆞᆫ 마암으로
셩실근면 겸ᄒᆞ얏네
헛말삼은 슌질으고
거짓행실 ᄲᅮ릿ᄯᅳᆫ케
남의일이 내일이니
졍셩으로 ᄒᆞ야보셰
츄의더위 므릅쓰고
비장마와 눈바라에
굴치안코 어서ᄒᆞ자

맛튼일이 짐이되네
약속시간 어길손가
셰샹만샤 신이로셰
일흐기와 품팔기는
내힘으로 내가사네
부모님을 깃거이며
안해자식 길으기에
편히놀고 홀수잇나
괴로옴이 질김일셰
한집일만 흐지말고
여러분이 단톄되게
외줄기로 묵거노코
한결갓티 움작이셰
산이라도 쌰힐지온
어려운일 잇다말계
바다라도 머힐지니
우젹우젹 나아가셰
힘들이고 쌈나이여
로동일셰 로동일셰
우리나라 부강토록
우리샤회 문명흐게
효셩으로 피는쏫을
들이오자 부모님게
츙셩으로 매진열매
밧치오자 님금님게
광명졍대 이럿타시
대한남자 로동흐네

25. 運動歌(『最新初等小學』권2, 23~25면)

어허우리 大韓帝國
二千萬의 男女同胞
一千萬은 男子되고
一千萬은 女子로다
우리學徒 學問싹은
國家棟樑 되리로다
終日토록 行樂타가
凱旋歌로 好還한다
萬歲萬歲 萬萬歲야
大韓帝國 萬萬歲야

26. 運動歌(『最新初等小學』권3, 13~14면)

大韓帝國의 富强하기난
우리學徒가 擔當함내다
工夫할째에 工夫잘하고
運動할째에 運動잘하셰
許多事業을 堪當하랴면
身體剛健이 第一福이오
一當百하난 競爭心으로
太極旗下에 愉快運動응
千歲萬歲야 우리學徒지
大韓帝國이 萬萬歲로다

27. 學問을 勸홈(『新纂初等小學』 권4, 15~17면)

杏花와 桃花는　　　　벌셔 쩌러지고
三夏九秋가 쏘　　　　어느 겨를에 다 갓노
白雪이 霏霏ᄒ야　　　今年이 벌셔 歲暮로다
오는 눌을 밋고　　　　게으르게 마라
歲月은 사름을　　　　기다리지 아니ᄒ다
於焉間에 小壯ᄒ던이가　老大ᄒ야졋네
不學ᄒ면 無識ᄒᄂ니　世上사름의게
譏弄을 밧을　　　　　그 씨에는
後悔ᄒ고 슬퍼ᄒ야도　効驗이 업ᄂ니라
暫時 사이라도　　　　虛送ᄒ지 말고
各班才藝를 學習ᄒ며　古今歷代를 達通ᄒ야
着實히 工夫ᄒ면　　　追後에는 必然
有識훈 사름이　　　　될터이니
到底히 工夫ᄒ셰　　　우리들

1. 자료 및 사전류

1) 개화기 신문류
『독립신문』
『뎨국신문』
『황성신문』
『대한매일신보』
『萬歲報』
『경향신문』
『대한크리스도인 회보』
『그리스도신문』

2) 개화기 학회지
『대한학회월보』
『서우』
『서북학회월보』
『대한흥학보』
『태극학보』
『협성회회보』
『조선독립협회회보』

3) 개화기 잡지류
『少年』
『靑春』
『아이들보이』
『새별』

4) 개화기 창가집
『경부철도노래』(1908)
『보통교육창가집』(1910)
『창가집』(1914)
국가보훈처 편, 『最新唱歌集』(1914; 해외의 한국독립운동사료(16) 일본편(4), 1996).

安愛理 편, 『창가집』, 平壤 : 耶蘇敎書院, 1915.
李尙俊, 『最新 唱歌集』(全), 京城 : 博文書館, 1918.
鄭敬惲, 『現行 樂園 唱歌』, 京城 : 廣文書市, 1920.
鄭敬惲, 『朝鮮 地理 景槪 唱歌』, 京城 : 廣文書市, 1922.
李尙俊, 『新流行 唱歌』, 京城 : 三誠社, 1922.
朝鮮總督府, 『普通學校 補充唱歌集』, 조선서적인쇄주식회사, 1926.
庚錫祚 편, 『少年少女 敎育 流行 唱歌集』, 以文堂, 1927.
金明喆 편, 『션발창가집』(저명 30곡), 金明音樂出版社, 1930.
李尙俊, 『笑哀樂 唱歌』, 京城 : 三誠社, 1930.
崔南善, 『朝鮮 遊覽歌』, 東明社, 1947.

5) 개화기 찬송가집

『찬양가』, 『찬미가』, 『찬성시』, 『찬송가』(1968), 『찬미가』(東京 : 교문관, 1920).

6) 개화기 교과서

『한국개화기 교과서 자료 총서』, 아세아문화사, 1977.
海俊宗臣 편, 『日本敎科書大系 近代編』 第二十五卷 唱歌, 東京 : 講談社, 1965.

7) 학교, 교회 사료집

『새문안85년사』(1973)
『연동80년사』(1974)
『배재사』(1955)
『배재80년사』(1965)
『이화70년사』(1956)
『이화80년사』(1971)
『정신75년사』(1972)
『정동제일교회의 역사 1885~1990』(1992)

8) 사전류

『음악대사전』, 세광출판사, 1982.
『음악대사전』, 東京 : 평범사, 1981.
The New Grove Dictionary of Music and Musicians, Macmillan Publishers Limited., 1980.

9) 악보류

『세계음악대전집』, 東京 : 春秋社, 1931.

『일본민요집』, 東京 : 岩波書店, 1983.

2. 국내 연구 논저

강동진, 『일제의 한국침략정책사』, 한길사, 1984.

강윤호, 「개화기의 교육실태」, 『한국문화연구원논총』 5집, 한국문화연구원, 1964.

______, 『개화기의 교과용 도서』, 교육출판사, 1975

강장희, 「개화기 근대화의 일방향―유길준의 신교육 사상을 중심으로」, 조선대 석사
　　　논문, 1982.

강혜인, 「한국 개화기 음악교육활동의 역사적 의의―조선정악전습소를 중심으로」,
　　　경북대 석사논문, 1990.

고정옥, 『국어국문학 요강』, 대학출판사, 1948.

구본혁, 「창가, 신체시, 가요곡 등의 상호관계」, 『명대논문집』 8집, 명지대학, 1975.

______, 『한국가악통론』, 개문사, 1978.

구윤옥, 「개화기 초등 국어과 교과서 편찬에 관한 연구―1895~1910년을 중심으로」,
　　　중앙대 석사논문, 1990.

권　오, 「개화기 시가 연구―그 현실인식, 문체, 형태를 중심으로」, 서울대 박사논문,
　　　1988.

김갑식, 「개화기의 문서정리고」, 중앙대 석사논문, 1987.

김　경, 「한국 개화기의 여성교육에 관한 일연구(1876~1910)」, 중앙대 석사논문, 1983.

김광해・윤여탁・김만수, 『일제강점기 대중가요 연구』, 박이정, 1999.

김권호, 「개화기 문학에 미친 기독교 영향」, 부산대 석사논문, 1987.

김근수 편, 『한국개화기 시가집』, 태학사, 1985.

김기연, 「개화기의 신시고」, 『어문논집』 13집, 고려대 국어국문학회, 1971.

김대행, 『한국시가구조연구』, 삼영사, 1976.

김대행 편, 『운율』, 문학과지성사, 1984.

김동근, 「개화기 기독교 학교에 관한 연구」, 건국대 석사논문, 1984.

김동욱, 『국문학사』, 일신사, 1976.

김병선, 「『독립신문』 소재 시가의 형식에 관한 고찰」, 『국어문학』 24집, 전북대 국어
　　　국문학회, 1984.

______, 「『소년』 소재 창가의 연구」, 『일산 김준영 교수 정년기념 논총』, 형설출판사,
　　　1985.

______, 「산유화의 시형식 연구」, 『소석 이기우 선생 화갑기념 논총』, 전북대 국어국
　　　문학회, 1986.

______, 「현대시의 계량적 문체 연구 시론―문학은 계산될 수 있는가?」, 『국어문학회

학술대회 발표논문」, 국어문학회, 2000.

_____, 「현대시인의 문체적 지문을 찾아서」, 『국어국문학』 143호, 국어국문학회, 2006.

김병철, 『한국근대번역문학사연구』, 을유문화사, 1975.

김상선, 『한국시가형태론』, 일조각, 1979.

김선풍, 「혈죽가 소고」, 『연민학지』 1집, 1993.

김신일, 「민족교육의 역사와 현실」, 『한국사회연구』 3, 한길사, 1985.

김영민, 『한국 근대소설의 형성 과정』, 소명출판, 2005.

김영우, 「한국 개화기의 교원양성에 관한 연구」, 중앙대 박사논문, 1981.

김영철, 「개화기의 사설시조고」, 『국어국문학』 91집, 국어국문학회, 1984.

_____, 「한국개화기 시가장르의 형성과정 연구」, 서울대 박사논문, 1986.

_____, 『한국근대시론고』, 형설출판사, 1988.

김영호, 『근대 동아시아와 일본제국주의』, 한밭출판사, 1983.

김용직, 『한국문학의 비평적 성찰』, 민음사, 1974.

_____, 『한국근대시사』, 새문사, 1983.

김윤식, 『근대한국문학연구』, 일지사, 1973.

_____, 『한국현대시론비판』, 일지사, 1975.

_____, 『한국근대문학양식론고』, 아세아문화사, 1980.

김윤식·김현, 『한국문학사』, 민음사, 1973.

김주현, 「개화기 토론체 양식 연구」, 서울대 석사논문, 1989.

김준영, 『한국고전문학사』, 형설출판사, 1982.

김준오, 「개화기 시가 장르비평의 연구」, 『국어국문학』 22집, 부산대 국문과, 1984.

김준오, 『시론』, 이우출판사, 1989.

김태진, 「개화기 시조 연구(대한매일신보를 중심으로)」, 단국대 석사논문, 1983.

김학길 편, 『계몽기 시가집』, 평양: 문예출판사, 1990.

김학동, 『한국개화기시가연구』, 시문학사, 1981.

김호일, 「한국교육진흥운동사」, 『한국현대문학사대계』 7, 고려대 민족문화연구소, 1980.

나승만, 「소안도 민요사회의 역사」, 『도서문화』 11집, 목포대 도서문화연구소, 1993.

나운영, 『작곡법』, 세광음악출판사, 1984.

류영렬, 「개화기 윤치호 연구」, 고려대 박사논문, 1984.

명문숙, 「개화기 한국체육의 특성에 관한 연구」, 한양대 석사논문, 1989.

문덕수, 「한국현대시사연구」, 『학술원논문집』 7집(인문사회과학 편), 학술원, 1968.

_____, 「한국모더니즘시연구」, 고려대 박사논문, 시문학사, 1981.

민경찬, 『한국 창가의 색인과 해제』, 한국예술종합학교 한국예술연구소, 1997.

민원득, 「개화기의 음악교육」, 『세계음악교육사』(유덕희), 학문사, 1985.

박을수, 「개화기의 저항시가 연구」, 경희대 박사논문, 1984.

______, 『한국 개화기 저항시가론』, 아세아문화사, 2001.

박철희, 『한국시사연구』, 일조각, 1980.

박충일, 「개화기 연활자 도입이 언론에 미친 영향 연구―1883년~1904년까지를 중심
　　　으로」, 동국대 석사논문, 1989.

박형준, 「'투쟁의 노래'의 의미」, 『민요연구회보』 제4집, 민요연구회, 1984.

박희팔, 「개화기 국어교과서를 통해 본 여성교육―여자용 교재를 중심으로」, 국민대
　　　석사논문, 1983.

백락준, 『한국개신교사』, 연세대 출판부, 1973.

백순재, 「보통학교용 국어독본 해제」, 『한국개화기교과서』, 아세아문화사, 1977.

백　철, 『한국신문학발달사』, 박영사, 1980.

백철·이병기, 『국문학전사』, 신구문화사, 1961.

서우석, 『시와 리듬』, 문학과지성사, 1983.

서인국, 「개화기 근대교육제도의 도입과 실시에 관한 연구」, 인하대 석사논문, 1986.

성기옥, 「한국시가의 율격체계연구」, 『국문학연구』 48집, 서울대 국문학회, 1980.

______, 『한국시가율격의 이론』, 새문사, 1986.

손광은, 「한국 상징주의 시연구」, 충남대 박사논문, 1986.

손인수, 『한국개화교육연구』, 일지사, 1980.

______, 『근대민족교육의 전개와 갈등』, 한국정신문화연구원, 1982.

______, 『한국근대교육사』, 연세대 출판부, 1985.

송기한, 「개화기 대화체 가사연구」, 서울대 석사논문, 1985.

송민호, 「한국시가문학사(하)」, 『한국문화사대계』 10, 고려대 민족문화연구소, 1981.

송민호 외, 『개화기문학론』, 한국방송대 출판부, 1996.

신범순 편, 『한국근대문학연구자료집』(개화기 신문편 전10권), 삼문사, 1983.

신진성, 「한국 개화기의 개신교와 교육의 근대화」, 경북대 석사논문, 1986.

양병호, 「만해시의 리듬연구」, 전북대 석사논문, 1987.

______, 「영랑시 연구」, 전북대 박사논문, 1992.

양왕용, 『한국근대시연구』, 삼영사, 1982.

오세영, 「근대시의 기점」, 『한국문학사의 쟁점』(장덕순 외), 집문당, 1986.

오천석, 『한국신교육사』, 현대교육총서, 1964.

유덕희, 『세계음악교육사』, 학문사, 1985.

유동선, 「개화기 호남학회의 교육활동에 관한 연구」, 중앙대 석사논문, 1990.

유동식, 『정동제일교회의 역사―1885~1990』, 정동제일교회, 1992.

유민영, 『개화기연극 사회사』, 새문사, 1983.

유봉호, 「일본 식민지정책 하의 초중고등학교 교육과정 변천에 관한 연구」, 중앙대
　　　박사논문, 1982.
유영렬, 「개화기 지식인의 친일화 과정」, 『오늘의책』(가을호), 한길사, 1984.
유재옥, 「개화기를 전후한 학교음악교육의 변천」, 경희대 석사논문, 1989.
유종국, 「고대서사문학의 양식론고 [I]」, 『국어문학』 23집, 전북대 국어국문학회, 1983.
＿＿＿, 『몽유록소설 연구』, 아세아문화사, 1987.
유한철, 「한말 사립학교령 이후 일제의 사학 탄압과 그 특징」, 독립기념관 사이트
　　　(i815.or.kr), 1988.
윤명구, 「개화기문학쟝르」, 『한국사학』 2집, 한국정신문화연구원, 1980.
윤미경, 「개화기 기독교소설 연구－기독교 수용양상과 현실인식을 중심으로」, 숙명
　　　여대 석사논문, 1990.
윤성호, 「개화기 음악교육에 관한 연구」, 영남대 석사논문, 1983.
이강숙, 「음악양식과 사회」, 『종족음악과 문화』(이강숙 편), 민음사, 1982.
이광린, 『한국개화사 연구』, 일조각, 1980.
＿＿＿, 『한국개화사상 연구』, 일조각, 1981.
이광수, 「육당 최남선론」, 『조선문단』 6호, 1925.
이광우, 「가사양식 발생설에 대하여」, 『국어문학』 25집, 전북대 국어국문학회, 1985.
이규갑, 「한국 개화기 학교 체육의 발달과정에 대한 고찰－1885년~1910년을 중심으
　　　로」, 단국대 석사논문, 1982.
이규호, 「개화기 한시의 양식적 변모에 대한 연구－국문 시가와의 접합현상을 중심
　　　으로」, 서울대 박사논문, 1986.
이능우, 「국문학과 음악의 상호제약관계」, 『최현배선생 환갑기념논문집』, 1954.
이동순, 「한말저항시가의 주제와 유형」, 『어문논총』 13~14집, 경북대 국문과, 1980.
이만열, 『한국기독교 문화운동사』, 대한기독교출판사, 1987.
이민자, 「개화기 문학과 기독교사상 연구」, 중앙대 박사논문, 1988.
이병원, 「한국음악의 민족음악학적 연구의 문제점」, 『종족음악과 문화』(이강숙 편),
　　　민음사, 1982.
이병호, 「한국근대군악대 발달과정에 대한 일고찰－개화기와 해방 이후 륙군군악대
　　　를 중심으로」, 고려대 석사논문, 1983.
이상만, 「현대 음악」, 『한국현대문화사대계』 1, 고려대 민족문화연구소, 1981.
이상비, 「민족문학사연구 1」, 『원광대 논문집』 12집, 원광대, 1978.
이상호, 「개화기의 초등교육행정에 관한 연구」, 단국대 석사논문, 1986.
이성천, 『음악통론과 그 실습』, 음악예술사, 1981.
이원호, 「개화기 교육정책의 사적 연구」, 동아대 박사논문, 1982.
＿＿＿, 『개화기 교육정책사』, 문음사, 1983.

이유선, 「개화기의 서양음악」, 『한국학』 5집, 중앙대 한국학연구소, 1975.

______, 『한국양악백년사』, 음악춘추사, 1985.

이재선, 『한국개화기소설연구』, 일조각, 1972.

임동권, 「한국민요의 형식과 운율」, 『국어국문학』 17호, 국어국문학회, 1957.

임두학, 『개화기 국어교과서 연구』, 중앙대 석사논문, 1983.

장두호, 「개화기 기독교 학교의 교육이념」, 단국대 석사논문, 1988.

장사호, 「개화기 국어교과서 연구―학부 편찬 국어 교과서를 중심으로」, 조선대 석사논문, 1982.

장사훈, 『한국음악사』, 정음사, 1976.

전양수, 「개화기 신교육과 교과용도서정책의 연구―1894~1910년의 수신 윤리교과서를 중심으로」, 고려대 석사논문, 1986.

정두수, 『작사법』, 세광출판사, 1973.

정연길, 「안서, 소월의 민요시와 7·5조(상·하)」, 『시문학』 11~12월호, 시문학사, 1977.

정의성, 「근대인쇄술의 도입과 개화기의 서적간행에 대한 연구」, 연세대 석사논문, 1988.

정익섭, 『한국시가문학론고』, 전남대 출판부, 1989a.

______, 『호남가단연구』, 민문사, 1989b.

정재완, 「한국시가의 본체연구」, 충남대 박사논문, 1986.

정 철, 「개화기 신교육사상의 성장과 근대교육의 발전―1876년부터 1905년까지 관학교육을 중심으로」, 전남대 석사논문, 1983.

정한모, 『한국현대시문학사』, 일지사, 1974.

조남현, 「애국가류와 사회등가사의 대비적 고찰 1」, 『신문학과 시대의식』, 새문사, 1981.

조동일, 「18, 9세기 국문학의 장르체계」, 『고전문학연구』 1집, 한국고전문학연구회, 1973.

______, 『개화기의 우국문학』, 신구문화사, 1974.

______, 「현대시에 나타난 전통적 율격의 계승」, 『아세아학보』 제12집, 아세아학술연구회, 1976.

조신권, 『한국문학과 기독교』, 연세대 출판부, 1983.

조연현, 『한국현대문학사』(제1부), 현대문학사, 1956.

______, 『한국현대문학사』(제1부), 성문각, 1978.

______, 『한국현대문학사개관』, 정음사, 1988.

______, 『국문학사』, 탐구당, 1977.

조지훈, 「한국현대시사의 관점」, 『조지훈전집』 3, 현암사, 1973a.

______, 「한국현대시문학사」, 『조지훈전집』 7, 현암사, 1973b.

______, 「반세기의 가요문화사」, 『한국문화사서설』, 탐구당, 1981.

조창환, 『한국현대시의 운율론적 연구』, 일지사, 1986.

지철민·심상곤, 『한국가곡사』, 가리온, 1980.

채만묵, 「한국모더니즘시 연구」, 전북대 박사논문, 1980.

채운표, 「육당 최남선 연구-개화기 역할을 중심으로」, 단국대 석사논문, 1986.

최남선, 『육당 최남선전집』, 현암사, 1975.

최덕교, 『한국 잡지 백년』(전3권), 현암사, 2004.

최병옥, 「개화기의 군사정책 연구」, 홍익대 박사논문, 1987.

최창호, 『민족수난기의 신민요와 대중가요들을 더듬어』, 평양출판사, 1995.

최한선, 「개화기 가사연구-대한매일신보소재가사를 중심으로」, 성균관대 석사논문,
    1984.

한 규, 「개화기 한국기독교가 민족교육에 미친 영향에 관한 연구」, 중앙대 박사논
    문, 1990.

한영제 편, 「한국성서」, 『찬송가 100년』, 기독교문사, 1987a.

______ 편, 한국기독교 정기간행물 100년, 기독교문사, 1987b.

한용희 편, 『한국동요반세기』, 세광출판사, 1980.

한철호, 「개화기 시조의 연구」, 한양대 석사논문, 1985.

홍난파, 「악단반세기의 회고」, 『중앙』 10월호, 1936.

홍재휴, 『한국고시 율격 연구』, 태학사, 1983.

홍철표, 「개화기 기독교 학교의 영향에 관한 연구」, 연세대 석사논문, 1985.

황긍천, 「개화기의 초등교원 양성교육에 관한 연구-한성사범학교를 중심으로」, 홍
    익대 석사논문, 1990.

황병기, 「전통음악과 현대음악」, 『종족음악과 문화』(이강숙 편), 민음사, 1982.

3. 번역서

게린, W., 정재완 역, 『문학의 이해와 비평』, 청록출판사, 1983.

게일, J., 장문평 역, 『코리언 스케치』, 현암사, 1971.

로핑크, G., 허혁 역, 『당신은 성서를 어떻게 이해하십니까?』, 분도출판사, 1977.

메리엄, A. P., 이기우 역, 『민족음악학』, 신아, 1988.

비어즐리, W. A. 외 2인, 황성규 역, 『성서연구방법론』, 한국신학연구소, 1980.

스타인, L., 박재열·이영조 역, 『음악형식의 분석연구』, 세광출판사, 1978.

카이저, W., 김윤섭 역, 『언어예술작품론』, 대방출판사, 1982.

코흐, K., 허혁 역, 『성서주석의 제방법』, 분도출판사, 1975.

크레스톤, P., 최동선 역, 『리듬 원리』, 세광출판사, 1977.
헤이돈, G., 서우석 역, 『음악학이란 무엇인가』, 청한, 1984.

4. 외국 논저

三好行雄, 竹盛天雄 편, 『近代文學 8－近代詩歌』, 東京 : 有斐閣, 1977.
西鄕信綱 편, 『日本文學史』 東京 : 厚文社, 1953.
堀內敬三, 『音樂 50年史』, 東京 : 大空社, 1942.
Bronson, B. H., *Literature and Music, in Relations of Literary Study*, Thorpe, James ed., New York : Modern Language Association of America, 1967.
Brown, C. S., *Music and Literature*, Athens : The Univ. of Georgia Press, 1948.
Fussell, Paul, *Poetic Meter and Poetic Form*, New York : Random House, 1979.
Gross, Harvey, *Sound and Form in Modern Poetry*, The Univ. of Michigan Press, 1968.
Sadie, Stanely, *The New Dictionary of Music and Musicians*, London : MacMillan Publishers Ltd, 1980.
Wellek. R. & Warren, A., *Theory of Literature*, Penguin Books, 1970.